축구의 제국,
프리미어리그

지은이_조슈아 로빈슨 Joshua Robinson

『월스트리트 저널Wall Street Journal』의 유럽 스포츠 담당 기자다. 『뉴욕 타임스New York Times』, 『워싱턴 포스트Washington Post』, 그리고 『스포츠 일러스트레이티드Sports Illustrated』 등에 스포츠 관련 기사를 연재했다.

지은이_조너선 클레그 Jonathan Clegg

『월스트리트 저널』의 스포츠 담당 선임 에디터다. 『데일리 텔레그래프Daily Telegraph』, 『인디펜던트Independent』, 그리고 『포포투FourFourTwo』 등에 스포츠 관련 칼럼을 연재했다.

옮긴이_황금진

숙명여자대학교 영문학과를 졸업하여 현재 전문 번역가로 활동하고 있다. 옮긴 책으로는 『시간을 2배로 늘려 사는 비결』, 『프로젝트 매니지먼트』, 『기업을 키우는 인사결정의 기술』 등이 있다.

축구의 제국, 프리미어리그

초판 1쇄 발행 2021년 7월 30일
초판 3쇄 발행 2023년 10월 10일

지은이 조슈아 로빈슨, 조너선 클레그
옮긴이 황금진

기획 장동원 이상욱
책임편집 오윤근
표지디자인 유지연 **본문디자인** 위하영
제작 제이오엘앤피

펴낸곳 워터베어프레스
등록 2017년 3월 3일 제2017-000028호
주소 서울시 마포구 성미산로 29안길 7 3층 워터베어프레스
홈페이지 www.waterbearpress.com
이메일 book@waterbearpress.com
ISBN 979-11-91484-04-5 03320

* 책값은 뒷표지에 있습니다. 잘못 만들어진 책은 구입하신 곳에서 바꿔드립니다.

The Club
How the Premier League Became the Richest,
Most Disruptive Business in Sport

축구의 제국,
프리미어리그

가장 부유하고 파괴적인
스포츠 산업이 되기까지

조슈아 로빈슨, 조너선 클레그 지음
황금진 옮김

WATER BEAR PRESS

The CLUB

Copyright © 2018 by Joshua Robinson, Jonathan Clegg
Korean Translation Copyright © 2021 by Waterbearpress

Korean edition is published by arrangement
with Fletcher & Company LLC through Duran Kim Agency.

이 책의 한국어판 저작권은 듀란킴 에이전시를 통한
저작권자와의 독점 계약으로 워터베어프레스에 있습니다.
저작권법에 의해 한국 내에서 보호를 받는 저작물이므로 무단 전재와 무단 복제를 금합니다.

대니엘라

그리고 이 책과 동갑내기인

케이티와 에비에게

작가의 말

얼마 전 아침, 런던에서 가장 분주한 교통의 중심지답게 시끌벅적 정신없는 가운데 워털루역의 출근 인파는 매일 치르는 지하철 탑승 의식을 시작했다. 도시에서 살아가는 데 없어서는 안 될 기술, 즉 한 손으로 스마트폰과 뜨거운 차를 드는 법, 공공 안전에 민폐를 끼치지 않고 우산을 펼치는 법, 그 누구와도 절대로 무슨 일이 있어도 하늘이 두 쪽 나도 눈을 마주치지 않는 요령을 시전한 것이다.

저 아래 에스컬레이터 근처 신문가판대에서는 일간지를 사려고 가던 길을 멈춘 행인 수십 명이 영국 생활에 정말 필수적인 일상생활의 요령 한 가지를 시연해 보였다. 그 요령이란 바로 타블로이드 신문을 읽는 것.

이 나라에선 거의 모든 것이 그렇듯, 타블로이드 신문을 읽는 데에도 올바른 방법과 잘못된 방법이 엄연히 존재한다. 지면 번호는 권장 사항에 불과할 뿐이다.

올바른 방법은 먼저 앞면 머리기사의 말장난부터 본 다음 '인류가 어쩌다 이 지경이 되었나'하고 한숨을 한 번 쉬어주는 것이다. 전부 개판인 것은 아니니 이상 무!

하지만 런던 시민들은 신문을 계속 읽으려고 걸음을 멈추지는 않는다. 이 분야에 있어선 뭘 좀 아는 사람들이기 때문이다. 눈 하나 깜박이지 않고 차를 재빨리 한 모금 들이키면서 신문을 끝까지 획획 넘겨서 정말 중요한 뉴스를 찾아낸다.

뒷면부터 시작해서 수십 면(어떤 경우에는 신문 전체의 거의 3분의 1에 해당하기도 한다)을 읽다 보니 기사들이 다들 다급하거나 흥미롭거나 분노를 유발하거나 거액의 돈 얘기뿐이다. 주체할 수 없을 정도의 재능과 자존심을 갖춘 집단이 수십억 파운드를 쫓아 전 세계를 숨 가쁘게 다니고 있는 걸 보니 여기에는 분명 도시, 지역, 나아가 국가의 운명이 걸려 있는 게 분명하다고 독자들은 확신해 버린다.

하루를 시작하려는 런던 시민들에게 반드시 필요한 것이 있었으니 그것은 바로 프리미어리그English Premier League, EPL의 최신 소식이다. 러시아의 신흥 재벌이 구단을 영구 혁명 상태에 머물게 하고 있는 서런던부터, 서로 한 발 앞서겠다며 끝없이 벌이는 파벌 싸움에 갇힌 북런던, 영국에서 가장 오래된 산업의 중심지에서 일어난 갑작스럽고 극적인 권력 이동이 유구한 역사를 자랑하는 두 구단 사이의 역학을 바꿔 놓고 있는 맨체스터Manchester까지. 이 제국들 사이의 톱니바퀴에 끼어 있는 것은 축구 하나 덕분에 전국 지도에서 이름이 누락되지 않고 있는 남아있게 된 마켓 타운market town과 탄광촌의 작은 팀들이다. 그리고 이 세계 전체에 계속해서 생기를 불어넣고 있는 것은 러시아의 신흥 재벌, 셰이크, 미국의 거물, 아시아의 대기업 재벌, 그리고 발로 공 놀리는 재주 덕분에 십대 이후 백만장자로 살고 있는 중학교 중퇴자 무리다.

이 모든 게 합쳐지면 꼬박 하루치 읽을거리가 되는데, 이 정도로 흥미로운 프리미어리그 기사면 최근의 의회 위기 같은 기사를 비롯해서 신문 제1면에 실리는 기사에 밀리지 않는다.

워털루역에서 벌어지는 다소 활기찬 아침 광경 저 너머, 타블로이드 신문에 실린 추측과 쥐꼬리만큼의 진실 역시 국제적인 소문 양산 공장에 동력을 제공하고 있다. 이 공장은 매일 아찔할 정도로 수많은 전 세계 팬들을 사로잡는데, 그 손길은 대서양 건너편은 물론 아시아와 아프리카 전역까지 뻗어 있다. 모르긴 몰라도 남극 대륙에 파견된 소수의 연구원도 그 소문을 일일이 확인하고 있을 것이다.

잉글리시 프리미어리그의 출현은 세계에서 가장 열광적인 금맥이나 다름없는 스포츠 이야기다. 25년이라는 기간 동안, 리그 소속 구단 스무 개의 합산 가치는 1992년 5,000만 파운드에서 현재 100억 파운드로 10,000% 이상 증가했다. 그 기간 동안 리그의 산물도 지구 구석구석으로 수출됐다.

프리미어리그가 어떻게 생겨나게 됐는지는 곧 세계인의 최애 스포츠를 창출해 낸 영국이라는 국가가 그 게임을 어떻게 재창출했고, 또 1992년 몇 차례의 비밀 회담이 어떻게 미쳐 돌아간 4반세기를 초래했는지에 관한 이야기다. 그 4반세기 동안 돈과 야망, 그리고 흔치 않은 드라마가 낡은 리그를 세상에서 가장 광팬 많은 스포츠로 탈바꿈해 놓았기 때문이다.

영국 축구가 어떻게 세계를 접수했는지에 관한 이야기는 글로벌 시대의 경영 신화이자 흥행업 전설이다. 역시 어디서 많이 들어 본 것 같은 이야기다. 반짝 빛나는 아이디어 하나로 시작한다. 그 후 폭발적인 성장과 천박한 야망이 뒤따르고, 이는 다시 오싹할 정도의 도취감과 상상을 불가할 정도의 부로 이어진다. 닷컴 붐이나 서브프라임 모기지 사태에 대해 좀 안다면, 이 이야기가 어디로 갈지도 알 것이다.

금이 가기 시작한다. 상식을 벗어난 평가에 혹한 머나먼 이국땅 출신의 투자자들이 한몫 잡겠다고 무작정 달려든다. 경쟁자가 출현한다. 단기 성과주의가 건전한 판단력의 자리를 대신한다. 그리고 얼마 안 가 이 사업 전체는 공작 뺨 칠 정도의 에고, 병적인 탐욕, 충격적인 방탕이 요란하게 뒤섞인 집합체로 전락하고 말았다.

프리미어리그 역시 경영대학원 교재에서 경고한 그 모든 거품과 전혀 다르지 않아서 호황과 불황을 끝없이 오가는 이야기다. 단, 한 가지 중요한 차이점이 존재한다.

축구에서 거품은 절대 꺼지지 않는다.

종이 신문 시대가 황혼기에 이른 현시점, 어느 지하철역의 신문가판대를 보더라도 알 수 있듯 최소 아홉 개의 전국 일간지를 망하지 않게 해 주는 법칙은 단 하나면 족한 듯하다. 축구 소식에 너무 많은 페이지수 같은 없다. 어느 날 아침이든, 저 아홉 개 신문들은 자기들끼리 프리미어리그 관련 기사를 대략 백 페이지는 만들어낼 것이다. 그것도 인쇄 매체만 따졌을 때 얘기다. 영국은 자국에서 가장 인기 많은 상품을 광적으로 보도하고 있어서 24시간 스포츠 뉴스 채널이 탄력을 받아 연중무휴 전파를 타고 있다. 심지어 오프시즌에도.

그리고 이것도 영국만 따졌을 때 얘기다.

프리미어리그가 매일매일 해부 수준으로 상세히 기록되고 있다는 점을 고려할 때, 프리미어리그의 역사를 빼놓지 않고 기록하겠다는 생각은 가능하지도 않을뿐더러 바보 같기도 하다. 25년 동안 주식 시장의 등락을 속속들이 연대순으로 기록하려는 것이나 마찬가지일 것이다. 숫자도 너무 많을 테고, 줄무늬 정장 입은 미치광이들도 너무 많을 테고, 너무 재미없어서 읽을 수도 없을 것이다.

하지만 현대 영국 축구사에는 아직 제대로 분석되지 못한 일면이 있다. 프리미어리그가 프리미어리그 주식회사가 된 경위, 축구라는 스포츠 상품이 아닌 글로벌 스포츠, 오늘날과 같은 거대 사업체 및 흥행업이 된 속사정은 아직 알려지지 않았다. 이게 바로 우리가 들려주고 싶은 이야기다.

영국 축구가 1992년에 시작된 것은 아니었다. 하지만 프리미어리그가 설립된 그해는 축구라는 스포츠의 기원전/기원후에 해당하는 중대 시점이 되었다. 프리미어리그처럼 기록될 결정적인 순간은 다시 없을 것이다.

그렇다면 그 이후 벌어진 모든 일, 그 말도 안 되는 이야기를 어떻게 풀어야 할까? 사실 그 역사를 몸소 겪으면서 우리도 모르는 사이 이야기를 시작한 셈이었다. 우리 둘 다 1980년대, 1990년대, 2000년대 영국에서 자랐는데, 그 시기는 영국 축구가 지역 밀착적인 지역 사회 활동에서 전 세계적 흥행 괴물로 변신한 시기였다. 각자 축구로 인한 번뇌 때문에 스포츠 담당 기자라는 직업을 택하게 되었고, 보도한 내용들로 프리미어리그의 발전 과정 중 발생한 굵직한 변곡점들을 드라마처럼 흥미롭게 그려 낼 수 있었다. 프리미어리그의 처음 25년에 대해 말하지 않고는 못 배길 이야깃거리가 우리 앞에 떡하니 놓여 있었다.

가령, 1992년 리그 설립 얘기를 할 때는 루퍼트 머독Rupert Murdoch과 스카이 TVSky TV와 축구로 돈을 벌겠다는 발칙한 발상을 떠올린 몇몇 영국 구단주들의 극적인 탈퇴 얘기를 빼놓을 수 없다. 또한 리그가 폭발적인 상업적 성공을 거둔 발자취를 좇을 때는 내셔널풋볼리그National Football League, NFL에 대한 구단주들의 은밀한 집착을 파헤치지 않고는 불가능하다. 한편 영국 축구의 강력한 상품화와 천재적인 이윤 창출에 대해서는 맨체스터 유나이티드Manchester United의 마케팅 혁신까지 거슬러 올라가야 한다. 경기장에서 일어난 비극, 팬들의 행태, 그리고 경기 관람 경험을 엉망으로 만들어 놓았으며 아스날Arsenal의 에미레이츠 스타디움Emirates Stadium 건설을 초래한 여러 경제적 요인들이 한데 어우러져 미친 영향도 다루어야 한다.

　에미레이츠 스타디움은 프리미어리그의 성공을 보여 준 최초의 현대적 기념물이었다. 이 모든 게 외국 자본 유입의 포석을 깔아 주었는데, 그중 특정 구단주 둘이 지형을 완전히 바꿔 놓았다. 하나는 2003년 첼시Chelsea를 산 로만 아르카디예비치 아브라모비치Роман Аркадьевич Абрамович고 나머지는 5년 뒤 맨체스터 시티Manchester City를 손에 넣은 아부다비أبو ظبي 왕가의 일원이다. 물론 그 두 사람 사이의 공백기에 치열한 프리미어리그에서 사업을 한다는 건 고국에서 헤지펀드를 운영하는 것과는 차원이 다르다는 걸 아주 비싼 값을 치르고 배운 미국 구단주들의 침공도 있었다.

　위에 언급한 전환점 중 그 어느 것도 그 자체만으로 역사를 완성할 수는 없다. 하지만 그것들을 모두 가져오면 뿌리 깊이 박혀 있는 지역주의 문화부터 세계적인 현상에 이르기까지 리그 전체를 아우르는 포물선 형태가 그려진다. 이 책은 영국 축구의 역사를 광범위하게 다룬 책이 아니다. 또한 누가 언제 리그 우승을 했다거나 구장에서 펼쳐진 가장 위대한 순간에는 무엇 무엇이 있다는 내용을 다룬 책도 아니다. 이 책은 제국 건설에 관한 이야기다.

우리는 프리미어리그의 지구 정복에서 번갈아가며 연달아 성공의 물결을 일으킨 변곡점을 선별해 모아 놓았다. 이 책은 그런 순간들을 중심으로 구성되어 있으며, 그 하나하나를 이용하여 그 순간을 있게 한 장본인들의 삶을 되살린다. 그리고 리그의 성장에 박차를 가했거나 때때로 성장을 가로막았던 역사·문화·상업을 깊숙이 파헤쳐 본다.

영국과 웨일스 전역의 소도시에서는 축구팬들이 100년 넘게 자신들 동네 팀을 응원해 왔다. 미국적 의미에서 이는 어떤 '리그'의 '프랜차이즈'가 아니다. 이는 영국 문화에 뿌리 깊이 배어 든 지역적·영역적 표지다. 지금까지 연고지를 옮긴 구단은 없다. 그 지역사회에 너무 깊이 뿌리를 내리고 있는 탓이다. 또 영국의 구단이 사라지는 경우라도 결국 고령화나 재정 파탄 때문일 것이다.

하지만 영국 축구의 1부 리그가 프리미어리그가 되고 이적 시장이 활성화되면서 돈이 유입되기 시작하자, 외국 감독들이 야만성은 덜하면서 정교함은 뛰어난 축구 스타일을 가지고 영국해협을 건너왔다. 구장 규모가 급격히 커지면서 경기장 입장료도 급등했다. 그 바람에 가장 헌신적인 팬들조차 지갑과 심장에 상처를 입었다.

따라서 이 책은 우리 시대 위대한 글로벌 흥행업 가운데 하나가 어떻게 구축되었는지, 그것이 어떻게 놀라운 성장세를 지속할 수 있었는지, 계속 앞으로 나아가기 위해 기꺼이 버릴 의향이 있는 것은 무엇인지에 관한 이야기다.

이 책은 『월스트리트 저널The Wall Street Journal』에 잉글리시 프리미어리그 소식을 도합 10년 동안 보도한 끝에 탄생했다. 클레그는 2009년 유럽인 최초의 『월스트리트 저널』 스포츠 담당 기자가 되었고, 로빈슨이 그 뒤를 이었다. 로빈슨은 미국에서 9년을 보낸 후 2012년 영국으로 돌아왔다. 클레그는 계속 남아 『월스트리트 저널』의 축구 보도를 편집하고 있고 로빈슨은 지금도 런던에 머물면서 영국 전역의 기자석을 지키고 있다.

이 정도 규모의 이야기를 다루기 위해(단순히 신문 기록을 한데 묶기보다는 독창적인 방식으로 들려 주기 위해) 우리는 유일하게 가능한 방법을 택했다. 바로 처음부터 시작하는 것이었다. 오늘날의 프리미어리그를 있게 한 은밀한 회동과 그 회의실에 모였던 사람들 이야기 말이다. 그 시절의 핵심 인물들은 아스날 부회장 데이비드 딘David Dein, 맨체스터 유나이티드 회장 마틴 에드워즈Martin Edwards, 토트넘 홋스퍼Tottenham Hotspur 구단주 어빙 스콜라Irving Scholar였다. 이 삼인조와 통화 후, 우리는 리그 역사를 통틀어 중요한 핵심 인물 약 100명과 대면했고, 전례 없는 접근

특권도 얻을 수 있었다. 되짚어 보기 사상 최초로 우리는 소위 빅6 구단(맨체스터 시티, 맨체스터 유나이티드, 첼시, 리버풀Liverpool, 아스날, 토트넘 훗스퍼) 하나하나의 결재권자와 중역들과 좀처럼 잡기 힘든 인터뷰를 따낼 수 있었다. 여기에는 22년 동안 리그에서 감독을 지낸 베테랑 아르센 벵거Arsène Wenger와의 식사, 리버풀의 억만장자 구단주 존 W. 헨리John W. Henry, 아스날의 구단주 스탠 크뢴케Stan Kroenke, 은둔형으로 소문난 토트넘 회장 대니얼 레비Daniel Levy와의 대화가 들어간다. 매체에는 잘 안 나왔지만 맨체스터 유나이티드가 크리스티아누 호날두Cristiano Ronaldo와 계약했던 시점부터 아브라모비치의 첼시 매수, 아랍에미리트 왕족의 맨체스터 당도에 이르기까지, 프리미어리그의 포물선 중 주요한 기로들에서 결정적인 역할을 했던, 그 현장에 있었던 인물 수십 명도 찾아냈다.

　이 책에 나오는 장면은 모두 당시를 직접 살아낸 사람들이 직접 들려준 이야기, 그리고 그들과 직접 나눈 대화로 재구성된 것이다. 영국 축구가 100년 역사상 가장 급진적이었던 대변동을 겪을 당시, 우리가 직접 그 자리에 있었던 덕분에 재현할 수 있었던 장면도 몇몇 있다.

조슈아 로빈슨 Joshua Robinson**과 조너선 클레그**Jonathan Clegg
2018년 5월 런던에서

일러두기

- 한글 전용을 원칙으로 하고, 필요한 경우에 원어나 한자를 병기했다.
- 각주는 모두 옮긴이 주다.
- 인명, 지명 등의 외래어 표기는 검색에 가장 용이한 널리 사용되는 표기를 따랐다.
- 책·신문·잡지 제목 등은 『』, 논문·기사·사설 제목 등은 「」, 영화·게임 등은 〈〉으로 표기했다.
- 국내 출간 도서명은 국내 출간 제목을 그대로 따랐고, 미출간 도서명은 최대한 원제에 가깝게 옮겼다.

목차

작가의 말　　　　　　　　　　　　　　　　6
프롤로그　　　　　　　　　　　　　　　　20

1부　탈퇴

1. 변혁의 서막　　　　　　　　　　　　34
2. 개혁의 세 기수　　　　　　　　　　　46
3. 끓어오르는 불만　　　　　　　　　　61
4. 제국으로의 첫걸음　　　　　　　　　76

2부　높이, 더 높이

5. 완전히 새로운 세계의 도래　　　　　　90
6. 상업주의로의 전환: 맨체스터 유나이티드　99
7. 삼일천하: 블랙번 로버스　　　　　　113
8. 분수를 잊은 뱁새: 브래드퍼드 시티　　131
9. 왕국의 세계화　　　　　　　　　　　141

3부 진격과 질주

10. 러시아에서 온 새로운 영주: 첼시　　164
11. 근대화의 바람: 아스날　　178
12. 이방인 왕의 시대　　199
13. 번지는 불길　　221
14. 되찾은 영광: 맨체스터 유나이티드 vs 첼시　　231
15. 왕자를 만난 신데렐라: 맨체스터 시티　　250

4부 주식회사 프리미어리그

16. 보물 쟁탈전　　288
17. 혼란과 기회: 토트넘 홋스퍼　　304
18. 배금주의의 승리　　338
19. 신기술 도입: 리버풀　　347
20. 품위의 몰락: 애스턴 빌라　　367
21. 전통의 역습　　388

5부 새로운 대영제국

22. 제국의 확장   398
23. 대범한 해외 원정: 맨체스터 시티   412
24. 화려한 전성기   433
25. 변방의 반란: 레스터 시티   448
26. 분열의 조짐   461
27. 철학왕의 진격: 맨체스터 시티   478
28. 뜻밖의 위기   493
29. 흔들리는 제국   511

에필로그   529
감사의 말   547

프롤로그

2017년 11월, 런던.

　기사가 모는 블랙캡Black Cap이 한 대씩 차례대로 메이페어May-fair에 위치한 처칠 호텔Churchill Hotel에 멈춰선 후, 마지막으로 은색 롤스로이스 한 대가 정차했다.

　차에서 내린 이들은 대리석이 깔린 로비로 성큼성큼 들어서더니 짐 가방을 힘겹게 끌고 있는 관광객들을 요리조리 피해, 오전 열 시까지 모이기로 한 비공개 회의실이 있는 왼쪽으로 힘차게 방향을 틀었다. 모두들 머릿속으로는 어떤 동료가 어떤 숙적이 이미 도착해 있을지 재고 있었지만, 그 모습이 겉으로 드러나지 않기를 바랐다. 이런 비공식 모임은 절대 순조롭게 흘러가는 법이 없었다. 지난 번 모임은 결국 논쟁으로 격화되어 누가 클럽에 대한 기여도가 더 높은지, 누가 돈을 제일 많이 챙길 자격이 있는지(아니, 실은 누가 제일 잘 났는지)만 따지다가 끝이 났다. 이번엔 지난번보다 좀 더 점잖게 대화를 나눌 수 있기만 바랄 뿐이었다. 고급스러운 호텔에 걸맞게.

전 세계의 백만장자, 억만장자, 최고경영자chief executive officer, CEO들의 집합체인 이들은 월스트리트, 전문 도박사, 크리스마스 카드 제조업 등 각자 전혀 다른 세계에 속한 이들이었다. 이들 중 대부분은 서로 마주칠 일도 거의 없을 것이었다. 딱히 마주치고 싶은 마음이 있는 것도 아니겠지만. 서로 만나고 싶어 만난 이들은 아니었지만, 심지어 털끝만큼도 믿지 않는 사이였지만, 11월의 어느 목요일 아침, 이들은 모였다. 지구 최대의 인기를 자랑하는 라이브 흥행업에 목을 맨 파트너로서.

이들은 프리미어리그 소속 스물두 개 축구단의 구단주, 경영진, 재영在英 재벌들이다. 이렇게 모인 이유는 시즌 당 56억 달러 이상의 수익을 창출해 주는 공동의 효자 사업이 지난 4반세기 동안 그랬던 것처럼 앞으로도 계속 천문학적 수익을 내도록 하기 위해서였다. 1992년 이후, 프리미어리그의 합산 수익은 2,500%라는 터무니없는 증가세를 보였다. 대개 서로 못 잡아먹어 안달인 사람들이 모인 집단 치고는 나쁘지 않은 성과다.

하지만 이번 정상 회담이 시작되기 전, 그러니까 영어라는 언어를 제외하고 가장 큰 성공을 거둔 영국의 수출품 사업을 본격적으로 논하기 전, 이 정상급 거물들이 반드시 치러야 할 또 하나의 해묵은 의례가 있었다. 그것은 바로 사교 모임에서 이리저리 어색하게 돌아다니는 것.

호텔 입구 옆에서는 리버풀 구단의 구단주이자 안경을 쓴 헤지펀드 억만장자인 존 W. 헨리가 리처드 스쿠다모어Richard Craig Scudamore와 잡담을 나누고 있었다. 백발의 스쿠다모어는 영업 담당 출신으로 프리미어리그를 총괄하는 CEO였다. 헨리는 이제 막 보스턴에서 돌아와 독일 코치 밑에서 리버풀의 부활을 꼼꼼히 따져보았다. 뿔테 안경과 부스스한 턱수염에 회색 추리닝 바지 차림의 코치는 천생 런던 해크니Hackney의 평범한 사커 대드soccer dad처럼 보였다.† 리버풀 구단의 유일한 문제는 구단주가 이기는 데는 일가견이 있지만 그 분야가 엉뚱하다는 데 있다. 헨리의 또 다른 취미가 보스턴 레드삭스Boston Red Sox 운영이기 때문이다.

이 두 사람 곁을 안녕하시냐는 인사 한 마디 없이 거들먹거리며 지나가는 이가 있었으니 그는 바로 카탈루냐 출신 전직 럭비 선수, 페란 소리아노Ferran Soriano다. 자신의 구단이 현재 나머지 팀을 저 멀리 따돌리고 프리미어리그 타이틀 획득을 앞두고 있어서인지 발걸음에도 의기양양함이 묻어났다. 사실상 맨체스터 시티가 경기를 압살하고 있었기 때문이다. 물론 엄밀히 말해서 맨체스터 시티가 소리아노의 구단인 것은 아니었다. 소리아노는 자신의 보스, 아부다비의 셰이크를 대신하여 그 자리에 참석

---

† 해크니는 아마추어와 유소년 구단이 훈련하는 축구장이 많은 지역이다.

한 것이었다. 셰이크는 2억 파운드를 들여 구단을 샀고, 10억 파운드를 주고 스타 선수를 영입했으며, 2010년 단 한 경기만 관전한 뒤 다시는 경기장에 오지 않은 구단주였다. 하지만 당시 축구계의 괴짜 명장이자 바르셀로나 출신의 자칭 천재, 펩 과르디올라Pep Guardiola가 맨체스터를 운영하고 있었기에 팀은 훌륭한 지도를 받고 있다고 할 수 있었다.

오늘 아침 대타로 나온 건 소리아노만이 아니었다. 그의 옆에서 총총 걷고 있는 이반 가지디스Ivan Gazidis도 마찬가지였다. 옥스퍼드 출신의 대머리 변호사인 가지디스 역시 이 자리에 참석하지 못한 자신의 보스, 아스날 구단주 '과묵한' 스탠 크뢴케 대타로 온 참이었다. 크뢴케는 공식 석상에 좀처럼 나타나지 않고 소문이랄 것도 없는 부동산 재벌로, 월마트 상속녀와 결혼하더니 이제는 스포츠 팀 보유보다 그 팀이 경기를 벌이는 건물을 보유하는 데 관심이 많아 보인다. 크뢴케의 보유 구단에는 NFL의 로스앤젤레스 램스Los Angeles Rams와 NBA의 덴버 너기츠Denver Nuggets가 있다.

소리아노와 가지디스는 한 자리에 있기 약간 껄끄러운 한 쌍이 되었다. 맨체스터 시티가 근 10년을 아스날의 자리를 빼앗겠다는 독자적 사명에 바친 팀이었기 때문이다. 맨체스터 시티는 아스날에서 최고의 선수들을 데려오고 아스날의 아름다운 축구 스타일도 도용했다. 단, 아스날과 아주 사소한 차이가 하나 있었다. 맨체스터 시티는 이겼다는 점이다.

지루하디 지루한 구식 아스날 구단은 이에 경악했다. 거너스Gunners†의 감독은 예순여덟 살 먹은 프랑스인으로, 교수님 같은 분위기에 박사 학위 소지자였다. 당시 시즌 후반 하락세를 겪는 중이었다. 감독은 은퇴 전 마지막으로 크게 한 방 터뜨리고 싶은 마음이 간절했다. 하지만 아스날 팬들은 그에게 그 기회를 주고 싶어 하지 않았다. 팬들은 '벵거 퇴진'을 촉구하는 시위를 벌였고 경기장에 배너를 걸기도 했다. 과묵한 스탠도 함께 데려가라며. 벵거 퇴진이라는 농담이 돈 지가 어찌나 오래되었던지 열두 명 이상이 모인 자리에서 벵거 퇴진 사인은 필수품이 되다시피 했다. 그 주, 벵거 퇴진 사인은 짐바브웨에서 벌어진 로버트 무가베Robert Mugabe 반대 시위 현장에서도 목격되었다.

소리아노와 가지디스는 지체 없이 회의장으로 향했다. 유명한 포커 선수이자 전문 도박사, 토니 블룸Tony Bloom은 이들보다 조금 더 시간을 지체했다. 블룸은 꼭 셰익스피어 희곡의 전투 구호처럼 들리는 이름을 지닌 해변 마을 구단, 브라이턴 앤 호브 앨비언Brighton & Hove Albion의 구단주다. 그가 두 사람보다 조금 지체한 이유는 호텔 식당에 잠깐 들러 어떤 케이크들이 있나 차근차근 둘러보았기 때문이었다.

블룸이 회의장에 들어서려는 찰나, 스티브 패리시Steve Parrish가 나타났다. 패리시는 자기 구단 크리스털 팰리스Crystal Palace에 급한 일이 생긴 게 아니면 포르쉐를 모는 걸 즐기는 광고계 백만장

---
† 아스날의 별칭.

자다. 말이 빠르고 머리숱이 풍성하며 맞춤 정장을 입고 다닌다. 두 사람은 묵직한 흰색 문짝을 열고 함께 회의실에 입장했다. 패리시는 입장하자마자 브루스 벅Bruce Buck 바로 옆에 자리를 잡았다. 벅은 첼시 회장이다. 그 두 사람이 특별히 친해서 나란히 앉은 것은 아니다. 프리미어리그 측에서 이 구단주들이자 억만장자들이자 거대 재벌들, 긴장하고 성급하며 경제적인 것이 특징인 A형 성격의 소유자들을 철자 순으로 앉히기 때문이다. 비열한 파벌 형성을 막기 위한 조치였을 것이다.

패리시의 구단은 예정된 안건인 예상 수익에 특히 주목해야 했다. 각 구단에 해마다 나가는 배당금이 최대 1억 5,000만 파운드나 되는데도, 당시 현금이 살짝 부족한 형편이었기 때문이다. 패리시는 사모펀드 거물인 뉴욕의 동업자 둘에게 수백 만 파운드를 달라고 할 참이었다. 이번 시즌 후반부 경기를 위해 팀의 전력을 강화하느라 새로 영입한 선수들에게 돈을 써야 하기 때문이다(팰리스가 경기에서 계속 죽을 쒀서 좌천을 당하게 되어 내년엔 첼시 옆에 다른 사람이 앉게 될지 모를 일이다!).

구단주가 돈을 물 쓰듯 쓰고, 자산이 40억 파운드 이상인 러시아 재벌, 로만 아브라모비치라서 첼스키Chel$ki라 불리기도 하는 전년도 우승 팀, 첼시라면 돈은 문제가 되지 않을 것이다. 그 정도의 부는 충동적으로 감독을 자른 다음 퇴직금을 섭섭지 않게 챙겨주는 값비싼 취미를 가지고 있을 때 아주 큰 도움이 된다. 심지어 참석하지 않은 회의가 진행되는 동안에도 아브라모비치는 오페라 가수 같은 스타일의 이탈리아인 코치, 안토니오 콘테Antonio Conte의 운명을 저울질하고 있었다. 콘테는 러시아의 신흥 재벌인 아브라모비치가 14년 동안 희생시킨 열두 번째 감독이 될 예정이었다. 몸은 멀리 있어도 아브라모비치는 이번 회의에 지대한 관심을 가지고 있었다. 어쩔 수 없이 얼굴을 자주 비치지 않고 있기는 하지만, 팀내 또는 팀 주변에서 아브라모비치 모르게 일어나는 일은 거의 없다.

두 시간 동안, 회의장 안의 구단들은 가장 확실한 수입원인 프리미어리그의 텔레비전 중계권 가격을 어떻게 책정할 것인지를 두고 열띤 토론을 벌였다. 중계권 경매가 3개월 앞으로 다가왔기 때문이다.

25년 동안, 중계권 판매는 리그 사업의 대들보 노릇을 해왔다. 프리미어리그 경기는 이제 185개국(UN 회원국 수도 193개 밖에 되지 않는다)에 중계되고 있으며 매주 주말 예상 시청 인원은 47억 명이나 된다. 이번 회의는 단순히 스무 개 구단의 모임이 아니었다. 그보단 매 회 스물두 명의 남자들을 번갈아가며 방청객 앞에서 촬영하는 프로그램을 위한 제작 미팅과 주주총회의 중간 정도로 보는 게 옳았다.

따라서 에드 우드워드Ed Woodward가 급한 전화를 받기 위해 양해를 구하고 회의장을 반쯤 빠져나갔을 때 아무도 눈 하나 깜박하지 않았다. 그 전화는 뉴욕에서 걸려 온 전화였다. 뉴욕 증시에 상장된 맨체스터 유나이티드의 중역인 만큼, 우드워드는 투자자 및 재무 분석가들과 함께 1분기 수익 결산을 진행해야만 했다. JP모건의 투자 금융 전문가 출신답게, 그 정도는 우드워드의 역량 안에 충분히 드는 일이었다. 하지만 현실 세계에서 구단을 성공적으로 운영한다는 건 그에게 다소 자신감이 떨어지는 일이었다. 우드워드는 맨체스터 유나이티드의 충동적인 거물의 심기를 불편하게 할까 봐 두려웠다. 의외로 그 인물은 그의 직속 상사들, 즉 구단을 소유한 플로리다의 억만장자들이 아니었다. 그 인물은 바로 고용인 중 한 명, 우드워드 자신이 직접 감독으로 채용한 남자, 걸핏하면 화를 내는 포르투갈인, 트로피를 번쩍 들어 올리는 것 못지않게 잘하는 일이라고는 뜻이 다른 이들(특히 구단 회장)을 열 받게 하는 일밖에 없는 것으로 명성이 자자한 조제 무리뉴 Jose Mourinho였다.

물론 무리뉴는 이런 회의에 절대 참석하지 않았다. 그 시간 그는 맨체스터에 있었다. 그것도 가족을 런던에서 데리고 올라오는 대신 1년 반째 혼자 장기 투숙 중인 초특급 호텔에. 그날의 회의에 한한다면, 그 자리에 모인 구단 회장들 중 최고의 독설가는 토트넘 홋스퍼에 지분이 있는 안경 쓴 과묵한 사나이였다. 그 남자, 즉 대니얼 레비 회장은 프리미어리그에서 가장 힘든 흥정 상대다. 선수를 상대팀한테 팔 때 어떻게 해서든 한 푼이라도 더 받아내는 재주를 익히 입증해 보인 바 있는데, 레비의 그런 재주 덕에 토트넘 홋스퍼는 1899년 이후 경기를 해 오던 구장을 허물고 딱 20여 미터 떨어진 곳에 지을 8억 5,000만 파운드짜리 신축

구장으로의 이전을 앞두고 있었다. 이 신축 경기장은 수용 인원도 두 배 더 많고 경기에 따라 교체가 가능한 천연 잔디 구장도 갖출 예정이다. 신축 목적은 어느 일요일이든 NFL 경기를 치를 수 있고, 해리 케인Harry Kane에게 걸맞은 무대를 마련해 주기 위함이었다. 해리 케인은 24세의 축구 천재 청년으로, 부드러운 볼 터치와 멍한 표정이 특징이며 영국 팀의 구세주라는 칭송을 받고 있었다.

지금 이 회의장에서 레비가 얼마나 까다로운 상대가 될 수 있는지를 가장 잘 아는 사람이 바로 웨스트햄 유나이티드West Ham United의 공동 구단주, 데이비드 골드David Gold였다. 골드는 레비보다 두어 자리 아래 앉아 있었지만 짙은 색 정장 때문에 죽 늘어선 일행 가운데 쉽게 눈에 띄었다. 골드는 82세의 백발노인으로 녹색 타탄체크tartan check 무늬 정장 차림에 은색 롤스로이스 팬텀을 타고 느지막이 나타났다. P. G. 워드하우스P. G. Wodehouse[†] 소설에서 방금 튀어나온 듯한 모습으로. 골드가 동료 구단주들과 남다른 점은 그게 다가 아니었다. 축구보다 청년들에게 인기 많은 오락거리로 부자가 된 유일한 구단주였다. 그것은 다름 아닌 포르노 잡지였다.

골드 옆에는 회의장의 유일한 여성 중역, 브래디 나이츠브리지 남작 부인Baroness Brady of Knightsbridge, 일명 '축구의 영부인First Lady of Football'으로 알려진 캐런 브래디Karren Brady가 앉아 있었다. 웨스

[†] 유머 소설의 대가로 알려진 영국 작가.

트햄의 부회장, 브래디가 오늘 서슬 퍼런 중역들 사이에 자리하게 된 것은 인정사정없는 프로선수 기용 때문만이 아니었다. 자기 구단 소속 선수와 결혼하고 그 선수를 경쟁 구단에, 그것도 두 번이나 팔아먹은 유명한 일화가 있는 인물이었다. 그보다 『더 선The Sun』지에 주간 칼럼을 기고하는데, 그 칼럼에서 프리미엄리그의 라이벌 중역들을 밥 먹듯 헐뜯었기 때문이다.

하지만 오늘 아침에는 모두 최대한 점잖은 모습이었다. 서로의 존재를 아주 잘 참아 주고 있었는데, 그 이유는 모두가 동의할 단 하나의 사실, 즉 프리미어리그가 전 세계 최다 시청률을 자랑하는 스포츠 리그일 뿐만 아니라 세계 최고이며 그 무엇도 감히 범접조차 할 수 없다는 사실 때문이었다.

11월의 그날 아침, 처칠 호텔에 모인 이들 중 위 현황에 조금이라도 기여한 이는 없었다. 하지만 진정한 천재나 수완가 없이도, 1992년 현재의 프리미어리그를 설립한 이 각양각색의 패거리는 소 뒷걸음치는 격으로 아이폰에 맞먹는 스포츠에 발을 들였다. 얼마 안 가 여기저기서 다들 한 몫 챙기려 모여들었다. 몇 명 안 되던 구단주들은 발 빠르게 노후 산업 도시와 무명 구단도 전 지구적 관심을 한 몸에 받을 수 있게 바꿔 주는 연금술을 찾아냈다.

이 이야기에 나오는 성과들 태반이 다 계획된 것이었다거나, 그런 성과를 이룩해 낸 이들을 천재로 여긴다면 칭찬이 너무 헤프다고 할 수 있을 것이다. 하지만 꽉 들어찬 경기장, 전 세계 수백만 시청자, 쏟아져 들어오는 중계권료가 있었기에 오늘날 프리미어리그에서의 삶은 상상을 초월할 정도로 달콤해졌다.

아니, 적어도 VIP석의 삶은 그랬다. 여타 업계를 짓누르는 업계 현실이 프리미어리그에는 아직 미치지 않았던 때지만, 구단주들은 전 세계를 향한 리그의 문어발식 확장이 가정에서, 서민들 사이에서 긴장을 유발하기 시작했다는 걸 서서히 깨닫고 있었다. 전 세계 중계권 및 라이선스 사용권 계약, 티셔츠 판매, 구단 상품, 해외 투어의 이윤은 차곡차곡 쌓였다(리그는 최고가만 부르면 무엇이든 팔아넘겼다). 그러나 입장권 가격은 치솟았고, 전 세계 축구 관광객이 구름떼처럼 몰려들면서(축구 팬의 뿌리 깊은 지역주의를 뒤흔들어 놓았다), 상업적 이익이라는 압도적 논리가 사람과 도시로 하여금 팀에 애착을 갖게 한 비논리를 여보란 듯 이기고 말았다. 영국 대다수 지역에서 제1차 세계대전 이후 변하지 않고 그대로인 것은 팀밖에 없었다.

그 결과 세계 최대의 흥행업 가운데 하나의 목표와 영국 토박이 축구 팬(이자 최초 고객) 사이에 골이 깊어졌다. 이러한 토박이 축구 팬의 정체성은 제품과 밀접한 관련이 있기 마련이다. 결국 이 업계는 세계화의 도전, 확장과 정체성 사이의 밀당이라는 도전, 이론의 여지없이 전혀 세계적이지 않은 관습에 물든 제품을 세계화해야 하는 도전이 어떤 것인지를 구체적으로 보여 준 셈이다.

처칠 호텔에서의 회의가 끝날 무렵, 회의장 내 전원은 방금 논한 내용을 비밀에 부치기로 합의했다. 하지만 영국 전역으로, 세계 각지로 돌아가는 이들의 손에는 공짜로 나눠 준 차가운 샌드위치가 들려 있었고, 얼굴에는 미소가 지어져 있었다. 다음에 모일 땐 이들의 최애 일꾼, 스쿠다모어가 텔레비전 중계권을 또 왕창 비싸게 팔아 주었을 거라는 확신을 얻었기 때문이다.

　백만장자와 억만장자가 모인 이 엘리트 집단은 전보다 조금 더 부자가 되어 모일 것이다.

1부
탈퇴

"미래가 보이더군요."

- 어빙 스콜라, 토트넘 홋스퍼 -

변혁의 서막

1992년 5월 18일, 새벽 네 시가 조금 넘은 시각. 센트럴파크가 내려다 보이는 뉴욕의 조합아파트co-op†, 햄프셔 하우스Hampshire House 24층 아파트에서 전화벨이 울려 세계 최고의 미디어계 큰손이 잠에서 깼다. 루퍼트 머독이 더듬더듬 수화기에 손을 뻗은 후 귀에 갖다 댔다. 수화기 속 목소리는 5,600여 킬로미터 떨어진 곳에서 고함을 질러댔다. 새벽 네 시 치고는 너무 쩌렁거리는 목소리였다. "3,000만 파운드 더 내놓아야 할 것 같습니다."

머독은 방금 들은 정보를 가만히 듣기만 했다.

수화기 너머 강한 비음 억양의 주인공은 샘 치좀Sam Chisholm이

---

† 실제로 부동산을 소유하는 게 아니라 건물 소유주에게 조합의 지분을 구매하는 것으로 입주할 때 이사회 멤버의 승인을 거쳐야 하는데 신규 입주자의 자격 조건이 굉장히 까다롭다.

다. 뉴질랜드 태생의 강퍅한 중역인 치좀은 머독 회장이 걸음마 단계의 영국 유료 텔레비전 방송국인 영국 최대의 위성 채널 B스카이B BSkyB를 회생시켜보려고 앉혀 놓은 인물이었다. 문제의 협상 테이블은 경기 생중계권 판매를 협상 중인 영국의 1부 리그 구단주들의 판이었다. 3,000만은 머독에게 만만한 액수가 아니었다.

머독은 어둠 속에서 눈을 감고 심호흡을 했다. 지난 몇 달은 그에게 평생 가장 진이 빠지는 시기였다. 로스앤젤레스에 있는 폭스 Fox의 총수라는 것은 그가 2월 이후 폭스 방송국을 직접 운영해오고 있다는 것을 의미했다. 불과 몇 주 전, 폭스를 부채 위기에서 구제하기 위한 2년 기한 자금 재조달에서 벗어난 일도 있었는데, 부채 위기는 뉴스 코퍼레이션 News Corporation 신문 부문 정리를 초래할 만큼 심각했었다. 그동안 내내 머독은 영국에서 B스카이B를 순조롭게 출발시키기 위한 헛된 고투에 사로잡혀 있었던 것이다. 이 모든 시련을 겪으며 20년은 더 늙어 버린 느낌이었다.

"그래도 될까요?" 치좀이 물었다.

머독은 숨을 내쉬었다. B스카이B는 반드시 성공시킬 작정이었다. 이미 20억 파운드를 투입했기 때문만은 아니었다. 그보다 B스카이B로 재수 없던 런던 디너 파티 무리의 입을 다물게 하고 싶은 마음이 컸기 때문이다. 그들은 사교 행사에서 마주칠 때마다 영국 방송국이 무조건 세계 최고란 식으로 호언장담했었다.

영국이란 나라는 변변찮은 채널 네 개를 가진 나라인데, 그마저도 두 채널은 주야장천 스누커snooker† 만 방영하는 듯했다. 그래서 머독은 반박을 포기했었다. 세계 최고의 방송국이란 어떤 방송국인지 너무 잘 알고 있었기 때문이다. 머독 자신은 미국에 있는 자신의 집에서 매일 밤 목격한 터였다.

일단 채널이 더 많았다. 대중성도 있었다. 마지막으로 빌어먹을 당구는 절대 내보내지 않았다.

하지만 값비싼 노력에도 불구하고, 영국 국민은 머독이 제공한 위성 방송에 좀처럼 눈길을 주지 않았다. 머독이 유료 텔레비전 방송을 시작한 지 5년이 지났지만, B스카이B는 여전히 매주 100만 파운드 적자였고, 본전치기라도 하려면 아직 유료 회원 50만 명이 더 있어야 하는 상황이었다. 그런데 지금 치좀이 머독 자신은 딱히 관심도 없는 스포츠의 중계권을 두고 경쟁 상대를 이기려면 3,000만 파운드를 더 내놓으라고 요구한 것이다.

영국 축구.

머독은 머릿속으로 계산기를 두드려 보았다. 그리곤 움찔했다.

향후 시청률 1위 스포츠 프로그램에 몇백만 달러를 추가로 승인한다는 것이 루퍼트 머독한테는 고민할 필요도 없는 문제가 될 터였다. 1997년까지, 머독은 NFL·NHL·MLB·NCAA 대학 풋볼 경기 같은 초대형 거래에 서명하면서 스포츠 중계권에 50억 달러를 쓰게 되기 때문이다. 하지만 1992년 5월의 새벽 네 시에

---

† 스물 한 개의 공으로 승부를 결정하는 당구 경기의 일종.

는 영국 축구 생중계 때문에 거액을 쓴다는 건 고민이 필요한 문제 같았다. 어리석게 느껴졌다. 사실 머독은 스포츠를 좋아하지도 않았다.

한편, B스카이B를 성장 일로에 오르게 해 줄 수 있는 게 있다면 그건 축구 생중계일 거라는 직감이 들기는 했다. 다른 사람은 몰라도 머독은 죽을 쑤고 있는 사업에 스포츠가 어떤 도움을 줄 수 있을지 잘 알고 있는 사람이었다.

1969년 머독은 당시 파산 직전이었던 좌파 신문『더 선』을 인수한 다음, 저속한 가십과 상반신을 노출한 모델 사진으로 꽉 찬 대중적인 타블로이드지로 잽싸게 변질시켰다. 그 와중에도 축구 소식은 매일 십여 페이지 정도 꼬박꼬박 실었다. 3년도 안 되어『더 선』은 영국에서 가장 잘 팔리는 일간지가 되었다. 그로부터 4반세기가 지난 지금도 축구가 다시 그를 곤경에서 구해줄 수 있을까? 머독과 치좀은 축구의 폭넓은 인기를 이용해서 위성 접시를 더욱 많은 중산층 가구에 달게 하자는 이야기를 수차례 나눈 바 있었다. 하지만 대체 돈을 얼마나 걸어야 하는 걸까?

지난 며칠 동안 치좀은 자신들에게 중계권 구매 여력이 있기는 한 건지를 두고 노골적인 의심을 표명하기 시작했고, 어쩌면 지금이 이 버스에서 뛰어내려야 할 때일지 모른다고 했다. 회사 고문인 아서 앤더슨Arthur Andersen도 그처럼 터무니없는 조건으로는 수익을 내는 것 자체가 불가능하다고 주장하면서 자살과도 같은 입찰에서 빠지라고 분명히 경고한 바 있었다.

"어떻게 할까요?" 치좀이 결정을 재촉했다.

머독은 대답을 보류한 채 자신에게 주어진 선택지를 마지막으로 곰곰이 따져 보았다. 런던에 있는 B스카이B의 중역이나 이사들한테까지 전화할 시간은 없었다. 그들의 의견은 나중에 들어보는 수밖에 없었다. 치좀이 수화기를 붙잡고 기다리고 있는 가운데, 머독은 영국 축구를 발칵 뒤집어 놓고 세계 미디어의 지형을 재정립하게 될 결정을 고민했다. 동트기 전 맨해튼에서 모든 것은 결국 간단한 질문 하나로 귀결되었다.

'얼마를 질러야 하는가?'

웨스트런던West London의 고급 호텔 로비에서 서류 묶음을 겨드랑이에 끼고 서류 봉투는 손에 든 채 지치고 곤혹스러운 얼굴로 서 있는 사람은 릭 페리Rick Perry였다. 그는 지금 자신에게 똑같은 질문을 묻고 또 묻는 중이었다.

페리는 그날 아침 그의 직장 생활에서 가장 중대한 순간, 아니 1863년 코번트 가든Covent Garden에 있는 펍에서 일단의 옥스브릿지 졸업생들이 만나 경기 규칙을 승인한 이후 어쩌면 영국 축구에서 가장 중대하다고 할 수 있을지 모르는 순간을 맞을 각오를 하고 랭커스터 게이트 호텔Lancaster Gate Hotel에 도착했다. 그가 여기 온 목적은 영국 최상위 프로 구단으로 구성된 별도의 신규 리그 계획안을 마무리 짓기 위해서였다. 이 별도 리그는 얼마 후 세계 스포츠업계에서 최고의 인기를 얻게 될 터였다. 이 영예로운 새 미래를 맞이하기 전, 추가 논의를 통해 결론을 내야 할 일이 딱 한 가지 남아 있었다. 위층 회의실에서 오전 열 시에 페리는 스물두 개 구단주들(자수성가한 백만장자, 3류 거물, 자유분방한 기업인들이 모인 무리)에게 인사를 건넨 후 그들의 새로운 합작 기업의 텔레비전 중계권을 어느 방송국에 주어야 할지 추천을 할 예정이었다.

이건 절대 사소한 사항이 아니었다. 영국 축구를 운영하는 이 남자들은 언제, 어디서, 어떻게 경기가 텔레비전에서 방영되어야 하는지, 그리고 무엇보다 중요한 것은 그런 특권에 대해 얼마를 받아야 할지를 두고 10년 넘게 티격태격해 오고 있었다. 이 문제를 끝장낼 해결책을 알아냈다고 말한 덕에 거의 모든 부분에 서로 반대하는 이 스물두 명을 설득해서 견해차를 제쳐두고 한 자리에 모이게 할 수 있었다. 이번 협력은 100년 넘게 축구가 조직되어 온 방식을 뒤엎을 것이며, 한 성깔 하는 이 스포츠의 감독 기구로부터 소송을 유발하고, 전국 축구팬들의 대대적인 반감은 말할 것도 없고, 못마땅해하는 언론으로부터 욕심이 과하다는 비난까지 초래할 것이었다.

은밀한 회담과 법정 드라마, 그리고 페리가 지난 20년 동안 회계사로 근무할 때보다도 더 많은 야근 일수가 2년간 이어진 끝에, 그들은 프리미어리그라 스스로 이름 붙인 실체의 마무리 작업에 들어갈 준비를 마쳤다.

이제 프리미어리그의 창립 시즌을 위한 방송국만 고르면 될 일이었다. ITV에서 제안이 들어왔다. 그냥 스카이로 더 잘 알려진 머독의 B스카이B로부터도 제안이 들어왔다. 어느 쪽을 택하든, 그들의 구단은 역사상 그 어느 때보다 큰돈을 벌어들이게 되어 있었다.

이 새로운 리그의 책임자로서 페리의 임무는 구단주 집단에게 어느 쪽의 입찰에 응할 것인지 조언해 주는 것이었다. 그 순간, 프리미어리그의 운명이 어떻게 될지 페리보다 더 자세하고 확실하게 파악하고 있는 사람은 영국에 없었다. 페리는 벌써 몇 달째 경쟁 관계인 두 진영을 오가며 핵심 인물들과 논의를 해 왔다. 그리고 몇 주 동안 계산을 하고 또 해 보았다. 바로 전날 밤에는 몇 시간 동안이나 호텔방에서 잠도 자지 않고 다음날 아침에 발표할 내용을 다듬고 또 다듬었다. 하지만 수억 달러가 걸려 있는 상황에서, 발표를 코앞에 둔 시점에, 페리는 자신이 대체 무슨 말을 해야 할지 모르고 있다는 사실을 깨달았다.

호텔 로비 맞은편에서는 전직 바클리즈Barclays 은행장이자 프리미어리그의 신임 회장으로 안경을 쓴 존 퀸튼John Quinton이 페리를 알아보고 다가왔다. 페리는 어찌할 바를 모르는 것 같았다. "무슨 일 있어요?" 퀸튼이 물었다. 페리는 어깨를 으쓱하고는 손목시계를 보았다. 그에게는 그걸 알아낼 시간이 20분 있었다.

누군가 골대를 옮겼다. 페리는 전날 밤 양방의 최종 입찰이 확정된 상태에서 프레젠테이션 작업을 마무리하고 마음을 정한 상태로 잠자리에 들었다. 프리미어리그 최초의 방송 파트너는 스카이가 될 것이었다. 1년에 4,450만 파운드를 부른 스카이의 입찰가가 1년에 1,250만 파운드를 부른 ITV의 입찰가를 아득히 상회했기 때문이다. 게다가 스카이는 경기도 더 많이 중계해 주고 방송에도 시간을 더 많이 할애해서 축구를 진정한 텔레비전 상품으로 변모시켜 주겠다는 약속까지 했다. 스카이가 BBC 제휴 방송국이라는 것은 집에 텔레비전을 놓은 영국 사람이라면 누구에게든 하이라이트를 보여줄 수 있을 거란 의미였다. 페리의 머릿속에서 결정은 고민하고 자시고 할 것도 없었다.

전직 축구 담당 기자이자 ITV 축구 책임자 트레버 이스트Trevor East가 접수 마감을 넘긴 ITV의 수정 입찰가 서류가 든 밀봉 봉투 20여 개를 소지하고서 랭커스터 게이트에 나타난 것은 그날 아침 9시를 조금 넘긴 시간이었다. 이스트는 스물두 개 구단주들이 도착할 때마다 다가가 그 봉투를 배포했다.

페리는 그 봉투를 손에 들고서 고개를 절레절레 저었다. 물론 이건 엄연한 규정 위반이었다. 최종 제안을 준비해서 구단주에게 5월 14일 프레젠테이션을 하라고 양쪽 입찰자에게 직접 전한 것이 페리 자신이었는데, 그게 4일 전이었다. 하지만 퀸튼이 딱 이런 행태에 대해 경고한 적이 있었다. "규정 같은 건 없어요. 상대를 때려눕힌 다음 협상에서 끌어내고 최후까지 남아 있는 사람이 이기는 겁니다." 이제 페리는 어떻게 해야 되는 걸까? 협상을 온전히 망쳐서는 안 될 일이었다. 수백만 달러가 걸린 일인데다 시즌 시작도 3개월밖에 안 남았다. ITV의 새 입찰가를 거부하면 그가 그토록 정성 들여 구축해 놓은 리그가 시작되기도 전에 자신이 실직자 신세가 될 판이었다. 게다가 이제는 구단주들도 새 입찰가를 보고 말았다. 구단주들도 거론 액수가 더 커졌다는 걸 알고 있었다.

따라서 페리는 이런 상황에서 유일하게 합리적이랄 수 있는 행동을 했다. 샘 치좀에게 전화를 걸어 수정 입찰가에 대한 재수정 입찰가를 제시하라고 권한 것이다. "젠장." 치좀은 그 후 품위 없는 욕설 몇 마디를 더 내뱉은 후 말했다. "다시 전화 드리겠습니다."

그래서 페리는 지금 호텔 로비 한가운데 서서 전화를 기다리는 중이다. 난장판의 조짐이 싹 트고 있지만 기다림 외에 답이 없다. "회의를 조금 연기해야 할 것 같습니다." 페리가 퀸튼에게 말했다.

이는 페리에게 익숙한 업무 진행 방식이 아니었다. 회계사로 언스트앤영Ernst & Young에서 근무해 오면서 자신의 꼼꼼함을 늘 자랑스럽게 여겼다. 복잡하기로는 세법에 맞먹는 축구 협회 규정집을 읽으며 한 세기 동안 복잡하게 얽히고설켜 온 축구라는 스포츠의 협치에 푹 빠져 밤을 지샌 근면성실한 직원이라는 데 자부심을 가지고 있었다. 페리는 깜짝 놀라는 걸 달갑게 여기지 않는 사람이었다. 하지만 그레이엄 켈리Graham Kelly에게 설득당해 축구라는 세계에 발을 들여놓은 이후에는 깜짝 놀람의 연속이었다. 켈리는 일 때문에 알게 되었는데 현재는 축구협회장이다.

모든 건 1990년 처음 나눈 잡담에서 시작되었다. 그때 켈리는 페리에게 영국 최상위 팀 일부가 새로운 리그를 결성하고 100년 넘게 영국 축구를 관리·감독해 온 구 조직 풋볼리그에서 탈퇴를 꾀하고 있다고 알려 주었다. 법적·논리적 장애를 잔뜩 안고 있는 이와 같은 반란 행위가 나타난 것은 영국 내 상위권 팀들이 아흔두 개 구단으로 이루어진 4부제 때문에 국내 프로 팀 두 개에 하나 꼴로 묶여 있었기 때문이다. 그 아흔두 개 클럽 밑에는 다시 세미프로 및 아마추어 디비전 수십 개로 구성된 더욱 큰 규모의 계층이 있었다. 이 디비전은 7,000개 정도 되는 팀을 포함했기에 저 아래까지 내려가다 보면 동네 술집 출신 아저씨들 열한 명까지 이어질 정도였다. 축구 피라미드에 속한 어떤 구단이든 시간과 승격만 충분하면 꼭대기에 도달하는 게 이론상으로는 가능하다. 빅토리아 시대 대영제국 때 질서 의식의 분수령이랄 수 있는 1899년 이후로, 영국 축구의 생태계는 이런 식으로 돌아갔었다.

1990년대 초가 되어서야 이런 체계를 바꿔야 한다는 선견지명이 나왔다.

하지만 사업적 야심을 키워 가는 과정에서 최상위 구단들은 나머지 영국 경기를 부담으로 보게 되었다. 유니폼 뒷면에 이름을 새기는 것부터 하프타임 휴식 시간을 연장하는 것까지, 최상위 구단들이 뭐만 하려고 하면 나머지가 자기 입장만 고집하면서 요지부동이었다. 빅클럽은 이런 상황에 진절머리가 났다. 영국에서 가장 잠재력 큰 축구 사업의 미래를 도대체 왜 거의 굼벵

이 기듯 움직이는 단체들 때문에 발목 잡혀야 하는가? 빅클럽의 계획은 피라미드에서 뾰족한 윗부분만 잘라내는 것이었다. 나머지는 자기 스스로 꾸려 나갈 수 있을 것이었다.

제안만으로도 일촉즉발의 위기가 유발될 수 있기에 켈리는 페리의 런던행조차 막아가면서 두 사람의 만남을 극비에 부치는 초강수를 뒀다. 대신 켈리는 맨체스터에 있는 미들랜드 호텔에서 만나자고 했다. 눈에 잘 띄지 않는 장소라서 두 사람이 모의를 꾸미기에 이상적이라는 이유에서였다. 과연 그 호텔은 축구 회의를 하기에 정말 이상적인 장소였다. 딱 한 가지 사소한 단점이 있었으니 그런 생각을 한 사람이 그들만이 아니었다는 점이다. 식당에서 좌석을 안내받다가 켈리와 페리는 그들이 이제부터 위태롭게 하려는 바로 그자들, 풋볼리그가 크리스마스 파티 장소로 똑같은 장소를 선택했음을 알게 되었다.

그런 류의 살 떨리는 일은 페리가 축구계에서 일하던 시절에는 하나의 볼거리가 되어 있었다. 또 다른 극비 회담에서 토트넘 홋스퍼 구단주인 어빙 스콜라는 정문에서 대기 중이던 영국 언론을 피하기 위해 주방 창문을 통해 식당을 몰래 빠져나가야 했던 적도 있다. 페리는 ITV의 술책을 진작 눈치챘어야 했다고 속으로 생각했다.

호텔 로비에서 페리는 시계를 다시 한번 확인했다. 바로 그때 페리는 자신이 어쩌다 이런 어처구니없는 사업에 엮이게 된 건지가 불가해졌다. 하물며 CEO가 어떻게 된 건지는 두 말할 필요도 없으리라.

  페리는 1979년 아서영Arthur Young 리버풀 지사에 회계사로 입사하여 결국 최고경영컨설턴트의 자리까지 올랐다. 맨체스터 시가 1996년 하계 올림픽을 영국에서 가장 강우량이 많은 도시에서 유치하려는 돈키호테식 사명에 착수했을 때, 런던 북서부 출신인 페리는 시 올림픽 유치 위원으로 추대되었다. 맨체스터 시의 올림픽 유치 꿈은 흐지부지되었지만, 페리가 유치 과정에서 보인 활약은 영국 스포츠계 배후 조종자들 일부의 눈에 들게 되었다. 그리고 바로 그 업계에서 페리는 자신들만의 돈키호테식 사명을 띤 야심찬 젊은 사업가들을 만났다.

  그들은 영국 축구로 돈을 벌고 싶어 했다.

개혁의 세 기수

1980년대 영국 국민들의 오락거리는 이익을 내길 희망하는 사람한테 확실한 투자처가 아니었다. 사실 영리 사업이라고 보기도 힘들었다.

　기업 후원과 축구장 광고판은 1970년대 말 이후에야 등장했다. 하지만 그때 그 수익은 구장 잔디 유지비나 겨우 충당하는 정도였다. 텔레비전은 재고할 가치도 없는, 경기에 해롭고 유독한 영향만 끼치는 것으로 여겨졌다. 텔레비전은 축구팬들이 잿빛 하늘에서 그칠 줄 모르고 흩뿌리는 이슬비를 맞아가며 구장 입석에서 자기 연고팀이 0-0 무승부를 뽑아내는 장면을 관람하게 하는 대신 거실 소파에 붙어있게 만들기 위해 고안된 사악한 술책이라는 것이다.

축구에서 얻는 알량한 수익도 거의 전적으로 입장료 수익이었다. 그마저도 1960년대 이후부터는 꾸준히 추락세를 보이고 있었다. 그리고 그 이유를 파악하기란 그리 어려운 일도 아니었다. 경기 관람 경험은 버스를 기다리는 일만큼이나 편안한 일이었다. 스타디움은 대체로 다 무너져 가는 껍데기에 불과했다. 경기장은 19세기가 끝나갈 무렵 전국 도심지 및 노동 계층의 공업 도시에 우후죽순 생겨난 이후 거의 손을 대지 않은 상태였다. 경기장 내부 상태는 좋게 말해봐야 원시적인 수준이었고, 지붕이 새고 펜스가 녹슬어 팬의 신변 안전에 위험한 요소도 많았다. 음식이라고 부를 만한 것도 대개는 최악이었다.

그렇게 열악한 상황이니 가장 전망 밝은 최상의 사업거리가 축구 쪽으로 모여 들지 않는 이유는 이해하기 쉬웠다. 구단주들은 대개 도축업자와 건설업자였다. 이들은 무보수지만 요청이 들어오면 기꺼이 몇천을 기부했는데, 사실 토요일 오후 중역실에 죽치고 있다 보면 딸려 오는 인맥과 명예와 시가 연기를 더 기꺼워했다. 관람객 감소나 만성적 투자 부족으로 고민하는 일은 별로 없었는데 그럴 필요를 못 느꼈기 때문이었다. 그들은 작은 공동체의 거물이기에, 스스로를 무보수로 해당 지역의 문제들을 관리하는 존재로 여겼다. 영국 항공을 운영한다면 모를까 구단은 달랐다.

하지만 그런 문제들은 알아서 해결되지 않았다. 1980년대가 되자 문제는 걷잡을 수 없이 커져 있었다. 극한의 불경기, 실업

률 증가, 도심 폭동, 포클랜드 전쟁, 대규모 금융 규제 완화와 같이 나라의 정치와 사회를 뒤바꿔 놓은 사건들로 영국이 몰라볼 정도로 달라진 10년이란 기간 동안, 영국 축구는 영국 축구대로 부침을 겪었다. 국가적 스포츠에서 국가적 수치거리로 전락한 것이다.

관람석 내 몸싸움과 무질서는 선심線審과 코너 플래그corner flag 못지않은 토요일 오후의 필수 요소가 되었다. 1960년대 이후에는 원정 팬을 로프를 친 경기장 코너나 게이트로 막은 구역에 가둬서 양팀의 팬을 의도적으로 떼어 놓았지만 소용없었다. 이런 팬 분리는 오늘날에도 여전히 시행되고 있는 관행이다. 그 후 구장 내 폭력 행위를 억제하기 위해 CCTV를 도입했지만, 경기장 내의 소규모 충돌을 거리로 내몬 격이 되어 팬과 경찰 사이의 분쟁이 흔해빠진 일이 되었다. 첼시 헤드헌터스Headhunters, 클리소프스 비치 패트롤Cleethorpes Beach Patrol, 웨스트햄의 인터시티펌Inter City Firm 같은 훌리건 집단은 경기장 주변 동네를 영역 다툼의 장으로 변질시켜 버렸고, 축구팬의 본분은 호신술 단련이 되었다. 경기 관람의 주요한 위험 요인은 더 이상 영국 축구의 쇠락해 가는 기반 시설이 아니었다. 이제 코를 찌르는 오줌 냄새와 더불어 신체 폭력의 조짐마저 감돌았다.

관람석의 상황이 악화할수록, 필드에서 펼쳐지는 경기 자체도 퇴보하여 가운데쯤에 공을 두고 마을끼리 대항전을 벌이게 하는 준조직적 폭동이었던 최초의 축구를 닮아 갔다. 영국 축구는 거칠고 단순해서 기술적 세련미는 부족하고 무모한 태클이 난무하는 것으로 유명했다. 1980년대 상위 클럽 중 다수가 '롱볼 게임long-ball game'에 집착하면서 기회가 나는 족족 공을 멀리 패스하기만 했다. 그러고 나면 일어날 수 있는 최고의 경우는 볼이 골대 가까이로 튕겨 가거나 높이 뜬 볼이 헤딩으로 골대 가까이 가는 것이었다. 정확도는 희생되고 점유율은 헐값에 넘어갔다. 조금만 정교한 축구를 해 보려고 하면 교체당하기 십상이었다. 롱볼 축구가 유효하다는 데는 의문의 여지가 없었지만, 롱볼 축구 때문에 경기가 못 봐주게 지루해진다는 점 또한 의문의 여지가 없었다.

이 모든 게 축구가 쇠퇴하고 있다는 인상을 주는 것 같다면, 1985년은 영국 축구가 최초로 최저점에 도달한 해였다. 그해 5월 브래드포드Bradford의 밸리퍼레이드Valley Parade 스타디움에서 경기 도중 화재가 발생했다. 들리는 바에 의하면 담배꽁초 때문에 관람석 아래 쓰레기 더미에 불이 붙었는데, 마침 소화기가 없어서 쉰여섯 명이 사망했다고 한다. 같은 달 말, 벨기에의 헤이젤Heysel 스타디움에서 열린 유러피언컵European Cup 결승전에서 리버풀 팬과 이탈리아의 초강팀 유벤투스Juventus 팬 사이에서 싸움이 벌어져 39명이 사망하고 600명 이상이 부상을 당했다. 그 두 참사 사이, 『선데이 타임스The Sunday Times』는 대중 전체(와 정부 고위 공직자)의 의견을 대변하는 듯한 사설을 실었다. 『선데이 타임스』는 사설에서 축구에 '후진 스타디움에서 후진 인간들이 벌이는 후진 경기'라는 낙인을 찍었다.

프로 게임의 근간이 무너지고 있었다.

시즌 막바지에 이르자 리그의 타이틀 스폰서title sponsor인 캐논Canon이 축구에 등을 지기에 이르렀다. 그해 관중 수는 1920년대 이후 역대 최저를 기록했다. 축구는 급기야 곰 곯리기·맨손 복싱·대영제국의 미명하에 광대한 땅따먹기 같은 빅토리아 시대의 전통 오락과 같은 길을 걸을 신세에 처할 것만 같았다. 다시 말해서 축구는 사람들이 투자하겠다고 몰려들 만한 사업이 아니었단 얘기다.

이 모든 요소는 데이비드 딘이란 이름의 진취적인 상품 거래자가 딱 구미가 당겨할 만한 기회였다.

데이비드 딘은 늘 자신이 남들은 찾지 못할 투자처를 귀신같이 찾아내는 사람이라고 여겼다. 스물한 살에 사업가 경력을 시작하고자 대학을 중퇴한 이후로 그의 본능은 쭉 여보란 듯 들어맞았다.

딘은 셰퍼즈부시마켓Shephards Bush Market에서 열대 과일 수입하는 일로 사회생활을 시작했다. 망고, 꾸더우, 그 밖의 외국 농산물을 점점 커지고 있던 런던 내 카리브인 지역 사회에 팔았다. 서른여섯의 나이에 영업 사원으로서의 능력을 갖추고 상품 중개 분야로 넘어갔다. 당시 그가 다녔던 회사인 런던 앤 오버시즈London & Overseas 주식회사의 총매출액은 1981년 4,200만 파운드였다. 상대를 편안하게 하는 매력과 타고난 구릿빛 피부까지 갖춘 재담가 딘은, 자신의 성공이 가치를 알아보고 입장을 취한 다음 다른 모든 방법이 실패하면 주사위를 굴릴 줄 아는 능력 덕분으로 여겼다.

그러나 1983년 무역업에서 계속 좋았던 딘의 운이 바뀌기 시작했다. 그의 회사가 한 인도 사업가, 대여섯 개 투자은행, 나이지리아행 설탕 화물 하나가 연루된 사기 행각의 피해자가 된 것이다. 이 일을 해결하는 데 몇 년이 걸릴 예정이었다.

단기적인 문제로는 그의 사업체가 하룻밤 사이 2,000만 달러가량의 채무를 지게 되었다는 것이다. 그것이 바로 딘으로 하여금 새로운 투자 기회를 찾아 나설 수밖에 없게 만든 원동력이 되었다. 런던을 떠나지 않고도 딘은 자신이 찾고 있던 바로 그것을 찾았다. 실적이 저조한 시장의 부실 자산이지만 호전의 기운이 무르익었음을 감지할 수 있는 무언가.

1983년 2월, 딘은 아스날 구단의 지분 16.6%를 29만 2,000파운드를 주고 샀다.

위험천만한 사업에 운을 걸어 거금을 벌어들인 사람에게조차, 아스날 투자는 무모하기 짝이 없는 도박처럼 보였다. 아스날은 런던 북부에 호랑이 담배 피우던 시절 창립된 구단으로, 10년도 넘게 리그 우승 한 번 한 적이 없었고, 하이버리Highbury의 홈구장은 너무 조용해서 '도서관'이라는 별칭까지 얻었다. 딘의 동료 거래자들은 어리둥절해했다. 딘이 이 사실을 알리자, 친구들은 기

겁을 했다. 구단의 대주주이자 딘한테 주식을 판 당사자인 피터 힐-우드Peter Hill-Wood조차 딘의 투자를 보고 '미쳤다'고 할 정도였다.

힐-우드는 당시 "어떻게 봐도 갖다 버린 돈"이라고 말했다.

딘의 생각은 달랐고, 이후로도 아스날에 대한 자신의 비전이 나머지 이사들과 다르다는 걸 계속 발견할 터였다. 나머지 이사들은 대부분 힐-우드와 비슷한 부류로, 입에 시가를 문 이튼Eton 출신이며 다들 일찍이 1919년에 아스날 이사회에 가입한 할아버지를 두고 있었다. 당시 영국 축구 중역들 대부분과 마찬가지로 힐-우드 역시 구단 지배권을 물려받은 사람이라서, 구단을 물려받는 것이 프랑스 남부에 있는 다 무너져 가는 성을 물려받는 것과 진배없다고 여겼다. 즉, 구단을 노력해서 꾸려야 할 사업체가 아니라 평생 돈 잡아먹는 애물단지로 보는 것이다. "저는 구단을 금융 자산으로 본 적이 없습니다. 예전에 주당 30실링에 주식을 샀을 때도 솔직히 돈 낭비라고 여겼어요." 힐-우드의 말이다.

딘은 주식을 사들이는 데 개인 재산을 펑펑 쓰는 것에 전혀 개의치 않았다. 그 후 10년에 걸쳐 딘은 아스날에서 자신의 이권을 늘리는 데 집요한 모습을 보였다. 심지어 스코틀랜드의 어떤 할머니한테 주식 두 주를 사려고 왕복 1,000킬로미터가 넘는 여행을 마다하지 않았다는 이야기까지 돌았는데, 본인은 사실무근이라고 주장했다.

딘의 주식 지분율이 41%가 된 1989년, 아스날이 다시 한번 챔피언십을 따내자 딘은 영국 축구에서 가장 주목받는 중역이 되었다. 일부에서는 가장 특권 계급다운 모욕, 즉 개천에서 난 용이라는 말까지 써 가며 딘을 조롱하기도 했고, 한 평론가는 딘을 가리켜 축구에서 가장 잘 알려진 부회장이라고 칭하기도 했다. 하지만 딘은 영국 축구를 머리채라도 잡아서 20세기가 끝나기 전까지는 19세기에서 끌어내겠다는 사명을 띤 소규모 중역 집단의 막강한 브로커가 되어 있었다.

딘은 동료를 찾아 먼 곳까지 발걸음할 필요가 없었다. 1982년 부동산 재벌, 어빙 스콜라가 하이버리에서 6킬로미터밖에 떨어지지 않은 곳에 위치한 부동산의 거래를 마무리한 참이었다. 하이버리는 위풍당당한 벽돌과 모르타르 더미로 일명 토트넘 홋스퍼로 알려져 있었다. 스콜라는 딘이 오랫동안 맞춤형 번호판을 단 스포츠카를 타고 시내를 누비는 걸 봐 왔고 딘의 형제 아놀드Arnold와는 건너건너 아는 사이였다. 하지만 두 중역이 우연히라도 마주칠 일은 절대 없었다. 딘처럼 스콜라 역시 자수성가한 사람이었다. 그리고 딘처럼 스콜라도 자신을 영국의 나머지 구단주들 대부분보다는 머리가 돌아가는 사람이라고 여겼다. 토트넘 발굴만 해도 구단의 최초 주주 명부를 샅샅이 찾아다닌 끝에 주식을 싼 값에 은밀히 사들인 후 이사회에 비집고 들어갔으니 기업 매수에 해당했다. 스콜라는 소년 시절 좋아하던 구단을 장악하는 데 필요한 25% 지분을 위해 총 60만 파운드를 썼다.

저 위 북쪽에선 마틴 에드워즈가 이와 비슷한 방법으로 맨체스터 유나이티드를 장악하게 되었다. 그의 아버지는 그 지역 도

축업자이자 뽀글이와 고급 시가에 대한 애정 때문에 '샴페인' 루이 에드워즈Louis Edwards로 알려진 약아빠진 사업가였다. 그 역시 주주 한 명 한 명을 찾아낸 다음, 그 사람들의 주식을 잽싸게 사들이는 식으로 소리 소문 없이 구단 지분을 50%까지 늘린 인물이었다. 1980년 아버지가 심장마비로 세상을 떠나자, 마틴이 맨체스터 유나이티드 회장 자리를 인계받았다. 얼마 후 마틴은 1983년 스와질란드Swaziland행 프리시즌 투어 후 이 현대화 무리의 세 번째 일원이 되었다.

스와질란드 왕국은 아프리카 남부에 있는 조그만 내륙국인데, 아파르트헤이트Apartheid로 인한 정치적 제재 때문에 영국 팀이 이웃나라인 남아프리카에서 경기를 금지당해서 선정된 투어 개최지다. 토트넘도 스와질란드로 이동을 했는데(두 구단에서 선수를 선발해서 꾸린 토트맨Tottman이란 팀이 로밤바Lobamba의 솜홀롤로 국립경기장Somhlolo National Staidum에서 스와질란드 국가 대표팀을 6-1로 이겼다), 에드워즈와 스콜라가 풋볼리그로 인한 짜증을 함께 나눈 자리가 바로 그 자리였다. 풋볼리그는 변화를 완강히 거부하고, 소위원회가 끝도 없이 이어지고, 답답할 정도로 상업적 노하우도 부족하다는 게 두 사람의 공통된 의견이었다.

"그러니까 구단이 구단 안에 갇힌 것 같았죠." 스콜라는 원기 왕성한 40대 젊은이들로 똘똘 뭉친 3인조에 대해 이렇게 말했다. "우리 모두의 공통점은 다들 축구를 사랑하고 축구가 잘 되길 바란다는 거였습니다. 축구가 잘 되면 나머지도 잘 풀릴 거란 걸 알고 있었죠."

이때 축구를 현대화시키려는 마음을 품은 이들은 딘, 에드워즈, 스콜라만이 아니었다. 이 반항꾼 무리에 합류하게 될 이들은 더 있었다. 그중 눈에 띈 인물이 에버턴Everton 회장인 필 카터Phil Carter와 리버풀 회장인 노엘 화이트Noel White였다. 이들이 당시 영국 상위 구단 중 빅5Big Five라는 것을 완성했다.

그러나 1985년 영국 축구가 텔레비전 화면에서 실종되고 재정 파탄을 앞두고 있는 것으로 보이는 등 그 존재가 위협받는 위기에 처했을 때, 지나가듯 주고받은 대화로 영국 축구의 구질서 붕괴에 시동을 건 사람들은 바로 이들 3인방이었다. 또한 1992년 어느 5월의 아침 결국 랭커스터 게이트 호텔 로비까지 이어진 것은 바로 미래에 대한 이들의 신견지명이었다. 이 3인방은 안전하고 멋있는 스타디움을 갖춘 현대적이고 시장성 좋고 미디어 친화적인 리그를 마음속에 그리고 있었다. 안전하고 멋있는 스타디움이란 텔레비전의 위력을 활용하고 각 구단을 10억 달러짜리 사업으로 바꿀 기업의 고객 전략에 적합한 스타디움이다.

마침 이 선견지명에는 명칭이 있었다. 이름하야 내셔널풋볼리그National Football League.

데이비드 딘의 아스날 단장 임기는 1983년에 시작되어 2007년에 끝났는데, 그 기간은 영원히 '무패 우승'이라 정의될 것이다. 거너스가 2003-4 시즌 내내 서른여덟 경기를 치르면서 단 한 경기도 패하지 않았기 때문이다. 이는 1880년대 이후 처음 있는 일이었으며 그 이후 지금까지도 일어나지 않고 있다. 이적에도 관여하는 아스날 부회장 딘은 오늘날의 아스날을 있게 한 주요 설계자 가운데 한 명이었다.

하지만 그것은 딘에게 있어 스포츠의 완성도를 높인 최초의 경험이 아니었다. 최초는 딘과 딘의 미국인 아내 바버라가 결혼한 직후, 그러니까 지금으로부터 30년 전이라고 볼 수 있다. 이 신혼 부부는 마이애미에서 시간을 좀 보내기로 했다. 거기서 딘은 다른 종류의 풋볼을 처음으로 접했다. 1972년 마이애미 돌핀스Miami Dolphins의 표현에 따르면 '래리 손카Larry Csonka… 200킬로그램이나 나가는 인간 산, 인간 장벽!'이었다.

72년도 돌핀스는 지금까지도 전미 프로 스포츠 연감에서 가장 신화적인 팀 가운데 하나로 남아 있으며 NFL의 유일한 무패팀이다. NFL에서 최후까지 남은 무패팀이 경기에서 지면 시즌마다 한 번씩 모여 샴페인을 터뜨리는데, 이로써 72년도 돌핀스는 오늘날까지 스포츠 역사에 남긴 지울 수 없는 업적을 유지하고 있다.

돌핀스는 딘에게도 지워지지 않을 인상을 남겼다. 하지만 쿼터백 밥 그리스Bob Greise와 명예의 전당에 오른 풀백 래리 손카의 위업 때문이 아니었다. 딘은 돌핀스 구장의 대형 스크린, 광폭 경기장, 고급 음식, 치어리더들에 반한 거였다. 딘은 '아, 이런 게 바로 일류 스포츠 행사다운 모습이구나'하고 생각했다.

"눈이 번쩍 뜨이더군요. 스포츠는 저렇게 운영해야 하는구나 싶었습니다. 마케팅 방식을 보면, 그냥 90분짜리 축구 경기라기보다 하나의 이벤트였어요. 가족이 다 함께 즐기는 스포츠, 훌륭한 야외 활동에 그럴싸한 식사까지 가능했으니까요. 심지어 화장실까지 좋더군요." 딘은 이렇게 회상했다.

화장실 얘기가 그냥 부수적으로 딸려 나온 얘기가 아니란 점에 주목해야 한다. 딘은 영국 축구에서 화장실 분야를 자신의 사명으로 삼게 된다. 딘에게, 화장실은 이 축구란 스포츠의 잘못된 점 전부를 단적으로 보여 주는 예였다.

1980년대 영국에서 축구 경기를 관람할 때 겪을 수 있는 모든 잠재적 위험 가운데(노후화한 경기장, 폭력적인 팬, 차갑고 축축한 영국 날씨), 딘이 생각하기에 경기장 화장실에 발을 들여놓는 경험보다 더 불안한 건 없었다. 휑할 뿐만 아니라 말도 못하게 더럽기도 하고, 그마저도 옥외에 양철 벽 한 장과 바닥에 파놓은 도랑에 불과한 경우가 허다했다(여자 화장실은 어떠했냐고 묻는 사람이 있다면, 우리가 이 당시 영국 축구가 처한 끔찍한 상황을 충분히 전달하지 못한 걸 거다). 설상가상으로, 하프타임이 10분밖에 안 되어 휴식 시간이 짧다 보니 팬들 대부분은 끝 모를 화장실 줄에 서기보다 벽이나 세면대에다 소변을 해결하는 쪽을 택했다.

"우린 흥행업계 종사자들입니다. 그러니 즐거운 경험이 되게 만들어야지요. 10분 동안 줄을 서고도 화장실을 못 가는 일은 없어야 합니다. 쾌적해야 해요." 딘은 리그 미팅 때 동료 구단주들에게 간곡히 말했다.

당혹스럽게도 다른 구단주들은 화장실의 상태에 대한 딘의 호소에 꿈쩍도 하지 않았다. 다른 구단주들을 설득해서 하프타임을 15분으로 늘리는 데만 5년이 걸렸다. 영국 축구장 내 화장실 이용 경험을 바꿔 놓겠다는 딘의 사명 완수는 그보다 더 오래 걸릴 예정이었다.

하지만 딘은 화장실 문제를 앞으로의 야망으로 남겨둔 채, 다른 영역에서 앞으로 나아갔다. 사실 딘이 아스날 주식을 사들인 지 얼마 후부터 구단 스타디움은 딘이 미국 스포츠계에서 목격한 부분을 하나둘 반영하기 시작했다. 거너스는 1988년 클록 엔드Clock End 관람석에 VIP석과 지붕을 추가했다. 그 후로도 구단은 대형 비디오 스크린 두 개, 초대형 기념품점, 구단 박물관을 추가하게 된다. 1994년에는 공모전을 통해 열한 살짜리 아이가 고안한 최초의 마스코트도 생기게 될 터였다. 아스날의 마스코트는 야구 모자를 쓴 2.5미터짜리 녹색 공룡으로 이름은 거너사우르스Gunnersaurus였다.

NFL의 영향은 얼마 안 가 런던 북부로 건너가 토트넘의 화이트 하트 레인White Hart Lane에서도 나타나게 된다. 어빙 스콜라는 스퍼스Spurs[+]의 지배권을 잡은 직후, 토트넘이 한참 뒤쳐진 분야인 구단 마케팅과 영리 활동 개선을 위한 아이디어를 찾아 미국으로 순례길에 나섰다. 1983년 맥주 양조 회사인 홀스텐Holsten과 최초의 유니폼 후원jersey sponsorship 계약을 체결한 후, 스퍼스는 리

[+] 토트넘 홋스퍼의 별칭.

그 내 1부 리그 팀 중에서 그 유명한 흰색 경기복 상의에 기업 로고를 새긴 마지막 팀이 되었다.

마이애미 돌핀스 관중 자격으로 NFL을 공부한 딘과 달리, 스콜라한테는 내부 연줄이 있었다. 그 연줄이란 역대 최고의 선수로 리그를 바꿔 놓았으며 오늘날까지 칭송받는 위업을 달성한 사람, 바로 O. J. 심슨O.J. Simpson이었다.

우연찮게도 스콜라의 미국행은 NFL이 국제적 입지를 넓힐 방안을 고려하던 때였다. 당시 소문으로 떠돌던 한 가지 제안은 전 시즌 슈퍼볼 참가 팀 사이의 프리시즌 경기를 런던에서 주최하자는 아이디어였다. 어찌저찌 심슨이 중재자로 관여하게 되었다. 그런 경위로 스콜라는 1983년 어느 날 밤 턱시도 차림의 심슨, 모피 코트를 두른 니콜 브라운과 함께 뉴욕시에서 열린 파티에 참석하게 되었던 것이다. 스콜라의 회상에 따르면 그 자리는 'VIP 중의 VIP들이 모인 자리'였다. 그다음 날, 심슨은 스콜라에게 파크 애비뉴에 있는 NFL 리그 사무국 본사에서 NFL 사무국장, 피트 로젤Pete Rozelle을 소개해 주었다. 슈퍼볼 리매치는 계획대로 성사되지 않았지만, 스콜라는 NFL의 사업 방식에 대한 새로운 인식을 갖추고 런던으로 돌아왔다. "상업적 매력의 측면에서 정말 놀라웠어요. 미래가 보이더군요." 스콜라는 이렇게 기억했다.

스콜라는 그와 마찬가지로 NFL의 마케팅 플레이북의 열렬한 교육생이 된 마틴 에드워즈와 함께 1987년 뉴욕 제츠New York Jets

경기 관람을 가는 등 그 이후에도 NFL 공부를 이어간다. 5년 뒤, 맨체스터 유나이티드는 베낀 게 아닐까 하는 의심이 들 정도로 로스앤젤레스 레이더스Los Angeles Raiders의 검정색 유니폼과 똑 닮은 검정색 저지를 공개하게 될 터였다. 레이더스의 구단주 알 데이비스가 알아차렸다면, 십중팔구 소송을 걸었을 것이다.

1992년 이전 10년 동안, 프리미어리그의 새물결이 영국 축구를 발칵 뒤집어 놓고 아마추어리즘에 뿌리내린 경기를 21세기형 오락물로 바꾸려고 노력하는 동안, NFL은 딘, 스콜라, 에드워즈에게 일종의 경영 사례 연구 역할을 해 주었다. NFL은 이 3인방에게 기업 브랜드화부터 조직의 지배 구조까지, 큰 그림에 대한 아이디어부터 경기복 상의에 이름을 새기는 것과 같이 세부적인 사항까지, 모든 것을 가르쳐 주었다. 100년 묵은 스포츠에 NFL의 상업적 전문성과 화려함을 불어넣으려는 여정에서 아이디어를 슬쩍하기를 꺼리는 이는 아무도 없었다.

하지만 대서양 건너에서 배운 온갖 것들 중에 두드러지는 교훈이 하나 있었다. 축구단 보유로 돈을 벌 거면 텔레비전으로 벌어야 한다는 것이었다.

끓어오르는 불만

어빙 스콜라, 마틴 에드워즈, 그 외 구단주 예닐곱 명이 1985년 12월 말, 히스로 공항 외곽에 있는 시멘트 덩어리 같이 생긴 건물, 포스트하우스 호텔Posthouse Hotel에서 모였을 때, 텔레비전으로 거액을 벌어들인다는 것은 가망 없는 일처럼 보였다. 그때 당시엔 영국 축구가 초특급 재미를 선사하는 텔레비전 상품으로 보이지 않았기 때문이다. 그 주된 이유는 영국 축구가 엄밀히 말해서 텔레비전 상품이 전혀 아니었기 때문이다.

두 대형 지상파 채널인 BBC, ITV와 경기 생중계 계약을 체결하지 못하는 바람에 1985-6 시즌은 8월, 국내 텔레비전 계약 없이 개막했다. 그건 곧 텔레비전 생중계도, 하이라이트 프로그램도 없다는 의미였다. 심지어 ITN은 저녁 뉴스 방송에서 경기 결과조차 전하길 거부했다.

그 시즌은 실질적으로 존재감이 전혀 없는 시즌이었다.

세상에서 가장 인기 많은 이 스포츠가 종주국의 텔레비전 편성표에서조차 전면 제외된 이유는 어느 정도는 구단주들과 텔레비전 채널 사이의 관계가 틀어진 데 있었다. 축구 경영자들은 오랫동안 BBC와 ITV가 공모해서 경기 중계권료를 인위적으로 올리지 못하게 하고 있다고 확신해 왔다. 두 방송사의 협상 담당자가 그 해 여름 화이트 하트 레인에서 열린 중대한 미팅에 참석할 당시 같은 블랙캡에서 내리자 의혹은 확신으로 굳어졌다.

하지만 방송 중단은 영국 축구가 오랫동안 텔레비전에 대해 보인 모순적 태도가 남긴 흔적이기도 했다. 이 태도는 축구에 고착화된 전통, 관례로 이어져 온 수익 배분 모형, 1985년 붕괴 직전에 처한 전반적 권력 구조에서 유래한 것이었다.

축구가 최초로 영국 텔레비전 화면에 등장한 것은 1937년이었지만 경기 중계를 정기적으로 방송되게 하기 위해 혼신의 노력을 기울인 인물이 나타난 것은 1960년에 이르러서였다. 그해, ITV는 풋볼리그와 15만 파운드 계약을 맺고 스물여섯 경기를 중계하기로 했다. 단, 문제가 하나 있었다. 그 스물여섯 경기를 90분 전부 보여 줄 수 없었다는 것이다. 텔레비전의 축구 정규 중계가 그때까지도 풋볼리그의 유일한 수입원이었던 관중 수에 영향을 미칠까 겁을 먹은 구단들은 후반전 이전까지는 ITV의 촬영을 허가하지 않았다. 이런 어정쩡한 상태가 몇 주 지속되다가 급기야 아스날과 토트넘이 ITV의 촬영을 전면 금지해 버렸다. 이 시점이 바로 영국 축구 사상 최초의 대형 방송사 중계 계약이 구단과 방송사 사이의 한바탕 상호 비방으로 좌절된 시점이다.

그 후 40년 동안, 양측의 관계는 거의 나아지지 않았다. 1964년, BBC는 토요일 밤 스포츠 하이라이트를 보여 주는 〈오늘의 경기Match of the Day〉 첫 회를 방송했다. 이 방송을 위해 BBC는 총 5,000파운드를 냈다. 아흔두 개 풋볼리그 소속 구단의 구단주들이 그 5,000파운드를 나눠 냈기에 각자 50파운드씩 부담한 셈이었다. 구단주들은 텔레비전 생중계로 인한 재앙을 노련하게 피했다며 기뻐했다.

그 후 20년 동안 일어난 일 중 가장 좋은 일은 그 협약이 깨지지 않고 잔존한 것 정도였다. 축구는 거의 하이라이트 프로그램을 통해서만 텔레비전에서 방영되었다. 경기 중계권을 팔아 벌어들인 그 알량한 돈은 네 개 디비전에 속한 구단주들이 칼처럼 정확히 나눠가졌다. 다시 말해서, 맨체스터 유나이티드도 매클스필드Macclesfield와 똑같은 액수의 배당금을 받았다는 말이다.

선수는 그러니까 선수 입장에서는 이런 상황이 조금이라도 바뀔 수 있다는 사실을 알아차릴 길이 없었다. 선수들은 프로 축구도 목공이나 배관처럼 장사라고 믿으며 자란 사람들이었다. 10대에 자퇴를 하고 '신입'으로 입단한 후(일과의 태반이 선배 선수들의 축구화를 닦는 데 들어갔다는 의미다) 실력이 출중한 경우라 결국 프로 계약을 딴 사람들이었다. 축구 선수의 벌이는 상당했지만(1970년대, 최우수 선수들이 매년 집에 가져다주는 돈이 1만 2,000파운드에서 1만 5,000파운드였는데, 이는 근로자의 평균 연봉 두 배에 달하는 액수였다) 30대 중반 은퇴할 즈음엔 다른 직업을 찾아야 했다. 평생 놀고먹을 수 있을 정도로 버는 선수는 없었다. 따라서 코치가 되지 못한 선수들은 택시를 몰거나 술집을 운영하는 등 원래의 노동자 계층으로 돌아가 노동자 계층의 일을 했다. 게다가 시스템을 바꾸고 싶은 마음이 있다고 해도 축구는 선수들에게 그다지 큰 발언권을 주지 못 했을 것이다.

그러나 1980년대가 되자 당시 상황에 진절머리가 난 구단과 방송사 양측은 변화를 부르짖기 시작했다. 스포츠 생중계로 얻을 수 있는 어마어마한 시청률에 목말라 있던 BBC와 ITV는 더 이상 하이라이트 방송만으로 만족할 수가 없어서 경기를 처음부터 끝까지 온전히 생중계할 수 있게 해 달라고 요구하기 시작했다. 이와 동시에, 빅 구단의 구단주들도 텔레비전 생중계가 현장 관람에 끼치는 영향이 무시무시할 거란 우려도 다소 기우였을지 모르고(대중은 소파 때문에 관람석을 아예 단념하지는 않았다), 각 구단의 경기도 과소평가되고 있다는 사실을 깨달았다.

옆구리를 찌른 손가락은 익히 알고 있던 손이었다. 1982년, NFL은 5년에 20억 달러짜리 텔레비전 중계 계약서에 서명을 했는데, 이는 스포츠 중계 역사에 길이 남을 획기적 사건이라는 평가를 받았다. "그 액수를 보고 잘못 본 줄 알았습니다." 스콜라는 그때를 이렇게 기억했다. 그다음 해, 영국 축구는 영국 축구대로 텔레비전과 계약을 맺었는데, 이번 계약은 별로 특별할 것이 없었다. 2년짜리 계약은 520만 파운드 상당이었으며, 시즌 당 열 경기만 생중계가 허용되었다. 몇 년 안에 이 계약은 영국 축구에 있어 규모와 의미가 무색해지게 될 터였다. 하지만 1983년 계약은 성공적인 협상과는 거리가 멀었다. 관계 당사자 모두에게 불만만 남긴 아주 보기 드문 협상이었기 때문이다.

휴전 협정은 오래 가지 않았다. 계약이 만료되기도 전에 BBC와 ITV는 열 경기 제한에 반발하면서 생중계 허용 경기 수를 늘려 달라고 요구했다. 점점 주는 관중 수(텔레비전 시청률과는 무관한 현상이었다)에 겁을 먹은 영국 전역의 소형 구단들은 다시 하이라이트만 보여 주는 프로그램으로 돌아가자고 일제히 외쳤다. 대형 구단들은 대서양 너머로 부러운 시선을 고정한 채 NFL·NBA·MLB 구단주들이 금고에 돈을 쓸어 담는 모습을 지켜보면서, 자신들은 미국에 비하면 거지라는 걸 알게 되었다. 전 세계가 '실제로 플레이하는' 경기의 종주국인데도 말이다. 구단들은 이제 텔레비전한테 마땅히 받아야 할 것을 받아내야 할 때라는 결론을 내렸다. 그게 하위 디비전의 팀들을 배제시키는 것을 의미한다면, 기꺼이 그렇게 할 각오도 되어 있었다.

1983년 계약 갱신 협상은 예상대로 결판이 났다. 소형 구단들은 생중계 경기 수를 늘리는 걸 꺼렸고, 방송사들은 옥스퍼드 유나이티드Oxford United 구단주의 요구에 파안대소했다. 옥스퍼드 유나이티드의 구단주는 시가를 입에 달고 사는 미디어 거물 로버트 맥스웰Robert Maxwell이었는데, 이 구단은 생중계권으로 1,000만 파운드 이상을 내라고 했다. 최종적으로 제시한 금액 400만 파운드 역시 즉각 거부당했고, 미팅이 결렬되어 1985-6 시즌은 텔레비전 중계 없이 개막했다.

구단의 영리 사업을 촉진하려 노력 중이던 어빙 스콜라나 마틴 에드워즈 같은 이들에게, 이런 상황은 어이없기 짝이 없었다. 구단들은 스칸디나비아에서 팔리는 제품 광고에 맞게 구장 내 펜스 광고판을 제작해야 하는 처지에 몰렸다. 스칸디나비아는 국내 계약 결렬 직후 스콜라가 템스 텔레비전Thames Television의 등을 떠밀어서 성사시킨 5만 파운드 계약 덕분에 매주 주말 영국 축구를 생중계로 볼 수 있는 지구상에서 유일한 땅덩이였다. 에드워즈한테는 이런 방송 중단 사태에 뒷목 잡고 쓰러질 만한 이유가 있었다. 맨체스터 유나이티드는 1985-6 시즌 개막 후 10연승을 거둬 시즌 첫 5개월 동안 정상의 자리를 지켰다. 하지만 텔레비전 중계가 없어서 팀의 성공이 거의 알려지지 않았다(텔레비전 중계 계약이 재개되었을 즈음, 유나이티드는 리버풀한테 밀려났다).

빅5가 유효한 선택지 중 가장 가차 없는 선택지, 즉 풋볼리그에서 탈퇴하고 자기들만의 리그를 세우는 선택지를 논하고자 모였을 때 방송 중단은 이미 몇 주째 시행 중이었다.

최상위 구단들이 영국 축구의 4부를 구성하는 나머지 70여 개 팀들과의 관계를 끊어 버리려 든 건 그때가 처음도 아니었다. 단, 이번만은 그냥 넘길 수 없었다. 이 모반자들은 뉴캐슬New Castle, 맨체스터 시티, 사우샘프턴Southampton 대표들을 탈퇴 회담에 불러들였다. 비록 이 회담에서 구체화된 것은 아무것도 없었지만, 에드워즈가 '핵 옵션nuclear option'이라 칭했던 것의 위협은 포스트하우스 호텔에서 협상을 시작할 당시에도 어떻게 될지 아직 모르는 상태였다.

그 후 이어진 회담은 적대적이고 완고한 분위기 속에서 장시간 진행되었다. 하지만 여섯 시간 동안의 옥신각신 끝에, 네 개 디비전에서 파견한 구단주들은 10개 항 계획에 관한 협약을 마련하기에 이르렀다. 협약의 내용은 상위 디비전 구단들한테 텔레비전 지분과 후원 수익을 더 많이 주고 전반적 의사 결정에 대한 발언권도 더 많이 주자는 것이었다. 협정 체결 이틀 이내, 축구는 다시 방송을 탔다. 비록 구단들은 하는 수 없이 다음 두 시즌 각각에 대해 겨우 130만 파운드라는 총액을 수용할 수밖에 없었지만 말이다. 방송사들은 여전히 축구가 프리미엄급 텔레비전 프로그램이 절대로 될 수 없을 거란 터무니없는 주장을 고수하고 있었다. 90분이란 시간은 사람들 대부분에게 가만히 앉아 있기엔 너무 긴 시간이란 이유에서였다.

방송 중단 위기는 피했지만 축구의 텔레비전 문제는 그대로 남았다. 포스트하우스 호텔에서 나온 스콜라, 에드워즈, 딘은 다음엔 이 문제를 자신들이 직접 처리하기로 결정했다. 영국도 마침내 위성 방송을 도입하기로 한 시점이니만큼, 텔레비전 업계도 변화하고 있었다. 축구의 잠재력을 보여 주려면 스포츠 생중계의 마력을 잘 알고 있는 사람, 위성 기술이 어떤 식으로 영국 축구를 몰라볼 정도로 바꿔 놓을 수 있을지에 대해 구체적인 비전을 갖추고 있는 사람과의 협력이 필수였다.

앤서니 시먼즈-구딩Anthony Simonds-Gooding이 바로 그런 비전을 지닌 인물이었다.

그는 그걸 '스퀘리얼squarial, 평면 위성 안테나'이라 불렀다.

시먼즈-구딩은 신생 방송국 BSB의 카리스마 넘치는 회장이었는데, 이 BSB란 회사는 1980년대 말 영국의 초창기 위성 텔레비전 시장 장악을 앞다투던 두 회사 가운데 한 회사였다. BSB는 정부가 허가한 방송 면허가 있는 국내 유일의 공식 위성 방송사로, 공영 방송국 임원들이 이사진인데다 최첨단 기술도 마음대로 이용할 수 있었다. 경쟁사인 루퍼트 머독의 스카이에는 그중 무엇 하나 있는 것이 없었다. 스카이는 비교적 원시적인 기술에 의존하고 있었고 정부 지원도 기대할 수 없었다. 스카이는 룩셈부르크Luxemburg에서 영국으로 신호를 쏘아서 이런 불리한 상황을 피할 계획이었다.

국제 광고 대행사 사치앤사치Saatchi & Saatchi 시절 습득한 마케팅 노하우를 기반으로 시먼즈-구딩은 브랜딩에 집중해서 스카이를 앞지르고 위성 전쟁에서 이길 계획을 꾸몄다. 그는 두 가지 독특한 특징을 바탕으로 BSB를 선전하려고 했다. 그중 한 가지가 스쾌리얼이었다. 스쾌리얼은 종래의 원형 위성 접시 안테나보다 세련된 대안으로 여겨지던 10인치짜리 평면 안테나다. 두 번째가 바로 축구 생중계였다.

시먼즈-구딩은 스포츠 생중계가 영국에서 위성 텔레비전을 성공시킬 수 있는 열쇠라 확신하고, 1988년 데이비드 딘, 에버턴의 필립 카터, 그 외 풋볼리그 관리위원회의 나머지 위원들한테 그 확신을 열성적으로 전달했다. 위성 텔레비전이 안락의자에 앉아 있는 스포츠 팬들에게 수백 회의 경기를 방송하여 지상파 방송이 축구에 씌운 올가미를 끊고 구단에게 수익 급증까지 안겨줄 수 있는 미래를 그려 보였던 것이다. 프레젠테이션을 들은 사람들은 이미 귀가 솔깃해졌지만, 그다음 내용을 듣고는 깜짝 놀라 나자빠질 뻔했다. BSB가 맨 처음 제시한 1,100만 파운드라는 금액도 이미 리그 현재 계약가의 세 배에 달하는 금액이었는데, 특정 유료 가입자 수 목표치에 도달하면 그 수치는 연간 2,500만 파운드까지 치솟을 것으로 추산되었기 때문이다.

그뿐만 아니라 BSB는 리그와 합작 투자 회사를 설립해서 구단에 앞으로 발생할 시청료 수입 및 축구 생중계에서 나오는 광고 수익 일부에 복싱을 비롯해서 다른 스포츠에서 얻는 수익 일부까지도 주겠다고 제안했다.

BSB 제안서의 세부 사항이 6월 풋볼리그 소속 아흔두 개 구단 전체에 전달되자 구단들이 거의 만장일치로 동의했다. 이는

100년이 넘는 영국 축구 역사상 손에 꼽을 정도로 보기 드문 경우 가운데 하나가 되었다. 구단들은 BSB와 협상을 터서, 답답하기 짝이 없던 영국 축구계를 유료 방송을 통해 대대적으로 개혁할 상황을 조성하기로 91-1로 표결했다.

구단주들이 신규 영입 선수들과 나날이 오르는 그들의 연봉에 새로 발견한 부를 마구 뿌릴 방도를 모의하는 동안, 의혹이 스멀스멀 스며들었다. 딘, 스콜라, 그리고 나머지 빅5는 다시 생각해 보게 되었다. BSB가 제시한 조건은 전부 유리한 조건이었지만, 한 가지가 빠져 있었다. 합작 회사 설립 2년이 지나 방송전파를 두 달 앞두고 있는 시점인데도 회사는 아직 위성을 궤도로 발사하지 못하고 있었던 것이다. 딘은 이를 두고 이렇게 말했다. "모든 게 말 그대로 그림의 떡이었지요." 또한 BSB가 신규 업체 치고는 씀씀이가 다소 헤퍼 보인다는 것도 사실이었다. BSB가 순식간에 돈을 다 써 버리는 걸 보고 빅5는 초조해졌다. BSB 본사는 배터시Battersea라는 부촌에 있는 번쩍번쩍한 유리 건물에 자리 잡고 있었는데, 그 동네는 경쟁사 방송국 중역에 따르면, 다들 '기사 딸린 BMW'를 타고 다니는 동네였다. BSB가 투자자들을 위해 연 수 차례의 기업 파티 중에는 고급 박하사탕에만 8만 파운드를 쓴 파티도 있었다.

BSB가 계약 종료 시점까지 못 버티고 망해서 축구를 영국 텔레비전 화면에서 또다시 사라지게 할지도 모른다는 생각에 겁을 먹은 빅5는 대안을 모색하기 시작했다. 위성 텔레비전의 전망에 조바심이 난 빅5는 그보단 좀 더 현실적인 것이 더 마음 편하게 느껴졌다. 그들이 찾고 있는 것은 검증을 거친 방송사 중역, 영국 대중의 의향에 정통한 인물이었다. 그들이 애타게 바라는 것은 실익주의자였다.

그들이 고심 끝에 결정한 인물은 꼭두각시 쥐 인형과 하와이안 셔츠, 영국 중서부 중공업 지대 사투리로 영국 방송에 지대한 공헌을 한 것으로 유명한 인물이었다. 그 중역의 이름은 그레그 다이크Greg Dyke로 방학 기간 중 생쥐 롤랜드Roland Rat를 편성표에 추가해 시들시들해진 아침 방송을 부활시켜 ITV의 기대주로 자리 잡았다. 한 달도 안 되어 해당 방송의 시청자가 두 배로 늘었기 때문이다.

다이크는 런던 근교 출신의 산전수전 다 겪은 전직 신문 잡지 기자로 백발이 말굽 모양으로 두피를 덮고 있었는데, 배타적인 영국 방송계에서 이단자였다. 전형적인 손수레 행상이었다가 성공해서 부자가 된 다이크는 운전기사로 오인받은 적도 있었다. 그 무엇보다도 그는 현실주의자였다(수년 뒤, 맨체스터 유나이티드 이사, 브렌트퍼드 구단Brentford Football Club 회장, BBC 부회장 등 이동이 잦은 직업을 전전하던 도중, 다이크는 축구협회 회장 자격으로 2014년 조 추첨 행사에 참석하게 된다. 영국이 이탈리아와 우루과이와 같은 조에 배정되었을 때 다이크는 자기 목을 긋는 동작을 흉내 냈다. 그 제스처는 나중에 예언이 되고 말았다. 그해 여름, 영국은 단 한 게임도 이기지 못하고 조별 리그 탈락을 했는데, 이는 60년 동안 영국이 거둔 최악의 월드컵 성적이었다).

하지만 1998년에도 다이크는 생중계 축구의 가치와 유료 방송이 지상파 채널에 가할 위협에 대해 현실적이었다. 빅5가 BSB의 생중계권 제안을 두고 안절부절 못하는 모습에서 다이크는 기회를 포착했다. 다이크의 자서전을 보면 "그 중계권을 따내는 것이 내가 할 일이라는 결론을 내렸다"고 적혀 있다. 그래서 다이크는 구단주 중 한 명과의 미팅을 잡으려고 ITV의 트레버 이스트한테 도움을 구했다. 이왕이면 빅5에 속한 구단주, 더 나아가 사업을 하자는 다이크의 단도직입적인 접근 방식에 마음을 열만한 진보적인 인물이면 더할 나위 없이 좋을 것이었다.

그런 인물로 데이비드 딘만한 인물은 없었다. 그레그 다이크는 1998년 여름, 웨스트엔드 세인트 제임스 궁전St. James Palace 코앞에 있는 고급 일식당, 산토리Suntory에서 딘을 만났다. 알고 보니 둘은 완벽한 한 쌍이었다. 영국 축구의 경직된 분위기와 무수한 위원회 및 분과 위원회에 대한 딘의 좌절은 다이크의 방송계 경험과 비슷했다. 훗날 그날 미팅을 회상하면서 다이크는 딘을 "내가 지금까지 만나 본 축구계 사람 중 가장 획기적인 사람"이라며 꿈을 꾸듯 말했다. 딘은 딘 대로 다이크의 솔직한 화법과 기성 체제에 반대하는 정신에 찬탄했다. 딘의 말을 들어 보자. "그레그는 모험가입니다. 수완가죠. 우린 목표가 같은 사람들이었어요." 식사가 끝날 때쯤, 두 사람은 BSB의 생중계권 제안에 못지않은 계획을 짜놓은 상태였다.

당시의 방송국 중역들 대다수와 달리 다이크는 자신이 제작한 방송 프로그램이 사회에 끼치는 영향의 중요성에는 관심이 없었다. 그가 관심 있는 것은 시청률이었다. 다이크가 노린 것은 상위 디비전 축구 생중계에 열광할 것이 분명한 일반 시청자였다. 하위 디비전은 재미가 없어도 너무 없었다. 따라서 다이크와 딘은 하위 디비전을 계약에서 제외시키기로 결정했다. 다이크는 빅5(리버풀, 아스날, 맨체스터 유나이티드, 에버턴, 토트넘)의 홈경기 중계권에 대하여 빅5 각 구단에 최소 100만 파운드를 제시하려고 했다. 단, 빅5가 풋볼리그에서 탈퇴할 경우에 한해서. 다이크는 풋볼리그 내 나머지 여든일곱 구단은 자기들만의 중계권 계약을 따낼 거라고 판단했다.

다이크의 제안은 현실적이고 단호하며 도의적이지 못했다. 그는 빅5의 입장만 반영하고 있었다. 나이츠브리지의 어느 식당에서 빅5의 대표들과 만나 제안 내용을 논하던 중, 다이크가 BBC와 ITV가 축구 중계권을 놓고 그동안 서로 공모해 온 것 같다고 시인하자 계약은 성사되었다. 어빙 스콜라는 당시를 이렇게 회상했다. "우리한테 사실 그대로 털어놓은 사람은 그 사람이 처음이었습니다. 내 생각에, 그레그 다이크가 계약을 따낸 건 바로 그 순간이었다고 봐요."

이후 ITV측 제안의 세부 사항이 조목조목 밝혀졌는데 구단 다섯 개(애스턴 빌라Aston Villa, 뉴캐슬, 노팅엄 포레스트Nottingham Forest, 셰필드 웬즈데이Sheffield Wednesday, 웨스트햄)가 더 들어가 있었고, 이 다섯 구단이 받은 액수는 더 적을 예정이었다. 하지만 그날 저녁이 끝날 즈음, 구단들은 의견의 일치를 보았고, 악수를 주고받았으며, 샴페인의 코르크 마개도 터졌다.

풋볼리그와 리그 소속 나머지 구단들은 기분이 썩 좋을 수가 없었다. 빅5가 자기들끼리만 중계권 계약 협상을 만장일치로 마무리했다는 사실을 안 나머지 구단들은 그것을 일종의 배신 행위로 해석하고 즉각적 보복에 나섰다. 필립 카터가 풋볼리그 협회장 자리에서 해고되었고, 데이비드 딘은 리그 관리위원회에서 사퇴해야 했으며, 육군 병장 출신이자 악전고투 중인 2부 리그 소속 구단 블랙번 로버스Blackburn Rovers 회장, 빌 폭스Bill Fox가 풋볼리그의 신임 회장으로 선출되었다. 이런 즉각적 응수는 빅5와 풋볼리그 소속 나머지 구단들 사이를 벌려놓는 데 성공했다. 하지만 BSB의 중계권 계약을 지키기엔 너무 늦어버렸다.

상위 구단들의 반란을 저지하기 위해(에드워드가 말한 이른 바 '핵 옵션') 풋볼리그는 BSB와의 계약을 접고 ITV와 협상을 시작했다. 양측은 결국 스물한 경기 생중계에 대하여 1년에 1,100만 파운드라는 금액으로 계약을 맺기로 합의를 보았다. ITV는 중계권 패키지에 하이라이트를 포함시켜놓고 그걸 일부러 안 씀으로써 BBC에 물을 먹였다. 순전히 BBC의 〈오늘의 경기〉를 방송에서 끌어내리려는 계략이었다.

영국 축구와 ITV 간의 결합은 완벽한 러브 스토리는 아니었다.

하지만 첫 시즌이 끝날 즈음 그 관계는 오래도록 지속될 것처럼 보였다. 축구는 다이크가 확신해 왔던 시청 인구 대폭 확대를 성공시켰다. 1988-9년 시즌 마지막 경기, 안필드에서 아스날은 마지막 순간에 넣은 골로 리버풀의 타이틀을 가져갔는데, 시청 인구가 무려 1,000만 명이 넘어 리그 경기 중계 사상 최다를 기록했다. 1부 디비전에 속한 구단들은 ITV 계약으로 거액을 받는 날이 오자, 그 돈을 받을 수 있게 된 비열한 내막은 다 잊을 수 있었다. "구단 회장들 눈이 튀어나왔더군요, 믿기지가 않았던 거죠." 다이크의 말이다.

BSB의 경우에는 일이 그렇게 잘 풀리지 않았다. 유료 가입에 도움이 되었을 정규 축구 생중계가 없어진 이 비운의 위성 방송국은 크나큰 적자를 내다가 결국 경쟁사인 스카이에 흡수 합병을 당했다.

이제 B스카이B로 알려진 신생 기업은 루퍼트 머독의 손아귀에 들어갈 터였다. 다이크는 위성 텔레비전의 위력에 대해서는 여전히 불안해했지만, 그렇다고 지나치게 걱정하지는 않았다. 결국 빅5의 지지를 받고 있는 건 자신이었다. 다이크가 예상하지 못 한 건 단 한 번의 리버풀 경기에서 시작되어 장차 영국 축구의 존립 기반을 뒤흔들어 놓게 될 위기였다.

제국으로의 첫걸음

1989년 4월 15일 오후, 셰필드 소재 힐스버러 스타디움Hillsborough Stadium에서 눈앞에 펼쳐진 참사는 스포츠 종목을 초월한 스포츠계의 비극이었다.

과다 인원 입장과 통제 방치가 겹쳐 초래된 관람석 혼잡으로 리버풀 팬 96명이 사망한(부상자는 700명이 넘었다) 그 사건은 영국 역사상 가장 참혹한 축구장 참사, 그 이상이었다. 100명에 가까운 생명을 앗아간 참사 후, 책임을 져야 할 관계 당국은 20년간 책임 회피·은폐·명백한 거짓말을 일삼았다. 또한 이 사건으로 골치 아픈 일련의 사회적·정치적·경제적 의문들이 제기되었다. 영국은 오늘날까지도 그 사건의 여파 때문에 고심 중이다.

하지만 축구계라는 좁은 세계에서는 일단 충격과 슬픔이 가라

앉고 나자 경천동지할 만한 사업 위기가 찾아왔다. 이러한 위기를 촉진한 인물은 힐스버러 참사 공식 조사 책임자로 임명된 재판관, 피터 테일러Peter Taylor였다. 1990년 1월에 발표된 그의 조사 결과는 군중 혼잡부터 직무를 유기한 스타디움 측에 이르기까지 영국 축구의 위태로운 상황을 폭로했다. 조사 결과 보고서는 관중석 철망 철거, 입석 전용 구역 축소, 관람석 전석 좌석제로의 점진적 전환을 포함하여 이러한 문제에 대한 해결책도 권장했다. 축구장 화장실을 두고 성전聖戰을 벌인 아스날의 데이비드 딘에게는 기쁘게도 보고서는 '설계가 원시적이고 관리가 부실하며 수도 부족하다'며 화장실 문제 또한 다뤘다.

"테일러가 모든 걸 100% 정확하게 파악해 놓았더군요. 화장실에 이르기까지. 스타디움이 현대화되어야 한다는 점, 관람 경험을 개선해 주어야 한다는 점까지 꿰뚫어 보았어요. 보고서를 읽으면서 생각했죠. '세상에, 이 사람 아주 제대로네!' 가만히 있어선 안 돼." 딘은 이렇게 말했다.

정부는 이에 맞게 축구장 내 입석 금지령을 내려 상위 디비전 소속 구단 전체에 1994-5시즌 시작 시점까지 전원 좌석식 경기장을 마련하라고 지시했다. 그 과정에서 당국은 리그 내 모든 구단에 경제적 딜레마를 떡하니 던졌다. 구단들은 재단장이나 리모델링, 또는 홈구장을 전면 개축해야 할 처지에 놓였다. 물론 그런 지시가 없었더라도 레노베이션을 하면 결국 관중 수용 인원이 줄어 주요 수입원도 줄 것이었다.

"펜 놀림 한 번으로 하룻밤 사이에 우린 5만 5,000석에서 3만 6,000석으로 갔습니다." 딘이 그때를 회상하며 하이버리의 관중 수용 인원을 언급했다. 하지만 거너스는 그나마 운이 좋은 축에 속했다. 다수의 구단이 파산 직전에 처했기 때문이다.

정부는 구장 개조 비용 일부를 보조해 주겠다고 했지만, 1부 디비전 구단들은 갑자기 발생한 이런 부족액을 상쇄할 수입원이 필요했다. 빅5가 오래지 않아 고심 끝에 해결책을 마련했다. 수년간 논의만 해 오던 가능성을 다시 꺼냈다. 텔레비전 중계권을 단독으로 협상해도 된다면(그리고 그 돈을 하위 디비전과 나누기보다 자기들만 보유할 수 있다면) 이번과 같은 자금 조달 격차를 메우는 데 큰 도움을 받을 수 있을 것이었다.

영국 축구는 거의 10년 동안 빅 구단들이 탈퇴하는 방향으로 조금씩 나아가고 있었다. 이제 테일러 보고서의 여파로 빅 구단들은 마침내 탈퇴가 불가피하다고 주장할 수 있게 되었다.

빅5와 그레그 다이크가 소호의 한 고급 식당에서 만나 1991년 가을에 있을 ITV와의 중계권 갱신을 논하던 와중에, 탈퇴 결정이 내려졌다. 최상급 스테이크를 썰면서, 데이비드 딘, 마틴 에드워즈, 필립 카터, 어빙 스콜라, 그리고 신임 리버풀 회장 노엘 화이트는 풋볼리그 회원 자격을 버리고 그들만의 리그를 설립하는 데 동의했다. 새로 설립될 리그는 스무 개 회원 구단에 의해, 스무 개 회원 구단을 위해 운영될 것이며, 텔레비전·광고·기업 후원·상업 활동으로 얻는 수익은 곧장 스무 개 회원 구단한테 갈 것이었다. 이제 돌이키는 건 불가능했다.

　공동의 비전을 달성하기 위해, 그들은 한 세기 동안 이어진 '원래 이렇게 하는 것이다'라는 관행도 타파하고, 법률비용도 물고, 방송 역사상 가장 치열한 텔레비전 중계권 전쟁 가운데 하나도 감독해야 했다. 하지만 그 가을 밤 이후 12개월 이내에, 프리미어리그는 자리를 잡아 제대로 운영될 것이었다. 그들은 전 세계 최고의 인기를 구가하는 프로 리그 설립을 향한 여정에 올랐다.

　풋볼리그 회원 자격을 포기하고 새롭고 좀 더 유익한 리그를 설립하기로 한 결정 자체는 간단해 보였지만, 현실은 그보단 복잡했다. 풋볼리그의 92개 팀들을 하나로 묶어 준 유일한 끈은 일종의 느슨한 협회로 운영한다는 모호한 협약밖에 없었다. 문제는 그 느슨한 협회에 속한 이들 모두가 그런 협회를 철벽 같이 단단한 협회로 여겼다는 점이었다.

　우선 첫째로, 빅5가 직면하게 될 것은 대외 이미지 악화였다. 프리미어리그 배후의 원동력은 재정적·상업적 협약과 영국 축구 사업 전반에 대해 권한을 확대하려는 욕구였지만, 그런 욕구를 일반 대중과 공유할 수는 없었다. 너무 노골적인 사리 추구처럼 들리기 때문이다. 게다가 프리미어리그는 여전히 강등과 승격이라는 연례 행사에 의해 하위 디비전과 아직 연결되어 있기도 했다. 좀 더 구미에 맞는 해결책, 뭔가 영국 축구를 보는 대중이 이해할 만한, 나아가 지지할 만한 것을 찾아야 했다.

거기다 실질적인 장애물도 존재했다. 몇 년 전, 풋볼리그는 어떤 구단이든 리그 탈퇴를 희망할 경우 사전 통보 기간 3년을 채워야 한다는 법규를 도입했다. 이런 조치는 빅5가 노리고 있는 종류의 탈퇴를 저지하기 위해 고안된 것이었다. 빅5는 차선책을 모색하고자 값비싼 변호사 군단을 고용하여 이에 응수했지만, 구단 모두 똑같이 나쁜 소식을 가지고 돌아왔다. "법률 상담 결과 허점이 없다고 하더군요." 현재 신생 리그의 전임 컨설턴트가 된 릭 페리의 설명이다. "변호사들 말이 그 법규를 무시할 수 없고, 법정으로 가게 되면 아주 까다로워질 거라고 했습니다."

나중에 안 일이지만, 이 모든 난처한 문제들의 해결책은 딱 하나였다. 바로 축구협회로 알려진 유서 깊은 기구였다.

1863년 영국 축구의 국립 감독 기구로 설립된 축구협회는 그날그날의 프로 경기 운영에는 절대 관여하는 법이 없었다. 그 일은 풋볼리그의 책임 사항이기 때문이었다. 축구협회가 맡은 주요 책무는 경기 규칙을 보호하고 불운이 끊이지 않던 영국 국가 대표 팀을 감독하는 것이었다. 예상 가능하다시피 두 조직은 한 세기의 대부분 동안 불화가 심했다. 축구협회가 빅5의 탈퇴를 쌍수를 들어 환영한 이유가 바로 여기에 있었다. 풋볼리그의 눈이 뒤집힐 게 뻔했기 때문이다.

축구협회의 지지는 중대한 요소임이 드러날 터였다. 이 감독 기구의 승인으로 구단들은 국가 대표 팀의 수준을 높일 거란 구실로 탈퇴를 정당화할 수 있었다. 1966년 이후 이어진 영국의 월드컵 우승 실패 원인을 한창 규명 중이었던 축구협회는, 급히 보고서를 고쳐 쓰면서 프리미어리그를 열렬히 지지한다는 내용을 포함시켰다. 하지만 축구협회가 약술한 (축구협회와 공동으로 운영하는 18개 팀 리그의) 구체적인 이점은 나중에 프리미어리그가 축구협회와 별도로 운영되는 22개 팀 리그로 설립되자 무효가 되었다. 축구협회가 지지의 대가로 받은 유일한 실질적 이익은 이 신설 리그가 축구협회 프리미어리그로 알려질 거란 점 하나밖에 없었다. 그리고 축구협회의 대표이사인 그레이엄 켈리가 '축구협회'를 수기手記로 프리미어리그 창립 회원 협정서에 추가하기 전까진 공식 문서에 그 말은 올라있지도 않았다.

축구협회의 지지로 얻는 다른 이익은 몇 달 뒤, 릭 페리가 축구협회의 누렇게 바랜 규정집에서 발굴하고 나서야 분명하게 드러났다. 페리는 축구협회 본부에서 열릴 미팅에 앞서 화이트 호텔White Hotel의 객실에 처박혀 백년 묵은 규정집을 휙휙 넘기며 시간을 죽이고 있었다. 바로 그 규정집에서 페리는 그 어떤 리그도 '정회원 구단이나 준회원 구단에' 진행 중인 해당 시즌 연도의 12월 31일 전에 탈퇴 의사를 사전통보하라고 요구할 수 없다고 잘 보이지 않는 곳에 명시한 조항을 발견했다. 쉽게 말해서, 풋볼리그의 3년 규정은 축구협회 규정을 전적으로 위반한다는 의미였다. 우연찮게 페리가 허점을 찾아낸 것이었다. 페리가 제대로 읽은 게 맞는다면, 프리미어클럽 구단들은 얼마든지 풋볼리그에서 나와 다음 해 경기를 시작해도 되었다.

"그래, 바로 이거다! 소리가 나오는 그런 순간이었습니다." 페리가 말했다.

법적 장애물을 넘고 나니 남은 일이라고는 신설 리그를 위한 정관, 강령을 작성하는 사소한 일밖에 없었다. 프로 스포츠 신생 기업을 창업 시점부터 25년을 거치며 글로벌 매체 및 흥행업계 거물로 탈바꿈시켜 줄 바로 그 강령을. 문제의 문서를 대충 꿰맞추는 데 정확히 45분이 걸렸다. 이 문서는 신설 리그의 중계권 수익 분배 방식을 포함한 몇 가지 최종 세부 사항을 바로잡기 위한 미팅 후, 1990년 6월 13일에 제출되었다. 이번에도 프리미어리그는 대서양 너머에서 영감을 찾으려 했다.

이제 리그의 초대 회장에 취임한 페리는 미국으로 건너가 오랫동안 NFL의 사무총장을 맡고 있던 돈 와이스Don Weiss와 시간을 보냈다. 와이스는 NFL 제국 건설의 일등 공신으로 리그 최고 실세인 피트 로젤의 중추 세력 가운데 한 명이었다. 돌아올 때 페리의 머릿속에는 아이디어가 한 가득이었는데, 프리미어리그는 그 아이디어들을 거의 통째로 베꼈다. 가령, 〈월요일 밤 축구Monday Night Football〉 패키지를 방송사에 팔기로 한 것, 별도로 회장이 필요하다는 것, 가장 중요하게는 의사결정 시 1구단 1표로 하고 새로운 규칙을 제정하려면 3분의 2 득표가 있어야 한다는 것 등이다.

긴장되는 미팅이 될 거라 예상한 페리는 축구협회 본부 내 회의실을 두 시간 예약해 두었다. 하지만 핵심 사항들을 요약해서 알려 주고 제안된 텔레비전 수익 배분 원칙(50%는 똑같이 나누고,

25%는 텔레비전 출연을 기준으로, 그리고 나머지 25%는 최종 성적표에서 팀의 순위를 기준으로 해서 50:25:25로)을 공개했더니 의외로 다들 의견이 일치했다. 따라서 회의실 대여 시간이 한 시간 남은 상황에서 이러한 의견의 일치가 얼마 안 가 무산될지도 모른다는 사실을 염두에 둔 채, 페리는 세부 사항을 자신의 언스트앤영 메모장에 적어 두었다. 손으로 쓴 그 메모는 곧장 위층으로 보내져 축구협회 서류에 타이핑되었고 창립 회원 협정서Founder Members Agreement라는 제목이 붙었다. 그 문서는 4반세기 동안 프리미어리그를 좌우했고, 프로 스포츠계의 성서로 간주되었다.

그 모든 극적 사건에도 불구하고 아이러니한 것은 이들이 탈퇴한 후, 영국 축구 하루하루의 생태계가 그대로 유지되었다는 점이다. 경기가 운이 다한 사회주의 모형에서 노골적인 자본주의 모형으로 이동한 만큼, 체감 결과가 완연히 드러나려면 시간이 좀 더 걸릴 터였다. 당시 잉글랜드 국가 대표 감독이었던 그레이엄 테일러Graham Taylor는 축구계 내부 사람 중 경기가 어떤 방향으로 향할지 내다볼 수 있던 몇 안 되는 사람 중 한 명으로, 상대 수비를 돌파하는 법보다 미시경제학을 더 깊이 이해하고 있었다. "사람들은 이 프리미어리그가 어련히 잘 생각해서 결정하겠지 하고 생각하죠. 하지만 생각 같은 건 없어요. 전 이번 일이 잉글랜드 대표팀 개선을 위한 일인지도 잘 모르겠습니다. 이번 일의 태반이 탐욕에서 비롯된 거라 봅니다." 테일러는 계획된 탈퇴를 두고 이렇게 말했다.

하지만 우선은 세부 사항이 해결되었고 앞으로 리그 출범까지 14개월이 남았으므로, 페리는 마음 편하게 지낼 수 있으리라 생각했다. 유일한 미해결 사항은 프리미어리그의 출범 시즌을 위한 방송사를 선정하는 일이었다. 그 일은 그레그 다이크의 ITV와 루퍼트 머독의 스카이 사이의 정면 대결이 될 터였다.

'그게 어려우면 얼마나 어렵겠어?' 페리는 생각했다.

다시 랭커스터 게이트 호텔. 페리는 자신이 이번 일이 순조롭게 진행될 거라 생각했다는 게 도무지 믿어지지 않았다. 기한을 넘긴 ITV의 5년에 2억 6,200파운드 제안가가 스카이의 최종 제안가를 이겨 페리가 공들인 입찰 과정을 엉망진창으로 만들어버렸다. 22개 구단의 구단주들에게 프레젠테이션을 하기로 되어 있는 회의실로 태연히 가는 대신, 페리는 호텔 로비에서 초조하게 주위를 두리번거렸다.

저쪽 정문 옆에서 딘이 필립 카터, 마틴 에드워즈, 노엘 화이트와 함께 여보란 듯 열렬히 서로의 등을 툭툭 치는 모습이 보였다. 물론 이는 저들이 그동안 내내 바라마지 않던 결과였다. 딘과 다이크가 ITV의 빅5 경기 중계권 획득을 처음 논한 지 4년 만의 성과였다. 지금 저들은 마치 22개 팀 리그까지 모조리 손에 넣게 될 줄 아는 모양새였다.

어빙 스콜라만 빠졌다. 빅5 구단의 마지막 회원인 스콜라는 바로 몇 달 전, 손실 누적과 못 갚은 빚보다 스퍼스 스트라이커 게리 리네커Gary Lineker를 재보유하려는 FC 바르셀로나FC Barcelona의 위협 와중에 자기 토트넘 지분을 팔아 버렸다. 가는 세로줄 무늬 정장과 금 장신구, 어마어마하게 폭넓은 넥타이 같이 독특한 취향을 지니고 있으며 한 성깔 하는 수완가, 앨런 슈가Alan Sugar가 스콜라 대신 이 자리에 참석했다.

슈가는 그날 아침 상황이 전혀 스릴 넘치지 않았다. ITV가 뭔가 제안할 것 같은 낌새를 몇 분 더 빨리 알아차린 그는 로비 반대쪽 공중전화에 대고 악을 쓰고 있었다.

페리는 눈알을 굴렸다. 일이 어떻게 돌아가고 있는지 짐작이 갔기 때문이다. 슈가의 회사 암스트래드Amstrad가 위성 접시 제조업체이며 스카이가 주 고객이란 사실을 모르는 이는 없었다. 슈가는 머독이 프리미어리그 중계권을 딸 경우 그 누구보다 크나큰 이득을 볼 입장에 있었다. 그게 바로 그가 스카이의 아이즐워스Isleworth 본사에 있는 어떤 어리바리 불쌍한 사람한테 입찰가를 다시 준비해서 '상대편을 압살하라'고 호통을 치고 있는 이유였다. 물론 그래봐야 시간 낭비였다. 페리가 한 시간 전에 ITV쪽 제안의 세부 사항들을 샘 치좀한테 전화로 이미 알렸기 때문이다. 치좀은 페리한테 일단 가만히 있으라고 했다.

하지만 오전이 통째로 지옥이 되어 가는 마당에 페리는 여전히 치좀의 전화를 기다리고 있었다. 서류 가방에 들어 있는 휴대전화를 한 100번은 확인한 것 같았다. '치좀은 전화 다시 준다더니 왜 안 주는 걸까?'

페리는 장내를 다시 한번 눈으로 훑었다. 그간 함께 일해 온 낯익은 구단 회장 얼굴들 사이로 뜻밖의 처음 보는 얼굴이 몇몇 보였다. 노팅엄 포레스트 회장 프레드 리처Fred Reacher는 구단의 광고 책임자, 폴 화이트Paul White를 자기 대신 보낸 모양이었다. 페리가 아주 제대로 착각한 게 아니라면, 웨스트햄의 렌 키애런스Len Cearns는 얼마 전까지 지역 은행 지점장이었던 자기 아들 마틴한테 위임한 것 같았다. '이 사람들, 지금 뭐가 걸려 있는 건지 제대로 알고 있기는 한 걸까?' 페리는 의아했다.

프리미어리그 회장인 존 퀸턴이 페리 옆에 다시 나타났다. 미팅 시작은 성공적으로 미뤘지만, 시간을 얼마나 더 벌 수 있을지는 알 수 없다고 했다. 전원 도착했고, 전원 ITV의 제안을 입에 올리고 있었다.

그 순간, 페리는 처음으로 ITV가 이번 일을 성사시키겠구나 하는 믿음이 생겼다. 다이크는 늘 빅5를 해방시킬 수 있는 건 자기밖에 없기 때문에 ITV가 이길 거라고 말해 왔었다. 하지만 페리는 그 말이 전형적인 허세 같아서 믿지 않았다. 우선 첫째로 페리는 일부러 프리미어리그를 전형적인 기업 지배 구조로 설립했는데, 일을 내려면 빅5만 가지고는 어림도 없을 터였다. 페리의 1구단 1표 체제하에서 텔레비전 계약 업체를 선정하려면 적어도 열네 구단의 득표가 있어야 했다.

스카이도 이 점을 알고 있었다. 이제 방아쇠를 당겨야 했다. 페리는 프리미어리그 중계권을 확보하려는 스카이의 결단력과 축구 생중계를 주요 사업으로 만들겠다는 집념에 깊은 인상을 받았었다. 스카이는 경기도 더 많이 방영하고, 시간대도 더 많이 할애해서 더 많은 팀을 특집으로 다루고, 그저 그런 주중 경기가 주요 프로그램으로 거듭나도록 돕겠다고도 약속했다. 각 경기 전후 분석 방송 시간을 할애하겠다는 언질도 주었다. 스카이라면 축구를 키우고 널리 알릴 것이었다. "우린 선생님의 할머님께도 텔레비전으로 축구 보는 법을 가르쳐드릴 겁니다." 치좀이 페리한테 한 말이었다. 페리는 스카이의 제안이 옳다는 확신이 들었다. 하지만 22명의 구단주의 얼굴을 똑바로 보며 더 낮은 입찰가를 받아들이라고 말할 수는 없었다.

페리는 루퍼트 머독한테 비장의 카드가 한 장 더 있기를 바랐다. 초장부터 머독은 세인트 제임스에 있는 자신의 펜트하우스 아파트에서 훈제 연어에 샴페인을 마시면서 딘이나 첼시의 켄 베이츠Ken Bates 같은 구단 회장들에 환심을 사려 애를 썼었다. 머독은 리빙스턴 소재 스코틀랜드 본사에서 페리를 만났었다. 볼 때마다 페리는 머독에게서 프리미어리그를 소유하기 위해서라면 수단방법을 가리지 않을 준비가 되어 있는 사람이란 인상을 받았다. 머독이 ITV의 이런 행태를 내버려 둘 것인가?

그때 페리의 전화가 울렸다. 서류 가방에서 전화기를 낚아채 듯 꺼내 안테나를 잡아당겨 뺀 다음 신호가 버티길 바랐다. 전화기에서 낯익은 목소리가 들려왔다.

"릭. 샘 치좀입니다. 펜 있죠?"

2부
높이, 더 높이

"무조건 우라지게 재미있게 만들 것."

- 데이브 힐, 스카이스포츠 -

완전히 새로운 세계의 도래

1992년 8월, 선수들이 시즌 새 유니폼을 처음 입고 축구장으로 당당히 나아가자 스카이의 카메라 십여 대가 터치라인부터 센터 서클, 마지막으로 맨체스터 시티의 메인로드 스타디움Maine Road stadium 위 하늘을 정확하게 비췄다. 팀원 모두 그저 자기 일을 하는 것만으로 지금까지 없었던 급진적인 스포츠 및 오락 경험을 안겨 주는 데 일익을 담당하게 된다는 사실을 알고 있었다. 그들은 이제 프리미어리그 소속이었다. 게다가 스카이의 따끈따끈한 프리미어리그 신제품, 미국에서 곧장 물 건너 온 고안품인 〈먼데이 나이트 풋볼〉의 첫 회 중계 팀으로 선정되었다. 스카이는 굳이 프로그램명을 바꾸려 하지도 않았다.

유니폼 상의 등판을 보이고 있는 팀과 구장 위 전술 대형 사이에서, 영국 축구는 이 무리가 장차 펼쳐 보일 광경 같은 것은 일찍이 본 적이 없었다. 선수들은 큐 사인이 떨어질 때까지 초조한 미소를 띠고 있었다. 이내, 영국 전역의 가정과 술집으로 이 방송이 실시간으로 나갔다. 스타디움 위로는 광고용 비행기가 '완전히 새로운 축구'라고 쓰인 배너를 윙윙거리며 끌고 지나갔다. 그리고 구장 위에서 새하얀 상의에 감색 반바지, 흰색 양말을 신은 팀이 경기를 시작했다.

거기엔 샛노란 스커트도 있었다.

스커트의 주인공들은 스카이 스트라이커스Sky Strikers로, 이들은 방송사가 관중석에 활기를 불어넣고 영국 축구가 용감하게 쇼비즈니스에 뛰어든 순간을 모두에게 확실히 각인시키려고 고용한 열다섯 명의 치어리더였다.

"월요일이 달라집니다." 검정색 재킷에 눈에 확 들어오는 넥타이를 맨 아침방송 베테랑 리처드 키스Richard Keys가 관중석 위 스카이 중계실에서 장내에 방송으로 알렸다. "월요병은 이제 그만, 스카이스포츠에서 제공하는 전에 없던 새로운 축구에 반하게 되실 겁니다. 월요일 밤도 이제 공식적으로 주말의 일부분이 되었습니다. 이제 월요일에도 웃으며 가족과 즐거운 시간을 보내실 수 있게 됩니다."

보아하니 가족과의 즐거운 시간에는 이제 치어리딩 팀, 불꽃놀이, 경기용 공을 전달하기 위해 하늘에서 슝 내려오는 낙하산병 군단이 포함되는 모양이었다. 시너지 효과 기회를 절대 놓칠리 없는 루퍼트 머독의 수하들은 낙하산 갓에 『더 선』 로고를 큼지막하게 박는 것도 잊지 않았다.

〈먼데이 나이트 풋볼〉의 원형은 뻔뻔스럽지만 누가 봐도 NFL이었다. 팀의 문양을 네모 속에 컴퓨터 애니메이션으로 보여준 것이나 전자기타의 파워풀한 독주 등등. 맨체스터 시티와 퀸즈 파크 레인저스Queens Park Rangers, QPR가 헬멧을 쓰고 어깨보호대를 착용한 채 경기를 시작할 건가보다 하고 생각해도 무방할 정도였다.

중계실에서는 키스가 양옆에서 창밖을 내다보고 있던 전직 축구선수 둘, 크리스 와들Chris Waddle과 앤디 그레이Andy Grey를 보며 물었다. "센터서클 안이 참 끝내주네요, 어떻습니까?"

"그러게요, 전 경기고 뭐고 다 잊었다니까요." 와들이 스카이 스트라이커스에 시선을 고정한 채 껄껄 웃었다. "아가씨들만 보이네요."

19년 뒤, 저렇게 무심코 지껄인 성차별적인 발언으로 키스와 그레이는 발목을 잡히게 될 터였다. 두 사람은 중계 마이크에 잡히는 줄도 모른 채 방송 중 여성 부심을 흉내내며 놀려 스카이에서의 경력을 날려버렸다. 당시 '웃자고 한 소리였다'는 게 키스의 궁색한 변명이었다.

그러나 1992년 그 월요일 밤, 웃자고 한 소리는 장차 스카이의 특징이 될 터였다. 그레이의 광범위한 분석 그리고 정장 차림의 남성 3인방이 나와 말을 주고받는 시대를 초월한 체제에서 비롯된 그날의 이야기꽃은 킥오프까지 내내 이어졌죠. "핼리팩스 타운Halifax Town에선 이런 건 절대 없었죠." 현장의 중계 카메라가 스카이의 해설가, 이언 다크Ian Darke에게 넘어가자 그가 싱글벙글거리며 말했다.

하지만 원시적인 중계석에서조차, 다크와 그레이가 조작할 수 있는 혁신적인 장비가 하나 있었으니, 그건 바로 리플레이 모니터였다. 미국에선 벌써 몇 년째 쓰고 있는 장비였지만, 쩍쩍 금 간 영국의 축구장에선 비교적 최근에 등장했다. 스카이의 새로운 방송 원칙의 지사사항에 따르면 주 해설자가 '이름과 번호'를 거론하고 캐스터(그레이와 흥분하면 나오는 그의 강한 스코틀랜드 억양)가 그 즉시 첫 번째 리플레이를 보면서 맞장구를 치게 되어 있었다. 이런 방식은 이후로도 줄곧 이어져오고 있다.

그 첫 번째 월요일 밤, QPR의 앤디 신턴이 20여 미터 거리에서 벼락 같은 왼발슛을 날려 동점골을 넣으면서 현장 중계 카메라에 이야깃거리를 아주 많이 제공했다. 필드 위 선수들은 전과 다를 바 없이 느껴졌겠지만, 메인 로드 조명 아래 펼쳐진 한 순간의 마법은 이제 모든 각도에서 분석되어 고급 위성 방송에 몇 분이고 방송거리를 제공해 줄 수 있었다. '공백이 살짝 너무 많은 것 같은데요. 저걸 허용하면 안 되죠!'가 신턴이 넣은 골에 대한 첫 평가였다. "하지만 저 마무리를 좀 보세요."

골, 치어리더, 불꽃놀이는 스카이가 3개월 전 ITV를 제치고 프리미어리그 중계권을 땄을 때 꿈꿨던 바로 그 광경이었다.

5. 완전히 새로운 세계의 도래 | 93

봄에 샘 치좀이 뉴욕에 있는 머독한테 오케이 사인을 받고 전화로 릭 페리한테 제시한 최종 입찰가는 상대의 코를 납작하게 눌러 버렸다. 총 다섯 시즌에 3억 400만 파운드라는 금액은 프리미어리그 구단 대다수에게 ITV의 경쟁 가격 대신 스카이를 선택하라고 설득하기에 충분한 금액이었다. 하지만 박빙의 승부였다.

빅5는 여전히 그레그 다이크의 방송사를 선호해서 일괄 ITV쪽 입찰에 찬성표를 던졌는데 딱 한 명, 앨런 슈가만 반대표를 던졌다. 앨런 슈가의 충성 대상은 다이크도, ITV도, 또는 나머지 빅5도 아니었다. 충성 대상은 앨런 슈가 자신이었고, 스카이의 제안은 곧 위성 접시를 더 많이 팔 수 있다는 의미였다. 슈가는 이러한 이해 충돌 때문에 그를 결선 투표에서 제외시키자는 데이비드 딘의 제안에서 살아남은 후 예상대로 스카이의 제안을 지지했고, 결국 결정타가 된 것은 슈가의 표였다. 영국 축구의 현대사에서 가장 중대한 결정에서 두 구단이 기권하기로 결정하여 투표 결과는 14-6이었다. 조조 상품까지 갖춘 스카이의 천문학적 입찰가는 필수 요건인 딱 3분의 2 과반수 찬성으로 투표에서 이겼다.

그 3억 400만 파운드는 머독의 신생 기업인 스카이에 매년 실황 경기 60회를 얻게 해 주었고, 가격이 가격인 만큼 스카이는 경기 하나하나에서 이익을 최대한 짜내기로 결심했다. 방송사들이 한 경기에 할당하던 약 두 시간 대신(몇 분은 킥오프 전 잡담으로, 경기 시간 90분에 하프타임까지 해서), 스카이는 프리미어리그를 다섯 시간 연속으로 정주행시키기로 결정했다. 결국 그 다섯 시간도 채워야 할 백지 상태의 방송 시간일 뿐이었다. 아침 방송인 〈TV-am〉을 오래 진행한 덕에 사람들을 끊임없이 떠들고 킬킬거리게 하는 법에 대해서라면 둘째가라면 서러울 정도로 꿰고 있는 키스가 있었다.

스카이는 키스에게 요란하기 짝이 없는 온갖 재킷과 넥타이를 입혔는데, 그 옷들은 단연 1990년대 최악의 패션이라고 할 수 있었다. 하지만 의도된 패션이었다. "설마 제가 진짜 녹색, 노란색, 보라색, 파란색, 오렌지색, 흰색 재킷을 입고 앉아 있고 싶었겠습니까? 그럴 리가요! 일종의 선언을 해야 한다는 생각이 있어서 그랬던 겁니다." 키스는 그 이유를 이렇게 말했다.

데이브 힐과 앤디 멜빈Andy Melvin 같은 프로듀서가 이끄는 스카이 팀에게 금지된 혁신이란 없었다. 힐은 걸걸한 호주인으로 구식 스포츠에 텔레비전에서 부릴 수 있는 새로운 요술을 한 수 가르쳐 준 인물이었다. 호주 미디어 재벌 케리 패커Kerry Packer가 오스트레일리아에서 크리켓을 화려하고 돈 잘 벌리는 텔레비전 로드쇼로 완전히 뜯어고쳤을 때, 힐은 책임지고 그 스포츠에 단번에 이목을 집중시켜야 했다. 나중에 힐은 폭스에서 NFL 방송을 연출하고 할리우드의 아카데미 시상식 같이 굵직한 이벤트까지 맡게 된다. 하지만 1992년 그가 맡은 일은 스카이의 프리미어리그 프로그램을 순조롭게 출발시키는 것이었다. 그가 멜빈에게 내린 지시사항은 간단했다. "무조건 우라지게 재밌게 만들 것."

우선 멜빈은 앤디 그레이가 술병과 소금·후추 통들을 바 테이블에서 이리저리 움직여 가며 축구 전술을 설명해 주던 어느 날 오후의 낮술 자리에서 두 사람이 함께 짠 아이디어를 그레이에게 진행시키라고 했다. 그 아이디어는 커다란 녹색 테이블과 두 가지 색의 작고 납작한 원판을 가지고 진행하는 방송 코너로 거듭났다. 이 코너를 통해 그레이는 4-4-2 대형이라는 전문 지식을 한 세대의 시청자들에게 요령껏 가르칠 수 있었다. 압권은 그 코너가 방송 시간을 90분이나 잡아먹는다는 것이었다.

"어떻게 보면 그 스포츠 프로그램이 생중계 경기보다 더 중요해진 거죠." 키스가 말했다.

스카이는 시청자들이 끝없이 연달아 나오는 선수 출신 게스트들한테 이런저런 질문을 할 수 있는 전화 참여 프로 코너도 포함시켰다. 다만, 초창기 팬들 대부분은 전화 연결이 되면 정말 하고 싶어 하는 일이 스카이의 또 다른 최신 아이디어가 마음에 들지 않는다며 불평하는 것이었지만 말이다. 힐이 고집을 피우다시피 해서 스카이는 득점판과 중계 시계를 만들어 경기 내내 화면 상단 구석에 놓았다. 그런데 사람들이 그걸 굉장히 싫어했다. 어떤 이유 때문인지(어떤 것이든 변화를 싫어하는 영국인의 습성 때문일 공산이 컸다) 시청자들은 시청 중인 스포츠 이벤트의 득점 상황을 아는 데 득점판과 중계 시계가 유용할 수 있다는 점을 받아들이지 않으려 했다. 하지만 힐과 멜빈은 그런 비난은 듣지 않으려 했다. 시계와 득점판은 그 자리에 있어야 했다.

힐과 멜빈이 그다지 열성적으로 달려들지 않은 아이디어가 하나 있었는데, 그 아이디어란 코미디언을 한 명 영입해서 축구를 주제로 농담을 하면서 시간을 때우자는 무모한 계획이었다. 코미디언은 매번 코미디에 실패했다. 그 코미디언이 폴 개스코인Paul Gascoigne이 최근 로마의 라치오Lazio로 이적한 일을 두고 개그를 시도한 후 스카이의 프로듀서들은 그를 영구 퇴출시켜야겠다고 확신하게 되었다.

"개스코인이 지금 이탈리아어를 배우고 있잖아요."

개그를 받아주는 역할을 맡은 키스가 반문했다.

"그래요? 그래 이탈리아어로 무슨 말을 할 줄 안 답니까?"

"피자요."

썰렁. 없던 일로.

결국 스카이 사람들은 혁신 중 잘 정착되는 것들은 새로운 시도를 해 보려는 취지에서 도입된 혁신이 아니라는 사실을 깨달았다. 일반 대중에게 그들이 이미 알 만큼 알고 있다고 생각하던 축구를 가르치기 위해 고안한 변화들이었다. 그것은 할머니도 축구를 좋아하시게 만들어 주겠다던 샘 치좀의 약속이었다. 이제 다각도에서 찍은 즉시 리플레이, 현장 인터뷰, 주체 못할 정도로 더 긴 방송 시간이 생겼다. 그리고 이 모든 것이 난생 처음 보는, 끝도 없이 이어지는 대화의 소재가 되어 주었다.

스카이는 축구 팬이 텔레비전 시청 경험에서 여태 아쉬워해 오던 것 한 가지를 포착해 냈고 그 한 가지를 가지고 90분짜리 생방송을 가까스로 채웠다. 그 한 가지는 바로 술집에서 나누는 오랜 수다였다.

상업주의로의 전환
맨체스터 유나이티드

영국 축구가 150년 역사를 이어오는 동안, 축구 구단도 사업체처럼 운영되어야 한다는 생각을 떠올린 사람이 나온 건 겨우 후반부에 이르러서였다. 1980년대까지만 해도, 축구의 기원이 아마추어적 이상을 품고 있는 노동자들이 모여 맺은 느슨한 결속이라는 관념이 지배적이었다. 그래서 구단 이사들은 이윤을 목적으로 구단을 운영한다는 발상 자체를 질색했다. 구단 운영이 초창기 선수들이 주중에 뼈 빠지게 일한 공장·광산·주조 공장 운영과 매우 흡사할 수 있다는 관념을 거부했던 것이다.

이런 정서는 19세기 축구협회가 정한 통상 34번 규정에 명시되어 있었다. 이 조항에 따르면 구단 이사들은 월급을 받으면 안 되고 주주들에게 지급하는 배당금도 일정 비율로 제한되었다.

무엇보다도 구단주들은 관리인에만 머물러야 했다.

어쨌거나 1970년대 말이나 1980년대 초에는 어떻게 하면 구단으로 돈을 벌 수 있는지 내다볼 수 있는 사람이 얼마 없기도 했다.

마틴 에드워즈는 더욱 큰 가능성의 냄새를 맡은 그 얼마 안 되는 사람 중 한 명이었다.

1980년 맨체스터 유나이티드 회장 자리에 올랐을 때, 에드워즈는 서른넷이었다. 축구 리그 역사를 통틀어 이는 왓퍼드Watford를 취미 삼아 운영했던 인물의 뒤를 이어 두 번째로 젊은 회장이었다. 전자는 바로 그 이름만으로 빛이 나는 팝스타 엘튼 존Elton John이다.

당시 맨체스터 유나이티드는 한때 잘 나가던 (하지만 현재는 그렇지 못한) 구단이었다. 에드워즈가 인수한 이 팀은 1967년 이후 리그 우승 한 번 하지 못하고 있었고, 유러피언컵에서는 벤피카Benfica를 누르고 우승을 차지한 지 12년째 되던 해였다. 그 이후, 유나이티드가 우승 트로피를 들어 올린 일은 한 번밖에 없었고, 심지어 1970년대에는 한 시즌을 2부 리그에서 보내기까지 했다. 나아가 영국 축구 역시 맨유 못지않게 암울한 형편이었다. 에드워즈 재임 후 첫 5년 동안, 축구는 훌리건들의 무질서한 행동, 관중 감소, 1985년 영국 구단들의 유럽 대회 출전 금지 징계로 인해 암흑기였다.

에드워즈의 타이밍은 완벽했다.

그 후 10년이 흐르는 동안 맨체스터 유나이티드의 이사회 내부에서 내려진, 서로 상관있는, 종종 사람들에게 환영받지 못한 일련의 결정들이 모여 프리미어리그 최초의 왕조가 세워졌다. 겉으로 드러나지는 않았어도, 그 작업으로 맨체스터 유나이티드는 경쟁 구단들에 비해 재정적으로 유리한 상황에 놓이게 되었고, 이런 상황은 21세기 들어서까지 한참 이어질 터였다.

텔레비전 중계권 수익을 늘리고자 경기장 밖에서 데이비드 딘 및 어빙 스콜라와 힘을 합치던 와중에도, 에드워즈는 그 분야에서 양쪽을 모두 다 이길 계획을 도모하고 있었다. 그리고 그 계획은 에드워즈가 남몰래 러브콜을 보내고 있던 스코틀랜드 출신의 전도유망한 감독을 글래스고 남동쪽에 있는 어느 고속도로 휴게소에서 영입하면서 시작되었다. 그 감독은 알렉산더 채프먼 퍼거슨Alexander Chapman Ferguson이었다.

스코틀랜드 구단 여섯 군데의 전직 포워드 출신으로 무뚝뚝한 태도에 우물거리는 억양을 쓰고 존 F. 케네디 암살에 사로잡혀 있던 퍼거슨은 1983년 컵위너스컵Cup Winners' Cup 애버딘Aberdeen 대 레알 마드리드Real Madrid 결승전에서 레알 마드리드를 꺾어 맨체스터 유나이티드의 중진들에 강한 인상을 남긴 바 있었다. 레인저스나 아스날 같은 다른 구단들도 이미 퍼거슨 주변에서 얼쩡대고 있었다. 하지만 에드워즈가 한발 빨랐다. M74번 근처에서 은밀한 미팅을 진행한 지 72시간도 채 안 되어, 퍼거슨은 맨체스터 유나이티드의 감독으로 임명되었다.

굳이 알려줄 필요는 없겠지만, 퍼거슨은 2013년 논란의 여지는 있을지언정 영국 축구 역사상 가장 위대한 감독으로 맨체스터 유나이티드를 떠나게 된다. 하지만 그 모든 트로피, 그 모든 영광, 심지어 나중에 받은 기사 작위의 와중에, 퍼기Fergie(퍼거슨의 애칭)의 올드 트래퍼드Old Trafford에서의 세 시즌을 사람들은 곧잘 까먹는다. 11위로 끝난 두 시즌 사이 한 시즌만 2위로 마무리를 했다. 그런 성적으로는 '알렉스 경'이 되지 못한다. 1989년 12월의 어느 날 크리스탈 팰리스에 패하여 한 축구 팬이 그 유명한 현수막을 걸어 놓았을 때, 험악한 분위기는 최고조에 달했다. 현수막에는 '3년 동안 변명하더니 여전히 헛소리. 잘 가라, 퍼기'라고 쓰여 있었다.

맨체스터 유나이티드는 13위까지 떨어지면서 그다음 시즌 역시 암울해졌다. 맨체스터한테 칼을 갈고 있는 이들이 많다는 걸 에드워즈도 알고 있었다. 감독 두 명을 직접 임용했지만, 둘 다 1980년대가 다 가기 전까지도 구단에 리그 타이틀을 안겨 주지 못하고 있었다. 하지만 에드워즈는 퍼기한테 시간을 조금 더 주고 싶었다. 다행히 1990년 FA컵FA Cup 결승전에서 맨체스터 유나이티드가 크리스탈 팰리스를 간신히 이긴 덕분에 에드워즈는 올드 트래퍼드 같은 반란을 촉발하지 않고 퍼기를 구단에 붙잡아둘 명분을 얻게 됐다.

하지만 퍼거슨을 계속 데리고 있는 것이 에드워즈에게 대외 위험이었다면, 에드워즈 개인한테 걸린 판돈은 훨씬 컸다. 에드워즈는 심지어 회장이 된 후에도 맨체스터 유나이티드 주식을 최대한 손에 넣어 싹 쓸어 담기 위해 집을 담보로 잡아가며 기꺼이 빚더미 속으로 뛰어들었기 때문이다. 그는 형편 내에서 구단을 최대한 장악하고 싶었다. 누구든 주주 명부에서 이름을 보면 소리소문없이 그 사람한테 주식을 사들이다 보니 1990년대 초에는 빚을 무려 95만 파운드까지 지게 되었다. 골초가 되어 있었던 것도 당연했다.

10년 간, 에드워즈는 구단 수익 증진을 추구해 왔다. 1982년, 리버풀의 선례를 따라 유나이티드의 유니폼 상의에 돈을 받고 이름을 박아줄 만한 광고주를 물색했다. 그 광고주는 결국 맨체스터에 대규모 부지를 보유하고 있는 일본 전자회사, 샤프가 되었다. 에드워즈는 샤프에 시즌 당 50만 파운드를 요구했는데, 유나이티드가 운 좋으면 1년에 열 번 텔레비전 전파를 탈 수 있을지 모르던 시절이므로 나쁘지 않은 조건이었다.

그 유니폼 상의 제작을 담당한 사람들로 말하자면, 에드워즈는 구단의 생산 계약 협상을 사업 경험이나 광고 지식이 전무한 유나이티드의 코치들이 담당한다는 사실을 알고 경악했다. 어떤 돈이든 이 코치들 수중에 떨어진 돈은 곧장 선수들을 위한 공동 기금으로 들어갔다. 에드워즈는 그런 관행을 즉시 종식시켰다. 그리곤 애드미럴Admiral이라는 회사와 계약을 맺었는데, 이 회사는 매년 1,500파운드라는 후한 액수로 잉글랜드 국가 대표 팀의 유니폼 키트를 제작한 회사였다. 20년 후 구단을 떠날 때, 에드워즈는 나이키와 10년에 3억 300만 파운드짜리 계약을 체결할 사전 준비를 마친 상태였다.

에드미럴 계약도 대단한 건 아니었지만 그래도 하나의 출발점, 입장료 이상의 큰돈을 구단 공동 금고에 넣을 만한 것 정도는 되었다. 결국 유나이티드는 입장료를 연중 약 30일치밖에 거둬들이지 못 했고, 그마저도 팀이 다수의 토너먼트에서 뛰어야만 가능했다. 그 나머지 시간에 유나이티드는 영국 최대 규모의 간이 의자 전시회장 격인 곳에 가만히 앉아만 있었는데, 사실 그 의자를 채울 이유도 없었다. 그걸 보고 에드워즈는 올드 트래퍼드가 이상적인 콘서트 장소가 될 거라는 사실을 깨닫게 되었다.

1982년, 맨체스터 유나이티드는 퀸의 콘서트를 주관해 보려고 했는데 생각해 보니까 자기네 구단은 축구 경기 말고 다른 행사를 조직하는 법에 대해선 아는 것이 하나도 없었다. 그래서 지방의회가 이것저것 세세하게 문의를 해 오자 멘붕에 빠졌다. 콘서트 종료 시간은 몇 시일 것 같으냐, 소음은 어느 정도일 것 같으냐, 옥외 화장실은 충분히 계획했느냐 같이 곤란한 사항들을 물었던 것이다. 에드워즈는 그중 어느 것에도 답변할 수 없었다. 콘서트는 좀 더 기다려야 했다(유나이티드는 결국 1991년 올드 트래퍼드에서 로드 스튜어트Rod Stewart의 콘서트를 주관했다).

하지만 때는 1980년대였고 자금을 모을 또 다른 방법이 있었으니, 그 방법이란 당시 영국 기업 세계에서 대유행했던 방법이다. 에드워즈가 런던증권거래소에 구단을 상장한 것이다. 1991년 마침내 회사가 상장되자, 서포터들은 자신들도 모르게 맨체스터 유나이티드 풋볼클럽, 즉 맨체스터 유나이티드 PLC라는 자회사의 팬이 되어 버렸다.

　계획은 올드 트래퍼드의 관람석 구역 보수 공사 자금을 신속하게 마련하자는 것이었다. 1900년대 이후 줄곧 맨체스터 남서쪽 구석을 차지해 왔고 제2차 세계대전 중 독일의 공습도 수차례 견딘 적벽돌 스타디움, 올드 트래퍼드를 어떤 식으로든 손본다는 것 자체로 이 계획은 이미 까다로웠다. 스트레트퍼드 엔드Stretford End†는 목소리가 가장 큰 유나이티드 팬들이 자리를 잡다 보니 자연스레 가장 시끌벅적한 구역이었다. 그런 곳의 과감한 개조는 골키퍼 없이 경기를 하자는 제안 못지않게 반발을 살 것이었다. 하지만 에드워즈는 그게 반드시 필요한 일임을 알고 있었다. 또한 그 계획이 실현 가능하다는 사실도 알고 있었다. 친구 어빙 스콜라가 일찌감치 8년 전에 토트넘에서 이와 똑같은 일을 해 낸 걸 목격한 바 있기 때문이다.

　사실상 구단에 기업 사냥을 감행한 것이나 다름없었던 스콜라는, 팀의 지주 회사를 설립함으로써 구단의 사업 처리 방식에 생길 수 있는 축구 한정적 제약을 피해갈 수 있다는 사실을 전부터 알고 있었다. 그 덕분에 스콜라는 토트넘 홋스퍼 PLC를 최초의 상장 스포츠 법인으로 만들고 34번 규정을 멀찌감치 따돌릴 수 있었던 것이다. 또한 이사들이 임금을 받아갈 수 있도록 물꼬를 터주었다. 애스턴 빌라의 더그 엘리스Doug Ellis가 1983년 가장 먼

---
† 웨스트엔드라고도 알려져 있으며 올드 트래퍼드 스타디움의 홈 팀 팬 관람석 구역을 지칭한다.

저 두둑한 월급 봉투를 가져갔는데, 내가 번 돈이라는 느낌이 들었기 때문이라고 했다. 당시 엘리스는 "무보수로 일하는 건 여자들하고 말밖에 없다"는 발언을 했다. 애스턴 빌라 팬들에게 '단칼 더그'란 별명으로 알려진 엘리스는 언제나 매력이 넘치는 사람이었다.

스콜라는 스퍼스에서 봉급을 타 간 적이 한 번도 없었다. 그는 축구 팀이 왜 상장되어야 하는지 이해하지 못하는 팬들로부터 이미 욕을 먹을 대로 먹고 있었다. 그런데도 스콜라는 주식 공모야말로 자금을 모으고 구단의 채무를 줄일 수 있는 가장 빠르고 쉬운 방법임을 알고 있었다.

스콜라는 이렇게 말했다. "그렇게 하면 왜 안 되는 거죠? 다른 회사들도 다 하는 건데."

유나이티드에서 그 계획은 구단의 환금성을 높여주었다는 점에서 유용했다. 하지만 120만 주의 절반가량이 팔리지 않고 있었다. 상관없었다. 에드워즈에게는 팬들한테 팔 수 있는 다른 비책이 있었기 때문이다. 티셔츠, 모자, 목도리, 그밖에 맨체스터 유나이티드 로고를 새길 수 있는 것이라면 무엇이든 팔 수 있을 터였다.

구단 상업화 아이디어는 이번에도 미국에서 나왔다. 1987년 제츠 구단주 내빈으로 뉴욕으로 건너갔을 당시, 에드워즈와 스콜라는 본격화된 NFL의 마케팅 활동이야말로 프로 스포츠의 미래라는 것을 깨달았다. 맨체스터로 돌아온 후, 에드워즈는 그 미래를 실현시키는 일에 착수했다.

그건 곧 그 당시 전화 응대원 단 한 명으로만 운영하는 우편 주문 사업에 불과했던 유나이티드의 구단 상품 사업을 완전히 바꿔야 한다는 의미였다. 구단의 기념품점 상황은 그보다 훨씬 한심했다. 알고 보니 맨체스터 유나이티드는 기념품점을 전혀 보유하고 있지 않았던 것이다.

맨체스터 유나이티드에 1968년 유러피언컵을 안겨 준 전설적인 전 감독, 맷 버스비Matt Busby에게 구단은 송별 선물로 스타디움 내 기념품점에 대한 21년 임차권을 주었다. 그 계약이 19년째 접어든 1991년, 에드워즈는 유나이티드에게 그 기념품점이 절실히 필요하다는 걸 알게 되었다. 임차권을 2년 남겨둔 상황에서 에드워즈는 버스비 가족에게 14만 6,500파운드 수표를 써 주었다.

하지만 아마도 이 시기 유나이티드가 보인 가장 영리한 행보는, 1992년 에드워드 프리먼Edward Freeman이란 인물을 두고 토트넘에게 거둔 이적 시장에서의 승리였을 것이다.

프리먼은 스퍼스를 위해 프로 경기를 뛴 적이 단 한 번도 없었다. 그러나 에드워즈는 프리먼이 구단에 가져올 수 있는 게 무엇인지 알고 있었다. 프리먼은 어빙 스콜라에게 영리 추구의 스승이었다. 프리먼은 유나이티드가 뭘 잘못하고 있는지 즉시 알아보았다. 유나이티드는 돈만 내면 아무에게나 구단 이름을 쓸 수 있게 해 주고 있었는데, 그로 인한 로열티를 티끌 만큼밖에 회수하지 못하고 있었다. 게다가 바보 같은 상품화 아이디어를 지닌 사기꾼들 때문에 끊임없이 애를 먹고 있었다. 그런 사기꾼 중에는 여성용 팬티에 '나는 스트레트퍼드 엔드에서 골을 넣었다'[†]라는 말을 새겨서 팔자는 사람도 있었다(유나이티드는 그 특정한 기회는 사양했다).

프리먼은 모든 것을 조직 내부로 가져오기로 결정했다. 1994년, 유나이티드는 브랜드 네임 제품으로 4,400만 파운드를 벌어들이고 있었다. 이는 전년 대비 180% 증가한 것인데, 경쟁 구단의 서포터들은 이런 맨체스터 유나이티드를 '머천다이즈 유나이티드Merchandise United'라며 조롱하기 시작했다. 1998년이 되자 유나이티드의 총매출은 아스날과 리버풀의 총매출액을 합한 것보다 더 높아져 있었다.

특히 리버풀이 이런 상황에 이를 갈았다. 어느 모로 보나 프리미어리그 최초의 상업왕은 리버풀이 되었어야 했기 때문이다. 리버풀은 1975년부터 1990년 사이 리그 타이틀을 열 번이나 획득한 영국의 최신 명문 구단으로, 브랜드를 유럽 전역으로 수출하기에 독보적으로 유리한 위치에 있었고, 해외 팬이 유러피언컵 4회 우승 이후 이런 리버풀에 흠뻑 빠져있었다. 전 수비수, 필 톰프슨Phil Thompson 말마따나, '달나라에 살고 있던 게 아닌 한' 리버풀 풋볼클럽을 못 들어봤을 리가 없을 정도였다. 문제는 달나라에 가 있었던 게 리버풀의 마케팅 부서라는 점이었다.

[†] 원문은 I SCORED IN THE STRETFORD END인데 score에는 섹스 파트너를 구하는 데 성공했다는 의미도 있다.

알렉스 퍼거슨은 일찍이 맨체스터 유나이티드 재임 시절 자신의 사명은 '리버풀의 콧대를 완전히 꺾어 놓는 것'이라고 밝힌 바 있었다. 하지만 경기장에서도 연말 결산에서도 그 일을 해 낼 날이 올 줄은 그 자신도 몰랐다. 후자가 전자의 중대한 이유가 될 거란 것도 몰랐다.

올드 트래퍼드에 돈이 들어오자, 유나이티드는 영국 전역 구단 중 몇몇밖에 할 형편이 안 되는 일 두 가지를 할 수 있게 되었다. 첫째, 스타디움 재개발에 거액을 투자할 수 있게 되었다. 스트레트퍼드 엔드를 테일러 리포트Taylot Report†의 규격에 맞게 전석 좌석식 관람석으로 바꾼 후, 추가로 3,000만 파운드를 써서 노스 스탠드North Stand를 확장했다. 그 덕에 1996년 개장 당시 관중 수용 규모가 리그 1위로 뛰어올랐다. 그 어느 때보다 호화로운 박스석과 편의 시설을 갖춘 구단은 경기일마다 1,200만 파운드를 긁어모을 수 있었다.

유나이티드가 시험 삼아 벌인 공사의 효과가 어찌나 좋았던지, 사실상 구단은 1990년대의 나머지 시간을 새로운 프로젝트를 꾸미는 데 쓸 수 있었다. 에드워즈는 추가로 3,000만 파운드를 들여 2000년 올드 트래퍼드를 6만 7,000석으로 늘렸다. 1999년에는 캐링턴Carrington에다 새로운 훈련 시설을 사 주었는데 그 비용은 6,000만 파운드까지 불어났다. 이제 유나이티드가 돈으로 못 할 일은 없었다. 1990년 이후로 유나이티드의 회계 장

---

† 힐스버러 참사 후 사고의 원인을 규명하고 대책을 정리한 보고서.

부에 적자란 없었다.

유나이티드의 재정 부담 능력이 가져다 준 두 번째 이점은 퍼거슨이 경기장 위에서 창출해 낸 선순환에서 비롯되었다. 퍼거슨이 벤치에서 본래의 컨디션을 되찾자, 구단은 고급(이라 쓰고 고액 연봉이라 읽는) 인재로 구성된 두터운 선수층을 구축할 수 있었다. 그 말은 곧 퍼거슨이 선수단을 돌려가며 기용해서 최우수 선수들의 컨디션을 최상으로 유지하고, 작전을 신중하게 펼칠 수 있었다는 의미다. 가령 1992-3 시즌 타이틀 대회 기간 동안 퍼거슨은 17회의 리그 경기에서 똑같은 선발 선수 11명을 썼다. 세 시즌 후, 퍼거슨은 똑같은 라인업을 겨우 네 번 지명했다. 그리고 유나이티드가 1996-7 시즌 프리미어리그 타이틀을 향해 가는 과정에서 퍼거슨은 리그 경기 38회 동안 각기 다르게 짠 서른여덟 가지 라인업을 돌렸고, 동시에 FA컵과 유러피언컵을 두고도 쟁탈전을 벌였다. 그 시즌이 막바지에 접어들 즈음, 신중히 몸을 사렸던 유나이티드 선수들은 전속력으로 질주해서 다리가 지칠 대로 지쳐 있는 상대 선수들을 전속력으로 제치기만 하면 되었다.

밀레니엄으로 넘어가는 시기, 유나이티드의 재정은 폭주 기관차 같았다. 1998년, 루퍼트 머독의 B스카이B가 구단을 6억 2,300만 파운드에 매입하려고 시도했다가 정부의 독점 및 합병 위원회 Monopolies and Mergers Commission 때문에 고배를 마셨다. 위원회는 머독이 국내에서 가장 윤택한 경기 종목과 최대 구단을 둘

다 장악하려는 모양새를 탐탁하게 여기지 않았다. 머독이 구단을 인수하면 그렇잖아도 불평등한 리그에 불평등이 심화될까 우려되었기 때문이다.

그다음 해, 유나이티드의 평가액은 사상 최초로 10억 파운드 수준을 넘겼다. 회사 직원수는 500명을 겨우 넘긴 수준이었다. 유나이티드가 손을 대는 것마다 금으로 변했다. 퍼거슨은 계속 트로피를 거머쥐었고, 유나이티드는 자체 텔레비전 채널과 글로벌 웹사이트를 런칭했으며, 구단의 기념품점은 '메가스토어Megastore'로 진화했다. 엄브로 중역 출신인 피터 케넌Peter Kenyon이 CEO에 취임하면서 뤼트 판 니스텔로이Ruud van Nistelrooy, 후안 세바스티안 베론Juan Sebastián Verón, 리오 퍼디난드Rio Ferdinand를 총 7,700만 파운드에 영입하여 13개월이라는 기간 동안 영국의 이적료 기록을 세 번이나 깨는 기염을 토했다.

이런 열광의 와중에 에드워즈는 숭고하고 유구한 자신의 조직에 조용히 미묘하지만 의미심장한 변화를 가했다. '풋볼 클럽Football Club'이라는 단어를 맨체스터 유나이티드 문양에서 빼 버린 것이다. 지구에서 가장 유명한 팀이 된 이상, 그 구단이 어떤 스포츠를 하는지 굳이 상기시킬 필요는 없기 때문이다. 온 세상이 이미 알고 있으니 말이다. 에드워즈가 즐겨 말한 대로, 할렘 글로브트로터스Harlem Globetrotters는 '배스킷볼 팀Basketball Team'이란 단어를 필요로 했던 적이 없었다.

1980년대와 1990년대 초에 걸쳐 스타디움과 상업성을 개발하면서 발휘한 재주(퍼거슨 아래에서 팀이 이룬 경기장 위에서의 발전은 말할 것도 없고) 덕분에 유나이티드는 그 어떤 구단도 붙잡지 못한 선도자로서의 우위를 차지할 수 있었다. 모든 게 제대로 돌아가는 세상이었다면, 유나이티드는 프리미어리그 시대의 거의 초창기부터 매년 타이틀을 획득했어야 했다.

이 새로운 현실 속에서 맨체스터 유나이티드와 싸울 방법은 한 가지밖에 없는 것 같았다. 그 한 가지 방법이란 '잭 아저씨Uncle Jack'란 별명으로 통하던 반 퇴직 상태의 조세 회피 망명자가 1995년 개발한 청사진을 따르는 것이었다.

7

삼일천하
블랙번 로버스

잭 워커Jack Walker는 그저 맨체스터 유나이티드를 이기는 것만으로는 도무지 성이 차지 않았다. 그가 심적으로나 금전적으로나 진정 바란 것은 맨체스터 유나이티드를 완전히 구두쇠로 보이게 만드는 것이었다.

미치겠는 건 잭 아저씨에게 그만한 돈이 있다는 점이었다. 40년 동안 운영해 오고 있던 가업인 철강 회사를 3억 파운드에 팔면서, 워커는 영국에서 25번째로 돈이 많은 사람이 되었다. 하지만 소년 시절부터 응원했던 구단인 블랙번 로버스는, 그가 1991년 은퇴 후 취미로 인수했을 때 그의 비전을 실현시킬 준비가 되어 있지 않았다. 우선, 블랙번 로버스는 1부 리그에 들지도 못한 상태였다. 영국 축구를 새롭게 바꿀 결정이 50여 킬로미터 떨어진 올드 트래퍼드에서 내려지고 있는 동안, 예순한 살 먹은 이 거물은 자신의 최애 구단이 축구가 맞이할 멋진 신세계로부터 차츰 멀어져 가는 걸 지켜보고 있었다. 그가 블랙번의 지휘를 맡은 시즌, 팀은 2부 리그에서 19위로 시즌을 마감했다. 조금만 더 못했으면 곧장 3부 리그로 곤두박질칠 판이었는데, 워커가 알기로 그건 땅속으로 꺼지는 거나 마찬가지였다. 블랙번을 원래 자리로 돌려놓는 일은 프리미어리그가 도래하면 전보다 훨씬 힘들어질 터였다. 1부 리그 아래에 있는 모두를 옹호하는 목소리들이 눈에 띄게 조용해졌기 때문이다. 빅 구단 관계자들은 이제 워커와 블랙번 규모의 다른 구단들에게 입장료·텔레비전 중계료, 게다가 비관주의자들의 말을 믿는다면, 영국 축구에서 의미 있는 미래까지 마음껏 뜯어낼 수 있게 될 예정이었다.

잭 아저씨는 블랙번만 구하고 끝내지 않기로 마음을 먹었다. 그리고 블랙번을 다시 프리미어리그로 입성시키기만 하고 말 마음도 없었다. 철강으로 번 돈을 아낌없이 써서라도 그 빌어먹을 것을 통째로 이길 생각이었다.

블랙번은 60년 넘게 어떤 종류의 주요 트로피도 한 번 못 타 본 구단이자, 맨체스터라는 더 큰 궤도에 속하는 영국의 다른 북부 산업 도시들 그 어디와도 쉽사리 혼동되는 도시 치고는 꽤 부유한 축에 속했다. 그 도시들은 다들 똑같아 보였다. 서로 옆으로 다닥다닥 붙어 있는 연립 주택, 텅 빈 공장, 심지어 이름마저 비슷하게 들렸다. 블랙번, 번리Burnley, 볼턴Bolton. 사실 영국 국민 대부분이 이 산업 소도시의 이름이나마 들어볼 수 있었던 유일한 이유가 바로 반은 파란색, 반은 흰색 유니폼을 보유한 이 축구팀 때문이었다. 워커처럼 블랙번 구단도 사랑하고 도시 블랙번도 사랑하는 사람한테(비록 워커는 1970년대 초 이후 채널 제도에서 조세 회피자 신세로 살고 있기는 하지만), 그 두 가지를 모두 다시 널리 알릴 기회가 찾아온 것이었다.

영국 축구계 같이 지독히 보수적인 세계에서 워커가 꾸미고 있던 일은 이단이나 마찬가지였다. 1990년대, 팀들은 청소년 아카데미에서, 훈련장에서 우승 팀을 키웠다는 전설에 여전히 깊이 빠져 있었다. 이 모든 상황에는 예의범절에 대한 영국적 관념, 억울한 인생살이의 와중에 (제 아무리 대단할 것 없는 것이라고 해도) 누군가 업적을 이룩한다는 것에 대한 영국적 관념이 있었다. 무엇보다 사람은 자기 분수를 알아야 했다. 그리고 대부분의 목격자들에게 블랙번의 분수는 2부 리그의 19위 언저리가 맞았다. 하지만 열네 살에 학교를 그만두고 아버지가 운영하는 판금 공장에서 일하다가 왕립전자기계공병군단에서 복무한 이력이 있는 워커 같은 자수성가형 인물에게 그건 소심한 태도였다. 워커 같은 거물한테 그건 만만한 일이었다. 그는 기존 질서를 뒤집어놓을 만큼 많은 돈을 영국에서 가장 우수한 선수들한테 마구 뿌릴 작정이었다.

그가 뿌린 수백만 파운드를 천박하다고 여긴 팬들도 있었겠지만, 워커의 이야기 역시 다른 대부분의 구단주들의 이야기와 그리 다를 바 없었다. 차이가 있다면 그의 은행 잔고에 찍힌 0의 개수가 훨씬 더 많을 뿐이었다.

잭과 형은 1951년 형제의 아버지가 돌아가시자 C. 워커 앤드 선즈C. Walker & Sons를 인수해서 워커스틸Walkersteel로 사명을 바꾼 다음 30년에 걸쳐 회사를 키웠다. 회사는 여덟 자릿수의 수익을 올리는 동안 50개 이상의 공사 현장에서 3,400명을 고용했다. 1989년 형제가 마침내 3억 300만 파운드 이상을 받고 회사를 매각했을 때, 브리티시 스틸British Steel의 매각 대금은 영국 비공개 회사로는 최고를 기록했다.

워커가 끈기 있게 사업을 키워 나간 방식은 축구 팀 구축 원칙과 똑같았다. 하지만 블랙번을 회복시키는 일의 경우에는 그의 마법을 다시 한번 부릴 37년이란 시간이 없었다. 다행스럽게도 워커에게 이 일은 37년짜리 사업처럼 보이지 않았다. 블랙번 로버스를 경쟁할 만한 팀으로 벼리는 일은 워커에게 훨씬 손쉬운 임무처럼 여겨졌다.

잭 아저씨가 맨 처음 저지른 용감무쌍한 일은 은퇴한 케니 달글리시Kenny Dalglish를 끌어내 2부 리그 팀인 블랙번에 붙들어둔 것이었다. 축구계 혈통을 즉각적으로 주입하는 데 달글리시보다 나은 인물은 없었다. 14년에 걸쳐 달글리시는 모두가 영국 최고의 일류 구단이라 여기는 구단, 1970년대 붉은 제국이라 불리는 구단, 리버풀에서 일류 선수로 입지를 굳힌 인물이었다. 처음엔 매끄러운 공격수로, 힐스버러 참사 후 이어진 애도의 물결에서는 단연 얼굴을 가장 많이 내민 인물 가운데 하나로 리버풀과 함께했다. 당시 달글리시는 하루에 장례식을 네 번이나 참석한 적도 있을 정도였다. 리버풀 사람들을 받들어 모시는 데 있어서, 글래스고에서 온 리버풀의 이 수양 아들은 비틀즈 멤버나 마찬가지였다.

하지만 1991년 마흔 살이 된 달글리시는 중압감 때문에 지칠 대로 지쳤다. 2월 에버턴과 경기에서 4-4로 무승부를 거둔 후, 달글리시는 돌연 리버풀 감독직을 사임하겠다고 발표했다. 20년 만에 처음으로 그는 더 이상 축구 곁에 못 있을 것 같다는 느낌을 받았다.

잭 아저씨의 수표책은 그 반대의 주장을 설득력 있게 담아냈다. 달글리시는 이렇게 말했다. "하는 일도 없었고 그래서 당시엔 그게 좋은 생각 같았습니다." 그 후 3년에 걸쳐, 워커는 달글리시가 연달아 두 번 영국 이적료 기록을 깰 수 있게 해 주었다.

첫 번째는 맨체스터 유나이티드가 거래를 성사시키기 전에 사우샘프턴에서 앨런 시어러Alan Shearer를 가로채면서였고, 두 번째는 크리스 서턴Chris Sutton한테 500만 파운드를 투척하면서였다. 특히 시어러 이적 성사 건은 프리미어리그의 강팀들을 겨냥한 것이었다. 아직 진정한 일류 저격수임은 입증하지 못한 상태였지만 시어러는 이미 U-21 수준에서는 영국 최고의 득점왕이었다. 축구의 미래를 내다보는 일에 종사하는 사람이라면 누구나 이 소년이 곧 인기 상종가를 치게 될 거란 걸 감지할 수 있었다.

그리고 그중에는 시어러한테 일시적인 관심 이상의 관심을 보였다가 안타깝게 놓친 알렉스 퍼거슨도 있었다. 시어러가 프리미어리그 최고의 득점왕이 되는 모습까지 지켜 본 감독 생활 동안, 퍼거슨은 블랙번이 옳다는 걸 여러 차례 입증해 보이게 된다.

달글리시한테 배짱이 부족했던 것도 아니었다. 달글리시는 워커와 함께 건설 중인 제국으로 전국 각지의 재능 있는 선수들을 사들이면서 깨우친 것이 있었다. 선수 폭풍 쇼핑에서는 절대로 '아니오'라는 대답을 받아들여선 안 된다는 것. 아일랜드의 로이 킨Roy Keane이 당시로선 천문학적 액수였던 40만 파운드 연봉을 제시했는데도 불구하고 블랙번 영입을 거절하고 맨체스터 유나이티드로 갔을 때, 달글리시는 휴일에도 킨을 추적해서 잡겠다고 으름장을 놓기도 했다. 그 추적이라는 것이 기껏해야 키프로스에 있는 술집이란 술집을 다 찾아다니는 것을 의미했지만.

물론, 블랙번을 승리 기계로 개조하려면 선수단에 돈을 물 쓰듯 쓰는 것만으로는 충분치 않다는 건 워커도 알고 있었다. 우선 블랙번의 훈련장은 훈련장이라고 할 수도 없었다. 훈련장이라는 것이 플리징턴Pleasington이라는, 오해의 소지가 다분한 이름[†]으로 불리는 마을 한 구석에 있는 공원에 불과했다.

매일 아침, 선수들과 스탭들은 각자 알아서 세탁한 훈련복을 입고 스타디움에 모여 각자 몰고 온 차에 타서는 화장장 아래 언덕 질척질척한 운동장으로 억지로 나가곤 했다. 여기저기 지뢰

---

† pleasing은 즐겁다, 기분 좋다는 뜻이다.

처럼 흩어져 있는 개똥은 여러 문제 중 하나일 뿐이었다. 훈련장을 세월아 네월아 지나가는 장례 행렬 때문에 이따금 훈련을 중단해야 할 때도 있었다. 선수들은 훈련을 계속 해야 할지, 차려 자세로 서 있어야 할지 매번 갈피를 잡지 못 했다. 사랑하는 누군가를 저승으로 보내고 나서 아까 지나갔던 길을 다시 지나는 장례식 일행이 차 창문으로 몸을 내밀고는 '토요일 경기 행운을 빌어요, 젊은이들! 파이팅 로버스!'라고 소리치며 언덕 아래를 향해 나아갈 땐 어느 쪽이든 상관없었다.

이우드 파크Ewood Park 스타디움도 상태는 별반 나을 게 없었다. 구단을 완전히 인수하기 훨씬 전에도 워커는 관중석 일부를 개조하라고 강철을 기증했었다. 그러다 지휘권을 잡게 되자, 1,500만 파운드 넘는 비용을 들여 나머지 관중석도 즉시 손을 보았다. 철거 후 재건되는 동안 스타디움 일부가 동시에 수개월간 사라질 예정이었다. 블랙번은 심지어 프리미어리그 초기 일부를 메인스탠드 없이 보내기까지 했다. 메인스탠드는 경기장 한 쪽 끝에서 반대쪽 끝까지 이어지며 탈의실도 수용하는 공간이었다.

이 상황에 대해서도 다른 모든 일과 마찬가지로 잭 아저씨는 차선책을 가지고 있었다. 팀과 심판들은 길 아래 임시 건물에서 옷을 갈아입었고, 그 지역 버스 세 대가 킥오프 전 팀과 심판들을 태운 다음 스타디움 주변에 운집한 인파를 뚫고 5분에서 10분을 달렸다. 급조한 작은 탈의실 두 칸 안에는 샤워기도 없었고 둘을 분리하는 벽도 석고보드였다. 블랙번을 비롯하여 아연

실색한 원정 팀은 유니폼을 입고 축구화 끈을 묶은 다음 경기장으로 달려 나가곤 했다. 수비수 그레이엄 르 소Graeme Le Saux는 이렇게 말했다. "경기도 뛰기 전에 우린 이미 상대 팀을 심리적으로 완전히 압도했던 거죠."

워커의 계획은 먹히고 있었다. 프리미어리그 첫 시즌에 블랙번은 4위로 시즌을 마감했다. 자체 훈련 시설에 마침내 실질적 투자가 이루어져 자금이 추가로 투입된 1993-4 시즌 후, 블랙번은 맨체스터 유나이티드를 바짝 추격해 2위에 올랐다. 블랙번은 이제 거액을 투자해 영입한 선수단이자 타이틀 확보까지 2승 부족한 선수단이 되었다.

하지만 돈 찍는 기계가 있기라도 한 사람처럼 돈을 쓴 사람 치고 워커는 1파운드도 허투루 쓰지 않는 사람이었다. 오래 전 절세 목적으로 채널 제도로 거주지를 옮겼는데, 이것이 바로 그의 정식 직함이 구단 부회장으로 남아있을 수밖에 없는 이유였다. 워커는 2주마다 전세 전용기를 타고 블랙번 경기를 관전하러 왔다. 그러나 주말마다 그렇게 자주 비행기를 타고 오면서도, 작은 지역 항공사를 소유하고 있으면서도, 자기 소유의 비행기를 살 생각은 추호도 하지 않았다. '돈 낭비'라는 것이었다.

장부 밖에서, 워커는 자기 주머니로 들어오는 후한 봉급 중 일부(한 번에 20파운드씩)를 환급받기 위한 단독 임무에 나서기도 했다. 잭 아저씨는 구두쇠이기만 한 것이 아니라 도박도 즐겼다. 그가 하는 게임은 동전 던지기였다. 도전은 언제 어디서나 가능했다. 워커는 동전 두어 개를 가지고 선수나 코치한테 다가가서 벽을 가리켜 보이곤 했다. 규칙은 간단했다. 동전을 벽에 던져서 벽에 튕긴다. 누구든 동전을 벽 가장 가까이 떨어뜨린 사람이 승자다. 모두들 워커가 이 게임의 달인이라는 사실을 알고 있었지만 어쨌든 장단을 맞춰 주었다. 르 소는 그때를 이렇게 기억했다. "워커는 누구에게든 도전을 걸었어요. 그리고 자기가 이겼죠."

워커는 1994-5 시즌도 똑같은 사고방식을 가지고 접근했다. 벽에 5,000만 파운드 이상을 던졌다. 바야흐로 그의 투자가 제대로 결실을 맺어야 할 때였다.

시즌 마지막 날인 5월 14일 아침, 워커는 자신의 꿈이 손에 잡힐 듯 가까이 다가와 있는 리버풀에 도착했다. 블랙번이 패하지만 않으면, 그와 그의 팀은 맨체스터 유나이티드를 간발의 차이로 꺾고 리그 우승을 할 수 있는 상황이었다. 하지만 블랙번이 실책을 저지르고 유나이티드가 웨스트햄 원정 경기에서 승리를 거머쥐게 되면, 워커의 자작 동화는 해피 엔딩을 맞이하지 못할 것이었다.

그렇게 될지도 모른다는 단서는 이미 차고 넘치게 있었다. 블랙번 선수단을 통틀어 챔피언십 우승을 해 본 선수가 딱 한 명밖에 없었던 탓인지 나머지 팀원들은 긴장한 기색이 역력했다. 출정 마지막 주 동안, 리그 선두에 있던 로버스의 승점은 8점차에서 2점차로 좁아져 있었다. 유나이티드 감독 알렉스 퍼거슨은 피 냄새를 맡았다.

전매특허나 다름없는 자신만의 심리전으로 퍼거슨은 기회가 날 때마다 블랙번을 약올리기 시작했다. 퍼기의 '심리 작전' 초기 버전이었다.

퍼기의 심리 작전은 널리 알려졌다시피 뉴캐슬 감독 케빈 키건Kevin Keegan을 1995-6 시즌 막바지에 방송 중 멘붕시켰으며, 나중에는 리버풀 감독 라파엘 베니테스Rafael Benitez로 하여금 자그마치 5분 동안 맹렬한 비난을 쉬지 않고 퍼붓게 하기도 했다. 당시 베니테스는 '팩트'라는 말을 구두점처럼 쓰면서 그 말 뒤로 매번 퍼거슨과 맨체스터 유나이티드에 이의를 제기한 이유를 낱낱이 읊었다. 두 경우 모두에서 퍼거슨의 팀이 역전승으로 리그 우승을 하면서 심리전의 대가로서 퍼거슨의 명성은 굳어졌다. 하지만 그의 심리적 주술이 중립인 서포터들의 마음속에 분노를 심어 주는 데 그치고 말 때도 종종 있었다.

이번에도 블랙번의 기분을 잡쳐 놓으려고 퍼거슨은 자신이 열광하고 있는 다른 대상에 의존했다. 그 대상이란 바로 경마였다. 심리 공격 수단으로 그는 1956년 그랜드 내셔널Grand National을 언급하기로 작정했다. 당시 엘리자베스 여왕 소유의 거세마, 데번 로크Devon Loch는 선두에서 확승을 목전에 두고 주저앉고 말았다.

퍼거슨은 다소 결연한 모습으로 스카이 방송국이 경기 말미에 덧붙이려던 인터뷰에서 다음과 같이 말했다. "블랙번이 현재 리그에서 질 방법은 하나밖에 없습니다. 우리로서는 블랙번이 데번 로크처럼 해 주길 바랄 수밖에 없어요."

달글리시는 퍼거슨이 무슨 얘기를 하는지 모르겠다고 주장했다. "스코틀랜드에 있는 호수를 말하는 건가요?"†

스카이에게 5월의 그날 오후에 펼쳐진 시나리오는 돈으로 살 수 있는 그 어떤 막장 드라마 대본보다 나았다. 프리미어리그 시대는 아직 결승에서 최후의 골을 경험하지 못한 때였다. 1989년까지만 해도 스릴 넘치는 결과가 존재했지만, 전에 없던 축구는 그 당시 도래하지 않았고, 스카이가 아는 한 존재한 적도 없었다. 추가 카메라를 투입해 감독들, 장시간 방송되는 스튜디오 쇼, 분석가 군단 쪽으로 향하게 했다. 프로듀서들이 3년의 시험 기간 동안 뚝딱 마련한 모든 것들이 이제 곧 성과를 낼 참이었다. 스카이는 사상 최초로 축구 시즌에 할리우드식 엔딩을 가미하려고 했다.

블랙번이 침착하게 경기를 펼칠 수 있을 것인가? 리버풀이 유나이티드만 빼고 아무나 이겼으면 좋겠다는 군중의 소망을 실현하여 맨체스터를 해치움으로써 맨체스터의 우승을 저지할 것인가? 아니면 퍼거슨의 심리 게임이 결전에서 유나이티드가 블랙번을 탈락시키는 데 일조할 것인가? 그렇다면 리버풀의 영웅인 달글리시는 어떻게 될 것인가, 이미 신적 존재가 된 스타디움에서 다른 구단에 우승 트로피를 안겨 주게 될 것인가?

이번에 스카이는 수월하게 다섯 시간의 촬영분을 메울 수 있었다. 런던 서부 소재 스튜디오에서 방송을 진행했던 리처드 키

---

† 네스호의 괴물로 유명한 호수 이름이 로크 네스다.

스는 이렇게 말했다. "다 된 밥을 떠먹기만 하면 됐죠."

리버풀에 있는 블랙번의 탈의실 안에서는 선수들이 운명을 가르는 현 상황의 중대성을 무시하려 최선을 다했다. 하지만 케니 달글리시가 그토록 근심하는 모습을 한 번도 본 적이 없었다는 사실을 무시할 수는 없었다. 노란색 물방울 무늬가 들어간 폭 넓은 검정색 넥타이를 맨 달글리시가, 아무에게도 말을 걸지 않고 이를 악물고 잔뜩 굳은 얼굴로 터치라인으로 나왔다. 앨런 시어러가 블랙번에 선두골을 안겨 줘 1-0이 되었을 때 표정을 풀었지만 알아차릴 수 있을 정도는 아니었다. 하지만 안필드 주민들한테 '킹 케니King Kenny'로 통하는 달글리시도 내심 자기 눈앞에 펼쳐지고 있는 것이 무엇인지 마음속으로는 알고 있었다. 자기 팀이지만 플레이가 너무 형편없었다.

하프타임 때 줄지어 안필드의 원정 팀 탈의실로 들어가던 선수들도 상황을 감지했다. 긴장감에 사로잡힌 미드필더, 스튜어트 리플리Stewart Ripley는 딱히 누구에게랄 것 없이 큰 소리로 말했다. "빌어먹을, 다리에 감각이 없어!"

후반전이 전개된 양상을 봤을 때, 다리가 굳은 건 리플리만이 아니었던 모양이다. 리버풀이 경기 64분에 동점골을 넣었던 것이다. 그 시점부터 스카이의 카메라는 손톱을 물어뜯고 있는 블랙번 팬들을 클로즈업으로 자꾸만 찍기 시작했다. 연장 시간이 흘러가자 손톱을 물어뜯던 입은 손가락 마디까지 내려와 있었다. 그리고 93분에, 블랙번은 리버풀에 자신들을 끝장내버릴 기회를, 골대 23미터 밖에서의 프리킥 기회를 내주고 말았다.

제이미 레드냅Jamie Redknapp이 프리 키커로 나왔다. 리버풀이 나가떨어질 거란 생각을 하는 사람은 이제 더는 없었다. 레드냅은 오른발로 프리킥을 찼고 볼은 블랙번 선수 세 명 중 르 소의 머리 바로 위에서 커브를 틀었다. 르 소는 그때를 이렇게 말했다. "볼 필요도 없었습니다."

골대 네트가 부풀어 오르자, 블랙번 선수들은 얼어붙었다. 그 순간, 선수들 한 명 한 명은 자기들이 우승을 놓쳤다는 사실을 인식했다. 3년 동안의 공 든 탑이 리버풀은 신경도 안 쓴 한 경기에서 날린 눈부신 발차기 한 번에 와르르 무너진 순간이었다. 홈 팬들은 축하도 하는 둥 마는 둥 했다.

리버풀이 숙적 유나이티드의 우승을 도운 거였다면, 이번 시즌을 잊고 다음 시즌으로 나아가기가 훨씬 쉬웠을 것이다. 레드냅의 골에 대한 미적지근한 박수갈채 와중에, 블랙번 로버스는 달글리시의 조언을 기대하며 센터서클 쪽으로 터덜터덜 무거운 발걸음을 옮기기 시작했다. 선수들에게는 계획이, 주사위 던지기가 한 번 더 필요했다.

선수들을 기다리고 있던 것은 체념의 침묵이었다. 그러니까 선수들이 달글리시 뒤에서 샘솟기 시작한 대화 소리를 듣기 전까지 말이다. 그러고 나서 곳곳에서 포옹이 이어졌다. 이제 암울해 하던 이 스코틀랜드 남자는 웃고 있었다. 선수들은 믿기지 않는다는 듯 서로를 쳐다보았다.

웨스트햄이 블랙번에 궁극의 호의를 베풀어 준 걸까?

업튼 파크Upton Park에서 경기가 종료되었다는 소식이 이 경기장으로도 전해졌다. 최종 스코어: 웨스트햄 1, 맨체스터 유나이티드 1. 안필드의 최종 스코어, 그딴 걸 누가 신경 쓰겠는가? 중계석에서 앤디 그레이는 선수 대기석의 반응도 포착했다. 그레이가 멘트를 날렸다 "블랙번이 이겼습니다! 블랙번이 이겼네요!" 워커가 비전을 제시하고 활짝 연지 4년 만에, 블랙번 로버스는 챔피언이 되었다.

이제 문제가 딱 하나 생겼다. 구단에게 신중하게 내어 준 워커의 돈줄은 그가 선수들을 밀치고 나아가 우승 트로피를 번쩍 들어 올린 바로 그 순간까지만 이어진다는 점이었다.

블랙번은 우승한 다음엔 뭘 해야 할지 전혀 몰랐다.

그들이 계획한 유일한 축하 수단은 샴페인 병 두어 개가 다였는데, 그마저도 탈의실에서 너무 단숨에 들이켜는 바람에 코에서 줄줄 뚝뚝 흘러내리고 있었다. 징크스에 극도로 민감한 달글리시 감독은 그 어떤 형태의 정식 파티도 금해 왔다. 그 때문에 프리미어리그 왕관의 새 주인들은 당일 밤 결국 프레스턴Preston에 있는 한 테마 레스토랑에 당도하게 되었던 것이다. 블랙번에는 신나게 놀 만한 곳이 달리 없었고, 다른 밤도 아닌 그날 밤 맨체스터에서 밤에 놀러 나간다는 건 거론할 가치조차 없는 일이었다. 우승 못한 유나이티드 팬들이 사방 천지로 돌아다니고 있을 것이기 때문이었다. 그래서 블랙번 선수들은 평상시 경기가 끝나면 모여서 놀던, 전부터 알던 식당으로 우르르 몰려갔다. 그 식당은 직원들이 저녁 식사 후 선사하는 펑크와 소울 공연으로 유명했다.

하지만 블랙번에는 허접한 뒤풀이나 70년대 소울 히트곡보다 더 장기적인 문제가 있었다. 워커의 꿈이 실현되었으니 결정이 내려져야 했다. 워커가 자기 사무실 벽에 걸어 놓은 포스터에는 '첫 번째 규칙: 난 언제나 옳다'고 적혀 있었다. '두 번째 규칙: 내가 틀릴 경우엔 첫 번째 규칙을 읽어 볼 것.'

1995년에는 블랙번의 반짝 상승이 정통성에 대한 영국 축구의 엄격한 기준에 못 미친다며 비웃는 사람들은 있었어도, 저런 좌우명 포스터에 이의를 제기할 수 있는 사람은 없었다. 우승 후보들에게는 어떤 타고난 자질, 수십 년에 걸쳐 길러져 온 자격 같은 것이 있었다. 그들은 현지 토양에서 자란 희귀 식물처럼 세심한 보살핌을 받게 되어 있었다. 급히 외국에서 들여와 돈으로 심어 놓은 이들과는 달랐다. 그럼에도 워커는 유나이티드를 꺾고 돈 많은 국외자들과 노리개격인 그들의 축구 팀들 대표로 우승을 거뒀다. 한 선수 출신은 워커의 블랙번을 '워커의 장난감 기차 세트'라고 불렀다.

워커는 훈련장도 만들었고, 스타디움도 지었고, 우승 팀도 만들었다. 이제 할 일이 없었다. 다른 상위 구단들은 선수단을 재무장하고 잉여를 정리하는 등 미래를 위해 기반을 닦은 반면, 투기꾼인 워커는 금방이라도 현금화하고 빠질 기색이었다.

그해 여름, 블랙번은 중요한 계약을 하나도 체결하지 않아서 선수 네 명한테 200만 파운드 조금 넘게 쓴 게 다였는데, 이는 워커가 12개월 전 들이 부은 액수의 3분의 1수준이었다. 달글리시가 단장 역할로 올라갔을 때, 블랙번 이사회는 달글리시의 후임을 그다지 적극적으로 물색하지 않았다. 그냥 달글리시의 조수, 레이 하트퍼드Ray Hartford를 승진시키는 데 그쳤다.

그리고 시즌 시작 거의 직후부터 블랙번의 우승은 일생일대의 사건이었음이 확실해졌다. 최고 이적료로 영입한 크리스 서튼이 부상 탓에 경기를 3분의 2 가까이 출전하지 못한 것이다. 블랙번은 챔피언스리그Champions League 첫 진출에서 처음 다섯 경기 중 한 번도 이기지 못했는데, 코치진이 처음 싸우는 상대 유럽 팀들 영상을 전혀 찾아보지 않은 탓이었다. 영상을 보았다면, 다이렉트 축구인데다 크로스 축구에 크게 의존하는 영국 축구 특성상 모스크바·바르샤바·노르웨이 원정 경기에서 블랙번 때문에 고민할 팀이 한 팀도 없다는 걸 깨달았을 것이다. 러시아한테 지고 있는 와중에 블랙번 선수 두 명이 경기장에서 몸싸움을 벌이는 꼴을 보였을 땐 더더욱 고민이고 뭐고 없었을 것이다.

속 쓰리게도, 블랙번 이사회가 보기에 자기들 구단은 성공할 준비가 전혀 되어 있지 않은 게 자명했다. 한 이사는 리그 타이틀이 너무 일찍 찾아왔다는 공개 발언을 했다. 이런 멍청하기 짝이 없는 발언은 선수들의 화를 돋우기만 했을 뿐 아무런 도움이 되지 않았다. 로버스의 높은 양반들은 어째서 구단이 전 시즌을 2위로 마쳤기에 챔피언십이 가능했음을 알아차리지 못한 걸까? 이사진이 저지른 궁극의 죄악은 야심이 너무 부족하고 상상력이 빈약했다는 것이다. 리버풀·유나이티드·뉴캐슬이 보기에 블랙번은 우승을 했어도 축구 계급 체제에서 그 위상이 전혀 바뀌지 않았다. 게다가 정상까지 계속 밀고 나갈 준비도 되어있지 않았다.

구단이 그토록 돈을 두둑이 챙겨 준 선수들이 한 명, 한 명 더 큰 팀으로 빠져나갔다. 데이비드 배티David Batty는 375만 파운드에 뉴캐슬로 이적했다. 1996년 시어러가 1,500만 파운드라는 당시로선 세계 최고의 이적료를 받고 배티의 뒤를 이어 뉴캐슬로 옮겼다. 그리고 1997년에는 르 소가 영국 수비수로서 오늘날까지도 최고가인 700만 파운드를 받고 해외로 나갔다. 종합해 보면, 우승을 당시 스쿼드가 4,000만 파운드 이상의 이윤을 남기고 팔려나갔다는 말이다. 워커스틸에서 그 수치는 회계사들에게 꿈의 수치였다. 블랙번 로버스에서 그 수치는 사업 실패를 의미할 뿐이었다.

4년이라는 기간 동안, 워커가 세운 워커 기념비는 세워진 속도만큼이나 급속히 금이 갔다. 알고 보니 영원한 승자를 기획하는 기술은 아무나 부릴 수 있는 게 아니었다. 1999년, 얼마 전까지만 해도 상상도 못 할 일처럼 보였던 일이 잭 아저씨한테 느닷없이 벌어졌다. 블랙번이 19위로 급락하면서 강등을 당한 것이다.

프리미어리그는 워커 없이도 계속 굴러갈 터였다. 블랙번의 유산은 1회성이 되어 가고 있었다. 부유한 후원자 한 명 덕분에 지방 구단이 오랫동안 대도시 구단들이 누려온 우위를 빼앗는 일은 한 번으로 끝이었다. 그 당시엔 깨닫지 못했지만, 워커는 구단 관리의 새로운 모형을 탄생시킨 셈이었다. 돈을 쏟아붓고 최고의 선수들을 산 다음 손실에 목숨 걸지 말 것. 중요한 것은 오로지 승리 뿐.

그러나 부풀대로 부푼 리그의 거품 때문에 10년도 안 되어 들어가는 돈의 액수가 정말 말도 안 될 정도로 높아져 버리는 바람에 워커가 쓴 돈이 오히려 알뜰해 보일 지경이 되었다. 얼마 안 가, 1억 파운드로 더 이상은 블랙번이 그랬던 것처럼 리그 우승을 가능하게 만들 수 없게 되고 말 터였다. 1억 파운드는 프리미어리그에서 사업비 정도밖에 되지 않았다. 게다 제아무리 성공적이더라도 가족이 운영하는 철강 회사를 소유한다는 것은 러시아 금권 정치가와 페르시아만 인근의 석유 제국들의 부에 비하면 확실히 예스러워 보인다. 영국 축구의 정점에서 한 시즌, 그게 블랙번이 재력으로 감당할 수 있는 최대한이었다.

맨체스터 유나이티드라면 참 싸게 먹혔다고 했을지 모르겠다.

분수를 잊은 뱁새
브래드퍼드 시티

블랙번 로버스의 몰락은 전형적인 대박과 쪽박 이야기처럼 해석된다. 하지만 잭 워커의 제국을 무너트린 건 잘못 품은 야망이 아니라 근본적인 계산 착오였다.

워커의 실수는 프리미어리그 우승만이 중요한 목표라고 생각한 데 있었다. 사실 진정한 목표는 프리미어리그 자체의 일원이 되는 데 있었다.

영국 축구가 늘 그렇게 엘리트주의였던 건 아니다. 예전 팀들은 운의 부침에 따라 리그를 오르락내리락했지만, 그렇다고 명성이나 재정 상태에 영구적 피해를 입는 일은 없었다. 강등은 누구나 당할 수 있는 일이라는 인식이 일반적이었기 때문에, 스포츠를 하다 겪는 좌절이지 그 이상은 아니었다. 1919년 정상의 자리에 오른 이후 강등을 완전히 피한 팀은 아스날밖에 없었다. 팬들도, 구단주들도 리그전 성적표를 떠나 언제나 위안을 얻을 수 있었다.

가령 무패행진 한 번은 가장 비관적인 시즌도 구원할 수 있었다. 말도 많고 탈도 많은 리그컵League Cup은 본질적으로 바로 이런 목적을 위해 창설되었다. 우승컵을 거머쥘 가망이 전혀 없는 팀들에 한 번이라도 제 위치를 뛰어넘어 뭐가 됐든 트로피를 들어 올릴 기회를 주려는 것이었다. 우승을 아깝게 놓쳐 쓰린 속도 유로 대회 진출권으로 어느 정도는 달랠 수 있었다.

프리미어리그가 당도하자 모두의 우선 순위가 뒤죽박죽 엉망이 되었다. 시즌을 넘길 때마다, 팀들은 진정한 목표는 리그 우승이 아니라는 사실을 깨달았다. 소수의 구단만이 리그 우승을 노릴 수 있었기 때문이다. 진정한 목표는 리그에 잔류하는 것이었다.

프리미어리그 출범 전 시즌인 1991-2 시즌, 예전 1부 리그 소속 스물두 개 구단들의 합계 수익은 1억 7,000만 파운드였던 반면, 2부 리그 소속 스물네 팀은 총수익이 5,800만 파운드라고 공표했다. 두 리그의 수익 격차는 1억 1,200만 파운드였다. 15년도 안 되어 그 격차는 열 배로 늘어날 터였다. 스무 개의 최우수 팀들은 합계 수익 15억 3,000만 파운드를 달성하지만, 스물네 개 챔피언십 구단들은 총 3억 1,800만 파운드를 기록하게 된다. 2015-16 시즌, 그 틈은 30억 파운드 이상까지 벌어지게 된다.

프리미어리그 구단 하나 하나에게 그건 무슨 의미였을까? 그 의미는 다음과 같았다. 젖 먹던 힘까지 짜내서 계속 출전할 것.

선덜랜드Sunderland는 2017년 프리미어리그 꼴찌였지만 그래도 프리미어리그에서 정확히 93,471,118파운드를 받아갔다. 이 액수는 리그 1Ligue I이 그 시즌 프랑스 우승 팀에 지급한 액수보다 많은 액수였고, 레알 마드리드가 챔피언스리그를 우승하고 UEFA한테 받은 돈과 대략 맞먹는 액수였다. 프리미어리그 구단들이 프리미어리그 외 그 어떤 것에도 시큰둥해하게 된 이유를 이해할 수 있을 것이다.

그런 돈 바람이 그 후 여러 해에 걸쳐 영국 축구를 휩쓰는 동안에도, 프리미어리그는 최초의 기본 원칙, 즉 언스트앤영의 사명이 인쇄된 편지지 한 장에 릭 페리가 기록한 바로 그 원칙을 절대로 망각하지 않았다. 그 원칙의 결과는 아무리 큰돈이 들어와도 리그의 최상위 소득 구단에게 지급하는 액수와 20위 팀에 지급하는 액수 사이의 비율은 늘 1.6 대 1로 유지한다는 것이었다. 반면, 스페인의 라 리가와 독일의 분데스리가에서 그 둘 사이의 비율은 3 대 1 언저리였다. 보호주의를 택한 미국 스포츠와 달리 스페인과 독일 리그에도 강등은 있었지만, 하부 리그로 떨어진다고 해서 영국에서처럼 작은 구단들이 아예 끝장나 버리는 건 아니었다. 바로 거기에 프리미어리그 경쟁 처방전의 비법 성분이 있었다. 잔류할 수만 있으면 그만이었다.

1990년대 초 설립자들은 소규모 구단들도 비교적 안정적인 재정을 유지하고 강등이 재정 파탄의 원인으로 작용하지 않도록 하는 틀을 짜놓았다. 이제 중요하지 않은 경기는 없게 되었다. 한 구단이 우승을 좇으려 하든, 강등을 피하기 위해 싸우려 하든, 매년 서른여덟 번의 주말에 걸린 이권은 수백만 파운드였다. 그런 상황은 매 경기 더욱 치열해진 경쟁으로 발현되었다. 더 이상 가볍게 해치울 수 있는 팀은 없었다. 심지어 2점이나 3점 차로 뒤지고 있어도 그건 마찬가지였다. 이는 외국인 선수와 감독 모두 프리미어리그에 상륙하자마자 곧바로 알아차리는 사실이 되었다.

프리미어리그의 재정 팽창이 가져온 뜻밖의 결과가 하나 더 있었다. 돈으로 돈을 버는 직종 종사자들이 예의주시하기 시작했던 것이다. 프리미어리그는 소리 없이 영국 구단들을 투자 가능 자산으로 바꿔 놓고 있었다.

잭 아저씨 이후 세계에서는 가장 황당한 꿈도 1,000만 파운드나 2,000만 파운드만 있으면 이루어진다고 생각해도 무리가 없었다. 하지만 그게 그렇게 간단한 일이 아니었다.

브래드퍼드 시티 Bradford City가 그 예다.

침실 일곱 개에 욕실 다섯 개 딸린 50만 파운드짜리 주택이 브래드퍼드의 최대 실수는 아니었을지 모르겠다. 하지만 그렇게 될 뻔했다. 2000년 여름, 도저히 가능할 것 같지 않았던 프리미어리그에서의 생존을 달성한 후, 하룻강아지 밴텀스Bantams는 자기들이 빅 구단의 일원이 될 자격이 있다고 굳게 믿게 되었다. 그래서 그전 시즌 연봉 지출이 1,200만 파운드밖에 안 되었음에도 불구하고 빅 구단들처럼 돈을 쓰기 시작했다. 우렁찬 목소리에 송충이 눈썹의 소유자인 구단 회장 제프리 리치먼드Geofreey Richmond는 이탈리아인 포워드 베니토 카르보네Benito Carbone에 주당 4만 파운드를 지급한다는 계약을 체결하고 덤으로 리즈Leeds 근처에 대궐 같은 저택까지 주기로 했다. 29세 이상이라 전성기를 넘긴 선수 셋에게 500만 파운드라는 돈을 날리기도 했다. 자신의 재임 기간에는 선수들에게 봉급을 두둑이 주겠다는 약속도 했다. 안 될 게 뭐 있겠는가? 어차피 날지 못하는 밴텀스[†]에게 하늘은 있으나마나인데.

 이상한 일이기는 했다. 왜냐하면 그전까지만 해도 리치먼드는 돈 쓰는 일에 꽤 인색한 사람이었기 때문이다. 처음엔 차량용 스티커와 전구를 팔러 다니는 영업 사원으로 돈을 많이 벌었고, 그 다음에는 론슨Ronson 라이터 회사를 회생시켜 돈을 벌었다. 리치먼드는 론슨이 법정 관리에 들어갔을 때 25만 파운드를 주고 샀다가 1994년 1,000만 파운드에 팔았는데, 바로 그해에 브래드퍼드 시티도 매입했다.

 그의 축구 사업 동업자는 데이비드와 줄리언 로즈David and Julian Rhodes라는 부자였다. 로즈 부자는 성공적인 IT 기업을 운영 중이었다. 부자가 아는 한, 리치먼드는 구단을 100% 본인 마음대로

---
† bantam은 수탉을 의미한다.

운영했다. 로즈 부자는 49% 지분을 쥐고 가만히 앉아 브래드퍼드가 난관을 헤치며 영국 축구의 하부 리그에서 상부 리그까지 오르는 모습을 지켜보는 데 지극히 만족했다.

브래드퍼드 시티는 어느 모로 보나 프리미어리그 수준이 아니란 걸 여실히 알 수 있는 구단이었다. 프리미어리그에 입성한다는 것 자체가 기적과도 같은 일이었다. 80년 동안 꾸준히 쇠퇴일로를 걸어 온 웨스트 요크셔West Yorkshire의 한 섬유 도시에서 탄생한 구단은 밸리 퍼레이드에서 경기를 했다. 밸리 퍼레이드는 1920년대 초부터 그때까지 일류 축구 냄새도 맡은 적이 없는 2만 5,000석 규모의 스타디움이었다. 1980년대 브래드퍼드 스타디움 화재 이후 브래드퍼드는 영국 축구의 흑역사와 동의어가 되었다. 하지만 1999-2000 시즌이 시작될 때의 브래드퍼드 시티는 맨체스터 유나이티드, 아스날, 리버풀 같은 구단과 어깨를 나란히 할 준비가 되어 있었다.

브래드퍼드의 모험에서 가장 무모한 부분은 일단 프리미어리그에 도달한 다음 어떻게 해서든 계속 남아있겠다는 것이었다. 프리미어리그 승격 첫 시즌의 마지막 다섯 경기, 밴텀스는 고작 26점의 승점으로 끝을 냈다. 그러다가 놀랍게도 리버풀을 상대로 1-0 홈 경기 승리를 거두면서 힘겹게 10점을 더 긁어모았다. 경기 시작 12분 만에 데이비드 웨더롤David Wetherall이 넣은 골로 밴텀스가 앞섰고, 나머지 78분을 그럭저럭 잘 버텨냈다. 이 새로운 리그가 우선 순위를 얼마나 극단적으로 바꿔 놓았는지를 강조하려는 듯, 종료 휘슬 소리에 홈 서포터들은 구장 안으로 우르르 몰려나왔다. 누가 보면 리그 우승이라도 한 줄 알았을 것이다. 심지어 브래드퍼드 시티는 팀에 천장 없는 버스를 타고 퍼레이드까지 하게 해 주었다. 17등으로 마친 팀을 치하해 주겠다고 말이다.

『브래드퍼드 텔레그래프 앤 아거스Bradford Telegraph & Argus』는 다음과 같은 기사를 내보냈다. "브래드퍼드 시티가 세계에서 가장 빡센 축구 리그에서 살아남는다면 기적일 거라고들 했다. 하지만 어제 아빠 부대라 불리는 우리 선수단은 바로 그 기적을 경이롭게 일궈 냈다."

임사 체험을 하게 되면 전보다 보람되게 사는 법을 깨닫는다고들 한다. 그게 맞는 말이라면, 강등 고비를 넘긴 이후 늘어난 리치먼드의 씀씀이와 대출은 자동차 사고에서 간신히 목숨을 건져 놓고 번지 점프를 한 격일 것이다. 그가 보기에는 몇 가지만 더하면 17위 팀도 유럽 팀들과 겨룰 실력을 갖출 수 있을 것 같았다. 급전이 약간 필요할 뿐이었다.

그때 불현듯 떠올랐다. 구단 주위를 보니 사방이 담보라는 사실이. 그래서 리치먼드는 스타디움을 담보로 돈을 빌렸고, 스타디움 안에 있는 거의 모든 것을 담보로 돈을 빌렸고, 급기야 브래드퍼드 시티의 재무상태표에서 가장 중요한 항목인 선수단 일부를 담보로 돈을 빌리기까지 했다.

줄리언 로즈는 그때를 이렇게 회상한다. "우리 회장님께서 분별력을 상실한 거죠. 그 분은 우리가 차기 맨체스터 유나이티드라도 되는 줄 알았나 봅니다."

베니토 카르보네, 카르보네의 침실 일곱 개짜리 주택, 추가로 선수 아홉 명이 모두 다음 시즌 동안 구단 회계 장부에 오르면서 막대한 부채가 발생했다. 리치먼드가 그 빌린 돈을 다 어디에 썼느냐고? 오로지 불행을 자초하는 데.

브래드퍼드는 최하위로 시즌을 마쳤다. 구단은 네 경기를 남겨 놓은 상태에서 강등을 당했다.

12개월 후, 상황은 여전히 통제 불능 상태였다. 2부 리그로 혼돈의 시즌을 보낸 후, 브래드퍼드의 재정은 수습 불가 상태가 되었다. 구단이 몸값이 더 비싼 선수들을 팔아 치우려 한 바로 그 시점에 하필이면 잠깐 이적 시장 시세가 바닥을 쳤다. 카르보네의 미들즈브러Middlesbrough로의 이적 제의는 물거품이 되었다. 설상가상으로 하부 리그 축구의 대부분에 대한 텔레비전 중계권을 보유하고 있던 ITV 디지털까지 망하고 말았다. 구단이 그토록 필사적으로 의지하고 있던 일곱 자릿수 텔레비전 중계 수입원이 갑자기 말라 버린 것이다.

고액 연봉과 부담스러운 부채로 인하여 곤경에 갇힌 브래드퍼드는 법정 관리에 들어갈 수밖에 달리 도리가 없었다. 법정 관리 첫날, 구단은 기념품점을 폐점하고 정리 해고를 했다.

파산 절차는 재정 부패가 어디까지 침투했는지를 고스란히 보여 주었다. 브래드퍼드 시티는 각기 다른 26개의 리스 회사에 빚을 지고 있었다. 밸리 퍼레이드 안팎 그 어디에도 실제 구단 소유인 것은 하나도 없었던 것으로 밝혀졌다. 투광등도 대여, 좌석 다수도 대여, 심지어 사무실에 깔린 카펫과 주방 설비도 대여였다. 브래드퍼드 주변 사람은 모두 원흉이 단 한 명밖에 없다는 걸 알고 있었다.

리치먼드는 나중에 지역 신문에 다음과 같이 말했다. "돈을 그렇게 쓰다니 앞으로 영원히 저 자신을 용서하지 않을 겁니다. 광기로 가득한 6주였고 전 그냥 두 손을 들고 말았어요."

6주 이내에 브래드퍼드는 두 번 더 강등되어 4부 리그 신세가 되었다. 성공을 맛 본 적이나 있었는지 기억은 희미해졌다.

오늘날 밴텀스는 비교적 안정적인 재정 상태로 영국 축구의 3부 리그에 자리를 잡고 있고, 로즈는 자기 구단이 남긴 유산을 두고 이제야 마음껏 웃을 수 있게 되었다. 브래드퍼드 시티는 리그에 잔류하는 게 최악의 성과로 이어진 보기 드문 사례가 되었다.

로즈는 다음과 같은 말을 했다. "정말 한 치의 의심도 없이, 그 경기에서 지고 강등을 당하는 편이 훨씬 나았을 거라고 확신합니다. 강등을 당했더라면 2부 리그에서 강세를 보였을 거예요. 유감스럽지만 잔류하는 바람에 분수를 잊고 설쳤던 겁니다."

1999-2000 시즌 마지막 날 웨더롤이 리버풀에게 먹인 골이 낳은 결과는 밸리 퍼레이드에서 그치지 않았다. 그 결과는 한 구단과 그 구단 광란의 6주 저 너머 리그 주변까지 파문을 일으켰다. 브래드퍼드의 강등 모면은 곧 윔블던Wimbledon의 강등을 의미했

는데, 이로 인해 윔블던 구단은 장기간의 위기를 겪게 된다. 브래드퍼드의 강등 모면으로 리버풀은 챔피언스리그 진출권을 잃기도 했는데, 그와 함께 여덟 자릿수 횡재도 날아갔다. 반면 리즈 유나이티드Leeds United를 유럽으로 보냈는데, 얼마 못 간 이때의 성공을 계기로 리즈 유나이티드는 인사불성이 된 선원처럼, 혹은 브래드퍼드 시티의 회장처럼 돈을 쓰기 시작했다. 7년도 안 되어 재정 낭비와 관리 부실로 법정 관리에 들어가고 3부 리그로 강등도 당하게 된다.

브래드퍼드가 프리미어리그에서 잠깐 머물렀다 사라진 이후 데이비드 웨더롤과 우연히 마주쳤을 때, 줄리언 로즈는 웨더롤에게 다시 한번 일깨워 주었다. "아주 훌륭해, 데이비드. 자네, 그 골로 용케 자네 구단을 골로 보내 버렸어."

웨더롤은 이렇게 응수했다. "회장님, 그건 제 잘못이 아니었다고요. 그 골 아니었으면 0-0으로 잔류했을 테니까요."

9

왕국의 세계화
외국인 용병 영입

브래드퍼드 시티의 멸망은 프리미어리그에 경종을 울리는 이야기가 되었다. 하지만 투자자들을 쫓아 버리려면 강등과 약간의 재정난보다 더한 것이 있어야 했다. 부유한 사업가들은 구단 운영이 도박일지도 모른다는 생각은 꿈에도 없이 아직도 거기에 돈을 못 써 안달이었다. 그들이 그렇게 된 데에는 맨체스터 유나이티드가 영국 축구에서 돈 버는 일을 투광등 켜는 일처럼 간단해 보이게 만든 탓도 일부 있었다.

리그에서 가장 세상 물정에 밝은 기업 부서의 뒷받침 하에, 유나이티드는 제국을 건설하던 중이었다. 유나이티드 구단이 만년 우승 후보로 탈바꿈할 수 있었던 것은 나머지 팀들에 비해 상업적으로 유리했기 때문이었다. 이제 유나이티드를 만년 우승 후보로 탈바꿈시켜 주는 건 알렉스 퍼거슨이었다. 블랙번의 이례적 우승 이후 여섯 시즌 동안, 유나이티드는 프리미어리그 우승 트로피를 다섯 번이나 차지했다.

퍼거슨의 비책은 유나이티드 선수단을 에릭 칸토나Eric Canto-na란 이름의 변덕스러운 프랑스 출신 스트라이커와 유나이티드 유소년 아카데미United's youth academy인 클리프Cliff를 함께 마치고 1992년 FA 유소년 축구 대회도 함께 우승한 국내 출신 핵심 선수들을 중심으로 구축하는 것이었다. 〈오늘의 경기〉의 전문가이자 리버풀 출신의 위대한 선수 앨런 한센Alan Hansen은 다음과 같은 유명한 예언을 남겼다. "어린 선수들을 데리고는 아무것도 이뤄낼 수 없습니다."

하지만 92세대인 이 어린 선수들은 공교롭게도 한 세대가 넘는 동안 단 하나의 영국 구단이 배출한 축구 선수 집단 중 가장 말도 안 되게 천재적인 선수 집단이 되고 말았다. 그 일원은 라이언 긱스Ryan Giggs, 폴 스콜스Paul Scholes, 니키 버트Nicky Butt, 게리 네빌Gary Neville, 그리고 그냥 벡스Becks로 알려진 데이비드 베컴David Beckham.

퍼거슨이 게임 이틀 전 밤, 긱스의 집에서 열린 파티를 해산시킨 일도 있었지만(이때 퍼거슨은 프랑스로 떠난 수학 여행에서 화가 난 인솔 교사 같았다) 이 집단은 세월의 흐름에 따라 아주 바람직하게 성장해 주었다. 그러나 화가 난 인솔 교사와 달리, 퍼거슨은 긱스 외 파티에 참석한 다른 선수들의 뒤통수를 마음대로 때려도 되었다. 나중에 퍼거슨이 쓴 글에는 이런 내용이 나온다. "정치적 공정성의 수호자들은 용납하지 않겠지만, 내 생각엔 그 젊은이들의 부모들도 나를 지지했을 거라 본다." 퍼거슨은 자신의 의견을 분명하게 밝힌 것이다. 긱스를 비롯한 나머지 선수들에게 천만다행스럽게도, 퍼거슨은 그즈음 아이들에게 프로 근성을 가르치는 데 귀싸대기보다 훨씬 유용한 방법이 있다는 사실도 발견했다. 그 방법은 칸토나란 이름으로 통했다.

킹 에릭King Eric†은 1992년 리즈 유나이티드에 왔다가 그해 후반기 맨체스터 유나이티드로 옮기면서 영국에 프랑스 선수에 대한 인상을 확실하게 심어 주었다. 떡 벌어진 가슴에 190센티미터에 달하는 장신 포워드인 에릭을 골루아즈Gauloises‡ 한 갑과 점심에 마시는 보르도 와인 한 병보다 더 프랑스인답게 만들어 준 것은 그의 스타일, 바짝 깎은 머리, 어떤 경우에도 위축되지 않는 위풍당당함이었다. 에릭 하면 떠올리는 대표적인 모습은 옷깃을 세운 유니폼 상의와 22미터 거리에서 공을 바로 맞받아 골망에 넣곤 하는 버릇이었다.

유나이티드 시절 초창기부터 칸토나는 연습이 끝나면 퍼거슨한테 다가가 선수 두 명을 요구하곤 했다. 한 명은 골키퍼, 나머지 한 명은 볼을 빠르게 크로스해 줄 사람으로. 훈련이 끝나 동료들은 다시 샤워를 하러 들어갔을지 몰라도, 칸토나는 끝난 게

---

† 에릭 칸토나의 별칭.
‡ 프랑스를 상징하는 담배 브랜드.

9. 왕국의 세계화 | 143

아니었다. 퍼거슨조차 혀를 내두를 정도였다. 30분 또는 그 이상, 퍼거슨은 칸토나가 살을 에는 추위 속에서 골 마무리 기술을 연마하는 모습을 지켜보곤 했다. 애송이들과 퍼거슨은 얼마 안 가 그것이 바로 위대한 선수가 군중이 없을 때 자기 일을 대하는 자세라는 사실을 이해했다.

그들은 그 어떤 틀에도 갇히지 않은 채 일종의 완벽주의를 추구하는데, 그 어떤 감독도 그런 걸 주입할 수는 없을 것이다. 그 모든 기행에도 불구하고 칸토나는 연습만큼은 제대로 했다. 퍼거슨은 이를 두고 이렇게 쓰기도 했다. "칸토나는 경기에서 다양한 모습을 보여 주었지만 그중에서 내게 연습의 필수 불가결성을 깨닫게 해 준 것보다 더 의미 있게 다가온 것은 없었다. 연습이 선수다운 선수를 만든다."

젊은 영국 선수로 구성한 유나이티드의 핵심 집단 모형은 유럽 출신의 스마트한 베테랑이 보완했는데, 그 효과가 어찌나 뛰어났던지 23세 이하 선수 여섯 명을 최소 열 번 이상 출전시켜 1995-6 시즌을 우승하기에 이르렀다. 열 번이라는 출전 횟수는 그 이후 나오지 않았다. 유나이티드가 성공하자 영국 축구 전역에서 따라쟁이들이 속출했다.

역사가 100년이나 되지만, 웨스트햄이 맨체스터 유나이티드에 필적하는 유력한 우승 후보로 거론된 적은 단 한 번도 없었다. 아스날과 첼시 같이 좀 더 부유한 지역의 다른 구단들이 모두 각자 명의의 선수권과 트로피를 보유한 런던 상위 팀으로서의 지위를 오랫동안 누려오는 동안, 영광은 늘 웨스트햄의 손아귀를 아깝게 빠져나갔다.

웨스트햄 팬들이 노심초사한다는 건 아니다. 팬들은 오히려 건전한 블랙 유머 감각을 갖춘 런던의 거친 노동자 계급 패자라는 자신들의 지위를 기꺼이 받아들인다. 해리 레드냅Harry Redknapp은 감독을 맡은 후 구단 트로피 보관함을 점검하러 갔다가 "루칸 경Lord Lucan, 서가Shergar, 일본군 전쟁 포로 두 명이 툭 떨어지더라"†고 말했다. 구단가 〈영원히 비눗방울을 불리I'm Forever Blowing Bubbles〉마저 산산조각난 꿈과 실망에 관한 노래다.

하지만 웨스트햄은 얼마 안 가 자신들도 유나이티드의 92세대에 비할 만한 어린 신예 스타들을 다수 보유하고 있다는 걸 알게 되었다. 여드름투성이 10대 무리인 이 집단에는 리오 퍼디난드, 프랭크 램파드Frank Lampard, 마이클 캐릭Michael Carrick, 조 콜Joe Cole이 포함되어 있었다. 이 중 넷은 10년에 걸쳐 국가 대표로 총 277회 출전하게 된다.

불그스름한 얼굴에 중고차 영업 사원 같은 태도와 말투를 지닌 런던 동부 토박이 레드냅은 칸토나의 대항마로 기용하기 위해 유럽 대륙 출신의 젊은 인재와 계약을 했다. 그의 이름은 파올로 디 카니오Paolo di Canio였다. 칸토나처럼 디 카니오도 구장에서 불가사의한 존재감을 뽐냈다. 그래서인지 알렉스 퍼거슨은 2001년 바로 그 프랑스 선수를 대체하기 위해 디 카니오 영입을

---

† 루칸 경은 1974년에 실종되었고, 서가는 1981년 엡섬더비 우승마다.

시도하게 된다. 디 카니오가 칸토나와 닮은 점이 하나 더 있었는데, 디 카니오 역시 괴팍하다는 점이었다. 웨스트햄과 계약하기 전 시즌, 디 카니오는 주심을 밀치는 바람에 열한 경기 출전 정지 징계를 당했다.

웨스트햄은 맨체스터 유나이티드의 왕조 건설 청사진을 토씨 하나 빼놓지 않고 거의 그대로 베낀 것 같았다. 하지만 두말할 필요도 없이 웨스트햄의 아카데미 졸업생 세대는 프리미어리그 타이틀 도전에 한 번도 나서지 못했다.

웨스트햄 구단의 문장에는 망치 두 자루가 엑스 자 모양으로 놓여 있지만, 맨땅에 얼굴을 박는 구단의 능력이 워낙 출중해서 망치가 아니라 바나나 껍질이라고 해야 할 것 같았다. 해머스Hammers[†]는 2000년에는 9위로, 2001년에는 15위로 시즌을 마감했다. 2년 뒤, 웨스트햄은 강등을 당했고 구단 소속의 바야흐로 젊은 유망주들을 헐값에 팔았다. 승리를 하려면 유나이티드의 모형을 흉내 내는 것 이상이 필요한 법이었다. 웨스트햄에서 그것은 레드냅을 경질하는 것이었다. 유나이티드에서 퍼거슨은 그 기회를 이용해서 자기 구단의 위상을 하늘 높이 끌어올렸다.

1990년대 후반기, 유나이티드의 위상은 영국 해안 너머까지 뻗어 나갔다. 챔피언스리그에서 맨체스터 유나이티드는 진정한 뚝심을 발휘하기 시작했다. 1997년에는 준결승 출전, 1998년에는 준준결승 진출, 그리고 나서는 1999년의 기적을 일궈 냈다.

[†] 웨스트햄의 애칭.

이미 잉글랜드 챔피언이자 FA컵 승자가 된 맨체스터 유나이티드는 바르셀로나에서 열린 챔피언스리그 결승전에 나가서 독일의 거함, 바이에른 뮌헨Bayern Munich을 격침시켰다. 전반 6분 바이에른이 선제골을 넣어 1-0이 되면서 유나이티드를 가볍게 해치울 준비가 된 것처럼 보였다. 그날 저녁 나머지 시간 동안 일어난 일은 워낙 다각도에서 수차례 회자되다 보니 안개와 땀, 그리고 시끄러운 소문에 휩쓸리기 쉬워졌다. 따라서 유럽 역사상 가장 예사롭지 않았던 그때의 결승전 결과에서 알아두어야 할 중요한 사항 두 가지를 알려주고자 한다.

91분: 테디 셰링엄Teddy Sheringham이 맨체스터 유나이티드의 코너킥 후 고국에 동점골을 안겨 주었다. 1-1.

93분: 추가 시간이 몇 초 지난 상황에서 데이비드 베컴의 코너킥이 셰링엄의 머리에 맞고 바이에른의 골대를 가로지르다가 올레 군나르 솔샤르Ole Gunnak Solskjaer가 그 공을 발로 차 골인시킨다. 솔샤르가 경기를 뛴 시간은 고작 12분이었다. 2-1.

유럽이 영국 축구를 다시 예의주시해야 할 때가 온 것이다.

그중 우연히 일어난 일은 하나도 없었다.

맨체스터 유나이티드는 초대형 경제 위기를 이용하기에 가장 유리한 위치에 있던 구단이었다. 그 초대형 경제 위기가 1990년대 유럽 축구를 휩쓸면서 프리미어리그는 자신들의 리그를 유럽 대륙에서 벌이는 우수한 국내 대회로 변모시킬 수 있었다.

런던에서는 릭 페리가 스카이와의 두 번째 텔레비전 중계권 계약 협상을 성공적으로 이끌어 냈다. 1997년 구단들은 향후 4년 간 6억 7,000만 파운드를 받기로 한 이번 계약을 만장일치로 승인했다. 전 계약 때와 마찬가지로 스카이는 이번에도 시즌당 60경기를 방송하기로 했다. 하지만 게임당 64만 파운드를 지급하는 대신 이제는 네 배 오른 279만 파운드를 쏟아부을 예정이었다. 별안간 프리미어리그의 모든 구단이 축구계 그 어떤 구단보다 높은 연봉과 이적료를 지출할 수 있게 되었다.

룩셈부르크에서 유럽사법재판소European Court of Justice는 벨기에 축구협회를 상대로 소송을 제기한 30대 벨기에 미드필더에게 승소 판결을 내렸다. 소송 대상은 소속팀 RFC 리에주Royal Football Club de Liège와 유럽축구연맹 UEFA였다. 벨기에 팀 계약 만료 후 받은 프랑스 구단으로의 이적 제안이 분쟁의 중심이었다. 리에주 구단이 터무니없이 높은 이적료를 요구함으로써 해당 선수의 이적을 허락하지 않은 것은 자유 거래 제한에 해당한다는 것이 주장의 골자였다.

선수인 장-마르크 보스만Jean-Marc Bosman의 손을 들어준 유럽사법재판소의 획기적 판결은 사실상 자유 계약 선수 제도의 출현을 이끌었다. 이제 선수는 계약 종료 시 신규 구단이 이적료를 지급하지 않아도 구단을 옮길 수 있었다(보스만은 이 판결의 혜택을 전혀 받지 못하고 그 후 얼마 안 되어 은퇴를 했다. '보즈는 누구인가?'라고 쓰인 티셔츠를 자유 계약 선수 제도로 이득을 본 선수한테 팔려던 그의 은퇴 후 계획은 참담한 실패를 맞이했다).

호기심과 창의력 넘치는 구단에게는 이제 모든 수단이 가동되어 프리미어리그 초창기에 존재했던 시장 비효율 요소 가운데 하나를 이용해 먹을 수 있게 되었다. 그것은 바로 외국인 인재의 영입이었다.

영국 축구는 외국인을 늘 의심해 왔다. 유럽에 대한 뿌리 깊은 회의감 그리고 통화부터 전기 플러그에 이르기까지 영국이 모든 면에서 더 나았다는 요지부동의 확신을 품은 채, 대영제국 시대 이후 섬나라이다 보니 그런 풍조가 생긴 듯하다. 1978년, 유럽연합은 FA에 외국 선수 기용에 대한 제약을 해제했다. 1990년대 중반이 되자 팬들은 1980년대에 걸쳐 영국 구단에 드문드문 들어오기 시작한 몇몇 스칸디나비아 선수들을 차차 이해하게 되었다. 그 선수들이 축구 스타일 면에서나 춥고 뿌연 오후에 대한 인식 면에서 문화적으로 자신들과 비슷했기 때문이다. 그러나 프랑스 선수, 스페인 선수, 이탈리아 선수, 독일 선수가 등장하기 시작하자 영국 축구는 심각한 문화 충격을 겪었다.

춤추는 듯한 방향 전환, 엄밀히 말해서 꼭 필요하다고 보긴 어려운 헛다리 짚기 같은 허세 가득한 스킬의 과시는 수비에 나선 영국 선수들의 무시무시한 태클에 정당성을 부여할 뿐인 쇼로 치부되었다. 남유럽 선수들은 겨울에 장갑을 끼고 긴소매 유니폼을 입었다는 이유로 온실 속 화초라는 놀림을 받았다. 외국 여권을 소지하고 있으면서 감히 넘어져 중상해 이하 판정을 받기라도 하면 여지없이 할리우드 액션을 한 선수라는 낙인이 찍히곤 했다. 일어나지도 않은 신체 접촉으로 심판으로 하여금 반칙을 불게 하는 교활한 사기꾼이 되는 것이다.

1994-5 시즌 칸토나의 자폭 사건보다 더 유럽 선수에 대한 의심을 확신으로 바꾼 사건은 없었다. 당시 칸토나는 퇴장을 당한 후 한 팬에게 쿵푸킥을 날려서 8개월 출전 정지 처분을 받았다. 영국 팬들은 이제 외국인 선수는 모두 나사 풀린 행동을 한다는 걸 확실하게 알게 되었다.

하지만 본국에서 경기를 보고 있던 프리미어리그 구단주들의 경우에는 칸토나를 보고 깨닫게 된 교훈이 하나 있었다. 프랑스 사람 특유의 성깔에도 불구하고, 칸토나는 영국 밖에도 발굴해야 할 금이 있다는 점을 보여 주었다는 사실이다. 역사는 짧지만 어쨌든 최초로 프리미어리그는 금을 살 형편이 되었다. 구단은 어디 가서 금을 사야 하는지만 알아내면 되었다.

인터넷도, DVD도, 상시 중계도 없던 시절, 영국 구단들은 열아홉 살 먹은 프랑스나 스페인 또는 이탈리아의 선수가 어떤 모습일지 모르는 경우가 태반이었다. 차기 펠레Pelé가 될 수도 있는 유망주여도 영국 감독이 그 유망주를 볼 수 있는 유일한 기회는 챔피언스리그나 월드컵 방송 또는 스카우트가 우편으로 보낸 화질 거친 비디오밖에 없었다. 해외 경기 영상이 워낙 흐릿해서 데이비드 딘은 아스날 감독 브루스 리오치Bruce Rioch에게 타고난 재능꾼인 인테르나치오날레Internazionale 구단의 데니스 베르흐캄프Dennis Bergkamp와의 계약을 설득시키기 위해 싸움을 벌여야 했을 정도였다. 1995년 리오치는 딘에게 이렇게 말했다. "하지만 그 선수 인터에서 시원찮았잖아요." 딘은 베르흐캄프를 영입하라고 750만 파운드를 풀어 줌으로써 리오치의 발언에 응수했다.

프리미어리그에 315회 출전해서 87득점, 94도움을 기록한 베르흐캄프는 11년 동안 거너스와 함께 했고, 지금까지도 국내외를 막론하고 프리미어리그 사상 가장 빛난 선수로 남아 있다(너무나 당연하게도 리오치는 아스날에서 고작 11개월밖에 버티지 못했다). 그럼에도 불구하고 베르흐캄프는 1990년대 중반 아스날 용병 선수 중 가장 중요한 선수도 아니었다. 그 구분은 데이비드 딘이 1996년 영입한 감독에 달려 있었다. 마르고 큰 키에 안경을 쓰고 다국어에 능통한 이 프랑스인은 딘이 1988년 샤레이드charade 게임†에서 기억해 낸 인물이었다.

딘이 아르센 벵거를 처음 만난 것은 벵거가 프랑스 리그에서 AS 모나코AS Monaco 코칭을 맡고 있을 때였다. 거기서 벵거는 벤치에서 담배를 피우면서 자기 팀이 운동장에서 공을 가지고 우아한 축구(뻥 축구와는 전혀 다른)를 구사하기만 바라는 두뇌형 감독의 전형에 딱 들어맞는 모습을 보였다. 런던의 어느 디너 파티에서 열린 샤레이드 게임 중 벵거가 〈한 여름 밤의 꿈A Midsummer Night's Dream〉을 동작으로 표현해 보였는데, 딘은 이때 벵거한테 특히 깊은 인상을 받았고, 이것이 결국 아스날 구단의 경로를

---

† 몸짓으로 단어를 설명해서 맞추는 게임.

바꿔 놓게 된다. 1980년대 말은 벵거를 영국으로 데려오기에 아직 적당한 때가 아니었지만 딘은 그를 눈여겨 봐두었다. 흔해빠진 추리닝 복장의 감독이 아니었기 때문이다.

그 후 6년 동안, 벵거는 프랑스의 유명한 휴양지 리비에라 해변 주변만 맴돌다가 1995년 축구의 오지, 일본 나고야Nagoya로 건너가서 그램퍼스 에이트Grampus Eight라는 구단을 운영했다. 그램퍼스 에이트는 도요타 재산 상속인들이 세운 구단이었다. 극동 지역에서 '벵게루Wengeru'로 불린 벵거가 나고야에 온 지 2년 되었을 때 딘이 연락을 해 왔다.

아스날이 1996년 9월 처음 벵거를 공개할 당시, 그는 새로운 프리미어리그 시대의 두 번째 비영국인 감독 혹은 아일랜드 이외 출신 감독에 불과했다. 그는 세련되고 이국적인데다 단 번에 알아보기 힘든 얼굴이었다. 『이브닝 스탠더드Evening Standard』는 굵은 서체로 헤드라인에 "아르센 누구?"라고 싣기도 했다. 선수들은 벵거가 축구 감독보다는 지리 선생님 같은 외모라고 생각했다. 오랫동안 팀의 주장을 역임한 토니 애덤스Tony Adams는 "감독님이 우리를 승리로 이끌어 주실까요?"나 "감독님이 어떤 플레이를 주문하실까요?" 같은 질문을 하기에 앞서 "감독님, 영어는 제대로 할 줄 아는지"가 정말 궁금했다.

벵거는 영어를 제대로 할 줄 알았다. 공교롭게도 벵거가 5개 국어 능통자이기 때문이다. 두틀렌하임Duttlenheim이라는 알자스Alsatian 마을에서 프랑스어와 독일어를 들으며 자란 복사 출신의 평범한 중앙 수비수였던 벵거는, 프랑스에서 운전병으로 군복무를 했고, 장래에 쓸 데가 있을 거란 걸 어떻게 알았는지 1970년대 여름에는 케임브리지 대학 영어 강좌를 등록하기도 했다. 거기에 더해 여행 중 스페인어, 이탈리아어, 일본어까지 익힌 덕분에 아스날 선수단 전원이 할 수 있는 것보다 더 많은 나라 말로 대화를 할 수 있었다. 두꺼운 안경을 낀 중년 남자 한 명을 더한 것만으로 110년 먹은 이 구단은 장차 템스강 북쪽에서 가장 국제적인 장소가 되려 하고 있었다.

그러나 영국 축구에 혁명을 일으키기 전 아르센 벵거는 점심 혁명부터 시작해야 했다.

벵거는 구단이 따르고 있는 영국 전통 중, 생산성이 떨어지는 전통 몇 가지를 없앴다. 그 몇 가지란 맥주와 스테이크, 그리고 초콜릿바였다. 매주 벌이던 아스날 고참 선수들의 술판은 전격 취소되었다. 숙취에 쩐 상태로 훈련장에 나타나는 일도(제 아무리 정시에 와도), 땀을 내서 지난 밤 마신 맥주를 배출하는 일도 없어질 예정이었다. 경기 후 먹는 마스Mars 초콜릿바도 선수들이 팀버스에서 다시 먹게 해 달라고 노래노래했음에도 사라졌다. 기름기 많은 스테이크도 더 이상 경기 전 음식으로 적당하다고 여겨지지 않게 되었다.

벵거는 영양사를 채용해서 아스날의 구내식당을 개선했다. 그릴드 치킨, 간을 하지 않은 밥이나 파스타, 찐 채소 요리가 일반화되었다. 신나는 일은 아니었다. 하지만 블랙번이 로버스가 우승한 시즌이 새 훈련장에 입소한 시즌이란 사실을 발견했듯, 1990년대의 프리미어리그에서 그런 소소한 개선 작업은 유용한 일이었다.

아주 약간의 전문 지식도 마찬가지였다. 벵거는 영국 일류 구단을 감독하게 된 최초의 프랑스인이었기에 고국 프랑스에서 인재를 조달하는 데 있어서는 단연 유리했다. 불어를 쓰는 벵거가 전화를 걸어 프랑스 구단에서 재능이 가장 뛰어난 선수를 가로채는 편이 '영어 가능하냐'고 퉁명스럽게 묻는 것보다 훨씬 잘 통했다. 그것도 누구한테 전화를 걸어야 할지 알 때 얘기겠지만 말이다.

벵거에게는 아카데미 코치들부터 구단 회장에 이르기까지 프랑스 축구 시장에서 30년간 쌓은 인맥이 이미 있었다. 따라서 아스날에서 벵거가 처음에 계약한 여덟 명 중 다섯 명이 영국해협 너머 출신인 것은 너무도 당연한 일이었다. 프리미어리그 역대급 선수 로베르 피레스Robert Pirès와 아스날 최고의 득점왕 티에리 앙리Theirry Henry도 그 이후 런던 북부로 동일한 여정에 나서게 된다. 프랑스는 벵거에게 늘 비장의 카드였다.

사람들은 일찌감치 그 사실을 알아차렸다. 벵거는 처음이었을지 모르는 샐러드와의 만남을 주선하여, 노후화되고 있던 전형적인 영국 선수들에게 새 기운을 불어넣었고, 이제껏 본 적 없는 세련된 외국인 선수들로 팀에 활력을 가득 채웠다. 그런 외국인 선수들에는 파리 출신의 10대로 50만 달러에 계약한 니콜라 아넬카Nicholas Anelka, 프랑스 출신 미드필더 2인조 파트리크 비에이라Patrick Vieira와 에마뉘엘 프티Emmanuel Petit, 그리고 네덜란드 출신의 마르크 오버르마르스Marc Overmars가 있었다. '아르센 누구?' 기사가 나간 지 20개월 후인 1998년 5월, 벵거는 리그를 우승시킨 최초의 비영국인 또는 비아일랜드인 감독이 되었다. 한 술 더 떠, 벵거는 FA컵도 우승시켜 버렸다.

그해 여름, 벵거의 프랑스 출신 선수 두 명이 1998년 고객에서 열리는 월드컵에서 국가 대표로 뛰기 위해 팀을 떠났다. 뢰 블레Les Bleus†는 결승까지 진출했고 결승전에서 브라질을 3-0으로 꺾었다. 마지막 골은 프티가 비에이라의 도움을 받아 우승에 쐐기를 박았다. 런던에서는 다음날 아침 『미러Mirror』지 제1면에 프티와 비에이라가 꼭 껴안고 있는 사진이 실렸고, 사진 옆에는 두 선수가 소속된 런던의 구식 구단(과 영국 축구)이 앞으로 얼마나 많이 달라질지를 보여 주는 표제를 붙였다.

표제는 '아스날, 월드컵 우승'이었다.

프랑스스러운 혁명이 북런던에서 펼쳐지고 있는 동안, 소수의 다른 구단들 역시 영국 텔레비전 중계료와 다수의 유럽 출신 인재들과 자유 계약 선수 제도가 미치는 영향을 주시하고 있었다. 국경 너머로도 눈을 돌려 정체성까지, 아마도 돌이킬 수 없을 정도로, 바꿀 마음을 먹은 팀에게는 세계주의적인 미래가 손만 뻗

---

† 프랑스 축구 국가 대표 팀.

으면 닿을 정도로 가까이 와 있었다.

　1995년 첼시 구단에는 그런 팀이 될 거라 암시하는 구석이 전혀 없었다.

　1955년 이후로는 우승 한 번 못 해 봤고 원정 팀 응원석에서는 '너네가 우승한 건 까마득한 흑백 텔레비전 시대'라는 노래를 불렀다. 1970년대 이후로는 굵직한 대회 우승 트로피 한 번 획득해 보지 못하고, 대대로 이어지는 빡빡머리 훌리건들의 만행 때문에 걱정이 이만저만이 아니었다. 홈구장인 스탬퍼드 브리지Stamford Bridge를 킹스로드King's Road 인근, 서런던의 부촌 한 쪽 구석에 갖다 놓았어도(골동품상, 프랑스식 카페, 투자 금융 회사 중역을 떠올려 보라) 토요일 오후만 되면 야만적이고 오줌 냄새 풀풀 나는 분위기로 바뀌었을 것이다. 훌리건들만 없어도 조용했을 이 구단은 1980년대 중반 너무 험악해져서 전기 울타리를 설치해서 서포터들을 소떼처럼 몰아 버릴까도 생각했었다.

　그 소떼한테 그렇게 흥분할 일이 많았던 것도 아니었다. 첼시는 1990년대의 처음 다섯 시즌을 꼴찌로 보냈기 때문에, 블루스Blues[†]는 모두의 관심 밖이었다. 레미콘 사업으로 대박을 친 또 한 명의 자수성가형 수완가인 첼시 회장, 켄 베이츠는 1982년 단돈 1파운드에 첼시를 인수하면서 첼시를 구했다. 베이츠는 구단 이전 시도를 막기 위해 고안한 비영리 조직 첼시 구장 소유자 모임Chelsea Pitch Owners association을 만들어서 스탬퍼드 브리지에서의

---

† 첼시의 애칭.

미래를 지켜냈다(핵심은 이렇다. 누구든 구단을 소유하고 구단을 쫓아내려고 할 수는 있지만, 진짜 첼시 FC라면 팬에게 속한 그 구장에서만 경기를 할 수 있을 것이다).

베이츠가 중소기업을 위해 규제를 완화한 런던의 증권거래소인 AIM 증권거래소에 구단을 상장하자, 홍콩에 있는 미지의 투자자들이 관심을 보였다. 그 투자자들의 정체는 끝까지 드러나지 않았다. 하지만 선수단 거의 전원을 비롯하여 그 외 구단의 모든 면은 철저히 영국스러웠다. 이 팀에서 가장 이국적인 요소는 러시아인 골키퍼 드미트리 하린Dmitri Kharine의 패션 센스였다. 날씨가 춥든 덥든 하린은 반바지 유니폼이 아닌, 길고 헐렁한 긴 추리닝 바지를 입었다.

'섹시 축구sexy football'가 그 모든 걸 바꿔 놓았다.

1995년 난데없이 첼시는 뤼트 훌리트Ruud Gullit의 자유 이적을 성사시켰다. 훌리트는 레게머리 네덜란드인으로, 첼시 구단 그 누구보다 우수한 축구 유전자를 지닌 인물이었다. 보스만 판결 덕분에 가능했던 훌리트 영입은 영국 축구에 충격을 주었다. 금본위적인 유럽 리그, 이탈리아의 세리에A에서 본 것도 많고 우승도 해 볼 만큼 해 본 사람이 프리미어리그로의 이적을 선택하려는 것이었다.

팬들이 들은 바에 따르면 훌리트는 수비수도, 미드필더도 아닌 일종의 자유분방한 만능형 리베로libero[†]였다. 훌리트는 AC 밀

---

† 수비수이면서 공격에도 적극 가담하는 선수.

란AC Millan이 1980년대 현대적 전술을 재정립할 당시 중추적 인물이었다. 오렌지 3총사와 함께 1988년 네덜란드의 유로 우승을 이끌었다. 그리고 이제 얼마 안 있으면 동료라고 부르게 될 축구 선수들 대부분과 달리, 할 말은 하는 사람이었다. 1987년 올해의 유럽 축구 선수에 뽑혔을 때 그 상을 당시 무명에 가까웠던 넬슨 만델라Nelson Mandela라는 이름의 남아프리카 공화국 태생 정치범한테 헌정했다. 영국 축구에 있어 훌리트는 고도로 발전한 외계 문화에서 보낸 한 줄기 빛과 같은 존재였다.

훌리트의 말도 안 되게 우월한 수준은 구장에서 뚜렷하게 드러났다. 훌리트는 수비수 뒤 위치에서 가슴으로 롱 패스를 받은 다음 자기 팀 풀백한테 발리 패스를 하곤 했는데, 순전히 관중의 헉 소리를 듣기 위해서였다(그 상황에서 좀 더 전형적인 영국식 접근 방법은 공을 있는 힘껏 뻥 차서 최대한 멀리, 가능하면 옆 동네까지 보내는 것이다).

하지만 수비 위험 지역에서 익히 알고 있던 네덜란드 스타일로 첼시의 플레이를 구축하려고 했을 때, 훌리트는 뜻하지 않은 난관에 봉착했다. 그 난관이란 동료 수비수한테 공을 패스해 주어도 그 동료가 빌어먹을 공을 원치 않는다는 점이었다. 결국 글렌 호들Glenn Hoddle 감독은 방침을 바꿨다. 그리곤 훌리트에게 이렇게 말했다. "뤼트, 이제부터 넌 미드필드에서 뛴다."

지휘권이 주어지자 훌리트에게는 자신의 복음을 좀 더 본격적으로 전파할 기회가 생겼다. 1996년 여름, 호들이 잉글랜드 국가 대표 팀을 맡으러 첼시를 떠났을 때, 베이츠가 이 네덜란드인을 선수 겸 감독으로 임명한 것이다.

선수들 한 명 한 명을 '멋쟁이'라 부르며 자칭 '섹시 축구'를 설파하던 훌리트는, 첼시를 전국에서 가장 세련된 팀으로 탈바꿈하기 시작했다. 이제 선수단에는 프랑스 사람 한 명, 자메이카 사람 한 명, 루마니아 사람 한 명, 노르웨이 사람 두 명, 이탈리아 사람 세 명이 생겼는데, 이들 모두 첼시 주민들에게 영웅이 되었다. 또 한 명의 보스만 자유 계약 이적 선수로 유벤투스에서 온 귀족적인 잔루카 비알리Gianluca Vialli, 한 손으로는 존 그리샴 소설책을 읽고 또 한 손으로는 영어 사전을 든 채 영어를 독학으로 배운 파르마Parma 출신의 작은 거인 지안프랑코 졸라Gianfranco Zola, 그리고 조용히 솜씨를 발휘하는 라치오 출신의 로베르토 디 마테오Roberto di Matteo. 스탬퍼드 브리지는 겉으로만 보면 세리에A의 주영 대사관이나 마찬가지였다.

바로 그즈음, 첼시 선수들은 작은 것들이 변하기 시작했다는 걸 알아차렸다. 여전히 할링턴Harlington이란 장소에서 훈련을 했는데, 지역 대학에서 빌린 장소라 매주 수요일 오후 한 시면 여지없이 비워 줘야 했다. 하지만 처음으로 첼시는 진정으로 유명해진 것 같다고 느꼈다. 전에 없던 5년 동안의 텔레비전 방송은 일반 대중이 선수들의 얼굴을 알게 된다는 의미였다. 방송 노출은 첼시 경기의 관전 재미를 한층 높이는 데 확실히 도움이 되었다. 올드팬이 아닌 팬들은 사람들 앞에서 첼시 선수들을 멈춰 세웠다. 수비수 그레이엄 르 소가 슬론 거리를 거닐던 중 어떤 여자가 그를 불러 세우더니 파일로팩스Filofax 다이어리에 사인을 부탁했다. 다소 넋이 나간 상태로 그 자리를 뜨면서 르 소는 속으로 생각했다. '상황이 달라지고 있구나.'

르 소가 상황이 달라진 걸 확실하게 알게 된 건, 1980년대 '미친 갱Crazy Gang'이라는 짓궂은 별명까지 생긴 윔블던 주당들 가운데 한 명이었으며, 터프하기 이를 데 없는 170센티미터의 덩치인 데니스 와이즈Dennis Wise가 달라진 걸 보았을 때였다. 놀림의 수위가 워낙 세다 보니 윔블던의 탈의실 안에서는 신참 선수들이 울음을 터뜨리는 일이 일상다반사였다. 장난 때문에 말 그대로 어떤 선수의 차에 불이 붙었을 때조차 '미친 갱'은 눈 하나 깜짝하지 않았다.

이제 첼시에서는 그런 와이즈조차 예의를 차려야 할 상대가 되어 있었다. 와이즈는 런던에서 가장 화려하다는 식당에 출몰해서 자기 팀 동료들을 놀래키기도 했는데, 그중에는 해로즈Harrods 백화점 모퉁이에 있는 이탈리아 식당으로, 첼시가 경기 후 곧잘 가는 단골 식당 산 로렌초San Lorenzo도 있었다.

르 소는 이런 말을 하기도 했다. "저는 늘 다른 나라의 축구를 경험해 보고 싶었습니다. 그런데 결국 다른 나라 축구가 저한테 오더라고요."

사우샘프턴과의 잊지 못할 경기를 앞둔 1999년 박싱 데이Boxing

Day[†], '유나이티드 컬러스 오브 첼시United Colors of Chelsea' 프로젝트는 절정에 달했다. 그때쯤 홀리트는 베이츠한테 경질을 당한 상태였고(1997년 FA컵을 우승시킨 최초의 비영국인 감독이 되었음에도) 비알리가 신임 선수겸 감독이 되어 있었다. 하지만 선수 지명을 할 때, 비알리는 자신이 벌집을 건드렸다고는 꿈에도 생각하지 못했다.

비알리는 독감으로 초토화된 팀에 생긴 빈틈을 메울 방법을 궁리했을 뿐이었다. 가용 선수 중 그날 컨디션이 최상인 선수들을 가지고 선택한 해결책은 네덜란드 골키퍼, 스페인·브라질·프랑스·나이지라 출신 수비수들, 이탈리아·루마니아·우루과이·프랑스 출신의 미드필더들, 이탈리아와 노르웨이 출신의 2인조 수비수를 배치하는 것이었다. 입장 터널을 빠져나와 자신들을 기다리고 있는 사진 기자 수가 평소에 비해 월등히 많은 것을 보고서야 선수들은 그날이 특이한 날이라는 사실을 알아차렸다.

그때 누군가 선수들한테 알려주었다. 그들이 영국 프로 축구 역사 111년 만에 처음으로 영국인 선수가 단 한 명도 없는 선발 11인이 되었다고.

---

† 12월 26일을 말하며 프리미어리그는 이날 리그 경기를 치른다.

3부
진격과 질주

"우리한테는 남는 게 돈이었다."

- 트레버 버치, 첼시 FC -

러시아에서 온 새로운 영주
첼시

첼시의 새로운 접근법은 구단에 우승 트로피, 인기, 기다리고 기다리던 인지도를 가져다 주었다. 모두 구단이 원하던 것이지만, 정확히 말해서 필요로 하던 것은 아니었다.

구단에게 필요한 건 돈이었다. 2003년, 첼시는 완전한 파산 상태였다.

2001년 체결한 프리미어리그의 12억 파운드짜리 텔레비전 국내 중계 계약으로 돈이 들어왔을 텐데도, 켄 베이츠는 여전히 예전과 마찬가지로 스크루지 영감 같은 회장이었다. 프리미어리그 시대가 밝은 이후, 베이츠는 새로운 선수 63명과 계약을 했는데, 보스만 판결 이후 시장에서 찾을 수 있는 자유 계약 선수란 선수는 모조리 찾아내 가급적 그 선수들과 계약을 한 결과였다.

보스만 판결의 후예들이 지닌 문제점, 베이츠가 나중에 발견한 바에 따르면, 다들 장기 계약과 두둑한 연봉을 기대하며 첼시에 합류했다는 점이었다. 경기를 한 번도 뛰지 못하더라도 말이다. 가령 2,000년, 비알리의 경질 전 마지막 소행은 바르셀로나와의 계약이 이제 막 만료된 네덜란드 수비수 빈스톤 보가르데Winston Bogarde를 영입한 것이었다. 첼시는 보가르데와 4년 동안 주급 4만 파운드 계약을 맺었는데, 이는 보가르데에게 1,000만 파운드에 육박하는 소득을 가져다주게 된다.

따라서 출전할 때마다 75만 파운드 조금 넘게 받은 셈이었는데, 4년 동안 보가르데가 구단 대표로 뛴 횟수는 12번밖에 안 되었다. 보가르데가 첼시의 선수 대기석보다 더 세게 짓누른 건 첼시의 회계 장부밖에 없었다.

베이츠는 구단의 나머지에 부분에 대한 개선 여부에도 그다지 분별력을 발휘하지 못하는 것 같았다. 돈벌이 기회가 보이지 않는 한, 개선이나 개량은 굳이 할 필요가 없었다. 할링턴에 있는 훈련장을 예로 들어 보자. 유럽의 챔피언들이 서런던에 처음 상륙한 이후 첼시는 장족의 발전을 이룩했지만 선수들은 여전히 임대한 대학 경기장에서 훈련을 하고 있었다. 월드컵 우승 경험이 있는 마르셀 드사이Marcel Desailly는 이렇게 말했다. "지금까지 본 훈련장 중에서 가장 충격적인 훈련장이었습니다. 밀라넬로Milanello에서 막 왔을 때였거든요." 밀라넬로는 다층 훈련 시설을 말한다. 베이츠한테는 이런 상황을 굳이 바꿀 이유가 없었다.

첼시 메가스토어를 갖춘 새로운 훈련 시설을 건설할까 잠깐 고민도 했었지만(본질적으로 연습 구장이 딸린 기념품점), 티셔츠 한 장 사러 멀리 히스로 공항까지 차를 몰고 올 사람이 있을 리 없었다.

베이츠는 구단의 지주 회사인 첼시 빌리지Chelsea Village를 통한 프로젝트를 생각해 냈다. 프로젝트가 완성되면 호텔, 식당, 회원 전용의 최첨단 설비를 갖춘 헬스 클럽까지 딸린 스탬퍼드 브리지를 보게 될 터였다(베이츠가 자신들은 쓰지도 못할 체육관을 지으려 한다는 사실을 알았을 때, 할링턴의 빈대 신세였던 선수들은 좋게 받아들이지 않았다).

보너스 협상이 단연 최악이었다. 베이츠는 구두쇠이기만 한 것이 아니라, 구두쇠 노릇을 하는 과정에서 웃는 얼굴로 직원들을 괴롭히는 것으로도 명성이 자자했다. 1999년, 첼시가 챔피언스리그 예선을 통과한 후, 선수단은 베테랑 셋(르소, 졸라, 와이즈의 법률 회사)을 지정해서 유로피언 포상금 인상 협상을 하게 했다. 처음엔 베이츠도 요구에 따르겠다고 했다. 하지만 시즌 시작 직전 도착한 계약서에서 르 소는 뭔가 빠졌다는 걸 알아차렸다. '보너스는 어디에 있는 거지?'

"자네 그때 서면으로 받아 놓았던가?" 르 소가 전화했을 때 베이츠가 물었다.

"아뇨. 하지만 회장님하고 앉아서 얘기 나눴잖습니까."

"됐고, 자네들이 서면으로 받지 않았으니 없던 일로 하세."

자신들이 엿을 먹게 되었다는 소식을 동료들한테 어떻게 전할지 고민하던 르 소가 말했다. "회장님, 저희 셋은 회장님이 그 자리에서 저희 제안에 동의하셨다는 거 알고 있습니다."

"어쩌면 이번 일이 자네한테 교훈이 될 걸게, 그레이엄." 비밀리에 보너스를 원래대로 돌려놓기 전, 베이츠가 말했다. "협상을 하려면 서면으로 받아 놓아야 하는 법이라네."

2002년 베이츠의 태도가 바뀌고 있었다. 구단의 재정난이 너무 심해서 베이츠는 트레버 버치Trevor Birch라는 언스트앤영의 구조 조정 전문가를 영입해서 첼시 사장 자리에 앉혔다. 버치의 임무는 오직 하나, 구단을 파산으로부터 구하는 것이었다.

20년 회계밥을 먹기 전 버치는 축구 현장을 직접 경험할 만큼 경험한 인물이었다. 스물셋의 나이에 회계 업무를 배우려고 축구를 떠나기 전까지 리버풀에서 선수로 뛴 적이 있었던 것이다. 하지만 자신이 책임지고 프리미어리그 직원들의 도가 넘는 씀씀이에 허리띠를 졸라매게 될 줄은 꿈에도 몰랐다. 마찬가지로 2003년 5월, 선수단에 시즌 마지막 경기인 리버풀과의 경기에 승점 3점 이상의 성패가 달려 있다는 사실을 알려야 하게 될 줄도 몰랐다.

하지만 그 경기 며칠 전, 비밀은 이미 새어 나갔다. 첼시의 재정이 구조 조정이 절실히 필요할 정도라서 버치는 이를 솔직하게 털어놓을 수밖에 없었다. 계약 연장이 이례적으로 줄 거란 소문이 팀 전체에 번지자 선수들은 무슨 일이 있는 게 아닌가 생각했다. 그래서 언론이 첼시-리버풀 전을 2,000만 파운드짜리 경기라고 떠들어 대기 시작했을 때, 선수들은 눈여겨보게 되었다. 이렇게 큰 이권이 걸린 이유는 이긴팀이 4위가 되어 2003-4 프리미어리그에 남은 마지막 자리를 차지하게 되어 자금을 긴급 수혈받을 수 있게 되기 때문이었다. 영국 축구 경기가 이런 식으로 묘사되기는 이번이 처음이었다.

미증유의 상황에 첼시는 미증유의 수단을 강구하려 했다.

게임 전날 밤, 구단은 선수들을 자기 집, 자기 침대에서 재우는 대신 하이드파크 인근 로열 랭커스터 호텔Royal Lancaster Hotel에 투숙시켰다. 몇 년은 더 있어야 프리미어리그에 표준으로 자리 잡을 관행이었다. 저녁 식사 후, 팀한테 당부의 말을 한 건 감독인 클라우디오 라니에리Claudio Ranieri가 아닌 버치였다. 버치는 이번 경기가 구단의 생사가 걸린 일생일대의 경기가 될 것임을 선수들에게 분명하게 전달했다.

이번 경기를 앞두고 버치는 미국 출신의 참전 용사를 고용해서 유럽 출신, 아프리카 출신, 20대의 영국 출신이 모인 이 다국적 선수단에 베트남 전쟁에 관한 동기 부여 연설을 하게 했다. 그 참전 용사도 대충 아무나 데려온 사람이 아니었다. 찰스 챈들러 '척' 크룰락Charles Chandler 'Chuck' Krulak 장군은 해병 대원으로 베트남과 걸프전에서 공훈을 세워 미국에서 세 번째로 높은 서훈을 받았고, 36년 군생활 끝에 해병대 최고 계급 장교인 해병대 사령관이 된 인물이었다. 대선 출마를 해도 될 정도 이력의 소유자였다. 백악관 대신 크룰락은 한 축구 팀이 리버풀의 미드필드를 점령할 수 있게 준비를 시키려고 런던에 있는 한 호텔 연회장에 서 있었다.

장군은 명예에 대해, 용기에 대해, 불가능에 맞선 고지 점령에 대해 얘기했다. 딱 부러지는 카우보이 어조로 베트콩의 포화가 한참인 열대림에서 더 높은 지대로 부대를 이동시킨 일화를 들려주었다. 장군이 연설을 마친 순간, 선수들은 호텔 연회장, 바로 그 자리에서 리버풀의 코를 납작하게 만들 준비가 되어 있었다. 아쉽지만 당장은 잠자리로 가야만 했다. 르 소는 그때를 회상하며 이렇게 말했다. "에스프레소를 서른 잔은 넘게 마신 것 같았죠. 호텔방에서 현수 하강이라도 해서 하이드파크에서 군사 작전을 수행하고픈 기분이었어요."

다음날 오후, 킥오프 직전에 동기 부여를 위한 마지막 한 방이 하나 더 남아 있었다. 스탬퍼드 브리지가 함성으로 시끄러운 가운데 선수들은 축구화 끈을 만지작거리며 탈의실에 앉아 있었다. 버치가 잠깐 들러 오늘 경기가 장차 모두의 프로 선수 생활에 얼마나 중요한 경기인지를 다시 한번 상기시켰다.

딱 그날 하루만 첼시는 회계사한테 경기 전 연설을 들었다.

버치가 첼시의 현재를 확보하기 위해 진땀을 빼는 동안, 스탬퍼드 브리지 탈의실과는 아주 멀리 떨어진 곳에서 또 다른 인물이 첼시의 장기적 미래를 남몰래 곰곰이 생각하고 있었.

이스라엘의 축구 전문 기자 출신인 피니 자하비 Pini Zahavi는 유럽 축구의 신新경제에 관한 혜안을 기르고 있었기에, 그 누구보다 먼저 큰 기회의 냄새를 맡을 수 있었다. 엄밀히 말해서 자하비는 에이전트였지만, 그를 아는 사람들에게 그의 진짜 직업이 무엇인지를 가늠하는 일은 알고 보니 훨씬 복잡했다.

해리 레드냅은 조폭 영화에서 방금 튀어나온 것 같다고 말했다. "일이 되게끔 할 수 있는 남자." 타블로이드지와의 인터뷰에서 자하비의 전 부인은 '더러운 쥐새끼'란 말을 선호했다.

거래를 성사시키는 자하비만의 특기는 구단에 자기 고객이 얼마나 훌륭한 포워드인지, 해당 선수가 어째서 딱 구단에 부족했던 점을 채워 줄 인재인지 설명을 늘어놓는 것 이상이었다. 자하비는 『하다샷 하스포트Hadashot Hasport』라는 신문사에서 경력을 시작했는데, 신문사가 보내 준 1974년 서독 월드컵으로 인생이 바뀌었다고 해도 과언이 아니었다.

이스라엘은 예선 탈락이었지만 그렇다고 자하비 개인까지 성과를 내지 말란 법은 없었다. 한 달 동안 경기장 주변을 발로 뛴 끝에 고국에서 4,000여 킬로미터 떨어진 곳에서 친구를 많이 만들었다. 1979년이 되자 그때 만든 인맥(공교롭게도 이 중 대다수가 영국 북서쪽 출신이었다)이 잘 자라 주었고 우정은 사업 관계가 되었다. 이 기자 출신 에이전트는 아비 코헨Avi Cohen이라는 무명에 가까운 수비수가 이스라엘 팀인 마카비 텔아비브Maccabi Tel Aviv에서 당시 전년도 우승 팀이었던 리버풀로 이적하는 걸 도와주면서 첫 번째 계약을 조율하게 되었다.

그 후 25년에 걸쳐, 자하비는 자기만의 네트워크, 선수 고객 명단, 그리고 지갑을 키워 나갔고 급기야 영국 축구계에서 가장 영향력 있는 에이전트가 되었다. 그는 영국 이적료 최고기록을 깨기도 했다. 맨체스터 유나이티드의 이적 거래에 있어서도 알렉스 퍼거슨 못지않은 발언권을 가진 듯했다.

하지만 최고의 대박은 자금이 궁했던 서런던 구단의 CEO와 러시아 대부호를 소개만 시켜 주었는데 찾아왔다. 그 러시아 부호는 카자흐Kazakh 국경 근처 출신에 추레한 차림새의 36세 남자로, 정유 회사 시브네프트Sibneft를 운영하면서 개인 재산이 70억 파운드에 달하고 보리스 옐친Boris Yeltsin과 블라디미르 푸틴Vladimir Putin의 절친으로 꼽히는 인물이었다.

그렇게 해서 첼시 구단은 영국 축구계 최초의 러시아 재벌이자 잭 워커 열 명의 재력을 지닌 고등학교 중퇴자, 로만 아브라모비치와의 인연을 시작했다. 그리고 자하비는 선수 거래에서 구단 전체 거래로 옮겨 갔다.

2003년 봄, 올드 트래퍼드에서 열린 맨체스터 유나이티드와 레알 마드리드의 준준결승전을 관전한 이후, 아브라모비치는 영국 구단을 늘 마음에 둬 왔다. 어떤 선택지가 있는지 탐색하던 중 토트넘 홋스퍼 회장한테 제일 먼저 말을 꺼내 보았다. 하지만 아브라모비치는 런던 북동쪽이라는 구단의 위치 때문에 탐탁지 않아 했다. 그날 그가 탄 벤츠가 토트넘 하이로드Tottenham High Road를 따라 이동하는 동안, 그는 차창 밖을 내다보면서 러시아어로 동료에게 말했다. "여기는 옴스크Omsk보다 더 심한데." 시브네프트의 정유 공장이 있는 시베리아 외곽, 음산한 옴스크가 떠오른 것이었다.

아브라모비치가 첼시에 곧바로 혹한 건 아니었다. 아홉 자리 액수를 취미에 투하하기 전 계약 조건이 하나 있다면, 그건 구단이 장차 챔피언스리그에서 뛰어야 한다는 것이었다. 블루스가 그걸 해 낼 수 있다면 그땐 구미가 당길지 몰랐다. 2003년 5월 그날 오후, 스탬퍼드 브리지에서 리버풀과 챔피언스리그를 두고 쟁탈전을 벌이게 될 첼시 선수들은 경기에 걸린 이권이 어마어마하다는 사실을 잘 알고 있었다. 버치가 알려주었기 때문이다. 하지만 상황이 얼마나 극적으로 확대될지는 선수들도 전혀 몰랐다. 경기장 뒤에서 2,000만 파운드짜리 경기가 은밀히 첼시의 70억 파운드짜리 경기로 바뀌고 있었기 때문이다. 물론 첼시가 리버풀에 1-0으로 뒤지면서 잠깐 동안 파산 경기가 되었던 그 일분은 빼야겠지만 말이다.

블루스는 다시 2-1로 리버풀을 앞질렀다. 아브라모비치에게는 그 정도면 충분했다. 7월 첫 주, 아브라모비치와 측근은 트레버 버치와 만나 구단 매매에 동의했다. 아브라모비치가 서구 사회에서는 실질적으로 투명인간이나 다름없었으므로 버치와 첼시 측은 그에 대한 철저한 조사를 실시할 수가 없었다. 버치의 구글 검색에서는 『포브스Forbes』지가 이 러시아 재벌을 언급한 내용 말고는 별로 나온 게 없었다.

아브라모비치가 버치의 표현으로 '우량 고문blue-chip advisers이자 우량 은행blue-chip banks'에다가 뉴욕의 법률 사무소 스카텐 아르프스Skedden Arps 출신 변호사까지 데리고 나타나자, 이 러시아 재벌의 꾀죄죄한 외모와 청바지에도 불구하고 버치는 안도했다. 아브라모비치는 영어를 완벽하게 이해할 수 있었지만 그래도 러시아 통역사도 참석하길 바랐다. 고위급 미팅에서 시간을 벌기 위해 소비에트의 외무 장관들이 수십 년 간 써먹었던 술책이었다. 하지만 스탬퍼드 브리지가 내려다보이는 스위트룸에서 진행된 이번 협상에서는 고위급 술책 같은 건 필요가 없었다. 그들은 30분도 안 돼서 1억 4,000만 파운드 계약을 체결했다.

첼시 인수 후, BBC와의 희귀한 인터뷰에서 아브라모비치는 이렇게 말했다. "돈 벌자고 이러는 게 아닙니다. 돈을 벌려면 이것보다 훨씬 확실한 방법은 많습니다. 헛돈 쓰고 싶지는 않지만, 사실 재미 좀 보고 싶어서 그런 겁니다. 그러려면 성공도 하고 트로피도 따야겠죠."

매년 그랬듯, 7월 초는 첼시 감독 클라우디오 라니에리가 여름 중 가장 싫어 하는 시기였다. 그때가 되면 자기 차에 올라타 고향 로마를 떠나야 하기 때문이었다. 이탈리아의 장화 윗부분까지 장장 18시간을 차를 몰고 올라간 다음 알프스를 넘어 프랑스로 갔다가 영불 해협을 건너게 해 줄 선착장까지 또 먼 길을 가야했다. 일단 영국에 도착하고 나면 시즌 전 훈련을 시작할 수 있었다.

6주 동안 훈련과 전력 질주, 선수들을 2003년 8월부터 2004년 5월까지 뛸 수 있는 몸으로 만들어 줄 혹독한 신체 활동이 이어질 터였다. 첼시의 미래에 유럽 축구가 있다는 걸 아는 이상 구단 계좌에 들어오는 돈이 전보다 많아지겠지만, 그렇게 많이는 아닐 것이다. 스탬퍼드 브리지에 조명을 계속 킬 수 있을 정도의 돈이지, 전 유럽을 다니며 선수를 계속 영입할 수 있을 정도의 돈은 아니란 얘기다. 바꿔 말하면, 라니에리는 작년 여름과 동일한 무리를 데리고 또 다른 프리시즌에 돌입한다는 얘기였다.

라니에리가 프랑스 어딘가에 있을 때 휴대전화 벨이 울렸다. 런던에 있는 트레버 버치의 번호였다. 버치한테 새로운 소식이 있었다.

버치가 말을 꺼냈다. "클라우디오, 구단주가 바뀌었습니다. 러시아 사람이 구단을 샀어요."

라니에리는 잠시 생각했다. "잘된 일이겠죠?"

"그럼요. 경사죠!"

고속도로를 신나게 달리는 동안 라니에리의 고민은 눈 녹듯 사라졌을까? 그는 속으로 이 점을 곰곰이 행각해 보았다. 시즌은 아직 시작도 안 했는데 아무 것도 계획대로 되지 않을 것이 이미 자명해졌다. "경사지요. 그래도 조심하세요. 왜냐? 집으로 가게 될 첫 타자는 나하고 당신이 될 거거든요." 라니에리가 버치에게 느릿느릿 말했다.

"어째서요, 클라우디오?"

"아무렴! 새 주인이 오면 제일 먼저 하는 일이 당신하고 나를 갈아치우는 일일 테니까요."

아브라모비치는 회계사와 회계사의 이탈리아인 감독만 바꾸고 말 사람이 아니었다.

그의 재력과 무자비함과 야망이 겹쳐지면서 첼시는 1996년과 2004년 사이에 열린 리그를 모두 우승해 버린 두 구단, 즉 맨체스터 유나이티드와 아스날 일당과 충돌할 수밖에 없는 입장에 처했다. 아브라모비치는 잭 아저씨의 처방전을 빌려서 그 안에 캐비어도 조금 넣고 섞은 다음, 그것을 프리미어리그 사업 1년 동안만이 아니라 매 시즌 쓸 작정이었다.

아브라모비치는 첫 대면에서 라니에리에게 이렇게 말했다. "당신은 우리한테 최고의 선수들만 데려와 주면 됩니다."

"애는 써 보겠지만, 누가 자기들 최고를 우리한테 팔겠습니까?" 라니에리가 되물었다.

아브라모비치는 개의치 않았다. 구단마다 선수 한 명 한 명한테 책정한 가격이 있다는 걸 알고 있었기 때문이다. 이제 예전과 달라진 점이 있다면 아브라모비치가 얼마를 부르든 그 돈을 낼 마음이 있는 사람이란 사실이었다. 버치가 말했다. "우리한테는 남는 게 돈이었죠. 축구계에서 유례없는 일이었기 때문에 여기저기서 불신이 장난이 아니었습니다."

첼시 구단주로 맞이한 첫 여름에, 아브라모비치는 신규 영입 선수 열네 명에 대한 1억 1,000만 파운드 지출을 감독했다. 그다음 해에는 라니에리를 자르고 선수 아홉 명에 9,000만 파운드를 추가로 지출했으며, 아브라모비치가 그토록 갈망하던 챔피언스 리그를 막 우승시켜 자신감이 하늘 높은 줄 모르고 치솟은 젊은 감독을 고용했다. 그의 이름은 다름 아닌 조제 무리뉴였다.

얼굴 한 번 본 적 없는 사이지만 아브라모비치도 잭 아저씨가 깨달았던 교훈을 깨닫고 있었다. 프리미어리그의 기존 질서를 뒤집어엎으려면 막강한 재력이 있어야 한다는 것이었다.

2005년 봄, 첼시는 60년 만에 처음으로 리그 우승을 했다. 이제는 맨체스터 유나이티드에서 은퇴한 마틴 에드워즈조차 믿을 수가 없었다. 부유한 후원자들한테 재정 지원을 받는 구단을 볼 일은 다시는 없을 거라 생각했기 때문이다. 블랙번의 잭 워커와 뉴캐슬의 존 홀 John Hall 같은 자들은 이제 사라지고 없었다. 그런데 알고 보니 그 사람들은 서막에 불과했다.

하지만 첼시는 아스날과 유나이티드를 정상에서 밀어내기보다 정상에 합류하는 쪽을 택했다. 프리미어리그 역사상 가장 유명한 명감독 세 명(알렉스 퍼거슨, 아르센 벵거, 조제 무리뉴)의 지휘 하에, 창단 멤버들과 새로운 돈줄 양쪽 모두 늘어나고 있는 이익을 몇 배로 늘려 줄 인프라를 프리미어리그에 제공해 줄 새로운 전략들, 원시적인 구닥다리 축구계를 21세기로 견인해 줄 공격적 접근법을 개발하기 시작했다.

그리고 그들 사이의 대결(경영자들의 인성에 대한 모순적 숭배심과 더불어)은 2000년대의 배경이 되었다. 그 10년은 프리미어리그가 무분별하게 성장한 기간으로, 팀들은 무슨 짓을 해도 잘못될 수가 없었다. 2004년부터 세 개의 슈퍼 구단이 8년간 국내 모든 타이틀을 자기들끼리 독식했다. 연봉 증가 속도가 어찌나 빨랐던지 세계 각지의 선수들이 영국과 계약을 하지 못해 안달하게 되었다. 반드시 아스날이나 유나이티드, 또는 첼시가 관심을 보여야 되는 것도 아니었다. 그냥 아무 데나 프리미어리그이기만 하면 그만이었다.

근대화의 바람
아스날

맨체스터 유나이티드가 북쪽에 상업 제국을 세우고 첼시가 시내 여기저기로 수표책을 흔들어댈 때, 아스날은 자신들의 우주가 바뀌고 있다는 낌새를 알아차렸다. 영국 축구의 귀족, 거너스는 유럽에서 가장 인기 많은 선수단인데다 4년 동안 우승을 두 번이나 한 데 대한 자부심이 대단했다. 그러나 침략자들이 장벽을 넘어 쳐들어오는 게 보였다.

침략자들은 파란색 유니폼을 입고 거만하게 짧은 역사를 예찬했다. 영국 축구 짬밥을 먹을 만큼 먹은 데이비드였기에 이번 일이 유례없는 일이라는 걸 알았다. 가만히 있어서는 안 되었다. 그래서 딘은 침략자들한테 점심을 샀다.

로만 아브라모비치는 자기 팀에 스타 선수들을 사들이려고 첼시 대표들을 모조리 유럽 대륙으로 급파했다. 하지만 해외 선수한테만 돈을 쓰던 구단의 눈길은 점차 국내로 향하다가 급기야 아스날에 고정되었다. 거너스는 딱 아브라모비치가 본받고 싶어 했던 바로 그런 스타일의 축구를 경기 내내 세계 정상급 인재들을 데리고 하고 있었다. 금상첨화인 점은, 리그에서 경제학 학위를 소지한 유일한 감독인 아르센 벵거가 이적 제안이 옳은 것 같다고 하면, 아스날은 해당 선수를 기꺼이 내준다는 점이었다.

1999년, 벵거는 백발백중의 스트라이커 니콜라 아넬카를 레알 마드리드에 처음 계약한 금액의 44배를 받고 팔았다. 그다음 해, 벵거는 팀에 최초의 리그 우승을 안겨 준 2인조 핵심 멤버, 마르크 오베르마스와 에마뉘엘 프티를 바르셀로나로 보내기도 했다.

아브라모비치가 2003년 말 런던 피카딜리 Piccadilly 인근 고급 레스토랑으로 딘을 만나라고 보낸 대리인들도 이 모든 정보를 잘 알고 있었다. 그 자리에 참석한 목적은 아스날의 특정 선수를 빼가려는 게 아니라 모두의 입장이 어떤지 허심탄회하게 물어보려는 것이었다. 제인 오스틴 Jane Austen 로맨스보다 구애 화살표가 더 복잡하게 뒤엉켜 있었다. 다들 입까지 무거운 축구 선수 이적 무대에서, 이번 만남은 "그쪽이 팔 생각이 없는지 묻는 게 아닙니다" 단계였지만, 이 단계는 순식간에 "물론, 그쪽이 팔 생각이 있는 게 아니라면, 어느 쪽이든 우리 쪽이 관심이 있을 수도 있고 없을 수도 있습니다" 단계로 넘어갈 수 있었다. 이런 상황이 전국의 고급 식당에서, 호텔 로비에서, 고속도로 휴게소에서 시즌

당 수백 번 펼쳐진다.

그날 오후, 첼시가 절대로 물을 생각이 없는 선수 명단(이자 딘도 절대로 팔 생각이 없는)은 아스날 스쿼드 전원이나 다름없었다. 어느 첼시 중역에 따르면, 그 점심 자리의 약속에 의해 한 선수는 논외였다. 바로 티에리 앙리. 벵거는 10대인 앙리를 모나코에서 발견했고, 1999년 런던으로 데리고 왔다. 런던에서 벵거는 앙리의 포지션을 발 빠른 윙어에서 센터 포워드로 바꿨다. 앙리는 그 이후 기록을 갈아치우며 프리미어리그를 공포에 떨게 했다. 그 후 세 시즌 연속으로 리그 득점왕에 등극하게 된다.

어두침침한 식당의 한적한 구석 자리에서 애피타이저를 먹으면서 첼시의 중역들이 선수들 이름을 쭉 훑기 시작했고, 딘은 "아뇨, 그 선수는 안 됩니다", "아뇨, 그 선수는 팔 생각이 없어요"라고 대답해 주었다. 프랜시스 제퍼스Francis Jeffers(돌출귀의 리버풀 출신 포워드로 아스날에 라인 브레이커goal poacher로 합류했다가 아스날이 필요로 했던 '박스 안의 여우fox in the box†'가 되는데 실패했다)에 이르자, 벵거가 보유하고 싶어 하는 선수는 절대 팔지 않는다고 했던 딘은 잉여 선수를 떠넘길 기회를 포착했다. 그런데 이 바닥에 새로 들어온 이 억만장자들은 관심이 없었다.

쌍방이 아스날 선수 그 누구에 대해서도 의견의 일치를 보지 못하고 있는 가운데 수프가 나왔다. 아직 거론되지 않은 이름은 딱 하나, 벵거의 제자, 2002년 거너스에 결국 우승을 안겨 준 인

---

† 패널티 박스 안에서 영리하게 움직이는 축구의 공격수.

물이었다. 그 자리에 참석한 이들은 모두 티에리 앙리의 이름만은 꺼내지 말자는 약속을 끝까지 지켰다. 이제 앙리의 이름은 퀴퀴한 시가 연기처럼 허공에 떠있었다.

딘이 불쑥 말을 꺼냈다. "그 선수 이름을 언급 안 하시면 진짜 제안이라고 할 수 없겠지요…." 그 자리에 참석했던 첼시 임원 한 명이 그때를 회상하며 말했다. 그리고 진짜 제안이 아니라면 딘이 아스날 이사회에 알릴 의무도 없을 것이었다. 아브라모비치의 대표단에게 이 메시지는 러시아산 보드카 한 병보다 더 확실한 것이었다.

"3,000만."

첼시의 개시 제안가가 나왔다.

아니죠. 말도 안 되는 소리 하지 마세요.

"3,500만."

이거 왜 이러시나.

"4,000만."

첼시의 대표단들은 순식간에 내뱉었다. 그 바람에 레알 마드리드가 2001년 유벤투스에서 프랑스의 세계 챔피언이자 유럽 챔피언인 지네딘 지단Zinedine Zidane을 손에 넣으려고 지불했던 4,600만 파운드라는 세계 최고 이적료에 순식간에 도달하고 말았다.

"4,500만."

이번에도 거절. 첼시는 한 번 더 시도했다.

11. 근대화의 바람

"4,999만은 어떠신가요?" 타블로이드 신문들이 즉각 불타오를 만한 액수에서 한 끗 모자란 액수였다.

딘은 잠시 어처구니없는 이 액수에 대해 곰곰이 생각했다. 첼시를 매입하느라 아브라모비치가 1억 4,000만 파운드를 썼다는 건 그도 알고 있었다. 아브라모비치의 재력이 이미 이적 시장을 심하게 왜곡시켜 놓아서 이제는 선수 한 명이 구단 전체 가격의 35%나 나가게 된 걸까? 게다가 티에리 앙리를 이 정도로 절실히 원한다면 아브라모비치에게는 이보다 훨씬 간단한 방법도 분명 있었을 것이다.

"아예 구단을 통째로 사시지 그러세요?" 딘이 물었다.

이에 대한 대답은 축구 주식을 매입하기 전 아브라모비치의 구단 실사를 보면 알 수 있다. 2003년 봄, 아브라모비치는 스위스 은행 UBS를 고용해서 프리미어리그의 재정 상태를 조사하게 했다. 첼시의 심각한 재정난과 토트넘의 애매한 잠재력과 더불어 당시 UBS가 알아낸 바에 따르면, 아스날은 무조건 '판매 불가'였다고 한다. 이 말을 들은 딘이 점심 식사 테이블을 너무 세게 내려치는 바람에 수프가 흘러넘치기까지 했다. 한 첼시 중역의 증언이다. 딘은 UBS를 저주하고, 아브라모비치를 저주했다.

왜냐하면 아브라모비치가 그해 여름, 스탬퍼드 브리지 대신 하이버리의 문을 두드렸다면, 딘은 아스날의 구단주들이 현금을 받고 팔았을 거라고 확신하기 때문이었다. 미친 사람이 아니고서야 그러지 않을 이유가 없었다. 아브라모비치는 런던에서 가지고 놀 장난감을 손에 넣을 수 있었을 테고, 딘을 비롯하여 아스날의 이사들은 한 밑천 챙겼을 것이며, 벵거처럼 노련한 스카우터가 수중에 쥐고 있던 구단의 천문학적인 이적료 예산으로 축구 왕조를 세울 수 있었을지 몰랐다. 분명한 사실은 첼시가 아니라 아스날이 억만장자 물주가 생긴 최초의 구단이 되었을 거란 점이다.

딘은 그게 구단을 얼마나 힘 센 존재로 만들어 줄 수 있는지를 방금 몸소 체험했다. 봄에는 파산 직전이었던 첼시가 이제는 자기네 최고의 선수를 채가겠다며 값을 부르고 있지 않은가(그해 말, 아브라모비치가 직접 하이버리의 관계자 전용 좌석에서 앙리를 채가려다 실패했다). 하지만 스위스 은행 간부 몇몇이 알지도 못하면서 떠든 바람에 축구의 낙원은 사라졌다.

이제 테이블은 온통 수프 천지였다.

억만장자 물주가 없으니 아스날은 돈 잘 버는 경쟁 구단들과의 격차를 해소하려면 다른 계획에 의지해야 할 터였다. 2003년 부로 그 계획은 3차원 투시도와 새로 구입한 쓰레기 폐기장이었다.

최초로 프리미어리그의 초현대식 스타디움을 건설할 부지는 거너스 연고지에서 선로를 건너면 나오는 쓰레기 하치장 어딘가였다. 매력적이지만 낡은 장소를 보강하는 일은 더 이상 없을 예정이었다. 바야흐로 아스날의 글로벌 야망을 뒷받침하기 위한 목적의 건축물을 지어야 할 때였다. 신설 스타디움은 구단의 위신에 걸맞게 물리적으로 위풍당당해야 했다. 모든 경기일이 횡재하는 날이 될 정도의 편의 시설도 갖춰야 했다. NFL에 들어서고 있는 호화 건물들처럼 텔레비전 화면발도 좋아야 했다. 아스날의 신설 구장은 단순히 팬 6만 명이 직접 관람을 오는 장소가 아니라, 전 세계 6,000만 시청자도 볼 배경이 될 예정이었다.

제1차 세계대전 전부터 아스날은 하이버리에 터전을 잡았었다. 대성당과 비슷하지만 축구의 배움터에 더 가까운 친숙한 아르데코art deco 양식의 건물은 실내가 온통 흰색 벽과 마호가니로 장식되어 있었다. 원정팬들은 하이버리를 장난으로 '도서관'이라며 놀렸겠지만, 하이버리는 정말 대학원생들의 본거지처럼 보였다. 스타디움의 구석구석이 빽빽했는데, 그것도 다 의도한 것이었다. 이즐링턴Islington의 다닥다닥 붙어 있는 주택가와 비좁은 거리 사이에 들어서야 했기 때문이다.

1990년대 말과 2000년대 초에 걸쳐 벵거가 리그에서 가장 강력한 팀 가운데 하나를 만들어 가는 과정에서, 스타디움의 크기는 거너스에 유리하게 작용했다. 초특급 선수들이 모인 벵거의 팀이 상대팀 선수들을 모조리 비좁은 그라운드 밖으로, 종종 관람석 첫 줄까지 보기 좋게 밀어 넣곤 했던 것이다.

경기가 열리는 날이면 팬들은 짓눌린 듯 서로 나란히 붙어 죽 늘어서 있는 2, 3층짜리 주택을 지나 인근 지하철역에서 쏟아져 나오곤 했다. 팬들은 지하철역 중 유일하게 구단 이름을 딴 역인 아스날역에서 우르르 쏟아져 나와 아베넬 로드Avenell Road 쪽으로 우회전 한 다음, 노스뱅크North Bank 구역 담장과 이스트 스탠드East Stand가 난데없이 나타날 때까지 아담한 앞마당들을 요리조리 지나갔다. 아스날역보다 거리가 조금 더 먼 핀스버리 파크Finsbury Park역을 이용하는 팬들도 수천 명이 넘었는데, 거리가 먼 대신 올드 트라이앵글 펍Auld Triangle pub과 눅눅한 빵에 몇몇 종류의 정체 모를 고기를 올려 파는 햄버거 노점 옆을 지나간다는 이점을 누릴 수 있었다.

1930년대 전성기 때의 하이버리는 관중을 73,000명까지 입석에 꾸역꾸역 들여보낼 수 있었다. 이따금 독일군의 폭탄이 떨어졌던 제2차 세계대전 기간과 1966년 무하마드 알리Muhammad Ali와 헨리 쿠퍼Henry Cooper의 대결이 열린 때를 제외하고, 그 후 50년 동안 달라진 것 없이 거의 그 모습 그대로였다.

1980년대 말, 클록 엔드 재개발로 하이버리의 규모가 조금 축소되었지만 힐스버러 대참사와 테일러 보고서Taylor Report 이후 도입된 입석 관람 금지로 하이버리의 관중 수용 인원은 거의 절반으로 대폭 줄었다. 그래서 1993년, 아스날은 이 오래된 스타디움을 대상으로 역대 최대 규모의 개조 프로젝트에 착수했다. 구단은 노스뱅크의 다층 관람 구역을 다시 만들었다.

프로젝트 자금을 조달하기 위해 딘은 시즌권 구매자에게 시즌권 평생 갱신권에 대해 1,000파운드에서 1,500파운드의 일시불 요금을 받는 시즌권 선불 제도를 고안했다. 그 때문에 딘은 잠깐 동안이지만 토트넘 티셔츠를 안 입는 사람 중 런던에서 가장 미움받는 남자가 되기도 했다. 그래도 그 계획은 제 할 일을 해냈다. 아스날은 1992-3 시즌 전에 노스뱅크 관람 구역 신설 공사를 시작할 수 있을 만큼의 자금을 모았다. 하지만 그로 인해 또 다른 문제가 생겼다. 한 쪽 골대 뒤에 눈엣가시 같은 공사 현장은 대체 어떻게 해야 한단 말인가? 이번 시즌은 결국 텔레비전으로 중계될 첫 시즌이었다. 하이버리가 그 많은 카메라 앞에서 뒤죽박죽 아수라장으로 보이게 내버려 둘 순 없었다.

하지만 딘에게는 묘안이 하나 더 있었다. 딘은 아스날 사무총장 켄 프라이어Ken Friar와 함께 15만 파운드를 주고 구장 북쪽 끝 구역을 따라 이어지는 10여 미터 높이의 담장에 아스날 팬 8,000명이 들어가는 벽화를 의뢰했다. 그 이상한 벽화가 설치된 후에야 누군가 그림 속 8,000명 팬이 한 명도 빠짐없이 모조리 백인 남자란 사실을 알아차렸다. 아스날은 재빨리 벽화를 그린 화가를 다시 불러다가 일부 수정하게 했고, 그제야 인종 및 성별 다양성이 일부 반영되었다.

아스날 풀백 출신, 리 딕슨Lee Dixon은 그 벽화에 대해 이렇게 말했다. "그래도 제가 야유를 받은 건 아니었으니까요."

아스날 팬들은 그 벽화를 개탄하느라 정신이 팔려 자기 팀 선수들을 욕할 틈도 없었다. 특히 일반 좌석을 거대한 방수 천막에 내어 준 관중이 더욱 심했다. 그 벽화에 대해 조금이라도 좋은 말은 해 준 쪽은 원정팬밖에 없었다. 하이버리 도서관에서 전에 좋아 본 적이 있는 원정팬들은 이 겉치레 벽화가 실제로 구장 분위기를 향상시켰다고 느꼈다.

  문제의 벽화가 마침내 허물리자 벽화의 배후였던 건축사 사무소 포퓰러스Populous가 '스타디움 설계의 위대한 도약'이라 칭한 10,000석 규모의 관중석이 모습을 드러냈다. 2층으로 된 관중석은 시야가 탁 트였고, 이제는 금지된 입석 구역은 없었다. 그러나 데이비드 딘과 아스날 이사진이 가장 마음에 들어 한 부분은 구장에서는 보이지 않는 부분, 즉 화장실까지 신경을 썼다는 점이었다. 수십 년 동안 벌여 온 전쟁에서 딘이 마침내 대승을 거둔 셈이었다.

  설계자 크리스 리Chris Lee의 기억에 의하면 이사들은 노스뱅크 프로젝트 시작 단계부터 '화장실에 꽤 집착했다'고 한다. 하지만 훌리건 시절을 기억하는 딘 같은 사람에게 화장실은 기이할 정도로 중대한 사항이었다. 화장실은 긴장감이 고조될 때 팬들이 가장 먼저 때려 부수는 장소였다. 때려 부수지까지는 않더라도 화장실은 여전히 악취가 코를 찌르는 불결한 장소였는데, 이는 영국 축구 관계자들이 팬을 어떻게 생각하는지를 정확히 알려 주는 무언의 메시지나 마찬가지였다. 프라이어는 이런 말을 하기도 했다. "사람을 동물처럼 대하면 동물처럼 행동하게 되어 있습니다."

  아스날은 이제부터 팬을 그저 인간으로 대하는 데 그치지 않을 생각이었다. 팬을 고객처럼 대할 작정이었다. 그리고 그런 다짐은 타일부터 거울까지 모든 마감재를 고급화한 화장실에서 시작되었다. 하프타임을 10분에서 15분으로 늘리기 위해 투쟁해 온 딘은 소변기를 현행 업계 표준에서 권장하는 수준의 두 배는 설치해야 한다는 주장도 내놓았다. 딘은 이를 두고 이렇게 말했다. "어떻게 보면 그건 제 소명이었습니다. 맥주나 코카콜라나 차를 전부터 마신 팬이라면 하프타임에 화장실에 안 가고는 못 배기죠." 스타디움 개장 약 1년 후 건축상 만찬 자리에 초청받았을 때, 딘은 혼자만의 성전聖戰에서 승리를 이룩했다는 것을 알 수 있었다. 딘은 그 자리에서 스타디움 시설 부문 최우수상으로 화장실 모양의 트로피를 받았다.

화장실을 얼마나 많이 업그레이드 하든, 추가 좌석을 얼마나 많이 꽉 채워 넣든, 아스날은 하이버리의 수용 한계가 간당간당하다는 것을 알고 있었다. 이스트 스탠드와 웨스트 스탠드를 확장하려고 해도, 그 두 건물이 문화 유산에 등재되어 있어 아스날 구장을 특별한 존재로 만들어 준 건물이라서 불가능한 상황이었다. 이스트 스탠드와 웨스트 스탠드 위에 좌석 만 개를 추가로 얹는 것도 불가능했다. 노스뱅크 공사가 거의 완공되자마자 구단은 구단의 미래를 한 번 더 논의하고자 동일한 설계자를 다시 찾았다. 설계자 리는 이렇게 말했다. "우리 모두 하이버리에서는 원하는 결과물을 얻을 수 없다는 결론을 내렸습니다."

나중에 알게 된 일이지만, 노스뱅크는 연습이었다. 수수한 이즐링턴 홈구장에서 90년을 보낸 끝에, 거너스는 웅장한 새 구장을 처음부터 지을 참이었다.

재정 면에서 보수적으로 접근하고 온건하기로 소문이 자자한 구단이라고 막 던지는 무모한 계획이 없었던 것은 아니다. 핀스버리 파크 지하철역 바로 위에 타이어 모양 경기장(바이에른 뮌헨의 현재 스타디움처럼)을 짓자는 제안도 있었다. 철도 테마를 이어가는 의미에서 아스날은 킹스 크로스 근처 미개발 지역으로의 이전도 검토해 보았다. 그랬다면 벵거의 외인부대가 파리에서 유로스타Eurostar를 타고 런던에 도착했을 때 편리했을 것이다.

구단은 웸블리 스타디움Wembley Stadium에 있는 국가 대표 팀의 홈구장을 임대하거나 매입하는 방안도 협의했고, 심지어 M25 너머, 16킬로미터 밖으로의 이전 계획을 고려하기도 했다. 하지만 모두들 구단을 하이버리와 이즐링턴 밖으로 옮기는 걸 께름칙하게 여겼다. 구단은 터를 바꾸지 않는다.

영국 구단과 서포터 사이의 유대는 프리미어리그가 지닌 매력의 주축이자 만들어 내기 가장 힘든 정서다. 대부분의 부부 관계보다 오래 살아남을 정도의 헌신을 요할 뿐만 아니라 여러 세대에 미치기도 한다. 그리고 구단이 그 구단을 일으킨 산업보다 오래 살아남은 지역, 이를테면 리즈나 스토크Stoke나 허더즈필드Huddersfield 같은 곳에서 해당 마을과 도시가 영국 경제의 기둥으로서의 존재감이 바랜 후에도 축구 지도에 계속 남아있을 수 있게 해 준 것이 바로 축구 팀이었다. 구단 짐을 꾸려 다른 곳으로 이전하려고 할 경우, 구단주는 쇠스랑을 휘두르는 군중과 맞닥뜨릴 터였다. 윔블던은 무려 100킬로미터 떨어진 곳인 밀턴

11. 근대화의 바람 | 189

케인스Milton Keynes로 이전하면서 구단 이름을 MK 돈스MK Dons로 바꾼 후 팬층을 크게 잃고 나서야 그 사실을 어렵사리 깨우쳤다.

아스날도 1913년 런던 남부에서 북부로 이전했지만 그건 구단이 완전히 정착하기 전의 일이었다. 90년 후, 구단 이사들이 팬들을 설득시킬 수 있었던 이전 허용 최대 거리는 하이버리에서 침을 뱉으면 닿을 만한 거리였다.

원래 최대한 빨리, 비교적 한정된 예산으로 이전을 완료하려고 했다. 다이아몬드 딜러였다가 아스날 이사가 된 고故 대니 피츠먼Danny Fiszman은 스타디움 이전을 배후에서 추진한 인물로, 이전을 두고 설계사에게 이런 말을 했다. "우린 그냥 구단에 불과해요. 어쩔 수 없는 게 아니라면 땅을 1인치도 더 쓰지 말았으면 합니다. 그냥 구장 하나 짓고 그걸로 끝냈으면 해요." 계획에 뜻밖의 변경이 생기기 전 얘기였다.

기초 공사 비용은 1억 7,000만 파운드였지만 자치구 의회에, 지역 사업체들에, 홍보에 이런저런 양보를 하다 보니 일렬로 늘어선 연립 주택이 포함된 일련의 소규모 공사가 급격히 늘었다. 쓰레기 처리장도 이전시켜야 했는데, 나중에 아르센 벵거한테 신설된 쓰레기 처리장 개장식에서 리본을 커팅하게 했다. 마침내 스타디움이 개장할 때가 되었을 때, 포퓰러스에 따르면 아스날 구단은 그 전해 런던 최대 주택 건설업자가 되어 있었다. 전체 계산서에는 3억 9,000만 파운드가 찍혀 있었다. 그리고 아스날은 전액 다 물어야 하는 입장이었다.

현금 다발, 사채, 6개가 넘는 대부업체가 합쳐진 거너스의 결제체계는 어마어마했는데, 이런 규모의 프로젝트 치고 이례적이라고 볼 수는 없었다. 은행들이 아스날 이사회에 부과한 특정 조항 한 가지를 빼면 말이다. 그 조항에 따르면 구단은 아르센 벵거를 최소 5년 더 감독직에 앉혀야 했다. 국내외 거물들이 벵거한테 잊을 만 하면 감독직을 제안하던 때라 까다로운 조건이라고 할 수 있었다.

맨체스터 유나이티드의 마틴 에드워즈는 알렉스 퍼거슨이 2001년 처음 은퇴를 거론한 이후, 런던 북부 벵거의 본거지에서 벵거에게 감독직을 권유한 바 있고, 레알 마드리드도 벵거한테 의사를 타진하려고 했었다. 하지만 벵거는 매번 퇴짜를 놓았다. 아스날 최고 감독이어야만 코치이자 심리학자이자 CEO가 다 합쳐진 전능한 존재가 될 수 있었기 때문이다.

영국 축구 역사상(아마도 영국 금융 역사상으로도) 최초로 축구 팀 감독이 은행 대출 조건에 포함되었다.

당시 아스날 회장 피터 힐-우드는 이렇게 말했다. "이제부터 우리가 하게 될 도박은 아르센이 지난 7년간 일궈 온 기적을 앞으로도 계속 일구느냐에 달려 있습니다. 벵거가 우리 구단에 잔류할까요? 나는 진심으로 그러길 바라는 바에요. 혹시 알아요? 회장이 될지!"

아스날 이사들은 자기들이 잘하고 있는 건지 계속 의문이 들었다. 5년 동안 내부 대화에서는 늘 거너스가 정말 이렇게까지

할 필요가 있냐고 묻는 사람이 한 명은 꼭 나왔다. 프로젝트 비용은 계속 오르기만 했다. 부지를 정하면 이주시켜야 할 사업체와 주민, 재건축해야 할 부속 건물이 꼭 있었다.

한편, 하이버리는 구장 이전 후 고급 아파트 단지로 개발될 예정되었다. 이사회에서 예산이 4억 파운드에 육박한다고 알렸을 때, 벵거조차 속으로 생각했다. '이건 자폭하자는 거군.'

재정 붕괴 모면 요건은 거의 불가능에 가까웠다. 아스날은 반드시 매 경기 55,000석 이상을 관중으로 채워야 하고, 처음 5년 중 3년은 챔피언스리그에 출전 자격을 얻어야 하는 데다, 그동안 임금 부담도 크게 줄여야 했다.

2004년 구단이 애쉬버튼 그로브Ashburton Grove에서 첫 삽을 뜬 순간, 이제는 돌이킬 수 없게 되었다. 리는 피츠먼이 설계사들한테 맡긴 임무는 간단했다고 회상했다. "60,000석 스타디움을 짓되 세상에서 가장 아름답고 가장 압도적으로 지어 주셨으면 합니다." 이렇게 지시했던 피츠먼은 2011년 세상을 떴다. "그게 다였습니다. 그보다 더 간결할 순 없었을 거예요."

외관이 어떻다느니, 다 짓고 보니 스타디움이 얼마나 으리으리한지(또는 으리으리하지 못한지) 모르겠다느니 이런저런 말이 나오겠지만, 기념비적인 이 새 구장이 영국 축구의 모든 기존 건축물과 확연히 다르다는 데에는 의심의 여지가 없었다. 아스날의 새 홈구장은 현시대 최초로 구단이 쓸 목적으로 지어진 공간이었다. 40년을 거슬러 올라가는 동안 좌석 40,000석 이상을 갖춘 구장을 처음부터 완전히 새로 지은 영국의 구단은 아스날 말고 선덜랜드가 유일했다. 선덜랜드의 새 구장, 스타디움 오브 라이트Stadium of Light는 1997년 개장했다. 그때와 비교해도 아스날의 새 구장은 20% 더 클 예정이었다.

영감을 얻으려고 포퓰러스 팀은 30년 전 딘의 눈을 번쩍 뜨이게 했던 스타디움들이 있는 미국으로 견학을 떠났다. 포퓰러스 팀은 거대한 NFL 스타디움부터 야구장까지 부지런히 돌아다녔다. 돌아본 야구장 중에는 역사와 전통이 서린 듯한 분위기를 내려고 노력한 흔적이 보인 볼티모어 오리올스 캠든 야즈Baltimore Orioles Camden Yards도 있었다. 미국의 스타디움들은 확연히 달랐다.

거의 다 도심지 외곽, 고속도로와 쇼핑몰 인근에 들어서 있었다. 영국의 경우, 스타디움은 주민들이 말 그대로 신설 구장 그늘 속에서 산다고 할 수 있을 정도로 거주지에 억지로 우겨 넣은 형상이었다. 반면, 광활한 주차 공간을 제공할 걱정은 안 해도 되었다. 어차피 유럽에서 경기장에 차를 몰고 가는 사람은 없으니까.

하지만 포퓰러스 팀은 상상력에 불을 지펴 줄 것들을 충분히 보았다. 결국 170개가 넘는 후보 중 포퓰러스한테 낙점된 설계는 전혀 다른 것이었다. 왜냐하면 아스날에게는 새로운 주요 고려사항 두 가지를 염두에 두고서 축구장을 건립할 기회가 있었기 때문이다. 그 두 가지 사항이란 단체 관람석과 텔레비전이었다.

사상 최초로 카메라가 마흔한 군데 배치될 예정이었다. 리는 고국 오스트레일리아에서 열린 2000년 하계 올림픽 당시 올림픽 스타디움에서 일을 하면서 카메라가 얼마나 중요할 수 있는지를 코앞에서 보고 알게 되었다. 좌석이 열 개 혹은 열다섯 개 잘린다고 불평할 때마다 어떤 IOC 임원이 꼭 나타나 카메라가 1억 명 시청자한테 전파를 보내고 있는 거란 사실을 상기시켜 주었던 것이다. 리는 이렇게 말했다. "따라서 뒷배경, 뒷배경이 화면에서 어떻게 보일지, 말도 못하게 중요한 거죠."

가장 비싼 좌석을 살 사람들한테도 뒷배경이 어떻게 보일지는 중요했다. 그 사람들은 1990년대에서야 구단들이 따라잡은 고객층이었다. 개인이든 기업이든 오로지 전용 좌석과 점심 한 끼를 위해 정가의 다섯 배가 됐든, 열 배가 됐든 기꺼이 주머니를 열 준비가 되어 있는 이들이었다. 1960년대 이후부터 단체 관람석은 스타디움 몇몇 군데에 소수 있었지만, 어빙 스콜라가 19세기 이후부터 토트넘의 홈구장이었던 화이트 하트 레인에서 우량 고객 우대의 초창기 선구자가 된 것은 1980년대에 이르러서였다.

토트넘 홈구장에서는 시야를 방해하는 거대한 기둥이 필요악으로 간주되었고, 판금 지붕 때문에 이스트 스탠드는 시골 기차역에 더 가까워 보였다. 논란의 여지가 있기는 하지만 스콜라가 행한 대담한 조치는 이스트 스탠드에 있는 2층 관중석 셀프Shelf를 철거한 것이었다. 셀프는 가장 저렴한 좌석 20,000개가 있는 구역이자 가장 열성적인 서포터들이 모이는 구역이었다. 분위기만큼은 끝내줄지 몰라도 경기 당일 수익은 형편없는 구역이기도 했다. 토트넘을 상장하려는 스콜라의 계략과 뭐든 곧잘 상품화하는 그의 버릇 때문에 스퍼스는 영국 축구의 '장사꾼 구단corporate club'이라는 명성을 진즉에 얻은 터였다. 이제 스콜라는 그 명성을 더욱 굳히려 했다. 셸프 공간에 접대용 좌석을 설치해서 예전 티켓으로 얻던 수익의 열 배를 매주 뽑아냈다.

얼마 후, 마틴 에드워즈는 맨체스터 유나이티드에서 스콜라의 본을 따랐다. 1992년, 골대 바로 뒤, 가장 시끌벅적한 입석 팬들을 수용하던 스트레트퍼드 엔드 중앙을 VIP석으로 개조했다. 에드워즈는 이렇게 말했다. "굉장히 인기 없는 좌석이었지만, 어쨌거나 관중석 건축비로 1,000만 파운드를 내야 했으니까요."

대차대조표만 보면 그까짓 야유 얼마든 받을 만했다. VIP석으로 경기 당일 수익이 크게 늘어, 결국 관중석 건축비도 그걸로 충당할 수 있었기 때문이다. 하지만 VIP석은 토트넘이나 유나이티드에 친구를 많이 얻게 해 주진 못 했다. 유나이티드 선수들도 VIP석이 경기장 분위기에 끼치는 영향에 불만을 토로했다. 2000년 유나이티드 주장인 로이 킨은 이를 안타까워 했다. "음료 몇 잔에 아마 새우 샌드위치 정도 있겠죠. 그런데 정작 축구장에서 무슨 일이 벌어지고 있는지는 모르는 사람들이에요. 올드 트래퍼드에 오는 사람 중에 축구의 'ㅊ'도 모르고, 축구를 이해할 마음도 없는 사람이 있는 것 같더라고요."

그렇지만 구식 영국 경기장에서 프리미어리그 초창기 VIP석에 앉아 경기를 관전하는 경험은 처음부터 끝까지 이상하게 느껴질 수 있었다. 복장 규정에 따라 넥타이를 매고 재킷을 입은 귀빈은 별도 로비를 지나 엘리베이터나 전용 계단을 통해 올라간 다음, 좌석 번호가 표시된 평범한 문이 나올 때까지 카펫 깔린 실내 복도를 걸어갔다. 그 문 안에서 그들을 기다리고 있는 것은 겉보기만 그럴싸하고 맛은 없는 음식과 싸구려 포도주 몇 병이었다. 전반적으로 프로 스포츠 이벤트라기보다 평범하기 짝이 없는 지중해 유람선 같았다. 스카치 위스키와 스테이크, 스시가 나오는 15,000달러짜리 양키 스타디움 특별 관람석은 이렇지 않았다.

리그 내에서 가장 현대적인 스타디움인 만큼 에미레이츠 스타디움은 그 격차를 메우려 했다. 하이버리의 VIP석은 48석에서 150석으로 늘어났다. 다른 구역의 다양한 좌석 외에 프리미엄 티켓을 경기당 총 8,000석 정도까지 끌어올렸는데, 이는 스타디움 전체 좌석의 13%에 해당했다. 이래서는 아스날이 하이버리 도서관이라는 예전의 별명이나 1920년대에 걸쳐 쌓은 영국 중앙은행 구단Bank of England Club[†]으로서의 평판을 절대로 털어내지 못할 것이었다. 꾸준히 인상된 입장료도 도움이 안 되긴 마찬가지였다(벵거가 도착한 시즌, 평균 입장료는 12파운드 정도였다. 에미레이츠가 10년 후 개장할 당시 입장료는 40파운드로 세 배 이상 올라 있었다). 하지만 아스날은 팬들의 행동에 일어난 변화를 알아차리지 못 했다. 하이버리에서 거너스는 원정팬들(또는 불만을 품은 홈 팀 서포터들)이 일으킨 손괴로 인하여 시즌마다 좌

[†] 이적 시장에서 엄청난 자금을 쓸 수 있는 클럽을 일컫는 말이다.

석 수백 개를 교체해야 했었다. 에미레이츠 스타디움에서 보낸 첫 10년 동안, 아스날이 교체한 좌석은 시즌당 평균 세 개에 그쳤다. 전보다 나아진 청결, 훨씬 비싸진 주변 기물, 개량된 시설은 실제로 서포터들의 행동 양식을 바꿔 놓았다. 좋든 싫든 아스날은 영국 축구의 미래가 어떤 모습일지를 리그한테 알린 셈이었다.

리의 해석은 이렇다. "우린 말도 못하게 좁은 좌석 통로와 형편없는 음식이 있는 허접하고 조금 특이한 건물에 익숙해져 있던 겁니다. 그 건물을 좋아했으니까요. 하지만 에미레이츠가 눈을 높여 놓은 거예요."

벵거는 자신이 아스날을 위해 팀을 짜면서 남긴 유산만큼이나 이번 스타디움도 자신이 남길 유산의 형태를 결정짓게 될 거란 걸 처음부터 알고 있었다. 벵거가 곧 구장 신축 프로젝트라고 할 수 있을 만큼 벵거의 공이 지대하기에, 구단은 벵거의 흉상 제작을 의뢰하여 감독들 로비에 전시하기까지 했다. 대부분의 감독들은 죽고 나서야, 그렇지 않으면 적어도 은퇴 후에야 동상을 통해 이름을 천세에 남기는 영예를 누린다.

구장의 외형 설계에서 벵거가 가장 열성적으로 매달린 부분은 바로 선수들을 위한 공간이었다. 일본에서 배운 위생 관념과 공간 동선에 착안하여 팀이 경기 전과 후에 머물 공간에 대한 요구사항에 있어서는 여간 깐깐하게 군 게 아니었다. 처치실 위치부터 선수 입장 터널과 샤워실 통로 규격까지 모든 부분에서 엄격한 지시를 내렸다.

　탈의실로 말할 것 같으면, 벵거는 영국 축구가 줄 수 있는 공포란 공포는 모조리 직접 목격한 사람이었다. 대부분의 구장에서 선수들 탈의실은 벽에 그린 낙서만 없다뿐이지 공중화장실보다 조금 나은 정도였다. 벵거는 공간을 원했다. 그는 선수들이 정말 한숨 돌릴 수 있도록 폭넓은 타원형으로 지어달라고 고집했다. 벵거는 늘 입버릇처럼 탈의실은 선수들 공간이라고 말했었다. 하지만 그렇다고 선수들한테 연설을 할 때 자신이 서 있고자 하는 정확한 지점을 설계사들한테 알려주는 것을 잊지는 않았다. 벵거의 압도적인 존재감이 스케치를 통해 설계도에 투영되었다. 결국, 아스날의 신축 구장에서 앞으로 벌어질 모든 일은 어떻게 보면 그 탈의실 안에서 시작될 것이었다.

　에미레이츠 프로젝트의 모든 면이 향후 수십 년 동안 유럽 축구의 리더들 사이에서 아스날의 위치를 공고히 할 의도로 세심하게 검토되고 용의주도하게 계획되어 나온 결과였다. 아스날은 1990년대의 유나이티드처럼 도약하되, 21세기 흥행업의 요구에 딱 맞게 도약을 하려는 것이었다.

　하지만 거너스가 2006년 마침내 신축 구장의 리본 커팅식을 할 즈음, 프리미어리그는 다시 한번 거너스를 혼란에 빠뜨렸다.

이방인 왕의 시대

2003년 가을, 은둔 생활을 하던 한 미국인 투자자가 유나이티드의 지분을 2.9% 사들였을 때, 맨체스터의 그 누구도 개의치 않았다. 10년도 더 전에 구단이 상장된 이후로 전 세계 부호들이 여기저기서 구단의 지분을 매입해 왔기 때문이다.

처음에는 맬컴 글레이저Malcolm Glazer도 다를 바 없어 보였다. 뉴욕주 북부 토박이이자 리투아니아 출신 유대계 이민자의 아들로, 붉은 수염이 있는 글레이저는 아버지가 돌아가시자 열다섯의 나이에 가업인 시계 수리 사업을 물려받았다. 그 후, 기업 부동산으로 업종을 바꿨다가 다시 기업 매수자로 거듭났고, 포마이카Formica부터 할리 데이비슨Harley Davidson까지 여러 회사들을 손에 넣고는 전매해서 상당한 이익을 남겼다. 스포츠계는 글레이저가 NFL의 탬파베이 버커니어스Tampa Bay Buccaneers 소유권을 당시 1억 9,200만 달러에 매입하면서 그의 이름을 알게 되었다. 1980년대 이후 위닝 시즌을 달성한 적이 없는 팀이란 점을 고려할 때 참으로 종잡을 수 없는 선택이 아닐 수 없었다. 앞으로도 스포츠에 있어서 글레이저의 의도는 수수께끼로 남을 것이었다.

그래서 최초 매입 후 수주, 수개월 동안 글레이저가 맨체스터 유나이티드 주식을 독식하기 시작하자, 대체 무슨 의도인지가 뚜렷해졌다. 구단을 인수하려는 것이었다. 다만 인수 이유만은 분명하지 않았다.

그다음 해 내내, 글레이저와 아들들은 조용히 보유 지분을 늘려갔고 급기야 구단의 30%를 소유하게 되었다. 30%가 되면 주식 시장 규정이 정한 바에 따라, 투자자는 기업 전체를 지배하고 싶은 경우 나머지 주주들한테 매수 제안을 할 수 있다. 유나이티드(와 리그 전체)가 대서양 너머 NFL에서 보고 들은 바에 영감을 받은 부분이 워낙 많았던지라 NFL 구단주가 다음 단계를 밟아 영국 축구 구단을 사들이는 게 지극히 당연한 수순처럼 보였다.

글레이저가家는 서서히 피치를 올렸다. 2005년 여름, 13억 달러를 건네고 구단의 98%를 인수하는 데 동의했다. 이제 그들은 모두의 주목을 받게 되었다. 맬컴은 영국까지 발걸음하지도 않은 채, 아들들인 조엘Joel과 에이브럼Avram을 대신 보내 거래를 승인했다.

올드 트래퍼드에서 그들을 맞이하려고 기다리고 있던 이들은

"글레이저, 죽어라, 죽어라!"라고 외치는 수백 명의 팬들이었다.

글레이저가 아들들이 도착하자, 구단은 이스트 스탠드 아래 입장 터널 양쪽을 봉쇄하고 새 주인들을 창문을 짙게 선팅해 놓은 밴에 태운 후 경찰차의 호위를 받아 가며 구단으로 몰래 모셔 갔다. CEO 데이비드 길David Gill은 모두들 바깥에서 벌어지고 있는 소동을 무시하려고 애를 쓰는 와중에 일행에게 구단 구경을 시켜 주었다.

'기업담보 차입매수Leveraged BuyOut, LBO'라는 말을 들은 순간 분노에 찬 유나이티드 서포터들의 반발이 시작되었다. 기업담보 차입매수란 1980년대에 시작되어 고든 게코Gordon Gekko[+] 같은 부류들 사이에서 유행했던 월가의 수법이다. 유나이티드 팬들은 당시 LBO의 세부 사항까지는 몰랐겠지만 그 요지는 충분히 알고 있었다. 유나이티드가 어떤 미국인 부자들의 금전적 이익, 오로지 그 하나만을 위해 여덟 자리 빚을 고의로 떠안게 생겼다는 뜻이었다.

노파심에 말하자면, 그로 인한 리스크가 몽땅 유나이티드에 전가되는 것은 아니었다. 2억 6,500만 달러짜리 거액 대출 한 건은 J. P. 모건을 필두로 다수의 은행에서 받았고, 결국 유나이티드의 회계 장부에 들어갔다. 그러나 총 7,500만 달러에 달하는 또 다른 대출은 미국 헤지펀드에서 '현물 지급payment-in-kind bonds' 형태로 받았는데, 현물 지급이란 글레이저 집안(맨체스터 유나

[+] 영화 〈월스트리트〉에 등장하는 기업 사냥꾼.

이티드 PLC가 아니라)이 직접 책임을 져야 한다는 의미의 금융 상품이었다.

전前 탬파 시장 딕 그레코Dick Greco는 2014년 맬컴 사망 당시 『탬파베이 타임스Tampa Bay Times』에 다음과 같이 말했다. "굉장히 독특한 분이었어요. 사람들이 생각하는 스포츠계 유명 인사의 모습에는 전혀 들어맞지 않는 분이었죠. 다들 스포츠계 유명인 하면 으레 시끄럽고 흥청거리고 우스갯소리나 하겠거니 생각하잖아요. 글레이저 씨는 스포츠쪽 사람이 전혀 아니었어요. 축구에 대해 아는 것도 별로 없었고요. 그냥 사업을 좀 아는 분이었지. 그 분한테는 스포츠도 그냥 사업이었어요."

영국 축구에 대해서도 마찬가지였다. 글레이저가 아들들은 1970년대 북미 축구 리그North American Soccer League의 로체스터 랜서스Rochester Lancers를 응원하면서 자랐지만, 시각 장애인 축구 팀이 챔피언스리그 결승전과 거리가 멀 듯, 랜서스는 맨체스터와는 하늘과 땅 차이가 나는 팀이었다. 게다가 정말 사업성만 따졌다면, 살해 위협이나 본사 밖에서 입에 담기도 심한 말을 외쳐대는 분노에 찬 맨체스터 시민 없이 평화롭게 이익을 챙길 수 있고 수익성도 있는 다른 부문을 살 돈은 얼마든지 있었다. 팬 잡지 『레드 이슈Red Issue』에서는 '글레이저의 인수에 대한 반대는 외국인 혐오도, 얄팍한 편견도 아니다(팬들이 소리 높여 외친 구호 중에는 외국인 혐오성 발언으로 의심되는 표현도 있기는 했지만). 그 핵심에는 축구 구단의 본질을 너무 소중히 여기던 사람들이 느낀 깊은 상실감이 있을 뿐이다. 이렇게 상실감을 유발해 가면서까지(그토록 오랜 세월 맨체스터 시민들의 삶의 기둥이 되어 주었던 구단의 미래를 위험에 빠뜨림으로써) 말도 안 되게 돈 많은 사람이 더 큰 부를 가로채려는 무모한 도박을 벌이면서, 편리하게도 자기가 등 쳐 먹으려는 사람들한테서 자신의 인수 자금까지 쥐어짤 수 있게 해 주는데, 반대가 이 정도밖에 없었다니 그게 더 이상할 노릇이다'라고 썼다.

글레이저 가문은 고국인 미국에서는 이런 경우를 본 적이 없었다. 미국에서 NFL 구단주란 돈 많고 늙은 백인 남자들이 돌아가면서 앉는 자리이기 때문이다. 게다가 오클랜드 레이더스Oakland Raiders를 꺾고 2003년 37회 슈퍼볼에서 우승을 하자, 글레이저 집안은 탬파베이 팬들한테 팀을 우승시킨 일등 공신으로 추앙을 받기도 했었다.

맨체스터에서 현지인들을 달래려는 그들의 어설픈 노력은 소귀에 경 읽기나 마찬가지였다. 2005년 7월 브라이언 글레이저Brian Glazer는 『올랜도 센티넬Orlando Sentinel』과의 인터뷰에서 이렇게 말했다. "맨체스터 유나이티드는 어마어마한 역사를 보유하고 있고 저희도 그 역사는 존중합니다. 축구를 미국화하려는 게 아니에요. 치어리더단도 안 들여올 거고요."

물론, 프리미어리그도 이미 치어리더는 시도해 보았다. 먹히지 않았을 뿐.

하지만 맨체스터 유나이티드의 전반적 장래성과 유럽의 선도적 구단 가운데 하나라는 위상은 이제 아무래도 수수께끼 같은 새 구단주의 손아귀에 놓인 게 분명해 보였다. 글레이저 가문이 유나이티드의 이적료를 시즌당 2,000만 파운드로 제한할 거다, 올드 트래퍼드를 사서 구단한테 재임대할 거다, 로고를 바꿀 거다 같은 소문이 돌았다. 스타디움 주변에는 '유나이티드 사랑해요, 글레이저 극혐'이라고 찍힌 스티커가 여기저기 붙었다. 맨체스터 유나이티드 서포터즈 신탁Manchester United Supporters Trust은 곧 녹색과 금색이 들어간 스카프를 주문했다. 녹색과 금색은 뉴턴 히스Newton Heath의 철도 근로자들 모임 시절 구단이 썼던 색으로, 팬들은 글레이저 가문에 대한 저항의 상징으로 이 두 색을 추진한 것이었다. 불만을 품은 한 유나이티드 서포터 집단은 전원 유나이티드를 떠나 세미프로 팀을 만들어 FC 유나이티드 오브 맨체스터FC United of Manchester라고 명명했다.

이 모든 일을 겪고도 글레이저 가문은 여전히 묵묵무답이었다. '이것 또한 지나가리라.'

1년도 안 되어 새 미국인 주인과 어마어마한 부채가 생긴 맨체스터 유나이티드는 심지어 『뉴요커The New Yorker』의 이목까지 끌게 되었다. 잡지는 영국 축구의 대표 구단이 겪고 있는 변화에 경악을 금치 못했다. 글레이저 지배하에 놓인 구단을 열 페이지에 걸쳐 소개하면서 뉴요커는 『레드 이슈』에 실린 '올드 트래퍼드가 구려진' 이유를 설명한 익명의 편지를 언급했다. 실망한 한 팬은 '올드 트래퍼드에 모인 군중은 멋졌다. 50,000명 이상의 껄렁한 남자들, 다들 나보다 늙은 아저씨들이 상대 팀 팬들을 못 잡아먹어 안달이었고, 구장 벽을 함성으로 흔들어 놓았다. 막말에 불량한 행동, 저지를 수 있는 가장 심한 일탈까지. 전엔 그 아저씨들이 유나이티드 로드 United Road[†] 철망을 넘어 상대 팀 쪽으로 갈 때 놀란 입을 다물지 못하고 지켜만 보았었다. 일주일 후에는 나도 거기 끼어 있었다. 지금, 그 곳은 구려졌다. 다들 지나치게 감정을 억누른 채 좌석에 앉아 이성을 차리는 중산층 샌님들밖에 없기 때문이다'라고 썼다.

알렉스 퍼거슨조차 분노를 감지했다. 일단의 팬들이 헝가리에서의 원정 경기 후 퍼거슨한테 그레이저 가문에 대해 따지자, 퍼거슨은 팬들한테 마음에 안 들면 '가서 첼시나 응원하라'고 응수했다.

글레이저 가문만이 이런 반감에 아랑곳하지 않았다. 올드 트래퍼드에서 눈에 띄는 일도 거의 없었고, 구단 전체에서 미친 듯 타오르고 있는 불길을 잠재우려 나서는 일도 거의 없었다. 몇 번 안 되는 공식 발표에서도 글레이저 사람들은 신기하게도 평온한 모습으로 나타나 맬컴의 기업 상대 전적에서 그토록 많은 기업한테 했던 것처럼, 구단을 팔아넘길 생각으로 인수한 것이 아니라고 주장했다. 자기들은 멀리 내다보고 영국 축구에 발을 담근 것이라나. 이 말에 마음을 놓은 사람은 없었다.

특히 맨체스터 유나이티드의 최대 후원사들은 더 마음이 안

---

† 구장의 북쪽 스탠드를 의미한다.

놓였다. 글레이저 인수 6개월 후, 거대 통신사인 보다폰Vodafone은 유나이티드에 자신들의 기업명과 로고를 구단 선수들 유니폼 앞면에 더 이상 쓰지 말아 달라고 알려 왔다. 2년 전, 보다폰은 축구계에서 4년간 3,600만 파운드라는 최고가의 유니폼 후원 계약을 맺었었다. 이제 소유권 변경을 대비하여 계약서에 넣은 계약 만료 전 파기 조항을 행사하여 계약을 중도에 파기했다. 대외적으로는 계약 위반 이유가 챔피언스리그 후원에 좀 더 집중하기 위해서라고 발표했다. 하지만 회사의 주요한 목표가 글레이저 가문과 빗발치는 부정적 여론에서 벗어나는 것임은 타이밍에서 확연히 드러났다. 맨체스터 유나이티드 서포터즈 신탁조차 보다폰한테 '더럽혀진 브랜드'라며 구단과의 인연을 끊을 것을 촉구했기 때문이다.

길은 일본 출장 도중에 보다폰 소식을 들었다. 상사들한테 대중에 가장 많이 노출되는 파트너사 가운데 하나가 발을 빼려 한다는 보고를 어떻게 해야 하나 여간 걱정되는 게 아니었다. 하지만 마침내 조엘 글레이저한테 전화를 걸었을 때, 길은 회장의 반응에 말문이 막혔다.

글레이저는 흥분을 감추지 못했다. 통신회사한테는 글로벌 유니폼 협찬사 자격이 없다는 게 글레이저의 생각이었다. 그리곤 그 부문은 지역 회사와 계약을 맺는 게 더 온당하다고 설명했다. 길은 그런 식으로 전략을 제시하는 사람은 평생 본 적이 없었다. 하지만 얼마 안 가 맨체스터 유나이티드가 NFL 후원 계약 노하우를 떠들며 시장을 난도질하는 동안 그런 일을 밥 먹듯 보게 된다.

리츠 호텔 맞은편, 두 개의 헤지펀드사 사이에 샌드위치처럼 끼어 있는 런던의 새로운 사무실에서, 얼마 안 가 선수단보다도 직원 수가 많아진 광고부는 온갖 부문에서 지역 계약을 최대한 여러 건 성사시켰다. 지역 계약이라도 건수가 많으면 결국 총액은 대형 후원사와의 계약 두어 건보다 커질 것이기 때문이었다.

통신사 부문의 경우 유나이티드는 보다폰의 철수 이후, 노력 끝에 사우디 텔레콤Saudi Telecom과 맨체스터 유나이티드 사우디아라비아 지역 공식 통합 텔레콤 파트너 계약을 체결했다. 사우디 텔레콤은 맨체스터 유나이티드가 전 세계에 보유하고 있는 파트너 열 개 가운데 하나다.

오늘날 유나이티드는 아디다스Adidas나 DHL 규모의 주요 협찬사마다 팬들은 들도 보도 못한 파트너 수십 개를 보유하고 있다. 그런 파트너들에는 구단의 한국 및 베트남 지역 공식 제약 후원사인 조아제약Cho-A, 나이지리아 지역 공식 청량음료 후원사 치주식회사Chi Limited 등이 있다. 10년도 안 되어 유나이티드의 후원 수익은 연간 9,500만 파운드를 초과했다.

글레이저 가문은 유력한 반증이 많은데도 불구하고, 팬들은 결국 자신들의 비즈니스 감각을 두 팔 벌려 환영하게 될 거라 늘 자신하고 있었다. 조엘 글레이저는 유나이티드 자체 운영 방송 채널과의 2005년 인터뷰에서 다음과 같이 말했다. "무슨 짓이든 해서 팀이 구장에서 성과만 내게 한다면 팬들도 다 이해해 줄 거라고 봅니다. 내가 지금 그러느라고 애를 쓰고 있다는 걸 알면 시민들도 용서하겠지요."

어쩌면 그랬을지도 모르겠다. 하지만 2000년 중반 글레이저의 맨체스터 유나이티드 인수 건 못지않게 팬들의 비위를 건드리는 일이 한 가지 있었다. 맨체스터 유나이티드가 구장에 내놓은 팀이 그다지 성과를 내지 못했다는 사실이다. 그리고 그 점에 대해, 글레이저 가문은 거의 반세기 동안 전혀 걱정해 본 적 없었던 런던의 한 구단에 절을 해야 할 판이었다.

유나이티드의 혁명 무대가 올드 트래퍼드의 이사회 회의실과 뉴욕증권거래소 객장이었다면, 첼시는 스탬퍼드 브리지 선수대기소, 바로 그곳에서 리그의 역학을 뒤엎고 있었다. 2006년, 블루스는 그저 돈 많고 패기 넘치는 구단만은 아니었다. 아브라모비치 경영 체제에 접어든지 3년, 첼시는 연속으로 리그 우승을 획득한, 부유하고 패기 넘치는 구단이었다.

첼시가 숨기고 있는 말끔한 헤어 스타일의 소유자(아브라모비치의 돈을 트로피로 둔갑시키는 요령을 알아낸 사나이)는 조제 무리뉴였다. 무리뉴를 향한 구애는 오래전부터 공공연히, 클라우디오 라니에리 눈앞에서 진행되었지만, 그게 바로 요즘 첼시의 사업 방식이었다. 첼시는 수줍음을 몰랐다. 첼시는 원하는 걸 알면 그걸 손에 넣을 때까지 돈을 아끼지 않았다.

무리뉴는 첼시가 새로이 맛 들인 예외주의에 완벽하게 들어맞는 인물이었다. 첫 번째 기자 회견 중, 영국 언론에 자신을 전직 중급 골키퍼와 초등학교 교사의 아들이라고 소개한 후, 감독 생활 내내 꼬리표처럼 따라붙을 말을 남겼다. "저는 어중이떠중이가 아닙니다. 저는 스페셜 원special one입니다." 이 특별한 존재의 억양이 이베리아 반도 출신의 축구 감독이라기보다 냉전 시대 영화에 나오는 러시아 스파이처럼 들리다 보니, 영국 축구의 새로운 정식 왕재수로서의 지위만 강화하는 꼴이 되었다.

무리뉴가 처음으로 대성공을 맛본 때는 잉글랜드 전 국가 대표 감독 바비 롭슨Bobby Robson이 1992년 스포르팅 리스본Sporting Lisbon에서 그를 통역사로 기용했을 때였다. 두 사람의 합이 너무 좋았기에 롭슨은 그다음 해 포르투Porto로 옮기면서 이 걸어 다니는 포르투갈어 사전도 가지고 갔다. 이 콤비가 1996년 바르셀로나로 다시 한번 출동할 즈음, 무리뉴는 보조 코치 일도 일부 맡아 해 오던 중이었다. 새까만 머리에 요즘 선수들과 마음이 잘 통하는 이 젊은이는 장차 유명한 인물이 된다.

그때가 자존심이 처음 빛을 발하기 시작한 때이기도 했다. 자신의 의견과 식견, 전술 분석을 마음대로 섞으며 롭슨의 말을 제멋대로 바꾼 사실이 밝혀지자, 무리뉴는 통역 일을 그만두어야 했다. 하지만 무슨 말인지 모르면서도 그가 한 말을 구단의 누군가는 인상 깊게 들은 모양이었다. 왜냐하면 롭슨이 카탈루냐를 떠났을 때, 바르샤Barça†는 젊은 조제를 루이 판 할Louis van Gaal 감

---

† 바르셀로나를 줄여서 부르는 명칭.

독 밑에 계속 두었기 때문이다.

수습 기간을 마친 무리뉴는 2000년 벤피카Benfica에서 감독 일을 시작했다. 거기서 대립과 허세와 문책받아 마땅한 성과가 독특하게 뒤섞이면서 무리뉴는 즉각적인 성공과 짧은 재임 기간이라는 길에 오르게 되었는데, 이는 그 후로도 그의 감독 경력의 특징으로 자리 잡게 된다. 2년이라는 기간 동안, 무리뉴는 벤피카를 떠나 UD 레이리아União de Leiria를 맡았다가 레이리아를 떠나 포르투에 안착하게 되었다. 포르투에서는 첼시가 연락할 때까지 꼬박 2년을 채웠다. 마흔의 나이에 그는 이미 포르투갈에서 코치계의 왕족이 되어 있었다. 따라서 프리미어리그에서 일자리를 얻기에는 충분한 존재였지만, 포르투갈 출신의 오만불손한 이 신예가 누군지 거의 알지 못 했던 팬층에게는 아무 존재도 아니었다. 얼마 전 챔피언스리그 우승을 시킨 사나이였는데도 말이다.

무리뉴는 서런던으로 옮긴 이후 이렇게 말했다. "쉬운 일을 하고 싶었으면 포르투에 남았겠죠. 안락한 푸른색 의자에 UEFA 챔피언스리그 우승 트로피, 하느님. 제 위에는 하느님밖에 없었거든요."

오래지 않아 첼시 팬들은 무리뉴를 크게 우러러보게 되었다.

프리미어리그에서 41세의 무리뉴는 지금과 같은 세상의 관심을 신격화된 다른 두 존재, 자신보다 열다섯 살 연상인 아르센 벵거 그리고 알렉스 퍼거슨과 나눠야 한다는 사실을 알게 되었다. 그 두 사람은 1995년부터 쭉 매번 타이틀을 나눠 가지고 있었다. 벵거는 100년도 넘는 영국 축구 역사상 처음으로 거너스를 무패 우승으로 이끌면서 2003-4 시즌 가장 최근 한 방을 날렸다. 퍼기는 그해 여름 웨인 루니Wayne Rooney란 이름의 18살짜리 유망주와의 계약을 매듭지으면서 이미 복수전을 준비 중이었다. 무리뉴는 사람들의 대화에 자기 이름을 더하기만 하는 걸로 끝내고 싶지 않았다. 사람들의 대화를 아예 끝장내고 싶었다. 그리고 그 두 사람을 조기 은퇴 시켜 버리고 싶었다.

무리뉴의 공격은 두 갈래로 진행되었다. 경기장 안에서 벵거와 퍼거슨 뒤를 쫓았고, 시즌 첫 경기에서 맨체스터 유나이티드를 1-0으로 이겼다. 그리고 경기장 밖에서도 그 두 사람 뒤를 최대한 빈번히 쫓았다. 그러다 이 독설을 퍼붓는 못난 사람은 급기야 경기 중 몸싸움에 휘말리게 되었다. 무리뉴는 퍼거슨한테 심판들을 위협했다며 비난했고 벵거한테는 '입만 열면 첼시 얘기'라며 '관음증 환자'가 따로 없다고 힐난했다.

상대 팀 팬들에게 무리뉴의 기자 회견은 우스꽝스러운 쇼 정도로밖에 다가오지 않았다. 그러나 언론한테는 하늘에서 떨어진 횡재였다. 어떻게 보더라도 무리뉴 특유의 사이코 같은 전술전은 늘 기사를 올린 즉시 보람을 가져다 주었기 때문이다. 자신을 특별한 존재라고 선언한지 10개월이 지났을 때, 무리뉴는 시즌 내내 단 한 경기만 졌을 뿐, 승점 95점이라는 당시 최고 기록으로 프리미어리그 트로피를 거머쥐었다. 아스날은 분노에 치를 떠는 맨체스터 유나이티드와 퍼거슨을 3위로 따돌리고 첼시와 승점 12점차로 2위에 머물렀다.

다음 시즌인 2005-6 시즌, 무리뉴는 아스날과 유나이티드에 전 시즌과 똑같은 일을 당하게 해 주었다. 첼시가 맨체스터 유나이티드로 원정을 떠나기 전, 스카이스포츠는 퍼거슨이 세운 제국에 '금이 가기 시작했다'고 방송했다. "새로운 왕조가 제국을 장악하겠다고 위협하고 있어요." 두 번째 시즌 출장에서 속이 텅 빈 프리미어리그 우승 트로피를 번쩍 들어 올리고 난 무리뉴는 라이벌들에 대한 조소와 경멸의 의미로 우승 메달을 벗어 스탬퍼드 브리지에 모인 군중을 향해 던져 보였다. 2006년 프리미어리그의 정복자가 누구인지 온 세상에 알리는 데 금속 조각 같은 건 필요 없다는 제스처였다. "언젠가 우리 팀이 지는 날도 오겠지만 지금은 우리가 이 나라 최고의 팀입니다."

새 구장 건설에 착수할 당시 아스날이 마음속에 그린 것이 바로 전국 최고의 팀이 되는 것이었다. 하지만 2006년 에미레이츠 스타디움 개장을 불과 몇 개월 앞둔 시점에 아스날의 처지는 위태로워져 있었다.

길게 보면 신축 홈구장은 거너스에게 지속적 성공을 가져다줄 터였다. 새 경기장은 경기 당일 수익을 주체 못할 정도로 채워서, 아스날을 프리미어리그 금융 엘리트의 영구 멤버로 확립시킬 화수분 건축물이나 다름없기 때문이다. 하지만 그때까지 공사비 조달을 위해 빌린 돈을 갚으려면 재정 관리를 신중하게 해야 했다. 아스날의 자체 긴축 재정 조치에 따라, 신규 영입 선수의 이적료 예산은 삭감되었고, 구단 내부 임금 인상률은 동결되었으며, 30세 이상의 베테랑 선수에 대한 장기 계약은 금하는 것으로 내정되었다. 그해 여름 허리띠를 어찌나 졸라맸던지 아스날은 돈이 다 떨어져서 신축 구장 주변 조경 공사를 계획대로 완공할 수도 없었다. 대신 구단의 화려한 신축 홈구장 주변은 광대한 회색 콘크리트 광장으로 둘러싸일 예정이었다.

이미 영국 축구에서 재정 안정성을 중시하기로 정평이 난 벵거에게 아스날의 새로운 홈구장을 짓는 데 예산의 제약이 따른다는 것 자체가 자존심의 문제였다. 그가 보기에 에미레이츠 스타디움은 구단의 미래를 위한 건전한 재정 계획에 있어 절대 표준이나 마찬가지였다. 하지만 아스날이 그 어떤 구단도 100년 가까운 세월 동안 시도한 적 없는 최대 규모의 인프라 업그레이드에 착수할 당시 미처 깨닫지 못했던 점은, 건전한 재정 계획이라는 것은 밑창에 징을 박은 부츠나 배기 반바지, 또는 영국이 실제로 월드컵 우승을 했던 때와 더불어 영국 축구의 찬란한 유물이 되고 말 것이란 점이었다. 프리미어리그의 해외 투자 시대가 도래할 참이었다.

로만 아브라모비치가 영국 축구에 당도했을 때는 의혹의 눈초리를 보내는 이가 많았다. 글레이저 가문을 맞이한 것은 노골적인 적대감이었다. 하지만 프로미어리그의 우물 안 개구리 같은 시야 때문에 외국인 투자자들이 영국 해안에 발을 못 들일 거란 생각은 곧 사라질 예정이었다.

2006년 5월, 스카이가 아일랜드의 유료 텔레비전 방송사 세탄타Setanta와 중계권을 나눠 가지면서, 리그의 3년짜리 국내 텔레비전 중계권 패키지 판매가가 최초로 30억 달러를 넘어섰다. 해외 중계료는 프리미어리그의 텔레비전 중계 총수익을 45억 달러 이상까지 끌어올릴 것이었다. 이는 점점 광범위해지고 있는 리그의 글로벌한 발자국에 영향력을 행사하려는 글로벌 금융업자들, 국제 투자자들, 야심 찬 기업들의 흥미를 불러일으키기에 충분한 금액이었다.

2006년 하반기, 미국의 부동산 및 금융 서비스업 억만장자이자 NFL의 클리블랜드 브라운스Cleveland Browns 구단주인 랜디 러너Randy Lerner는 차익 거래 기회를 찾던 중 프리미어리그에 관심을 가지게 되었다. 런던에서 열린 미팅에서, 러너는 네다섯 개 구단을 제외하고 모든 구단이 매물로 나온 상태라 은행에 몇백만 달러가 있고 신용 한도만 높으면 누구나 살 수 있다는 믿을 만한 정보를 접했다.

러너가 구단을 고르는 데에는 그다지 오래 걸리지 않았다. 그 구단은 바로 버밍엄Birmingham에서 가장 큰 구단이자 팬 명부에 윌리엄 전하, 미래의 수상 데이비드 캐머런David Cameron, 블랙 사바스Black Sabbath의 기타리스트 기저 버틀러Geezer Butler 같은 명사들이 끼어 있는 애스턴 빌라였다. 러너가 빌라에 끌린 이유 가운데는 구단의 자랑스러운 역사도 일부 있었다. 1888년 풋볼리그의 창립 멤버였던 애스턴 빌라는 리그 우승 7회, FA컵 우승 7회를 자랑하며, 유러피언컵 트로피도 일찌감치 1982년에 차지한 전력이 있었다. 하지만 러너도 시인했다시피 구단의 위치도 마음을 끄는 데 한 몫 했다. 미국 중서부에 위지한 NFL 프랜차이즈 구단주로서 영국 웨스트 미들랜즈West Midlands 연고 구단을 소유한다는 게 살짝 시적으로 느껴진 것도 사실이었다. 2006년 8월 25일, 러너는 6,300만 파운드를 지불하고 132년 역사를 자랑하는 구단을 인수하기로 정식으로 합의했다.

오랜 전통을 자랑하는 영국 구단 중에 해외에 넘어간 구단이 애스턴 빌라만 있는 것은 아니었다. 그다음 해, 텍사스 민간 투자자 톰 힉스Tom Hicks와 콜로라도의 사업가 조지 질레트 2세George Gillett Jr.가 2억 1,900만 파운드에 리버풀의 공동 인수를 완료하자, 빌라보다 훨씬 상징적인 구단이 순식간에 팔려 나갔다. 맨체스터 유나이티드 매각 당시 같은 심한 반발만은 피해야겠다는 생각에 힉스와 질레트는 구단주에 취임하면서 구단을 빚더미에 오르게 하는 '글레이저 같은 짓'은 하지 않겠다는 맹세부터 했다.

12개월 동안, 힉스와 질레트는 딱 맹세한 일만 하면서 4년 재임 기간이 험악해질 수밖에 없는 분위기를 조성했다. 그 기간 동안 구장 성과가 참담했음은 물론이요, 두 구단주 사이의 불화는 이사회 회의실의 구경거리가 되었고, 입이 떡 벌어질 정도의 홍보 실책도 연달아 일어났다. 그중 압권은 당시 구단 이사였던 힉스의 아들 톰 2세Tom Jr.가 분개한 리버풀 팬한테 "좆 까, 개새끼야"라고 휘갈긴 이메일을 한밤중에 날린 사건이었다.

그래도 투자자들은 계속 나타났다. 2007년 하반기, 미국 부동산 재벌 스탠 크뢴케가 아스날 초기 지분 9.9%를 획득했다. 2008년, 부실 자산에 투자한 이력이 있는 사모펀드 억만장자 엘리스 쇼트Ellis Short가 성적 부진에 시달리는 선덜랜드의 지배 지분을 쥐었다. 글레이저 가문이 맨체스터 유나이티드를 담보차입 매수한 지 10년도 안 되어서 영국 축구의 상위 두 개 리그에 속한 마흔네 개 구단 중 총 스물일곱 개 구단이 결국 외국인 주인(그중 억만장자가 열다섯이었다)의 손아귀에 들어가게 되었다. 영국의 옛날 노동자 계급 도시들과 오래된 산업 중심지가 갑자기 전 세계 큰 부자들의 욕망의 대상으로 부상하게 된 것이다.

심지어 지지리 운 없던 웨스트햄조차 대박을 터뜨렸다. 프리미어리그 왕조를 세우려던 해머스의 계획은 결국 강등을 초래한 그 지역 출신 슈퍼 스타들, 급매, 영국 축구의 2부 리그에서 허우적거리며 보낸 2년이 이어지면서 수포로 돌아가고 말았다. 하지만 웨스트햄은 세계에서 799번째로 돈이 많은 남자, 비요르골푸르 구드문드손Björgólfur Guðmundsson이란 이름의 아이슬란드 부호 눈에 들면서 이를 악물고 다시 1부 리그로 진입했다.

가장 작은 나라의 가장 큰 은행인 란트스방키Landsbanki를 소유한 덕분에, 구드문드손은 값싼 외채와 활황기 글로벌 주택 시장 그리고 아이슬란드 금융 부문의 불가해성을 기반으로 막대한 부를 쌓을 수 있었다. 2006년 11월, 국제 헤지펀드가 신용 부도 스왑을 사들여 아이슬란드의 은행들을 파산시키기 시작하던 때, 구드문드손은 웨스트햄 유나이티드를 인수하기 위해 그렇게 모인 재산 중 8,500만 파운드를 내놓았다. 버블 붕괴에 대해 몰라도 너무 모르고 있던 구단 팬들은 구드문드손을 영웅으로, 웨스트햄이 마침내 숨은 잠재력을 실현시킬 수 있게 도와줄 인물로 받아들였다. 2년도 안 되어, 구드문드손은 파산을 선언했고 순자산은 딱 0달러로 기재되었다.

숨은 잠재력은 해로즈 백화점의 주인, 모하메드 알 파예드Mohamed Al-Fayed가 1997년 서런던 부촌에 있는 또 다른 유서 깊은 구단, 풀럼Fulham 구단을 매입하기 위해 625만 파운드를 낼 때 염두에 두고 있던 것이었다. 템스 강변에 위치한 25,000석 규모의 크레이븐 코티지 스타디움Craven Cottage stadium은 예전에 현재 구장 자리에 들어서 있었던 왕실의 수렵 별장 이름을 딴 다 쓰러져가는 낡은 건물이었다.

거기에 둥지를 튼 풀럼은 알 파예드의 호감을 살 만한 점을 다수 지니고 있었다. 가장 적당한 임금 수준, 대다수를 차지하는 중산층 팬층, 영국 구단 중 가장 화목한 구단이라는 명성이 거기에 해당했다. 1997년 풀럼에게 없는 건 프리미어리그 자리였다. 아니 심지어 2부 리그에도 자리가 없었다. 사실 알 파예드가 풀럼을 매입했을 당시, 구단은 4부 리그에서 이제 막 승격한 참이었고 평균, 6,000명 정도의 관중 앞에서 홈 경기를 뛰고 있었다.

하지만 이집트 태생의 알 파예드는 40년째 돈을 써서 영국 상류 사회에 진입하려고 애를 쓰던 중이었다. 여왕한테는 식료품점으로 통하던 해로즈를 경영한 것도 분명 도움이 되기는 했겠지만, 영국 시민권을 두 번 신청했는데 두 번 다 떨어졌다. 시민권이라는 게 백화점 운영만 가지고는 어림도 없고 구단까지 있어야 하는 거라면 좋을 대로 하라지.

알 파예드는 신비주의 유명 인사가 아니었다. 상대를 바꿔 가며 이런저런 백만장자들을 상대로 걸핏하면 상스러운 말싸움을 걸었기 때문이다. 1970년대 알 파예드는 파리에 있는 리츠 호텔Ritz Hotel을 샀다. 해로즈에서는 반바지 차림에 쪼리를 신은 관광객들을 쫓아 버리려고 복장 규정을 강요했다. 축구계에서는 풀럼을 5년 안에 프리미어리그로 인도하겠다는 약속을 했다. 거짓말처럼, 구단은 일정보다 1년 앞서 2001년 약속의 땅에 도달했다. 이로써 알 파예드는 외국 태생 구단주 중 프리미어리그에 입성한 최초가 되었다. 하지만 나머지 유서 깊은 구단들이 그를 괴상하게 여긴 이유는 그게 아니었다.

그들이 알 파예드를 괴상하게 여긴 이유는 툭하면 막말을 했기 때문이었다. 자기 선수들과 VIP 좌석에 있는 경쟁 팀 중역들을 상대로 그가 곧잘 치던 장난은 늘 가지고 다니는 작은 파란색 사탕 하나를 그 사람들 손에 찔러주면서 그게 비아그라라고 말하는 것이었다. 그리곤 윙크하면서 이렇게 말했다. "경기 전에 삼키라고."

그나마 그것도 알 파예드의 기분이 좋을 때 얘기였다. 기분이 나쁠 때는 주변 사람을 그와는 비교도 안 되게 불편하게 만들었다. 2010-11 시즌 연일 형편없는 성적을 내자, 알 파예드는 훈련 시간에 다짜고짜 쳐들어와서는 선수들한테 회의실로 모이라고 명령했다. 성적을 가지고 이러쿵저러쿵 호통을 친 끝에, 맨체스터 유나이티드 선수 출신의 콧대 센 감독, 마크 휴즈Mark Hughes를 회의실 한가운데로 질질 끌어다 놓더니 그를 가리키며 말했다.

"이 사람을 잘라 버릴까? 그래 버릴까?" 그가 고함을 질렀다.

다 큰 성인 남성들만 있던 방에는 정적만 흘렀다. 알 파예드는 풀럼의 주장, 대니 머피Danny Murphy에게 손가락질을 하며 말했다. "자네가 주장이지. 자네를 잘라 버려야겠어."

알 파예드한테는 해로즈 매장 직원들이나 선수들이나 다를 게 없었다. 휴즈와 머피는 결국 평생 가장 곤란했던 회의에서는 살아남았지만, 휴즈는 그해 여름 사임하게 된다. 하지만 혹시 그 두 사람한테 자기들 구단주가 순간적으로 극심한 변덕을 부리는 사람이란 사실을 잊지 않게 해 줄 것이 필요했다면, 그 사건이 바로 그것이었다.

거기에 더해 알 파예드가 그해 봄 팬들한테 준 선물도 있었다. 알 파예드가 보인 제스처의 중요성을 정확히 이해하기 위해서는, 구단 회장들이 팬들한테 상품을 증정할 때 그 기념품은 보통 기념 스카프나 할인 티켓 또는 원정 경기를 관람할 수 있는 무료 버스 통행권의 형태를 띤다는 점을 유념해야 한다. 알 파예드는 그 영감을 다른 곳에서 구했다. 크레이븐 코티지Craven Cottage에 방문한 손님 중 그가 가장 좋아했던 손님, 위건Wigan과의 경기에서 신나는 마음으로 접대했던 남자를 떠올렸던 것이다. 그 손님은 바로 팝스타 마이클 잭슨Michael Jackson이었다.

2009년 잭슨이 사망하자 알 파예드는 상심했다. 그래서 풀럼 팬들도 상심이 클 거라고 확신해 마지않았다. 이 팝의 황제가 크레이븐 코티지를 한 번 찾아 준 적이 있었기 때문이다. 그러니 팬들도 그의 서거에 가슴 뭉클해하지 않을까?

그래서 2011년 4월, 알 파예드는 1.8미터 높이 대좌 위에 합성수지와 석고 반죽으로 만든 2.3미터짜리 총천연색 마이클 잭슨 동상을 공개했다. 이 팝스타의 트레이드 마크였던 보석 장갑도 잊지 않았다. 풀럼 구단과 마이클 잭슨. 그 둘 사이의 연관성을 떠올리지 못 하는 건 당연한 일이었다. 팬들은 그 동상을 어떻게 이해해야 할지 알 수가 없었다.

알 파예드는 이렇게 말했다. "이 가수가 세상에 남기고 간 선물을 이해 못하는 멍청한 팬이 있으면, 그 팬은 지옥에 가야죠. 그런 팬은 필요 없습니다."

팬들은 알 파예드가 프리미어리그라는 선물을 주었을 때 더 기뻐했다. 하지만 알 파예드가 자신들의 구단에 계속 돈을 써 주는 한, 팬들은 무엇이든 참아 줄 각오가 되어 있었다.

번지는 불길

전 세계 각지에서 온 이 새 구단주들은 일단 구단 이사회 회의실에 안락하게 자리를 잡고 나면, 다양한 국적에도 불구하고 모두들 똑같은 목표에 노골적으로 집착했다.

리버풀 인수 직후, 톰 힉스와 조지 질레트 2세는 팀을 안필드에서 60,000석 규모의 새로운 장소로 이전할 계획을 발표했다. 이전 작업은 '앞으로 60일 이내에' 착수할 예정이었다. 웨스트햄 매입 후 일주일도 안 돼서, 비요르골푸르 구드문드손은 팀을 2012년 런던 올림픽을 위해 건설 중인 신축 구장으로 이전시키겠다고 발표했다. 풀럼의 경우 모하메드 알 파예드는 장대한 크레이븐 코티지 재개발을 설계하기 위해 건축가와 변호사와 기획 컨설턴트에 500만 파운드를 썼다. 재개발 계획을 통해 스타디움의 수용 인원을 30,000명으로 늘려 풀럼을 '남쪽의 맨체스터 유나이티드'로 만들 예정이었다.

그 계획 중 성취된 계획은 하나도 없었다. 풀럼은 심지어 런던의 자기네 자치구에서도 맨체스터 유나이티드가 되었다고 우길 수 없다. 하지만 에미레이츠 개장이 리그 전체에 스타디움 선망증을 퍼뜨린 게 이내 분명해졌다. 영국 전역의 구단주들은 각자의 스타디움에 대한 설문 조사를 실시했는데, 그중 다수가 빅토리아 여왕 치세 기간 이후 손도 대지 않은 것으로 드러나 업그레이드가 반드시 필요하다는 결정이 내려졌다.

맨체스터 유나이티드는 2007년 올드 트래퍼드의 좌석을 거의 75,000석까지 증설한 가운데 향후 12,000석을 추가로 늘릴 계획을 세웠다. 리버풀, 레스터Leicester, 스토크 시티Stoke City, 왓퍼드도 모두 뒤이어 기존 스타디움의 관중 수용 인원을 늘리려는 다양한 규모의 재개발 프로젝트를 추진했다. 그리고 2017년, 첼시가 스탬퍼드 브리지를 60,000석 규모의 구장으로 수리하겠다는 10억 파운드짜리 계획을 공개했다. 하지만 이 계획은 나중에 취소되었다.

다른 구단들은 완전히 이주하는 쪽을 택했다. 토트넘은 117년 동안 둥지가 되어 준 화이트 하트 레인의 홈구장에서 갑자기 본거지를 옮겨 새 구장을 짓기로 결정했다. 새 구장은 경기 당일 수익을 극대화하기 위해서 뿐만 아니라 팝 콘서트와 시즌당 NFL 경기 2회도 주최하기 위해 지으려는 것이었다. 토트넘은 좌석

수를 반드시 61,000석으로 증설하기로 했는데, 이는 북런던의 적수인 아스날 구장보다 딱 1,000석 많은 구장이 되려는 의도였다. 이는 영국 축구에서 우월감은 더 이상 구장 위에서만 국한되지 않는다는 것을 보여 주는 증거였다.

하지만 공사 때문에 부채를 늘리다 보니, 구단들은 너도 나도 현금을 긁어모아 선수단을 구축할 수밖에 없게 되었다. 그들이 궁리해 낸 해결책은 골대 빼고 모조리 상업화하는 시대를 여는 것이었다. 벌써 오래전부터 엄선된 기업 후원사들의 이름이 새겨졌던 팀 유니폼 키트에는, 얼마 안 가 이론의 여지없이 건전성이 떨어지는 조직들의 로고가 박히게 되었다. 외국의 도박 회사들, 듣보잡 에너지 음료 제조업체들, 대부업체들이 거기에 속했다. 구장 명명권 급매로 옛 성지들은 별로 와닿지 않는 명칭으로 개명당했다. 스토크의 베트365 스타디움bet365 Stadium, 뉴캐슬의 스포츠다이렉트@세인트 제임스 파크 스타디움SportsDirect.com@St. James' Park Stadium 같은 명칭이 그 예라 할 수 있겠다. 유나이티드의 세련미 넘치는 마케팅에 필적할 상대는 없었지만, 그렇다고 노력을 아예 안 한 건 아니었다.

새 홈구장으로 이사하는 데 들어가는 노력과 비용을 모면한 팀이 있었다. 릭 페리가 올림픽을 북서쪽에서 개최하려는 활동의 선봉장을 처음으로 맡은 지 10년도 넘게 지난 1995년 가을, 굵직한 국제 스포츠 행사를 주최하려던 맨체스터의 원대한 야망이 마침내 실현되었다. 그해 11월, 다른 응찰자 없이 단독 후보로 나선 끝에, 맨체스터는 2002년 코먼웰스 게임Commonwealth Games† 개최 도시로 발표되었다.

수락할 경우, '굵직한 국제 스포츠 행사'가 약간 확대될 지도 모를 일이었다. 결국 코먼웰스 게임에는 론볼lawn balls‡도 포함되니 말이다.

그래도 후기 산업 사회의 몰락으로 오랫동안 고통스러운 시기를 보낸 이후, 투자가 절실히 필요했던 도시에게 코먼웰스 게임은 획기적 전환점이나 다름없었다. 행사 주최를 시작으로 맨체스터 동쪽에 있는 시 최고의 빈민가 일부에서 도시 재생 과정에 시동이 걸렸다. 그런데 그 지역이 마침 자체 재생이 필요했던 115살 먹은 축구 팀의 본고장이었다.

뉴턴 히스 철도 근로자들이 후일 맨체스터 유나이티드가 될 단체를 만든 지 2년 후인 1880년 설립된 맨체스터 시티 구단은, 100년 넘게 연고지가 같은 라이벌의 그늘에서 연명해 왔다. 유나이티드가 우승 트로피를 차곡차곡 쌓으면서 전 세계에서 팬들을 끌어모으는 동안, 시티는 1부 리그와 2부 리그를 오가면서 사랑스러운 루저란 평판만 얻었을 뿐이다. 그것도 시티 생각을 하는 팬이 있다는 전제하에.

그동안 리그 우승도 두어 번 했고 FA컵 우승 트로피도 몇 개 획득하기는 했지만, 시티는 대개 무능한 실책과 영문을 알 수 없

---

† 영연방 연합들의 국가 대항 경기.
‡ 공을 굴려 잭이라는 공까지 얼마나 근처에 접근할 수 있을지를 겨루는 구기 종목의 하나다.

는 슬럼프 때문에 유명해졌다. 가령, 1937년 처음으로 리그 챔피언십에서 우승을 따내고는 그다음 시즌 곧바로 강등을 당한 일이 있었는데, 영국 축구에서 현 챔피언이 강등을 당한 건 그때가 유일했다. 같은 시즌에 골득점 100점과 골실점 100점을 동시에 달성한 유일한 팀이 된 적도 있었다.

1980년대가 되자, 더 이상 루저를 사랑스럽게 보는 시각은 없었다. 10년이라는 세월 동안, 시티는 1부 리그에서 두 번 강등당했고 감독 일곱 명을 갈아치웠다. 툭하면 바주카포로 제 발등을 쏘아 자폭하기 잘하는 버릇이 너무 고착화되어 생긴 자포자기성 표현이 이제는 비공식적 클럽 모토로도 쓰이게 되었다. '그래야 맨체스터 시티지.'

1980년대가 맨체스터 시티를 동네 바보로 만들었다면, 1990년대는 구단을 동네북으로 만들었다. 유나이티드가 프리미어리그의 최강자로 부상하는 동안, 시티는 1995-6 시즌 또다시 1부 리그에서 강등을 당했다. 그다음 시즌에는 한 시즌 동안 각기 다른 감독 다섯 명이 벤치에서 패장이 되는 모습을 목격했다. 그 후로도 하락은 쭉 이어졌다. 1998년, 시티는 유럽 축구 우승 경력을 지녔으면서 3부 리그로 강등을 당한 최초의 영국 구단에 등극했다.

그러다 누가 봐도 맨체스터 시티답지 않은 이례적인 일이 시티에 일어났다. 그 이례적인 일이란 영국 축구의 어설픈 무능력자들을 국제적 세력으로 둔갑시키게 될 일련의 재수 좋은 사건들 중 첫 사건이었다.

그 일이 벌어진 이유는 아마도 시티가 그 일과 거의 무관했다는 점, 순전히 그 하나 때문이었을 것이다.

맨체스터의 코먼웰스 게임 조직위는 두 번의 올림픽 유치 시도 실패 당시 급하게 세웠던 계획을 떠올렸다. 그 계획을 실행하려면 이스트랜즈Eastlands라고 알려진 지역에 있는 이전 탄광 자리에 38,000석 개최 장소를 지어야 했다. 코먼웰스 게임이 끝나고 새 구장에 필요한 건 점유자밖에 없었다. 시티가 손을 들었고, 이번만은 유나이티드도 막을 수 없었다. 유나이티드는 올드 트래퍼드 확장에 너무 오랫동안 매달려왔기 때문이었다. 그래서 2003년 여름, 맨체스터 시티는 메인 로드 스타디움Main Road stadium에서 나왔다.

메인 로드 스타디움은 모스 사이드Moss Side에 위치한 80살 먹은 구장으로 홈통 있는 지붕 하나에 두 구역은 뚫려 있는 구장이었는데 맨체스터 시티 스트라이커 출신인 니얼 퀸Niall Quinn은 이를 두고 시티 오브 맨체스터 스타디움City of Manchester Stadium이라 불리는 3킬로미터 남짓 떨어진 곳에 있는 매끈한 최첨단 시설에 비하면 "다 무너져 가는 콘크리트 더미"라고 묘사한 바 있다.

그 구장은 엄밀히 말해서 시티 소유는 아니었다. 지역 납세자들과 국립 복권 사업체National Lottery가 돈을 내주고 있었다. 시티의 구장은 맨체스터 시의회City of Manchester Council 소유지만 시의회가 구단에 임대해 주기로 한 것이었다. 하지만 임대 조건이 맨체스터 시티에게 말도 못하게 유리해서 거의 거저 주는 거나 다름

없었다. 시의회에 내야 할 임대료는 주로 입장료 수익에서 나왔다. 관중 수가 메인 로드 스타디움의 예전 수용 인원인 32,000명을 넘지 않으면 임대료는 면제였고, 시티는 그 이상으로 팔린 입장권에서 나온 수익의 절반만 넘기면 그만이었다.

구단에 요구되는 중요한 분담금은 구장을 축구용으로 정비하는 비용과 육상 트랙을 제거하는 비용, 단체 관람석과 음식 가판대, 구단 기념품점을 설치하는 비용 2,000만 파운드를 일시불로 지불하는 것밖에 없었다. 그 대가로 맨체스터 시티는 1억 1,100만 파운드짜리 구장을 250년 동안 임대받게 되는 것이었다.

구단의 잠재적 투자자들에게 이는 받을 수 있는 최고의 프리미어리그 가입 선물이었다. 오늘 가입하십시오. 그러면 구장을 거저 드리겠습니다.

해외에 맡겨놓을 약간의 현금과 수많은 군중의 아첨이 취향인 억만장자라면 더욱 절호의 기회였다. 태국 총리를 지낸 바 있는 태국 이동 통신 업계 큰손, 탁신 시나와트라Thaksin Shinawatra가 그 기회에 가장 먼저 달려든 인물이었다.

리버풀과 풀럼 주위를 얼씬거려 보았지만 허사였다. 하지만 8,200만 파운드라는 초저가에 그는 마침내 자기 구단을 가질 수 있었다. 로만 아브라모비치가 4년 전 파산 직전의 첼시를 인수하느라 쓴 돈의 절반밖에 안 되는 돈이었다. 시나와트라는 나중에 구단 매입 결정에 스타디움이 어떤 영향을 미쳤는지에 역점을 두면서 다음과 같은 설명을 내놓았다. "맨체스터 시티는 좋은 팬과 좋은 인프라를 갖춘 팀입니다. 따라서 키우는 게 그렇게 어렵지는 않죠."

구장은 엄밀히 말해서 시나와트라 소유가 아니었지만, 맨체스터시는 그의 특별한 요구 조건에 맞게 구장을 뜯어고칠 수 있게 내버려 두었다. 구장의 나쁜 기운을 바로잡는 것이 최우선이었다. 시나와트라는 태국 전통에 따라 센터 서클centre circle 아래에는 수정 구슬 하나를, 구장 코너 네 군데에는 코끼리 인형을 하나씩 묻게 했다. 동쪽 맨체스터†의 액운을 막기 위해 코끼리 형상의 작은 도자기 인형들이 각 사무실 창턱에 자리를 잡았다. 그 점에서 시나와트라는 적어도 현지 주민들을 이해하고는 있었다.

과거 구단주들한테 줄줄이 실망한 적 있던 현지 주민들도 시나와트라를 제대로 이해하는 듯했다. 새 구단주의 이름이 발음하기 까다롭다는 것을 알고, 팬들은 시나와트라를 '프랭크Frank'라는 애칭으로 불렀다. 맨체스터 사람들 귀에는 시나와트라가 시나트라Sinatra처럼 들렸기 때문이었다.

전 태국 총리가 대중 앞에서 노래 부르길 좋아했다는 사실은 순전히 우연의 일치였다. 구단 인수 직후, 시나와트라는 맨체스터의 앨버트 광장Albert Square에서 8,000여 팬들에게 파티를 열어 주었다. 시나와트라는 태국식 국수 뷔페를 내놓았고, 고국의 팝스타를 비행기로 모셔 와서 공연하게 한 다음, 자신도 시티의 공식 응원가 '블루문Blue Moon'을 저음으로 부르기 시작했다.

---

† 유나이티드 구장은 런던 서쪽에, 시티 구장은 런던 동쪽에 있다.

쉰아홉 살 먹은 이 매력남이 마음에 안 들 이유가 뭐가 있었겠는가?

한 가지가 있기는 했다. 알고 보니 시나와트라는 인권 유린 혐의를 받고 있었던 것이다.

2001년부터 2006년까지 태국 총리 재임 기간 중, 이스턴 켄터키 대학Eastern Kentucky University에서 형사 행정학 학위를 받은 이 전직 경찰은 마약과의 전쟁을 주도했는데, 그 과정에서 경찰관 2,000명 이상을 사법 절차 없이 처형했다. UN은 크게 놀랐다. 그런데 시나와트라의 반응이 가관이었다. "UN은 내 아버지가 아니다."

우연히도 시나와트라의 적들이 그를 축출하기 위한 군사 반란에 착수한 때는 시나와트라가 2006년 UN 총회 참석차 그의 아버지가 아닌 기관을 방문 중이었을 때다. UN 총회 참석을 하고 난 후에야 자신의 이미지를 쇄신하고 해외에 자산 일부를 은닉할 임무에 나섰다.

2007년 5월, 시나와트라는 태국 프로골프협회Thailand Professional Golf Association 회장에 당선되었다. 그리고 한 달 뒤에는 맨체스터 시티 인수에 착수했다. 이런저런 혐의에도 불구하고, 시나와트라는 프리미어리그의 구단주 '적격 여부' 심사를 여보란 듯 통과했다. 이에 국제인권감시기구Human Rights Watch 같은 조직들은 깜짝 놀라지 않을 수 없었다. 이 조직들은 보통 때 같으면 축구에는 관여하지 않았겠지만 살인 용의자 은폐 시도를 좌시할 수는 없었다.

국제인권감시기구는 프리미어리그의 최고경영자 리처드 스쿠다모어한테 편지를 보냈다. "탁신 정권하에서 만연했던 심각하고도 체계적인 인권 유린을 고려할 때, 저희는 그가 맨체스터 시티 구단을 매입하기에 '적격'이라는 귀하의 결론에 심심한 우려를 표하는 바입니다."

프리미어리그는 적격 여부 심사가 도덕적 파탄이 아니라 재정 비리를 밝히기 위해 고안된 것이라는 답신을 보냈다. 스쿠다모어는 답장에 다음과 같이 썼다. "귀하가 제기한 문제는 물론 지극히 중대한 사항입니다. 그토록 중대한 사안인 만큼 심사숙고하여 결정을 내리는 일은 영국 정부와 법률 기구, EU 몫이라고 생각됩니다."

바꿔 말하면, 누군가 감금하지 않는 한, 시나와트라는 프리미어리그 역사상 가장 저렴한 상품 가운데 하나를 마음대로 누려도 된다는 의미였다. 그의 맨체스터 시티 주인 노릇은 그리 오래 가지 못 했다. 하지만 그것이 리그에 가르쳐 준 게 있다면, 그건 거의 공짜에 가까운 구장을 손에 넣는 일은 구단주로서는 빗맞히기가 실질적으로 불가능한 비어 있는 골문이나 다름없다는 사실일 것이다.

되찾은 영광
맨체스터 유나이티드 vs 첼시

알렉스 퍼거슨의 구두 안에 빗물이 차고 있었다. 옷도 흠뻑 젖었다. 루즈니키 스타디움Luzhniki Stadium의 사이드라인 위에 있자니 모스크바 대기의 한기가 예순여섯 해를 버틴 뼛속까지 파고들었다. 퍼거슨은 축구장에서 이보다 백만 배는 더 혹독한 조건에서 경기도 뛰고 감독도 했다. 하지만 지금은 5월이고 자정을 훨씬 넘긴 시간인데, 이 지긋지긋한 경기(2008년 첼시 대 맨체스터 유나이티드 챔피언스리그 결승전)는 끝날 기미가 보이지 않았다.

90분이라는 정규 경기 시간은 지났는데, 점수는 아직도 1-1이었다. 그 후 극도의 긴장 속에서 연장전을 30분 더 뛰었다. 둘 중 한 팀이 우승 트로피를 낚아챌 수도 있었을 시간이었다. 맨체스터 유나이티드한테 볼을 라인 밖으로 걷어낼 기회가 생겼다. 첼시가 크로스바 아래쪽을 강타했다. 그 모든 일이 벌어지는 내내, 얼굴이 시뻘개진 퍼거슨은 턱에 모터라도 달린 듯 껌을 씹고 또 씹었다.

퍼거슨은 늘 유나이티드가 유럽에서 더 성공을 거둬야 한다고 생각해 왔다. 고국에서는 프리미어리그 시대 주도권을 계속 장악했지만(당시 기준, 리그 우승 10회, FA컵 우승 4회), 그의 재임 기간 중 챔피언스리그는 한 번밖에 우승을 하지 못 했다. 유나이티드의 역동적인 공격 스타일의 무언가가 매년 구단의 해외 원정에서 제대로 통하지 않았다. 수많은 영국인 관광객들처럼, 그들도 한 가지 언어만 말해 놓고 왜 해외에선 도움을 못 받는 건지 의아해하는 꼴이었다.

하지만 여러 시즌에 걸쳐 2008년을 준비한 끝에, 마침내 변화가 오고 있었다. 맨체스터 유나이티드뿐만 아니라 첼시, 리버풀, 아스날 같은 구단에도 변화는 오고 있었다. 갑자기 챔피언스리그 준결승에 매번 프리미어리그 구단이 꼭 하나(아니면 둘)씩은 들어가는 듯했다. 유럽 경기 일정표에서 가장 주목받는 경기는 결국 영국판이 되고 만다고 보는 게 옳을 정도였다.

퍼거슨은 나중에 이렇게 썼다. "모두들 이게 한 편의 멋진 연극이라고, 최고의 유러피언컵 결승 가운데 하나라고 느꼈다. 우리 리그의 장점을 그렇게 잘 보여 준 쇼에서 나도 일익을 담당하게 되어 뿌듯했다."

퍼거슨이 보조 코치 카를로스 케이로스Carlos Queiroz와 함께 연장전 후 구장에서 녹초가 되어 있는 선수들 주변을 서성거리는 동안 가장 먼저 떠올린 게 그 생각이었다는 건 아니다. 1미터 남짓 떨어진 위치에서 퍼거슨은 첼시 선수단이 죽은 듯 나자빠져 있는 모습을 볼 수 있었다. 유나이티드가 2주 전 간발의 차로 프리미어리그 타이틀을 빼앗아 온 그때 그 선수들이었다. 빗물이 뚝뚝 떨어지는 가운데 여전히 턱을 혹사시키면서 퍼거슨은 자기 선수들을 세밀히 살펴가며 한 명 한 명의 얼굴을 정면으로 바라보았다. 이 무리 가운데 다섯 명은 오늘 밤 한 번 더 공을 세울 수 있을 만큼 아직 머리가 제대로 돌아가는지 확인해야 했다. 챔피언스리그 결승전은 승부차기로 승패가 정해질 터였다.

퍼거슨은 자기 선수들을 믿으면 된다는 걸 알고 있었다. 준결승에서 단 한 골로 바르셀로나를 물리칠 정도로 침착한 모습을 보인 선수들이 아니던가! 하지만 30년 경험상, 큰 경기로 인한 긴장감은 승부차기에서 축구 선수들한테 괴상한 영향을 미칠 수 있다는 사실도 알고 있었다. 퍼거슨에게는 그 사실의 증거 격인 흉터도 있었다. 지금까지 퍼거슨의 팀이 큰 시합의 승부차기에서 이긴 적은 한 번도 없었다. 애버딘 감독 시절 세 번, 유나이티드 감독일 때 세 번 진 이력이 있었다. 연패를 끊어야 할 때가 있다면 바로 지금이었다. 손목시계가 새벽 한 시를 가리켰다.

퍼거슨은 다섯 명으로 이어지는 슈터 라인업을 구축했다. 정 가운데에는 그 시즌 챔피언스리그 득점왕, 크리스티아누 호날두를 세울 작정이었다. 호날두는 리오넬 메시Lionel Messi라는 아르헨티나의 단신 애송이보다 우수한데다, 아까는 그날 밤 유나이티드의 유일한 골을 넣은 장본인이기도 했다.

하지만 맨 처음 나선 것은 퍼거슨이 전년도 여름 웨스트햄에서 빼온 아르헨티나 출신 공격수, 카를로스 테베스Carlos Tevez였다. 테베스가 유나이티드 응원단 관람석 끝, 패널티킥 위치로 의기양양하게 걸어갈 때, 퍼거슨은 벤치로 물러나 자리에 앉았다. 케이로스는 그 자리에 계속 서 있었다. "저는 알렉스 경Sir Alex처럼 강심장이 못 됩니다"라고 말했다고 한다. 어차피 두 사람이 달리 어떻게 해 볼 수 있는 것도 아니었다. 결승전은 그들의 손을 떠났다.

하지만 유나이티드나 첼시, 둘 중 어느 팀이 이기든, 고국에서 2,500여 킬로미터 떨어진 루즈니키에서는 뭔가 다른 일이 벌어지려 하고 있었다. 대세는 이미 정해졌다. 유럽 최고의 팀과 영국 최고의 팀 사이의 경계선은 완전히 모호해졌다. 이제 더 이상 의문의 여지는 없었다. 2008년, 프리미어리그는 지상 최대의 축구 쇼였다.

바로 지금이 최절정이었다.

영국 팀끼리 치른 결승전에서 놀라왔던 점은 아무도 놀란 사람이 없다는 점이었다. 퍼거슨이 1999년 챔피언스리그 결승전 때 바르셀로나에 왔을 때와 9년 뒤(축구에서는 영겁과도 같은 세월이다) 맞은 모스크바의 비 내리는 밤 사이, 프리미어리그는 불가항력적 존재가 되어 있었다.

매 시즌 신기원을 이루는 팀이 탄생했다. 단 한 번도 패하지 않고 우승을 달성한 2003-4 시즌의 무패 우승 팀 아스날. 2004-5 시즌 리그 타이틀 획득까지 승점 93점에 실점 15점을 기록했던 조제 무리뉴의 첼시. 그리고 크리스티아누 호날두라는 포르투갈 출신의 기고만장한 선수의 주도로, 2006년부터 연속으로 3회 리그 타이틀을 획득하면서 다시 살아난 알렉스 퍼거슨의 맨체스터 유나이티드.

영국 구단들이 1990년대에 꿈꿨던 그 모든 환상들이 마침내 실현되고 있었다. 어마어마한 광고 및 경기장 수익은 영국 상위 구단들이 웬만한 유럽 구단들보다 돈을 더 잘 번다는 의미였다. 그리고 이제 외국인 선수들도 더 이상 출전 선수 라인업에서 신기한 존재가 아니었다. 바로 그런 외국인 인재 영입의 주역 가운데 한 명이었던 슈퍼 에이전트 피니 자하비는 이렇게 말했다. "브라질 선수가 영국에서 경기를 뛸 수 있다고 하면 누가 믿었겠습니까? 남미 선수들도 온다고 하면 누가 믿었겠냐고요? 그런데 그 일이 실제로 일어났습니다. 그냥 하나의 사실이에요. 꿈의 무대는 늘 스페인이나 이탈리아였지, 영국이 아니었습니다. 이제는 달라졌어요."

유럽인들의 눈에, 그리고 그 외 전 세계인들의 눈에, 이때야말로 프리미어리그가 진정한 '프리미어리그'가 된 때다.

1998-99 시즌 맨체스터 유나이티드의 챔피언스리그 출전도 훌

류한 업적이었지만, 영국 축구가 기술적·전술적으로 우월했다기보다 피와 고생과 눈물과 땀으로 똘똘 뭉친 영국 축구의 정신력으로 버틴 결과였다. 유벤투스와 바이에른 뮌헨을 꺾었어도, 유나이티드는 결코 유력한 우승 후보가 아니었다. 그저 영국 구단에서 독보적인 존재였다. 퍼거슨의 팀이 해 낸 것처럼 한창때의 유럽 대륙 엘리트 팀들과 어울릴 수 있었던 프리미어리그 구단은 아직 없었다.

UEFA 공식 리그 순위가 그 점을 반영했다. 각국의 팀들이 유럽 무대에서 보여 준 실적에 근거할 때, 영국은 2003년까지 UEFA 상위 3위권 벽을 깨지 못한 채 여전히 저 뒤에서 스페인의 라리가La Liga와 이탈리아의 세리에A Serie A를 뒤쫓고 있었다.

영국 구단들은 어떻게 해야 할지 알고 있었다.

선언적 승리는 처음엔 더디게 찾아왔지만 도처에 동요를 일으켰다. 그러다 그 누구도 묵살할 수 없는 꾸준한 북소리가 들려왔다. 아스날이 밀라노 산시로San Siro 경기장으로 쳐들어와 인터 밀란Inter Milan을 5-1로 짓밟자 유럽인들은 망연자실했다. 그다음 시즌, 조제 무리뉴가 쇄신한 첼시가 챔피언스리그에서 바르셀로나와 바이에른 뮌헨을 녹아웃시켰다. 2005-6 시즌엔 아스날이 결승 진출 과정에서 유벤투스를 다시 한번 밟아 준 다음 레알 마드리드를 그들의 본거지에서 꺾었다. 그다음 해에는 맨체스터 유나이티드가 올드 트래퍼드에서 로마를 7-1로 날려 보냈다.

그러나 화룡점정은 리버풀이 찍었다. 2005년 이스탄불Istanbul,

광란의 그날 밤은 처음부터 모든 게 꼬인 날이었다. 레즈Reds[†]와 AC밀란의 챔피언스리그 결승전이 시작되었는가 싶었을 때, 이탈리아 선수들이 세트피스set piece 상황에서 불시 공격을 성공시켰다. 밀란이 하프타임 6분 전 두 번 더 골을 넣어 3-0이 된 후, 리버풀 선수들은 누가 봐도 멘탈이 붕괴된 상태였다. 선수들은 해법을 바라며 스페인 감독인 라파엘 베니테스를 바라보았다. 감독은 벤치에서 행운의 몽블랑 펜을 꼭 쥔 채 무언가를 휘갈겨 쓰기 시작했다.

수비 계획을 바꿔야 했다. 베니테스는 수비수를 네 명이 아니라 세 명 배치하고 미드필더들을 같이 욱여넣었다. 선발 선수들 가운데 한 명은 샤워실로 돌려보냈다. 바깥에선 소음이 커지고 있고 탈의실에서는 혼란이 가중되고 있는 와중에, 베니테스는 잠깐 정신을 놓고 후반전에 선수를 열두 명 내보낼 뻔했다. 하지만 그 실수는 제때 포착되었다. 입장 터널로 줄지어 이동할 때 코칭 스탭의 마지막 지시 사항은 그날 밤이 끝나기 전에 원정팬들을 위해 뭐라도 해서 한 골이라도 뽑아내라는 것이었다.

리버풀은 3골을 득점했다. 6분이라는 시간 안에, 스티븐 제라드Steven Gerrard, 하프타임 교체 선수였던 블라디미르 스미체르Vladimír Šmicer, 사비 알론소Xabi Alonso가 밀란을 연달아 밀어붙여 3-3으로 만든 것이다. 결승전은 리버풀의 동점골 후 나머지 정규 경기 시간 30분을 채우고, 30분 연장전까지 갔지만 여전히 승부

[†] 리버풀의 애칭.

는 나지 않았다. 이제 리버풀의 폴란드 출신 골키퍼가 바통을 넘겨받아야 할 때였다. 벤치에서 다이빙 방향 사인을 보냈지만, 예지 두덱Jerzy Dudek은 사인을 무시하고 골라인에서 브루스 그로벨라Bruce Grobbelaar[†] 스타일의 '스파게티 다리' 댄스 동작을 취한 뒤 밀란의 슈팅 시도 다섯 번 중 세 번을 쳐냈다. 유럽에서 가장 성공한 영국 팀이 챔피언스리그 트로피를 다시 한번 고국으로 가져가게 되었다.

두덱은 그때를 회상하며 이렇게 말했다. "우리가 어떻게 이겼는지 지금도 잘 모르겠어요."

리버풀은 승부차기로 우승을 했을지 몰라도, 유럽에서 프리미어리그가 거둔 성공에는 더 이상 요행이란 건 없었다. 2005년과 2009년 사이, 챔피언스리그 준결승 진출 팀 스무 팀 중 열두 팀이 영국 구단이었는데, 영국 팀은 결승에도 매번 올랐다. 영국 구단들이 챔피언스리그 우승을 매년 한 건 아니었지만, 어느 팀이든 그 과정에서 같은 영국 구단과의 힘겹고 인정사정없는 싸움에서 살아남아야 한다는 건 알고 있었다.

2009년, 당시 바르셀로나 감독이었던 펩 과르디올라는 이렇게 말했다. "챔피언스리그에서 우승을 하고 싶으면 유럽 최강 팀과 경기를 하게 될 겁니다. 기꺼이 도전을 받아들이겠어요. 영국 팀이랑 싸워서 성공을 맛보는 것도 기분 좋은 일일 테니까요."

토너먼트에 물 밀 듯 몰려든 영국 팀들은 챔피언스리그 상금

[†] 과거 리버풀의 골키퍼였던 선수.

도 수천만 유로씩 퍼가고 있었다. 영국 팀들의 성공은 유럽 전역에 있는 권력의 중심부에 경종을 울렸다. 그중에는 세계 축구 감독 기구의 취리히 본부도 있었다. 피파 회장 제프 블라터Sepp Blatter는 그 무엇보다도 자기들의 주머니를 채워 주고 있는 강력한 실세들을 걱정했다.

수십 년에 이르는 피파 회장 재임 기간 중 부당한 수단으로 제 주머니를 불렸다는 혐의로 고발을 당하기 수년 전, 블라터는 이렇게 물었다. "그렇지 않아도 부유한 팀이 더 부유해지도록 내버려 두어야 할까요? 이번 시즌, 영국 팀이 8강에는 네 팀, 준결승에는 세 팀, 결승에는 두 팀이나 있었습니다. 챔피언스리그는 그동안 재정 면에서 굉장히 성공적이었지만 국가적 불평등을 조장하기도 했습니다."

이 상황을 개선하고자 블라터는 피파가 팀 당 외국인 선수 영입 인원 수를 제한하자는 제안을 했다. 그의 생각은 그 인원을 다섯 명으로 제한함으로써 각 팀에 국내 선수 6명 포함을 의무화하여 특정 국가의 구단을 그 나라 구단답게 보이도록 회복시키자는 것이었다. 제안은 결코 채택되지 않았다. 바보 같은 생각이었기 때문이기도 하지만 EU 근로기준법 위반이기도 했다. 우여곡절이 있기는 했지만, 이는 블라터조차 영국 선수단의 강점을 떠받치고 있는 기둥이 무엇인지 이해하고 있다는 걸 보여 주었다.

프리미어리그 설립이라는 수익성 좋은 도박을 시작한지 10년도 넘게 흐른 지금, 구단들은 세계에서 가장 몸값 비싼 선수들의 기술력을 국내로 들여올 형편이 되었다. 그런 선수들의 기술력은 영국 축구 고유의 힘과 속도와 결합되었다. 2005년, 발롱도르Ballon d'Or 투표를 통해 후보에 오른 선수 상위 네 명 중 세 명이 영국에 적을 두고 있는 선수들이었다. 첼시 소속 프랭크 램파드, 리버풀의 제라드, 아스날의 티에리 앙리. 프리미어리그 팀들은 이제 유럽 팀들보다 더 크고, 더 빠르고, 종종 더 노련하기까지 했다. 고국의 수준이 높아짐에 따라, 유럽에 입성한 팀들은 그 어느 때보다 시합에 단련이 되어 있었다. 철이 철을 날카롭게 한다는 것을 보여 주는 살아있는 증거였던 셈이다.

이제 프리미어리그의 중요성이 너무 커진 나머지 챔피언스리그에 진출하기 위한 싸움은 매 시즌 역량을 집중시키는 목표 가운데 하나가 되어 버렸다.

2002년 영국이 4위 이내 자동 출전권을 부여받자, 야심찬 구단들에게 4위권 확보는 절대적인 최소 필요조건이 되었다. 북런던의 어느 지역에서는 출전 자격 획득이 트로피 획득에 가까운 대접을 받았다. 아스날 팬들에게는 상관없는 것이, 감독인 아르센 벵거가 출전 자격 획득을 활용해서 정말로 트로피까지 획득해 왔기 때문이다.

수년 후, 벵거는 아스날 주주들한테 다음과 같이 말했다. "나한테는 매 시즌 트로피가 다섯 개입니다. 프리미어리그, 챔피언스리그, 세 번째는 챔피언스리그 진출 자격을 획득하는 거죠. 네 번째는 FA컵 그리고 마지막이 리그컵입니다."

4위권 확보 경쟁은 진출 자격이 이미 정해졌어도 수년간 시즌 마지막 주에 묘미를 더해 주었다. 긴장을 고조시키기 위해 가지고 놀 수 있는 순열이 더 많아진 언론은 팬들한테 챔피언스리그 진출권 관련해서 어떤 이해관계가 걸려 있는지 상기시키는 데 실패하는 법이 없었다. 유럽 진출 가능성은 매우 희박하겠지만, 더욱 중요한 건 여러분 구단이 여덟 자리 배당금을 확보하는 거겠죠. 신입 스트라이커에게는 거기까지만 가도 충분했다.

그 시기 진출 자격을 가장 꾸준히 아슬아슬하게 놓친 팀은 에버턴과 토트넘 홋스퍼였다. 유물처럼 오래된 스타디움, 보수적인 구단주, 상위 네 팀에 비해 낮은 이적료 예산. 새로운 차원의 인재를 유인할 수 있다는 점과 더불어 챔피언스리그가 지닌 마력은 이 두 구단이 계속 3, 4위 구단들과 접촉할 수 있게 해 준다는 것이었다. 그러다 종종 죽을 고비까지 떠밀리기는 했지만 말이다.

단, 뭔가 이상한 걸 먹지 않았다면.

이쯤에서 프리미어리그 역사 이야기를 잠깐 런던 동쪽에 있는 메리어트 웨스트 인디아 키 호텔Marriott West India Quay Hotel 뷔페로 잠깐 우회시켜야겠다. 이후 라자냐 게이트Lasagne-gate로 알려지게 된 사건 현장으로 가 보자.

2005-6 시즌 마지막 날로 향하고 있던 토트넘은 마침내 최초의 챔피언스리그 출전을 목전에 두고 있었다. 아스날보다 승점

1점 앞선 상태에서 4위였던 토트넘은 거너스만 져 주면 유럽 대회에 남은 한 자리를 예약할 수 있었다. 죽일 만큼 미운 라이벌을 탈락시키는 건 보너스였다. 스퍼스는 업튼 파크에서 웨스트햄과 경기를 하기로 되어 있었다. 아스날은 홈구장에서 위건과 싸울 예정이었다. 토트넘과 아스날의 상대팀 모두 리그에서 얻을 게 안 남은 중위권 구단이었기 때문에 앞길을 막을 일은 없을 것으로 예측되었다.

토트넘은 구단 역사상 가장 자랑스러운 날이 되었어야 할 날을 앞두고 평상시처럼 경기에 대비하면서 메리어트 호텔에 틀어박혀 있었다. 결국 그 날은 가장 더러운 날이 되고 말았다.

선수들이 화장실을 들락날락하면서 불을 켰다 껐다 하는 바람에 그날 밤 호텔 복도에는 불빛이 계속 깜빡였다. 저녁으로 먹은 라자냐가 없힌 탓이었다. 아침이 되자 피해자 명단에는 적어도 일곱 명의 선수가 올라 있었다. 이는 스쿼드 전체 인원의 3분의 1에 해당했다. 스퍼스 회장 대니얼 레비는 공황 상태에 빠져 경기를 연기할 수 있기를 빌며 프리미어리그에 전화를 걸었다. 프리미어리그는 받아들이지 않으려 했다. 식중독에 관한 규정은 없다는 이유에서였다. 리처드 스쿠다모어가 레비한테 이르길, 경기에 불출전할 경우 토트넘은 리그 징계를 받게 될 거라고 했다.

마르틴 욜Martin Yol 감독의 최대 문제는 이제 속을 게워 내지 않고 90분을 뛰어줄 선수 열한 명을 찾는 것이었다. 그날 아침 팀원 절반이 호텔에서, 그 후 탈의실 화장실에서 또 한 번 속을 비운 참이었다. 욜 감독이 늘 하던 경기 전 흡연을 건너뛰자 스탭들은 자기들이 곤경에 빠졌음을 알아차렸다.

토트넘은 실수를 했고 2-1로 졌다. 아스날은 점심으로 위건을 먹어치워 4-2로 이겼다. 스퍼스의 챔피언스리그는 물 건너갔다.

일주일 후 그 라자냐에는 아무 죄가 없다는 소식을 들었지만 토트넘 선수들한테는 아무런 위안이 되지 않았다. 영국보건청Health Protection Agency 검사 결과에 따르면 그날의 식사는 완전히 무해했다. 진범은 마치 루머처럼 팀 전체에 퍼진 전염성 위장염의 한 형태였다.

토트넘이 그때의 쓴 맛을 씻어 내고 마침내 챔피언스리그 출전 명단에 오르기까지는 3년이 더 걸리게 된다. 그사이 매년 예선을 통과한 팀들은 전염성 강한 소화기 질환을 피하는 법보다 훨씬 중요한 교훈을 깨우치고 있었다. 그 교훈이란 유럽에서 플레이하기 위해선 전술을 어떻게 수정하느냐는 것이었다.

유럽 대륙의 팀들은 프리미어리그 팀들이 지닌 체력은 못 가졌을지 몰라도 경기의 세부 사항에 대한 이해도는 훨씬 높았다. 유럽 대륙의 선수들은 플레이를 더욱 끈기 있게 운영했다. 공간도 노련하게 활용할 줄 알았다. 그러나 영국 선수의 속공 추진력은 없었다. 맨체스터 유나이티드의 케이로스는 이를 두고 이렇게 말했다. "영국에서 토요일에 볼턴이나 왓퍼드와 시합할 때와 화요일에 바르셀로나와 시합할 때, 똑같은 스타일로 플레이를 하면 안 됩니다. 챔피언스리그에서 플레이할 때 쓰는 언어는 뭐냐고요? 거기서 쓰는 언어가 하나 있습니다. 영국 축구에서는 언어가 다르죠."

프리미어리그 상위 구단들이 자국 선수들한테 그 언어를 가르치고, 유럽 지배에 착수하기 위해 유럽 축구의 언어를 모국어로 쓰는 선수들을 충분히 들여온 것은 2000년대가 되어서였다. 하지만 2008년, 그 언어에 굉장히 능통하다는 걸 입증하면서 프리미어리그는 UEFA 리그 랭킹에서 스페인을 뛰어넘어 유럽 최고의 리그로 공식 인정을 받았다.

그해 모스크바에서 열린 챔피언스리그 결승전에 출전한 팀보다 그런 성장을 구체적으로 보여준 건 없었다. 맨체스터 유나이티드와 첼시 사이에 뜬 각 팀의 선발 출전 선수 명단은 현대 영국 축구가 제시할 수 있는 최고를 보여 주었다. 고도의 기교를 선보이는 외국인 인재에 둘러싸인 영국의 핵심 선수들. 그날 밤 스물두 명의 선발 출전 선수들 중 열아홉 명이 가장 최근에 열린 월드컵에서 자기들 나라의 국가 대표로 뛰었다. 신기하게도 그 열아홉 명 중 다섯 명이 웨스트햄 아카데미 졸업생들이었다. 하지만 누가 어디서 축구를 시작했는지는 이제 더 이상 중요하지 않았다. 세계 정상급 선수들은 결국 프리미어리그에서 가장 크고 가장 돈 많은 팀으로 모여들기 마련이었다.

가장 눈부신 유럽 축구 무대에 등장하여 사람들을 놀라게 한 유일한 인물은 첼시의 더그아웃에 있던 사나이였다. 그는 아브람 그랜트Avram Grant라는 이스라엘 출신의 53세 저니맨 감독이었다. 그때까지만 해도 그랜트의 이력에는 장차 첼시처럼 야심만만한 구단을 맡게 될 거라는 단서가 전혀 없었다. 코치 경력의 처음 30년은 모두 이스라엘 리그에서 쌓았는데, 거기서 몇 번 우승을 하면서 이스라엘 국가 대표 팀 감독직도 따냈다. 2006년 포츠머스Portsmount의 기술 고문(포츠머스를 제외하고 유용하다거나 꼭 필요하다고 여긴 영국 구단은 거의 없었던 직무)에 취임하면서 프리미어리그의 맛을 처음 보았지만 1년밖에 못 있었다.

2007년 여름, 그랜트는 기술 고문이라는 굉장히 멋진 자리로 첼시에 스카우트되었다. 기술 고문은 이적 시장 관련 구단 업무를 감독하는 일이었다. 힘든 일이었지만, 여러모로 성공하기 딱 좋은 조건이었다. 리그 연속 우승 직후라 이적료 예산도 전국 최고였고 대중의 압박도 없었기 때문이다. 모두 무리뉴 덕분이었다.

아브라모비치가 미처 계산하지 못한 점은 다음 시즌을 한 달 앞둔 상황에서 '스페셜 원이' 스탬퍼드 브리지에서 갑자기 빠져야 한다는 것이었다. 가뜩이나 무리뉴와 사이가 안 좋았던 아브라모비치는 몇 주 동안 계속 우승 소식이 없자 크게 실망했다. 일각에 의하면 무리뉴가 아브라모비치한테 해고할 테면 해 보라고 했다고 한다. 그래서 아브라모비치는 무리뉴를 해고했다. 구단으로서는 그게 다가 아닐 거라 생각해서 속 시원히 밝히려 애를 썼지만, 어떤 내막인지는 말하지 않으려 했다.

기이한 발표문에는 다음과 같이 적혀 있었다. "주제는 사임한 것도 아니고 경질된 것도 아니었습니다. 분명한 건 구단과 주제 사이가 악화되었다는 점입니다. 관련 당사자 모두가 몇 개월에 걸쳐 특정 이견을 조율하려고 진심 어린 노력을 했음에도 일이 이렇게 되었습니다."

또 한 가지 분명했던 점은 첼시가 무리뉴 후임에 대해 조금도 고민해 보지 않았다는 점이었다. 그렇게 해서 영국의 전년도 우승 팀은 어쩔 수 없이 그랜트를 영입한 후 알렉스 퍼거슨과 아르센 벵거 같은 감독과의 대결에 그를 투입시키게 되었던 것이다. 그 감독들은 프리미어리그 경험이 30년이나 되고 자기들끼리 타이틀도 열한 번이나 주고받은 감독들이었다. 그랜트는 그 흔한 UEFA 코치 자격증 하나 없었다. 하지만 그에게는 이력서에는 적을 수 없지만 첼시 감독이 되기에는 충분한 자격 요건이 한 가지 있었다. 아브라모비치의 절친.

2008년 퍼거슨은 그랜트를 두고 이렇게 말했다. "그랜트는 이 나라에서는 무명에 가까운 인물이었기 때문에, 포츠머스 때부터 그런 직위에 오른 거 자체가 이례적이었습니다. 하지만 그 사람이 첼시 감독으로 갔을 때 뭔가가 더 있는 것 같다는 느낌이 들더군요. 그리고 실제로 뭔가 있었죠. 근데 이제 그 사람이 챔피언스리그 결승전에 가 있대요. 세상에나!"

첼시가 처음으로 나간 유럽 경기 결승전이 모스크바라니 아브라모비치 시대에 딱 들어맞는 일이 아닐 수 없었다. 모스크바는 아브라모비치가 억만장자가 된 도시였으니 말이다. 그곳은 아브라모비치가 2003년 올드 트래퍼드 관중석에 앉아 맨체스터 유나이티드 대 레알 마드리드 경기를 관전한 이후 내내 마음속에 그려 오던 무대였다. 그리고 그날 밤 그는 영국 축구 팀을 사리라 마음먹었었다. 그 유나이티드가 이제 그의 앞길을 가로막고 있었지만 상관없었다. 첫 골을 내주기는 했지만 첼시는 후반전의 대부분 동안 경기를 주도하고 있었고, 아브라모비치는 자신의 값비싼 취미 5주년을 그 무엇보다 간절히 원했던 트로피로 기념하는 모습을 상상했다.

램퍼드가 연장전에서 그가 상상하던 일을 거의 실현시켜 줄 뻔했지만 슛이 크로스바를 강타했다. 그 후 블루스의 주장 존 테리John Terry에게 승부차기에서 끝장낼 기회가 한 번 더 생겼다. 그런데 그가 슛을 쏘기 위한 도움닫기 도중 미끄러지면서 볼이 골대를 맞췄다. 그와 함께 그날 저녁은 누가 봐도 유나이티드한테 유리하게 역전되었다.

퍼거슨은 침묵 속에서 이 모든 걸 지켜보며 벤치에서 미동도 하지 않았다. 심지어 호날두가 중간 순서로 나서 페널티킥을 실축했을 때도 꼼짝하지 않았다. 퍼거슨은 자기 스태프가 골키퍼 에드빈 판 데르 사르Edwin van der Sar한테 효력을 발휘할지 모르는 비장의 무기를 장착시켰으리라 믿어 의심치 않았다. 그것은 바로 장갑을 닦을 때마다 볼 수 있도록 안쪽에 종이 쪽지를 테이프로 붙여 놓은 수건 한 장이었다. 유나이티드의 분석 부서가 준비한 그 쪽지에는 페널티킥을 찰지 모르는 모든 첼시 선수들의 성향 분석표가 적혀 있었다.

처음 여섯 번 시도 동안, 그 수건은 아무 도움이 되지 않았다. 판 데르 사르가 상대의 득점을 저지할 일이 아직 없었기 때문이다. 호날두의 실책을 상쇄해 준 첼시의 실축에서 판 데르 사르는 엉뚱한 방향으로 갔다. 그러나 니콜라 아넬카에 관해서라면 모든 게 왼쪽을 향할 것처럼 속였다가 다시 오른쪽으로 다이빙할 것처럼 속인 판 데르 사르의 페이크가 딱 들어맞았다. 골키퍼 판 데르 사르는 아넬카의 슛을 정면으로 맞받아 쳐냈다.

퍼거슨은 일어설 수가 없었다. 크리스티아누 호날두가 아까 페널티킥을 실축했던 지점, 센터 서클 잔디에 얼굴을 파묻고 엎드려 울고 있었다. 프리미어리그 최고의 두 팀은 자신들이 유럽에서도 최고의 팀이라는 걸 입증해 보인 참이었다. 그 두 팀을 갈라놓는 데는 120분의 축구 시합과 열네 번의 페널티킥이 필요했다. 그리고 지금, 아주 근소한 차이로, 그러니까 수건 한 장 차이로, 맨체스터 유나이티드는 세 번째로 유럽의 챔피언이 되었다.

영국 전역에서 이 소식은 반드시 사수해야 할 방송이 되었다. 6,200만, 그러니까 영국 거주 인구의 4분의 1 이상이 이를 시청했다. ITV 시청 인구는 최대 1,460만 명을 찍었고, 스카이 시청 인구도 200만이었다. UEFA가 추산한 전 세계 결승전 시청 인구는 총 1억 4,000만 명 이상이었는데, 이는 그해 슈퍼볼 시청 인구를 이득히 뛰어넘는 수치였다.

그날 밤 수천만 명의 시청자 중, 프리미어리그 역사의 진로에서 가장 중요한 시청자가 누구였는지 특정하는 건 굉장히 쉽다.

그의 이름은 아부다비 통치자의 동생으로 서른네 살의 셰이크 만수르 빈 자예드 알 나흐얀Sheikh Mansour bin Zayed Al Nahya이었다. 셰이크 만수르는 텔레비전에 나오는 유나이티드와 첼시의 끝장 싸움이 마음에 들었다.

왕자를 만난 신데렐라
맨체스터 시티

야심만만한 젊은이의 인생에서 프로 팀을 사들일 기회가 왔을 때, 주머니에 몇십억 달러가 있으면 그 과정은 대개 순조로워진다. 그 모든 현금을 지불할 능력이 충분하다는 걸 쉽게 입증할 수 있으면, 이를테면 세계 석유 매장량의 8%를 보유하고 있는 국가의 왕족이라든가 하면, 그 과정은 한층 더 수월해진다. 그 시점에서는 그냥 팔려고 내놓은 구단을 고른 다음 모두가 동의할 때까지 호가에 0만 계속 붙이면 된다. 이것이 바로 셰이크 만수르가 2008년 여름 영국 구단을 매입하기로 마음먹었을 때 예상한 사업 진행 방식이었다.

유일한 걸림돌은 매물로 나온 여러 구단 중에 아부다비가 품고 있는 야심의 수준에 걸맞은 팀은 이미 주인이 정해졌다는 사실이었다. 그가 모스크바에서 결판이 날 때까지 싸우는 모습을 지켜본 두 팀, 맨체스터 유나이티드와 첼시는 지난 5년간 억만장자 물주들한테 이미 간택을 받았다. 리버풀과 뉴캐슬도 고려해 보았다. 신축 구장과 런던이라는 지리적 이점을 지닌 아스날도 이상적인 후보가 됐을 테지만, 아부다비에서 판단해 볼 때 거너스는 인연이 안 닿을 것 같았다. 게다가 미국인 투자자, 스탠 크뢴케가 점차 성장 중인 자신의 스포츠 팀 포트폴리오에 아스날을 추가하려고 이미 구단 지분을 늘려가고 있었다.

셰이크 만수르는 다른 데를 알아봐야 할 터였다.

죽었다 깨어나도 다 못 쓸 만큼 돈이 많은 30대인 셰이크 만수르는 전형적인 프리미어리그 구단주상에는 들어맞지 않았다. 1980년대와 1990년대 구단을 샀던 지역 사업가들은 물론이고, 그 이후에 등장한 억만장자 투자자들과도 달랐다. 일단, 셰이크 만수르는 문자 그대로 왕가의 왕족으로 입에 다이아몬드 수저를 물고 태어난 인물이었다.

셰이크 자예드의 아들 열아홉 명 중 다섯째 아들인 셰이크 만수르는 복잡한 알 나흐얀 가계도 중 재수 좋은 일족에 떨어졌다. 어머니의 신분 덕분에, 에미레이트의 왕세자가 될 인물이 셰이크 만수르의 친형제 가운데서 나오게 됐다. 그로써 만수르는 가문에 산재해 있는 유력한 정계 일자리 가운데 가장 높은 자리에 앉게 되었다.

하지만 그가 그런 일을 맡아 감당해 낼 수 있을지 여부는 바로 드러나진 않았다. 가문 사람 다수가 자손을 하버드Harvard나 프린스턴Princeton, 미동부 해안에 있는 명문 학교에 보냈지만, 셰이크 만수르는 1989년 산타바버라 시티 칼리지Santa Barbara City College 영문학과에 입학했다. 해안가에 위치한 이 2년제 대학이 배출한 가장 유명한 학생은 노벨상 수상자가 아니라 팝 가수 케이티 페리Katy Perry였다. 셰이크 만수르의 학력이 상술된 미국 정보 기관의 유출 문건에서는 '성적이 나쁘다'고 언급하고 있다.

그렇기는 해도 미국식 영어를 완벽히 익힌 것 말고 또 제대로 한 일이 있었던 모양이다. 1997년, 아버지인 셰이크 자예드의 유력한 고문 집단인 대통령 비서실장에 임명되었기 때문이다. 그 직책은 나중에 대통령부 장관이 되었고, 만수르의 직책은 점점 늘어나, 퍼스트 걸프 은행First Gulf Bank 회장과 알자지라 구단Al-Jazira Club 구단주, 거기다 넘쳐나는 국가 수익을 어떻게 쓸지 결정하는 조직인 아부다비 투자 위원회Abu Dhabi Investment Council 위원과 국제석유투자회사Internaional Pertoleum Investment Company 사장까지 아우르게 되었다. 이웃 국가 두바이의 공주와 결혼했을 때, 또는 전 세계 금융 위기의 와중에 두바이를 위해 100억 달러의 정부 긴급 구제금 협상을 도왔을 때, 예전에 그가 UEA에서 받은 국제관계학 학위가 도움이 되었을지도 모르겠다.

하늘도 도우려는지 영국 축구에 대한 셰이크 만수르의 관심이 커진 시기가 더없이 좋은 타이밍이었다. 아랍 에미리트 사막에서 5,600여 킬로미터 떨어져 있는, 영국에서 비가 가장 많이 내리는 도시의 상황이 썩 좋지 않은 한 구단은 자기들의 구단주가 앞으로 어떻게 될지 몰라 공황 상태에 빠져있었던 것이다.

탁신 시나와트라는 재정 때문에 다소 곤란한 처지였다.

태국에 시나와트라 명의의 자산 14억 달러가 있었으므로 돈이 없어서 곤란한 건 아니었다. 단지 바로 이 시기에 그 자산에 손을 대기가 곤란할 뿐이었다. 태국 법원에서 그의 계좌를 동결시켰기 때문이다. 시나와트라는 권력 남용으로 기소되었고, 토지 거래 사기에 가담한 죄로 궐석 재판에서 2년 징역형을 선고받은 상태였다. 영국 언론은 시나와트라가 총리 재임 시절 승인했다는 혐의를 받고 있는 사법 절차를 따르지 않은 태국 경찰관의 처형에도 새로이 관심을 갖게 되었다. 이 정도면 홈경기에서 미들즈브러한테 8-1로 지는 것하고는 비교도 안 되는 중범죄였다.

시나와트라는 체포당할까 두려워 태국으로 돌아가지 못하고 있었다. 맨체스터를 별로 좋아하지도 않았기 때문에 맨체스터에 있기도 싫었다. 그래서 자진해서 런던과 두바이로 유배를 떠났다. 그리고는 2008년 5월 말, 나이키에서 스카우트한 신임 CEO한테 구단 운영을 맡겼다. 그 CEO는 굳게 다문 입에 은백색 모발의 소유자로, 세계를 누비는 영국인, 게리 쿡Garry Cook이었다.

맨체스터 시티로 오기 몇 해 전, 쿡은 나이키의 마이클 조던 라인의 해외 사업 부문을 담당했었다. 축구 경험에 관해서라면, 쿡도 프리미어리그의 획기적 계약 두 건에 관여한 적이 있었다. 1992년, 프리미어리그의 공인구 공급 계약을 체결할 당시 마이터 스포츠 인터내셔널Mitre Sports International에서 일을 했었고, 11년 뒤에는 맨체스터 유나이티드의 유니폼 키트를 제작하기로 한 나이키의 대박 계약에 관여했었다. 따라서 쿡한테 시티 일을 맡기엔 경력이 부족하다고 할 수 없었다. 최소한 괴상한 전직 태국 총리가 우두머리로 있는 맨체스터 동쪽에 오기 전까지는.

쿡의 출발은 순조롭지 못했다. 초기 한 인터뷰에서, 지구 반대편에서 조사하고 있는 시나와트라의 다양한 범죄 혐의에 대해 질문을 받은 적이 있었다. 쿡은 곰곰이 생각하더니 본의 아니게 실언을 하고 말았다. 『가디언Guardian』지에 다음과 같이 말한 것이다. "그 분은 지금 어떤 정치 과정에 휘말려 있는데 전 빠지려고요. 그 분이 좋은 분이냐고요? 맞습니다. 훌륭한 골프 상대냐고요? 맞고요. 구단을 운영할 자금이 충분히 있냐고요? 이것도 맞습니다. 제가 신경 쓰는 건 딱 그 세 가지뿐입니다. 태국에서 뭔가로 유죄를 받건 말건, 저는 걱정해서는 안 돼요. 인식은 하고 있어야겠죠. 하지만 제 역할은 구단을 운영하는 겁니다."

바로 그 구단을 운영하는 것도 전 구단주의 상황 못지않게 해쳐나가기가 까다로웠다. 저 멀리 태국에서 시나와트라가 무슨 죄를 지었는지는 모르겠지만, 영국 북서쪽 땅에서 자기 구단이 악화일로를 걷도록 방치한 죄를 지은 건 분명했다. 처음 몇 주간 쿡이 맨체스터 시티에 대해서 알게 된 모든 사실이 그에게 경종을 울렸다. "재정적으로 블랙홀이었어요."

그 시즌에 최소 두 번, 시티는 전 회장 존 워들John Wardle한테

200만 파운드를 빌려야 했다. 구단은 각각 2,500만 파운드에 달하는 단기 융자 두 건도 신청해 놓은 상태였는데(한 건은 은행에, 나머지 한 건은 마침 시나와트라의 친구인 그리스 선박 부호한테), 앞으로 벌어들일 것으로 예상되는 텔레비전 중계료 수익과 입장료 수익을 담보로 설정한 것이었다. 이적료에 자금을 대려고 시나와트라가 구단에 투입한 돈의 상당 부분 역시 구단주의 직접 투자가 아닌 대출금인 것으로 드러났다. 이러한 부채 중 일부는 이자가 11% 이상이었으므로, 맨체스터 시티는 선수들 월급도 신용카드로 지급해야 할지도 모를 상황이었다.

회계연도 마지막 날인, 2008년 5월 31일, 프리미어리그가 각 구단에 기록적인 배당금을 지급하던 때, 맨체스터 시티는 2,980만 파운드 손실을 기록했다.

쿡의 진술은 이렇다. "사업에 발을 들여놓고 뚜껑을 열어 봤더니 사고 직전인 거예요. 에이전트 영향이 굉장히 컸어요. 에이전트 수수료에 돈이 엄청 나가고 있었으니까요. 자금을 얻으려고 장래의 이권을 담보로 잡히고 있었습니다."

쿡이 어디를 보건 매번 또 다른 재앙이 닥치기 직전이었다.

고용 6주 후, 쿡한테는 시나와트라한테 해 줄 조언이 딱 한 가지밖에 없었다. "붕괴 직전이니까 하루라도 빨리 여기서 빠져나가십시오."

6월 28일, 시나와트라의 허가를 받고 쿡은 새로운 구단주를 물색하기 시작했다.

물론 이렇게 붕괴 직전인 구단을 사겠다는 사람이 많을 리는 없었다. 쿡이 1억 5,000만에서 2억 파운드 사이 정도로 팔겠다고 내놓은 난파선에는 구제할 수 있는 부분이 별로 없었다. 시티를 산 사람은 누구든 사자마자 리그 내에서 가장 불평등한 임금 때문에 곤란한 입장에 처할 것이었다. 구장도 시에서 임대해서 쓰고 있었기 때문에 처리할 부동산도 없는 셈이었다. 쿡은 이렇게 말했다. "물론, 다들 우리가 맨체스터 유나이티드 그늘에 가려서 존재감이 없다고 생각했죠."

제정신인 사람이라면 매입하기 힘들었다. 어마어마한 재정적 손실을 부담해 줄 수 있는 억만장자나 국제 차관단이나 데우스 엑스 마키나 deus ex machina[†]가 필요했다. 이 맨체스터 제2의 구단은 축구계에서 딱히 공포의 대상이 아니었기 때문에, 이왕이면 축구 이상의 의도도 가지고 있는 존재면 좋았다. 쿡은 한 달 넘게 구단을 팔아보려 했지만 허사였다. 그동안 시나와트라한테는 더 중대한 일이 생겼다. 그는 태국에 재입국할 방법을 찾길 바라면서 베이징 올림픽에서 어슬렁거리고 있었다.

쿡이 지인의 지인을 통해 런던에서 잠재적 투자자인 어맨더 스테이블리 Amanda Staveley와 알리 자심 Ali Jassim을 소개받은 것이 바로 그즈음이었다. 앤드루 왕자를 전 남자친구로 꼽을 수 있는 스테이블리는 재계에서 중동 쪽 금융 중개인으로 잘 알려져 있었

---

† 고대 그리스 비극의 연출 기법의 하나로 막강한 힘을 가진 초자연적 존재가 개입하여 갈등 국면을 해결한다.

다. 자심은 셰이크 만수르의 고문이었다. 그리고 그 두 사람은 만수르가 거액을 돈을 쓰는 걸 옆에서 도울 작정이었다. 스테이블리와 자심은 맨체스터 시티 일을 계속 문의하면서, 글로벌 금융 위기의 와중에 심각한 불황에 시달리고 있던 바클리스 은행의 수십억 파운드 지분을 셰이크 만수르가 획득할 수 있게 하려는 준비도 동시에 진행 중이었다(만수르는 그해 가을 결국 지분 획득에 35억 파운드를 쓰게 된다).

처음 만났을 당시, 스테이블리와 자심이 또 어떤 다른 일을 동시에 벌이고 있었는지 쿡은 전혀 몰랐다. 하지만 중동의 어떤 왕족이 맨체스터 시티를 조사하라고 2인조 대리인을 보내려 한다면, 심각한 재정 압박에 시달리고 있는 우리 구단이 결국 구세주를 찾게 될 수도 있겠구나 하고 쿡은 생각했다.

8월 24일, 웨스트햄과의 홈 개막전을 앞두고, 시티 오브 맨체스터 스타디움의 어느 회의실에서, 쿡은 이 구단을 사는 게 그렇게 미친 짓인 것만은 아닌 이유를 제시해 놓은 45분짜리 프레젠테이션을 했다. 스테이블리와 자심한테 1억 5,000만 파운드라는 가격표는 이차적인 문제라고 말했다. 누구든 그만큼의 돈을 지불하는 사람은 단순히 세계 최고의 시청률을 자랑하는 리그의 회원권만 사게 되는 게 아니었다. 국제 사회에서의 합법적 지위 일부와 수백만 시청자한테 1년에 50경기를 틀어 줄 때 생기는 홍보 효과까지 사는 것이었다. 그건 값을 매길 수 없는 것들이었다. 이미지를 의식하는 요즘 부호들에게, 프리미어리그 구단은 필수 액세서리였다.

쿡은 2인조 대리인한테 설명했다. "로만 아브라모비치는 첼시 구단을 사고 나서야 이름이 알려졌습니다. 여러분 국가를 발전시키고 싶고 글로벌 무대에 서고 싶으시다면, 저희가 여러분 나라의 대표 브랜드가 될 수 있을 겁니다."

당시 그 나라는 맨체스터 시티 감독보다 아홉 살이나 어렸다.

UAE는 겨우 1971년에 설립되었지만, 그 지역과 영국의 관계는 그보다 훨씬 깊었다. 17세기에 그 지역 주민들은 주로 어업, 진주 채취, 그리고 이따금씩 나가는 해적질로 살아남았다. 아니, 이따금 보다는 조금 더 자주였다고 해야겠다. 영국 선박에 대한 공격이 너무 빈번해서 선원들은 페르시아만 구간을 '해적 해안Pirate Coast'이라 불렀다. 하지만 대영제국은 인도와 그렇게 가까운 해역에서의 해운을 포기할 수가 없었다. 그래서 예로부터 전해 내려오던 평화 조성 전략을 썼다. '이길 수 없으면 교역을 하라.' 1853년, 영국과 현지 부족들은 영구해상평화조약Treaty of Maritime Peace in Perpetuity을 맺었다. 현지인들은 가장 중요한 진주 채취 시즌 동안 영국이 힘으로 그 지역 부족들을 화목시켜주길 바랐다. 그 협정은 광범위한 무역 협정으로 발전했고, 해적 해안은 얼마 안 가 영국령 인도에 귀속되면서 걸프 지역 영국 보호령 휴전국가연합Trucial States이 되었다. 어업과 진주 채취는 결국 뒷전이 될 거라는 걸 알아차린 사람은 없었다.

누군가 그 지역을 발칵 뒤집어 놓게 될 자원을 찾아 사막을 뒤지기 시작한 것은 1930년대가 되어서였고, 아부다비가 지하에서 그 자원을 펌프로 퍼 올리기 시작한 건 1960년대가 되어서였다. 하지만 일단 발견하고 난 후로, 모래땅을 개척한 셰이크들은 자기들이 무엇을 깔고 앉아 있는 건지 잽싸게 파악했다. 이제 영국을 어떻게 처리할 것인가 하는 작은 문제만 남았다.

제2차 세계대전 이후 독립 찬성을 부르짖던 군주의 신하들 다수와 달리, 셰이크들은 영국을 주변에 붙잡아둠으로써 꽤 많은 걸 누렸다. 셰이크들은 그 지역 경계에 손을 대지 않고 그대로 두었고 각자의 왕실을 지지했다. 그로써 권위를 부여받을 수 있었다.

문제는 상대방이었다. 영국은 그곳에 계속 남아있을 마음이 없었다. 페르시아만 곳곳에서 반식민주의 봉기가 일어나자, 해럴드 윌슨Harold Wilson 총리는 더 이상 걸프 지역 영국 보호령 휴전 국가연합을 고집하느라 비용을 들이고 골치를 썩을 필요가 없겠다고 판단했다. 1968년, 윌슨 총리는 영국군 전원에 철수 명령을 내렸다. 매년 영국군 주둔비로 1,200만 파운드를 부담하겠다고 제안하려고 했던 셰이크들에게는 유감스러운 일이 아닐 수 없었다. 하지만 영국은 돈을 받고 자국 군대를 빌려주는 데는 관심이 없었다. 대니얼 예긴Daniel Yergin의 석유 세계사인 『황금의 샘The Prize』에 따르면 두바이 통치자가 이렇게 물었다. "누가 영국한테 떠나달라고 한 겁니까?" 그러나 바레인의 토후가 다음과 같이

15. 왕자를 만난 신데렐라 | 259

첨언했다. "영국은 한때 강했던 곳에서 이제 힘을 잃어 약해졌습니다. 우리도, 페르시아만 쪽도 영국이 남겠다면 쌍수를 들어 환영할 거란 거 아시잖습니까."

사막의 통치자들은 그 지역 역사상 가장 중대한 질문인 '이제 어쩐다?'를 떠안게 되었다. 권력의 공백을 메우는 데 필사적이었던 그들은, 그 후 3년을 이웃 나라 사우디아라비아와의 국경을 어떻게 해야 할지 고민했다. 더 정확하게는, 땅속에서 뿜어져 나오는 부를 어떻게 관리해야 할지를 두고 팽팽한 신경전을 벌이는 데 허비했다. 1971년 영국과의 행정적 유대가 완전히 끊어지자 그들이 생각해 낸 해결책은 여섯 개 토후국이 아랍 에미리트 연합국으로 뭉치는 것이었다. 일곱 번째 토후국인 라스 알카이마Ras al-Khaimah는 그다음 해 연합국에 가맹했지만, 역시 휴전국가 연합의 보호를 누렸던 카타르와 바레인은 관심이 없었다.

아부다비와 두바이가 이 새로운 결합의 핵심 동맹국이라는 데에는 의문의 여지가 없었다. 포장도로도 없고 건물도 얼마 없지만, 아부다비는 광활한 연합국 땅덩어리의 84%에 해당했고 석유 및 가스의 90% 이상을 관장했다. 또한 21세기로 나아가기 위해서는, 그 모든 오일 머니를 스포츠카와 샹들리에, 런던으로의 쇼핑 여행 경비를 지불하는 데만 써서는 안 된다는 사실도 알고 있었다. 석유가 그들의 사회 전체를 건설해 줄 것이었다.

40년이라는 세월 동안, 석유는 아부다비를 유리와 강철로 이루어진 찬란한 오아시스로 둔갑시켜 놓았다.

하지만 젊은이들 때문에, 부 때문에, 인구가 고작 5만 정도인 나라치고 지나치게 큰 영향력 때문에, 아부다비는 전 세계 나머지 국가에 자국이 투영한 이미지를 점점 분명하게 인식하게 되었다. 아부다비는 분별력은 없고 돈만 많은 무책임한 졸부 산유국으로 보이는 게 싫었다. 하지만 글로벌 무대에서 진지하게 받아들여지려면 고도의 평판 리스크 역시 감수해야 한다는 사실 또한 잘 알고 있었다. 아부다비가 사업을 하고 있는 서방 강대국들은 방 안의 코끼리를 못 본 체하지 않을 것이었다. 그 코끼리는 바로 이 지역의 불명예스러운 인권 기록이다.

국제사면위원회Amnesty International가 아부다비가 잘못하고 있다고 비난하는 죄의 목록에는 국가의 언론 자유 억압, 여성 인권 탄압, 동성애 금지, 반체제 인사를 습관적으로 '사라지게' 하는 행위, 고문 수법 및 여론 조작용 재판 사용, 아부다비 노동력의 약 90%를 차지하는 외국인 노동자들에 대한 노동 착취성 카팔라kafala 계약†에 대한 의존도의 지속적 증가 등이 있었다.

그 어떤 불법 행위도 부인하고 있지만 여기에 책임이 있다는 것을 정부는 알고 있다. 그렇기 때문에 아부다비는 2006년 자국 이미지를 완화하고자 환심 공세에 착수했던 것이다. 걸프 지역의 전통적 가치관을 기반으로 국제 사회에 참여하고, 역동적이며, 따뜻한 나라가 아부다비가 구상한 그림이었다. 눈길을 끄는

---

† 걸프 지역 대부분 국가들에서 운영되는 이주 노동자 관리 제도. 외국인 노동자의 근로 비자 발급을 고용주가 보증하도록 하고 있기 때문에 노동자들은 고용주의 동의 없이 직업을 바꾸거나 그만둘 수 없는 것은 물론 임금 체불에도 제대로 항의할 수 없어 사실상 고용주의 노예 신분으로 하락시키고 있다.

제목의 문건('정책 의제 2007-8 Policy Agenda 2007-8'과 '아부다비 경제 비전 2030 The Abu Dhabi Economic Vision 2030')에 제시된 아부다비의 소프트파워 공세는 무엇보다도 필수 도구 세 가지에 의존했다.

첫 번째는 '아랍에미리트의 국제적 명성에 기여'하기 위해 창설된 아부다비 관광청 Abu Dhabi Tourism Authority이었다. 연간 1,000만 파운드에서 2,000만 파운드에 이르는 초기 광고비 예산에다 런던과 프랑크푸르트에 폼나는 새 사무실까지 갖춘 관광청의 유일한 목적은, 아부다비를 상상할 수 있는 모든 현대적 편의시설을 갖춘 최적의 관광지로 그려 보이는 것이었다. 에어컨 나오는 어느 벽촌의 오아시스 이미지는 당연히 안 될 말이었다.

거기다 아부다비의 국영 국제 항공사인 에티하드 항공사 Etihad Airways도 있었다. 말 그대로 아부다비라는 이름을 전 세계로 내보내고 비즈니스를 고국으로 유치하기 위한 운송 수단이다. 에티하드 항공사는 2003년 창립 이후 수년간 적자 운영되고 있지만 아무도 개의치 않았다. 그게 중요한 게 아니었기 때문이다. 첫해에는 항공기 여섯 대로만 1년을 운영했지만, 2008년까지 전체 항공기를 마흔두 대로 늘렸다. 그 시기에 에티하드는 견적가 200억 달러에 에어버스 Airbus와 보잉 Boeing에서 추가로 백 대를 더 주문하겠다고 발표했다. 200억 달러면 프리미어리그 클럽 전체의 시가를 다 합한 것보다도 큰 액수였다.

마지막으로, 아부다비는 국제 스포츠계에서 자국의 존재를 확실하게 인식시키고자 했다. 셰이크 만수르가 한 번 주최한 적 있는 볼링 선수권 같은 행사를 말하는 게 아니었다. 맨체스터 시티에 관심을 갖기 2년 전, 아부다비는 국제 골프 선수권 대회를 창설했고, 2009년과 2010년에는 피파 클럽 월드컵FIFA Club World Cup 주최 유치에 성공했으며, 포뮬러 원 그랑프리Formula One Grand Prix 개최권을 확보했고, 페라리 월드Ferrari World라는 페라리를 주제로 한 놀이공원으로 신기원을 열었다. 페라리 월드의 대표적인 놀이 기구에는 포뮬러 로사 롤러코스터와 '칼릴의 세차장Khalil's Car Wash'이라 불리는 어린이용 탈것이 있다. 이런 추세가 2008년 여름 이후까지 계속되는 동안 셰이크 만수르는 스포츠계 여기저기서 자신의 영향력을 키워 나갔다. 2009년 에미리트 경마 협회Emirates Racing Authority 회장이 된 셰이크 만수르는 매년 1,000만 달러를 들여 두바이 월드컵Dubai World Cup을 주관하는데, 이는 세계에서 가장 큰 상금이 걸린 경마 대회다.

셰이크 만수르가 축구나 프리미어리그 구단의 운명에 실제로 얼마나 마음을 썼는지는 확실하지 않다. 그의 사고방식을 잘 알고 있는 이들은 셰이크 만수르가 혹한 부분은 시티가 4-4-2로 경기를 했는지 또는 4-2-3-1로 경기를 했는지 같이 복잡한 축구 전술보다는, 온 세상에 내보일 수 있는 자산을 아부다비에 선사한다는 생각일 거라 믿고 있다.

이유가 뭐였든지 간에, 셰이크 만수르는 맨체스터 시티 대 웨스트햄 경기로 보낸 대표단한테 회답을 듣고서 구단 매입을 승인했다. 이건 아부다비의 국부 펀드로 사는 게 아니라 만수르의 주머니에서 나온 돈으로 사는 것이었다.

그 후 며칠에 걸쳐, 최소한의 밀당이 오갔다. 구단 매입의 매개체인 아부다비 유나이티드 그룹Abu Dhabi United Group에 소속된 그 누구도 시티의 회계 장부를 깊이 파고들지 않았다. 사실 이 단계에서는 실사할 게 거의 없었다. 나중에 하면 그만이었다. 8월 30일 저녁, 시티 오브 맨체스터 스타디움에서 프레젠테이션이 끝나고 6일 후, 시나와트라의 오른팔인 파이로지 피엠퐁산트Fairoj Piempongsant는 게리 쿡을 런던으로 불러 다녀온 일은 어떻게 됐는지 물었다. 아부다비에서 구단 매각을 위한 은밀한 계약이 체결되어 이제 그동안 계속 그들을 괴롭혀오던 산더미 같은 채무가 곧 사라질 예정이었다.

단, 굉장히 이례적인 매각 조건이 하나 붙었다. 맨체스터 시티가 슈퍼스타 선수들과 즉시 계약해야 한다는 것이었다. 쿡의 말로는, 그러지 않으면 아부다비는 계약 철회를 고려할 것이었다. 그 슈퍼스타가 누군지는 상관없었다. 아부다비의 야심에 걸맞는 정도로 거물이기만 하면 됐다. 쿡과 피엠퐁산트는 당장 그 일에 착수해야 했다.

24시간 후면 이적 시장이 닫힐 것이기 때문이었다.

8월 31일 아침, 게리 쿡과 파이로지 피엠퐁산트는 큰돈을 빨리 못 쓰면 어쩌나 안절부절 못한 채로 올드 파크 레인Old Park Lane에 있는 시나와트라의 사무실에 있었다. 그 돈을 받겠다는 구단만

찾으면 되었다. 아부다비의 돈으로 어떤 세계적인 축구 선수를 사야할지 궁리하면서 쿡은 초조하게 서성거렸고, 전직 태국 정부 선임 고문인 피엠퐁산트는 신발을 벗고 소파에 누워 있었다.

두 사람은 걸프 지역에 있는 새 주인이 마음에 들어 할 만한 스타들의 이름으로 영입 선수 목록을 작성했다. 당연히 다들 스트라이커였다. 수비수한테 3,000만 또는 4,000만 파운드를 써서는 아무도 놀래키지 못할 것이기 때문이었다. 쿡과 피엠퐁산트가 오전 내내 에이전트와 중역들한테 전화를 넣는 동안, 맨체스터 사무실 구석에서는 유럽 전역의 구단에 터무니없는 제안이 연이어 팩스로 전송되었다. 이 두 명의 시티 맨이 지금 어떤 종류의 스트레스를 받고 있는지 사무실 밖에 있는 사람들은 알 길이 없었다.

북새통의 와중에 쿡은 맨체스터한테 바르셀로나의 리오넬 메시 영입 제안을 계속 진행하고 싶은 게 확실하냐고 묻는 전화를 받았다. 쿡은 어리둥절했다. 자신으로서도 금시초문이었기 때문이다. 하지만 보아하니 피엠퐁산트가 허가를 한 일인 것 같았다. 그래서 더 생각할 것도 없이 바로 승인을 해 버렸다. "그럼요, 그냥 진행해 주세요. 잘 되면 좋겠네요."

잠시 후 쿡이 피엠퐁산트 쪽을 보았다. "일이 아주 우스워지고 있어요."

"맞아요. 아주 메시messy해요."[†]

[†] Messy는 난장판이 되고 있다는 뜻이다.

"방금 뭐라고 했죠?"

쿡은 어떻게 된 일인지 알게 되었다. 시끄러운 통화 소리와 피엠퐁산트의 억양, 맨체스터의 공황 사이에서 누군가 말을 잘못 알아들었던 것이다. 맨체스터 시티는 방금 세계 최고의 선수 중 한 명을 5,000만 파운드 넘게 주고 사겠다는 제안을 완전히 실수로 해 버린 것이다.

바르셀로나는 한 시도 망설이지 않고 그 제안을 거절했다.

하지만 혼돈은 이제 시작이었다. 아부다비 인수 소문이 그날 오전 늦게 언론에 퍼지기 시작했다. 정오가 되자 소문은 사실로 확정되었다. 시티는 아랍에미리트 왕실의 일원을 대행하게 될 아부다비 유나이티드 그룹에 구단을 매각한다는 양해 각서에 서명을 했다. 이번 인수에서 표면에 내세운 인물은 부동산 개발업자이자 체스 챔피언, 에미라티 방송국에서 〈어프렌티스Apprentice〉 스타일의 리얼리티 TV쇼를 진행하고 있는 서른한 살의 남자 술라이만 알파힘Sulaiman al-Fahim이었다. 알파힘의 캐치프레이즈가 "날 감동시켜 보세요!"였다.

술라이만 알파힘을 감동시키는 데 술라이만 알파힘 자신보다 더 뛰어난 사람은 없는 것 같았다. 사교적인 프리미어리그 구단주라는 새로운 역할(비록 팀의 실제 소유주도 아니고 리그 소속 구단 이름의 절반이라도 들어본 적이 있는지 확실치는 않지만)을 기꺼이 받아들인 알파힘은, "우리의 목표는 이 구단을 영국에서만이 아니라 세계에서도 가장 우수한 구단으로 만드는 것입니다. 그 목표에 도달하는 데 상한선 같은 건 없습니다"라고 즉각 공표했다.

'아주 잘 됐군.' 쿡은 생각했다. 이제 시티가 제대로 바가지를 쓰게 될 거라는 건 분명해졌다. 알파힘은 시티가 발렌시아Valencia의 다비드 비야와 슈투트가르트Stuttgart의 마리오 고메스Mario Gomez에 관심이 있다는 사실도 밝혔다. 영국을 제외한 나머지 유럽이 여전히 깨닫지 못한 것은 시티가 축구 연간 행사표 중 가장 정신없는 날인 오늘 계약을 해치워 버려야 한다는 사실이었다. 이적 시장 마감일이 크리스마스 이브에 슈퍼마켓을 돌며 쟁탈전을 벌이는 것처럼 되어 버렸다. 모든 칠면조에 에이전트가 있다는 점만 빼고.

시내 건너편, 스카이 스포츠 뉴스Sky Sports News의 오스털리Osterley 스튜디오에서 이는 완벽한 소재였다. 몇 년째, 프로듀서들은 어떻게 이 마지막 날의 트레이드 보도를 더 재미있게 만들 수 있을지를 궁리하고 있었다. 책임편집자, 앤디 케언즈Andy Cairns는 스태프들한테 말했다. "볼 만하게 좀 만들어 봅시다." 케언즈는 책상 위에 놓인 전화기 두 대를 오버샷으로 보여 주기보다 촬영진을 전국으로 보내고 싶었다. 마음속으로 선거 당일 밤처럼 제대로 다뤄질 장면을 그려 보았다. 스타디움과 훈련장 밖 기자들의 생중계, 여기저기서 속속 들어오는 속보, 수많은 중단 사태. 케언즈는 이렇게 말했다. "비꼬는 분위기도 살짝 넣는 거죠."

하지만 2008년 전까지, 프리미어리그는 저런 방송을 뒷받침할 만큼 흥미진진한 〈데드라인 데이Deadline Day〉† 소재를 내놓은 적이 거의 없었다. 8월 31일, 그런 분위기는 영원히 바뀌었다.

올드 파크 레인에 있는 사무실 내부에서 오후가 저녁으로 넘어갈 때, 시티는 유럽에 이적 제안으로 융단 폭격을 가한 후, 두 선수를 예의주시하고 있었다. 첫 번째 선수는 불가리아 출신의 토트넘 소속 장신 스트라이커, 디미타르 베르바토프Dimitar Berbatov였다. 틈틈이 몰래 담배를 피우는 버릇은 없는 셈 칠 수 있을 정도로 재능이 뛰어난 선수였다. 두 번째 선수는 호비뉴Robinho라는 이름의 브라질 국적의 레알 마드리드 선수로, 좀 애매한 윙어였다. 이 두 선수의 문제는 다른 구단들이 영입 경쟁에서 이미 시티를 앞섰다는 점이었다.

맨체스터 유나이티드는 그해 여름의 대부분을 베르바토프를 스퍼스에서 빼 오려는 시도에 바쳤고, 그 결과 베르바토프는 이미 북서쪽행 비행기에 올라 있었다. 시티의 계획은 막판 입찰(영국 기록은 3,400만 파운드였다)에 참여하고 사람을 공항에 배치해서 선수를 막판에 대면과 동시에 납치하려는 것이었다. 관계자라면 축구 이적 세계에서 해당 선수가 구단 건물에 와서 유니폼을 들고 카메라 앞에 설 때까지는 아무 의미 없다는 걸 다들 너무 잘 알고 있었다. 그 시점까지 가지 않는 한, 하이재킹에서 안전한 계약이란 없었다.

호비뉴만 해도, 첼시는 벌써 몇 주 전부터 레알 마드리드와 협

---

† 이적 시장 마감일에 스카이 스포츠가 방송하는 특집 생방송.

의를 해 왔었다. 첼시의 CEO, 피터 케년은 호비뉴의 서명을 확보하기 위해서는 할 만큼 했으니 이제 조금 있으면 호비뉴를 런던에서 볼 수 있으리라는 확신을 가지고 8월 29일 토요일, 마드리드에서 귀국했다. 이 계약에 관한 토막 정보가 이내 BBC의 〈데드라인 데이〉 라이브 블로그에 넘쳐 났다. 전국 각지의 미심쩍은 출처에서 사실 확인이 불가능한 소식이 업데이트되었다. 게시글 중에는 이런 글이 있었다. '사촌이 브리티시 항공 예약 센터에서 일하는데, 호브송 지 소자Robson de Souza, 그러니까 호비뉴한테 마드리드행 오후 네 시 비행기 좌석 한 석을 끊어 줬대.' 또 다른 게시글에는 이렇게 적혀 있었다. "내가 스탬퍼드 브리지, 유니폼 판매부에서 일하거든. 오늘 아침에 등번호 8번으로 해서 호비뉴 유니폼을 준비해 놓으라는 지시를 받았어."

첫 번째 불길한 소식의 출처는 맨체스터였다. 유나이티드가 베르바토프한테 시티의 입찰가를 불렀다는 것이다. 그뿐만 아니라 라이벌인 유나이티드에서는 공항에서 선수를 맞이하기 위해 자체 환영 위원회까지 동원했다는 것이다. 알렉스 퍼거슨 경도 직접 나갈 거라고 했다. 공항에서 퍼거슨 같은 사람을 눈싸움으로 이기고 시티하고 계약할 참이라고 말을 하려면 보통 용감해가지고는 어림도 없다. 쿡이 짐작하기에 베르바토프가 그렇게 용감하지는 않을 것 같았다.

피엠퐁산트와 쿡은 마지막 주사위를 던질 수밖에 없는 상황에 처했다. 호비뉴 그리고 하루 종일 속 시원한 답을 줄 수 없었던 대표단과 협상을 했다. 레알 마드리드에 3,250만 파운드 입찰가를 던지고, 호비뉴한테 달도 따 주겠다고 약속한 다음, 뭐라도 걸리길 바랐다. 시티는 또 모두가 한마음 한뜻이라면, 당장 마드리드에 전용기를 대령시켜서 호비뉴와 일행을 런던으로 모셔 오게 하겠다는 말도 했다.

그런데도 입질이 없었다. 이 스물네 살짜리 브라질 청년이 스페인에서 그 비행기에 탑승하지 않는다면 쿡은 눈앞에서 아부다비 건이 수포로 돌아가는 걸 보게 될 판이었다. 백만 시간은 흐른 것 같았을 때, 전화벨이 울렸다. 거래가 성사되었다.

축구계 이적에 관해 말하자면, 이보다 더 졸부 같은 행태는 없었다. 브라질 출신의 이 윙어는 약간 마세라티Maserati 같은 존재다. 많은 사람들이 제대로 쓸 줄도 모르면서 과시용으로 사는 마세라티 같은 존재. 밤 11시, 비밀이 샜다. 레알 마드리드 회장, 라몬 칼데론Ramón Calderón이 스페인 라디오 방송에 나와 "인간적인 이유 때문에, 축구를 위해, 섭섭지 않은 액수의 돈 때문에도 그 선수를 보내기로 동의했습니다"고 발표한 것이다.

호비뉴의 3,250만 파운드짜리 발이 영국 땅에 닿은 순간, 그는 이적 계약을 마무리 짓고 더욱 중요하게는, 필수 사진을 찍기 위해 런던 중심부로 즉시 끌려갔다. 밤 11시 반 경 올드 파크 레인 사무실에서 호비뉴가 맨체스터 시티의 하늘색 유니폼을 들어 보일 때까지, 쿡과 피엠퐁산트가 보기에 자기가 어떤 구단하고 계약을 한 건지 호비뉴도 잘 모르는 것 같았다.

하지만 이제 그런 건 상관없었다. 시티는 대형 선수를 보유하게 되었기 때문이다.

얼마를 들여야 아부다비가 프리미어리그를 발칵 뒤집어 놓을 수 있는지 분명해졌다.

호비뉴는 시작에 불과했다. 적어도 술라이만 파힘의 말을 믿는다면 그랬다.

맨체스터 시티의 이 신임 CEO가 저지른 실수는 축구 담당 기자가 전화번호를 물었다 하면 묻지도 따지지도 않고 다 알려준 것이었다. 그 기자들이 전화를 하면 파힘은 여지없이 선동적인 발언을 했다. 그는 초장부터 시티가 선수를 적어도 열여덟 명은 새로 영입할 거라고 단언했다. 이적 시장을 이리저리 떠돌아다니고 있는 노장 선수 아무나 영입하겠다는 게 아니었다. 시티가 이적 시장 마감일에 추파를 던졌던 그 모든 유명한 선수들은 물론이요, 그 이상을 원했다. 스페인 출신 포워드인 페르난도 토레스Fernando Torres와 다비드 비야David Villa, 네덜란드 출신 스트라이커 뤼트 판 니스텔로이, 웨인 루니, 그리고 나이를 먹어 가고 있는 브라질 선수 호나우두까지. 호나우두 같은 경우는 무릎도 말을 안 듣고 체중도 급격히 늘고 있었는데, 알파힘한테는 그게 하찮은 문제였다.

알파힘은 말했다. "호나우두가 세계 최대 구단에서 뛰고 싶다고 말한 적이 있어요. 그러니까 그 말이 진심이라면 1월에 우리 구단에서 보게 될 겁니다. 레알 마드리드는 호나우두의 가치를 1억 6,000만 달러로 추산하고 있지만 그 정도 선수를 실제로 영입하려면 비용은 훨씬 높아지겠지요. 2억 4,000만 달러는 되지 않을까 생각합니다. 까짓 거 안 될 거 뭐 있나요?"

알파힘은 유럽의 일류 구단들과 프리미어리그 내 라이벌 구단들이 두바이의 대형 쇼핑몰이라도 되는 것처럼 그들을 상대하려 했다. 명품 매장을 잇따라 들어가서는 그 매장에서 가장 비싼 물건을 들고 나온 것이다. 게리 쿡은 알파힘의 그런 행태 때문에 며칠 후 그 시즌 처음으로 열린 프리미어리그 구단주 모임에서 입장이 '다소 난처해졌다'.

알파힘과 그의 허세는 오래 가지 못했다. 왕실 명령으로 구단은 알파힘을 맨체스터 시티 조직 전체에서 중심 인물이 될 사람, 칼둔 알 무바라크Khaldoon al-Mubarak로 교체했다. 아랍에미리트 토박이로, 알 작은 안경을 쓰고 턱수염을 단정하게 기른 알 무바라크는 아부다비가 '친구를 만들고 사람의 마음을 움직이기 위해'[†] 해외 임무 최전선에 내세우는 박식한 기업가의 전형적인 사례였다.

만수르처럼, 알 무바라크도 미국에서 교육을 받았다. 하지만 보스와 달리 그는 대학 시절을 캘리포니아 햇살에 푹 빠져 지내지만은 않았다. 보스턴 소재 터프츠 대학Tufts University에 다녔다. 거기서 경제학과 금융을 공부한 후, 수십억 달러 상당의 포트폴

[†] 친구를 만들고 사람의 마음을 움직이는 법How to Win Friends and Influence People은 널리 알려진 데일 카네기의 『인간관계론』의 원제다.

리오를 보유한 전략적 투자 펀드 회사인 무바달라 투자사Mubadala Investment Company의 CEO까지 승진을 했다. 세계 최대 규모의 알루미늄 제련소 건설이나 카타르에서 아부다비까지 370여 킬로미터 길이의 가스관 건설 같은 프로젝트에 돈을 투자하던 사람한테 2억 달러짜리 축구 팀은 애들 장난 같았을 것이다. 이를테면 시티에 합류하기 직전, 알 무바라크는 미국 대통령들과 영국 수상들을 고문으로 둔 국제적 사모펀드 기업인 칼라일 그룹Carlyle Group의 지분 7.5%에 2억 달러의 일곱 배에 달하는 지출을 승인했었다. 하지만 알 무바라크는 맨체스터 시티가 다른 소유물은 따라잡을 수 없을 정도의 국제적 홍보 효과를 부여한다는 걸 이해하고 있었다. 금속 제련소의 시즌 티켓을 사는 사람이 5만 명이나 될 일은 없을 것이었다.

시티 이사회에서 알 무바라크를 보필한 이들은 구단 근처에도 가 본 적 없지만 셰이크 만수르가 직접 뽑은 회장과 마찬가지로 해외 사업이라는 큰물에서 노는 법을 아는 유명 인사 2인조였다. 뉴욕에서, 시티는 눈물 날 정도로 비싼 변호사 마티 에델만Marty Edelman을 고용했다. 에델만은 최근 미국 부동산업계의 거물 스티븐 로스Stephen Ross가 마이애미 돌핀스를 5억 5,000만 달러에 사는 데 일조한 참이었다. 그리고 아부다비에서는 리스크 및 평판 관리에 대해 알아야 할 모든 걸 알고 있는 남자, 사이먼 피어스Simon Pearce란 이름의 재외 영국인 PR 권위자에 의지했다.

피어스는 버슨-마스텔러Burson-Marsteller라는 다국적 기업 출신이었다. 이 기업은 여론 호도와 위기 관리 업계에서 가장 악명 높은 기업이었다. 1953년 창립 이후, 회사는 1970년대 아르헨티나 군사 정권, 루마니아의 독재자 니콜라에 차우셰스쿠Nicolae Ceaușescu, 9·11 테러 공격 이후 사우디아라비아 왕가, 펜실베이니아에서 부분 멜트다운 사고를 낸 스리마일 섬Three Mile Island 원자력 발전소의 배후 기업인 빅 토바코Big Tobacco, 1984년 인도 보팔Bhopal에서 발생한 가스 누출 사고로 현지인 50만 명을 화학 물질에 노출시켜 3,000여 명을 죽인 유니언 카바이드 주식회사Union Carbide Corporation 등에 대한 대중의 인식을 개선하는 데 개입했다. 버슨 마스텔러보다 감추고 싶은 구린 비밀이 많은 의뢰인은 없었다.

피어스는 그 모든 전문 지식을 행정청Executive Affairs Authority 일원의 자격으로 아부다비를 위해 일하는 데 투입해 오고 있었다. 행정청은 아부다비 정부에 온갖 종류의 전략적 이슈에 대해 조언을 해 주는 열다섯에서 스무 명의 비선출 고위 공직자로 구성된 영향력 집단이다. 행정처는 리스크를 평가하고, 정계를 연구한 다음 아부다비를 국제 사회 어디에 어떻게 포지셔닝시켜야 할지를 궁리한다. 피어스는 아부다비의 비전 문건 작성에도 참여했다. 하지만 피어스도 아부다비도 맨체스터처럼 마음대로 활용할 수 있는 조직을 가져 본 적이 없었다. 관광청과 항공사 모두 그럭저럭 괜찮기는 했지만, 전 세계 최고 인기 스포츠의 전 세계 최고 인기 리그에 속한 조직만큼 자주, 그리고 믿음직한 모습으로 다수의 대중에게 가닿지는 못했다.

사실 프리미어리그 매입 결정은 그 과정을 익히 알고 있는 사람들에 따르면, 한 사람의 변덕 때문이 아니었다고 한다. 아부다비 통치자들의 결정은 늘 신임받는 핵심 권력층에게 전략적 관점에서 검토를 받으며 국가 평판에 잠재적 이점으로 작용할지 리스크가 될지 분석된다. 하지만 축구 팀처럼 대중적인 대상을 매입할 때는 이목을 집중시킬 명목상 대표를 두는 게 유용했다.

형식적 인수 절차가 9월 말 최종 마무리된 직후(아부다비 유나이티드 그룹은 적격 여부 심사fit and proper persons test를 통과했다), 셰이크 만수르는 살짝 거슬렸을 수는 있겠지만, '맨체스터 동료 팬들'한테 담백한 공개 서한을 발표했다.

편지에는 "저 역시 축구 팬입니다. 그리고 바라건대 제가 맨체스터 시티의 팬이기도 하다는 사실을 여러분들께서 조만간 알아봐 주시면 좋겠습니다"라고 쓰여 있었다.

"원대한 야망을 품고 있습니다만, 그렇게 허무맹랑한 건 아닙니다. 프리미어리그 상위 4위권에 꾸준히 들고 유럽 대회의 영예를 차지할 능력을 갖춘 팀을 구축하는 데는 시간이 걸리기 마련이겠지요. … 시티가 여기까지 이른 역사에 대해서는 아는 것이 별로 없지만, 세계 최고의 선수들을 영입하고도 싶고 아카데미가 계속 인재를 계발해서 마크 휴즈한테 자국 선수를 팀에 영입할 기회를 주고 싶습니다. 저희는 그저 올스타 팀만을 위해서가 아니라 미래를 위해 조직을 구축하려는 것입니다.

냉혹한 비즈니스 거래에서 프리미어리그 축구는 세계 최고의 홍행 상품이므로, 저희는 이를 건전한 비즈니스 투자로 보고 있습니다."

셰이크 만수르가 그런 홍행 상품을 직접 판단하기까지 2년은 걸리게 될 터였다. 2010년 8월, 그는 자기 구단이 리버풀과 벌이는 경기를 관전하려고 비행기를 타고 왔다. 구단이 시티 오브 맨체스터 스타디움 내부에 와 있는 그의 사진이 필요했기 때문이었다. 그는 칼둔 알 무바라크와 게리 쿡 사이, 구단주 지정석에서 팬들한테 손을 흔들어 보였는데 굉장히 즐거워하는 모습이었다. 그 뒤로 그가 경기를 관전하는 모습을 다시는 볼 수 없었다. 구단의 공식적인 입장은 그가 번거롭게 하기 싫어 관전을 안 오는 거라고 했다. 비난하는 측에서는 그가 축구 자체를 싫어하는 거라 주장하고 있다.

셰이크 만수르한테는 맞는 말일지 몰라도 이 구단을 실제로 운영하는 관계자한테는 가당치 않은 말이다.

초장부터 좋은 분위기를 발산하려는 사명감에 시티는 맨체스터 동부 지역에 투자하겠다는 약속을 이행했다. 시의회와 협력하여 이스트랜즈에 200에이커에 이르는 스포츠 레저 복합 시설을 건설하고 해당 지역의 최대 고용주가 된 것이다. 하지만 토요일 오후, 축구장 위 흰색 선들 사이에서 벌어진 일은 구단의 야망이자 구단의 목표를 착각하게 만들었다. 난폭한 사람들을 주말마다 벌어지는 폭음과 폭력에서 멀어지게 하려고 1880년 한 교회가 세운 조직이 다국적 일류 사업체가 될 참이었다.

새 구단주들이 시티에 들이닥치자 쿡은 조직 내부에서 이렇게 말했다. "우린 축구 구단이 아니고, 사실 스포츠 연예 미디어 기업입니다. 따라서 콘텐츠를 만들어야 합니다. 이벤트도 제공해야 하고 쇼도 제작해야 하고 드라마도 창출해야 해요. 또 신문 1면이든 스포츠 1면이든 어떤 식으로든 뉴스에 올라야 하고요. 저는 저 아래 다른 구단, 맨체스터 유나이티드와 경쟁하고 있는 걸까요, 아니면 월트 디즈니Walt Disney, 아마존Amazon과 경쟁하고 있는 걸까요?"

세계의 선도적 스포츠웨어 제조업체와 역사상 가장 위대한 야구 선수를 상대로 쌓은 쿡의 경험은 맨체스터에서 두 번째로 유명한 이 축구 팀을 위한 결정을 내릴 때마다 도움이 되었다. 미국에서 쿡은 스타디움 안에 편리한 소비의 기념비적 존재 같은 현금 지급기를 보고 충격을 받았었다. 그때를 쿡은 이렇게 회상했다. "영국 같으면 구장에 갔는데 고장 안 난 화장실 하나만 있어도 재수가 좋은 편이거든요. 미국 스포츠를 보면서 생각했죠. '이런 게 흥행업이구나. 진짜 흥이 나네.'"

매표소 직원 중 FA컵에서 탈락하면 지화자를 외치곤 하던 직원이 있었는데, FA컵에서 탈락한다는 건 근무 시간이 적어진다는 의미였기 때문이다. 그런 구단에서 글로벌 흥행 선전이 울려 퍼지려면 시간이 걸릴 터였다.

시티의 새 구단주들은 예상했던 것보다 훨씬 심각한 문화 장벽에 직면했다. 그들의 수중에 들어온 것은 구단 역사 때문에 마음에 상처를 입은 구단이었다. 하지만 무엇보다 도시를 맨체스터 유나이티드와 공유하는 것 때문에 마음에 상처를 입은 구단이었다.

그 때문에, 시티는 명백하게 유나이티드 것이 아닌 것에 열중하게 되었다. 즉, 자신들의 별 볼 일 없음에 집중했다. 쿡은 구단의 모든 부서에서 그런 현상을 직접 목격했다. 하지만 구단을 맡게 된 첫 시즌 도중 스타디움 기념품점에 갔던 때보다 그 현상으로 인한 노이로제가 심했던 적은 없었다. 보통 때처럼 성실하게 업무를 수행하는 과정에서 쿡은 계산대 직원에게 그 시즌에 가장 잘 나간 품목이 뭐냐고 물었다. 홈 팀 유니폼이나 스카프라는 답을 예상했다.

"올해엔 DVD가 잘 나갔습니다."

"어떤 DVD를 말씀하시는 거죠?"

판매원은 진열 선반을 가리키며 말했다. "유나이티드 홈 경기랑 원정 경기요." 아랍에미리트 인수 전 시즌을 9위로 마감하기는 했지만, 시티는 38년 만에 처음으로 동일한 리그 경기 중 숙적을 두 번이나 이긴 바 있었다. 팬들은 그 승리를 질리도록 되새겼다. 이 정도만 해도 팬들이 가능하리라 상상조차 할 수 없던 성공이었던 것이다.

구단이 그때까지 제대로 이해하지 못 한 건, 이제 시티에 대한 기대치가 훨씬 높아졌다는 사실이다. 이제 유나이티드를 이기는 건, 다소 거만하기는 했지만, 알파힘이 떵떵거렸듯 리그를 지배하다 보니 부수적으로 일어나는 그런 일이 되어야 했다. 쿡과 알 무바라크 같은 부류도 똑같은 걸 원했지만, 유일한 차이가 있다면 그들은 그런 야망을 조직 밖으로 드러내지 말아야 한다는 걸 알고 있었다는 것이다.

쿡은 스탭들에게 말했다. "우리 종착지가 어디일지 초조하다면, 그건 당연한 겁니다. 왜냐하면 아무도 우리 종착지에 가 본 사람이 없기 때문이죠. 우리가 한 걸 해 낸 적 있는 사람이 아무도 없어요." 분기별 구단주 미팅에서 받은 지시 사항은 분명했다. 조직 곳곳에 우월성 풍토를 조성할 것. 고성능 중형차를 설명하고 있기라도 한 듯 '업계 최고'라는 말이 계속 등장했다. 심지어 구장 관리인까지 '전략적 회의' 격려사를 들었.

쿡은 구장 관리인들한테 물었다. "4위 안에 들기 위해 여러분은 뭘 하실 건가요?"

구단은 영감을 얻고자 사방을 두리번거렸다. 백지 상태에서 제대로 시작하는 스포츠 프로젝트는 별로 없기 때문이다. 시티는 나이키에서 쿡과 함께 일했던 선수 출신, 브라이언 마우드Brian Marwood를 단장으로 채용했다. 마우드는 야구, 농구, 음악, 기대 이상으로 좋은 성적을 올린 올림픽 프로그램을 모조리 연구하면서 일류 수행 능력을 촉진하는 법을 알아내기 위해 가능한 한 모든 분야를 차용했다. 어떤 경우에는 그게 노후 시설을 최신화해야 한다는 의미였다. 또 어떤 경우에는 훈련 후 귀가한 선수들이 사람 노릇을 제대로 할 수 있게 물자를 지원해야 한다는 의

미일 때도 있었다. 해외에서 영입한 선수들이 워낙 많다 보니 통역사, 보육 시설, 부동산 관련 도움 등 필요한 게 많았다. 그래서 마우드는 선수 및 선수 가족들이 필요로 하는 것을 챙기는 일만을 담당하는 정직원을 네 명 고용했다. 인수 전에는 존재한 적조차 없던 부서였다.

마우드가 말했다. "일단 핑계의 싹을 없애야 했습니다. 일류 환경을 만들어 주고 싶었지만, 일단 일류가 어떤 건지부터 알아야 했습니다."

전 세계를 돌아다닌 마우드지만, 그는 사실 그렇게 먼 데서 찾지 않아도 된다는 걸 알고 있었다. 시티 관련 장소 세 군데, 즉 시티 오브 맨체스터 스타디움 내 사무실, 플랫 레인Platt Lane에 있는 아카데미와 캐링턴에 있는 훈련장을 매일 같이 오가면서, 마우드는 종종 일부러 올드 트래퍼드 쪽으로 우회하곤 했다. 경기장 구경을 하려는 게 아니었다. 올드 트래퍼드가 위대함이란 어떤 모습인지를 상기시켜 주기 때문이었다.

리그 휴식기 동안, 마우드는 훈련장 전면 개조를 두루 살폈다. 전에는 등록비를 깎아 주는 동네 헬스장처럼 생겼던 체육관에는 최첨단 설비가 쫙 깔렸다. 훈련장 외부의 경우, 시티는 단기간 내 가능한 모든 외형적 변화를 최대한 단행했다. 외형이 중요하다는 걸 아는 사람이 있다면 그건 새 구단주들이었다.

마우드는 이렇게 말했다. "잔디도 좀 좋은 걸로 깔고 보기 좋은 나무도 좀 심었습니다. 컨트리 클럽에 들어서는 것 같은 느낌이 들었죠." 훈련장 내부의 경우, 식단, 선수 건강, 구단 운영까지 모든 면을 싹 바꿨다. 역사상 최초로 맨체스터 시티에 제대로 된 인사과도 생겼다. 유나이티드, 아스날, 후발주자인 첼시 모두 1990년대에 감행한 변화들(돈 잘 버는 프리미어리그에 속한 부유한 구단 생활에 따르는 과시적인 요소들)이 마침내 맨체스터 동쪽으로도 찾아오고 있었다.

하지만 그 모든 발전 과정의 와중에 시티는 생각도 못 했던 의문에 직면했다. 위대함이란 것이 팬들도 정말 원하는 것일까?

불쾌하기 짝이 없던 3부 리그로의 하락을 기억하고 있는 시티 팬들에게(말하자면, 강등을 당한 게 겨우 6년 전이었으므로 초파리보다 기억력이 좋은 팬이라면 모두 기억하고 있을), 이번 인수는 상반되는 감정을 유발했다. 한 편으로 새 구단주는 상상을 초월할 정도로 부자인데다 팬들이 알기로는 인권 유린자도 아니었다. 다른 한 편으로, 신뢰를 영원히 저당 잡히는 게 아닐까 하는 의문도 들었다. 돈 많은 물주 구단주, 대형 스타디움, (팩스기 대신)고급 국제 항공사 후원사가 생긴 맨체스터 시티가 돈에 팔린 시 남서쪽 구단과 다른 점은 이제 뭘까?

시티는 유나이티드보다 자기들이 더 진정으로 맨체스터답다는 점을 늘 자랑으로 여겨 왔다. 올드 트래퍼드에서 열리는 경기엔 외지인이 너무 득시글거려서 상대 팀 팬들은 '우리가 너희를 런던으로 후딱 돌려보내 주마'라는 노래까지 불렀다. 한편, 시티 팬층에는 영국 면직물을 제외하고 맨체스터에서 가장 유명한 수

출품인 오아시스 팬이 많았다. 시티 구단은 쿨한 구단이었다. 축구에 젬병인 건 사실이었다. 하지만 그들은 기세등등했다. 유나이티드한테 돈과 새우 샌드위치가 전부라면 시티한테는 어두침침한 나이트클럽과 담배 한 갑이 있었다. 시티의 정통성은 숙명론에 있었다. '죽을 때까지 시티'가 시티의 슬로건이었고 '그래야 시티지'가 간발의 차로 그 뒤를 쫓았다.

박복한 시티가 말 그대로 하루아침에 세계 축구 왕족의 반열에 오른 것을 본 경쟁 구단들의 팬은 부러움 반, 무서움 반의 심정으로 그 뿌리를 버렸다며 지체 없이 신랄하게 깠다. '너희들은 시티가 아냐, 시티가 아니지, 더 이상은 시티가 아니야'라는 노래가 상대 팀 팬한테서 흘러나왔다. 시티 팬 몇몇도 이에 동의했다. 심지어 시즌 티켓을 반송한 시티 팬도 있었다.

노련한 아랍에미리트 측은 시티의 기량 부족 역사를 걱정하지 않았다. 그들에게 미래는 지금부터였다.

2008년 여름 마지막 날부터 2011년 여름에 이르기까지 새 구단주들이 온 후 다섯 번의 이적 시장에서, 맨체스터 시티는 신규 영입 선수 스물세 명한테 3억 파운드 이상을 썼다. 임대에서 복귀한 선수들과 유소년 아카데미 때부터 육성한 선수들까지 포함시키면, 신규 유입 선수는 총 마흔 명이 넘었다. 수비수 뱅상 콩파니 Vincent Kompany는 말했다. "사람은 많이 만나 봐야죠."

구단의 DNA를 새로 만들기 위한 시도 중, 시티는 자기들이 존경하는 구단이면 가리지 않고 대규모로 빌려왔다. 계약한 선수 스물세 명 중 다섯 명이 한 번쯤 아스날 소속이었던 것은 결코 우연이 아니었다. 마우드는 말했다. "겁이 날 정도였어요. 저한테는 벽도 올리기 전에 지붕부터 얹은 격이었거든요."

쿡은 한 술 더 떠 이렇게 말했다. "우리가 제대로 하고 있는 건지 잘못하고 있는건지 아는 사람이 하나도 없었죠."

외부에는 다이너마이트로 물고기를 잡는 것처럼 비쳤지만, 사실 그건 시티 내부에서 신중하게 연구한 끝에 얻은 결과였다. 선수를 매입할 때마다, 마우드는 30에서 40페이지짜리 색별 표식 파일을 내놓았다. 이 파일에는 SWOT로 알려졌으며 미국 재계에서 차용하기도 한 유명한 분석 기법이 들어가 있었다. SWOT은 분야를 막론하고 어떤 사업계획이 지닌 강점Strength, 약점Weakness, 기회Opportunity, 위협Risk을 시각적으로 표현한 것이다. 시티는 이 파일이 구단의 선택에, 이를테면 새로운 레프트백을 선택하는 데 도움이 안 될 이유가 없다고 보았다.

2009년 1월, 미국인이었던 전 부인과 BBC 뉴스를 보던 중 쿡은 시티가 너무 어마어마한 일을 시도하려는 것을 보고 머리가 멍해졌다. 두 사람이 겨우 정신을 차리고 있는데, 쿡의 전 부인이 뉴스 자막에 쿡의 이름이 뜬 걸 보았다. 쿡이 브라질 출신 미드필더 카카Kaká 이적을 망쳤다며 AC 밀란을 비난했다는 내용이었다. 하지만 놀라운 부분은 그게 아니었다. 두 사람을 충격에 빠뜨린 것은 뉴스 자막에서 그날 뉴스 중 더 중요한 소식, 즉 버락 오바마Barak Obama가 미합중국 대통령으로 취임한다는 소식보다 쿡 관련 뉴스가 더 먼저 나왔다는 사실이었다.

"어서와 영국은 처음이지?" 쿡이 전 부인한테 말했다.

시티가 낚은 선수가 전부 다 대박을 친 건 아니었다. 시티는 주앙Jô이란 이름의 브라질 출신 포워드한테 2,200만 파운드를 썼지만, 주앙은 스물한 경기에 출전해서 딱 한 골밖에 득점하지 못했다. 토고 출신 엠마누엘 아데바요르Emmanuel Adebayor는 서른네 경기 출전에 열다섯 골 득점했지만 2,600만 파운드라는 가격표가 무색하게 골칫거리로 판명되었다. 호비뉴는 결국 마흔한 경기에만 출전했다. 그러나 맨체스터 소재 나이트클럽에 등장한 횟수로는 타의 추종을 불허했다. 하지만 구단은 이 게임에 서서히 능숙해졌다. 구단은 비록 느리긴 했지만 프로 정신과 직업 의식을 통해 조직 내부의 수준을 올려놓은 개러스 배리Gareth Barry나 패트릭 비에이라 같은 선수로 연륜을 쌓아 나갔다. 수비수 뱅상 콩파니 같이 젊은 인재도 이런 분위기에 조화롭게 뒤섞였다.

그리고 2009년 여름, 시티는 흥분에 휩싸였다.

셰이크 만수르와 연줄이 닿는다는 소문이 돌고 있는 에이전트들과 브로커들로 이루어진 복잡한 인맥을 통해, 맨체스터 시티 이사진 모두 너무나 잘 알고 있는 아르헨티나 출신 스트라이커와의 계약을 확정했다. 그 선수는 지난 두 시즌 동안 맨체스터 반대쪽에서 골을 빵빵 터뜨렸던 사나이, 카를로스 테베즈였다. 그와의 계약을 요구하는 내부 서류는 그때까지만 해도 없었다. 테레즈를 데려오는 게 가능하다고 확신한 사람도 없었다. 하지만 4,700만 파운드라는 최고가로 테베즈를 구단선수 명단에 올리고 나자, 시티는 이를 최대한 활용하기로 마음먹었다. 이때가 바로 그 대형 광고판이 맨체스터 최대 쇼핑 번화가에 걸렸던 때다. 하늘색 이미지의 테베즈가 '진짜 맨체스터에 온 것을 환영합니다'라는 커다란 흰색 철자 위에서 골을 넣고 환호하는 모습이 인쇄되어 있는 광고판이었다.

구단의 근대 역사를 통틀어 맨체스터 시티는 난생 처음으로 유나이티드에 도발을 날릴 정도로 대담무쌍해졌다. 비록 조롱 행위가 시티 팬한테 전혀 도움이 되지는 않았지만, 시티한테도 뭔가 조롱할 거리가 생긴 것이었다. 유나이티드 팬들은 늘 기분이 이랬을까? 이런 기분에 익숙해지려면 시티 팬한테는 시간이 좀 필요할 것 같았다.

빨간색 유니폼을 입는 쪽 맨체스터의 알렉스 퍼거슨은 시큰둥했다. 퍼거슨은 코웃음을 치며 말했다. "그 사람들은 카를로스 테베즈를 맨체스터 유나이티드에서 데려가는 게 무슨 대단한 승리인 줄 아나 봅니다." 퍼거슨이 아는 한, 프리미어리그 우승 타이틀 스코어는 여전히 11-0이었다. "시티답네요, 안 그렇습니까? 속 좁은 소인배 구단다워요."

그러고 나서 퍼거슨은 다시 한번 압박을 가했.

"맨체스터 시티는 입만 열면 맨체스터 유나이티드네요. 당최 유나이티드에서 벗어나질 못 하는군요."

4부
주식회사 프리미어리그

"긴장감, 혼돈, 그런 상황에 처하면 자신의 본모습이 드러나거나
덩달아 거기에 휩쓸리거나 둘 중 하나다."

- 랜디 러너, 애스턴 빌라 -

보물 쟁탈전

알렉스 퍼거슨은 맨체스터 시티한테 카를로스 테베즈를 잃는 것을 받아들일 수 있었다. 왜냐하면 2009년 여름, 여느 때보다 까다로운 이적 건수가 한 건 더 있었기 때문이다. 그 건 때문에 벌써 1년 넘게 시달려 오고 있었다. 퍼거슨은 지구상 최고의 선수가 올드 트래퍼드에서의 삶에 싫증이 났다는 사실을 이제는 받아들일 수밖에 없었다.

크리스티아누 호날두가 맨체스터 유나이티드를 떠나려 하고 있었다. 그를 어설픈 10대에서 글로벌 축구신으로 변신시켜 준 구단이자, 호날두가 프리미어리그 타이틀을 3회 연속으로, 챔피언스리그 결승전 진출을 두 번 시켜 준 팀이었다. 그런데 퍼기는 속수무책이었다.

애초에 호날두를 유나이티드로 데려온 것 자체가 2000년대 이적 시장에서 가장 성공적인 이적 가운데 하나였다. 이적 진행 플롯을 짜는 데만 1년이 넘게 걸렸다. 퍼거슨은 모로코 앞바다의 포르투갈령 제도에 속한 마데이라Madeira 제도 출신의 이 10대에 관한 소문을 들었다. 그 아이는 빠르고 훈련에 미쳐 있으며 고참 수비수들을 밥 먹듯 따돌렸다. 스포르팅 리스본Sporting Lisbon에서 호날두를 본 적이 있는 사람은 하나같이 다들 열다섯 살의 모차르트Mozart를 보기라도 한 듯 그에게 열광했다.

호날두의 유소년 코치였던 레오넬 폰테스Leonel Pontes는 이렇게 말했다. "호날두는 게임할 때 무서운 게 없는 선수였습니다. 게임에 임할 때는 '여기가 내 자리야. 여기가 내가 있어야 할 곳이야' 그렇게 생각하는 것 같았죠."

호날두에게 그가 정말 있어야 할 곳은 북서쪽이라고 설득시키기 위해 퍼거슨이 동원한 완벽한 공범이 있었다. 스포르팅 감독 출신으로 포르투갈 축구를 속속들이 알고 있던 카를로스 케이로스였다. 케이로스는 2002년 퍼거슨의 조감독으로 유나이티드에 합류했는데, 합류하자마자 서로 경력은 전혀 달랐음에도 이 성미 무뚝뚝한 스코틀랜드인과 마치 평생을 알고 지낸 것 같은 모습을 보였다. 케이로스에 따르면, 그 느낌은 '마법'이었다.

조선 기사의 아들인 퍼거슨은 글래스고 노동 계급 출신이며 성장기에는 성공적인 스트라이커였다. 퍼거슨보다 열한 살 아래인 케이로스는 포르투갈령 모잠비크Portugese Mozambique에서 태어났고 짧은 기간 골키퍼로 평범한 이력을 쌓았다. 하지만 훈련장에서 이 두 남자는 분간이 안 될 정도로 똑같았다. 채찍과 채찍. 두 사람에게는 이내 매일 새벽녘 캐링턴에서 함께 아침을 먹는 습관이 몸에 배어 버렸다.

케이로스가 영국에 도착했을 때 가장 먼저 나눈 대화는 당연히 포르투갈에서 피어나고 있다는 인재 얘기였다. 축구라는 광대한 영역에서 특정 연령을 맡은 코치는 자기가 맡은 지역 선수들을 빠삭하게 꿰고 있는 걸어 다니는 백과사전으로 여겨진다. 케이로스는 퍼거슨한테 스포르팅에서 뛰던 두 청년의 이름을 알려 주었다. 히카르두 콰레스마Ricardo Quaresma와 크리스티아누 호날두. 유나이티드의 선수 영입 부서에게 둘 중 누구를 더 선호하느냐는 질문을 받자, 케이로스는 망설임 없이 답했다. "의심의 여지가 없어요. 둘 다요."

유나이티드는 스포르팅의 유소년 시스템에 쳐들어가서 10대 포르투갈 선수 두 명한테 모험을 걸기가 꺼려졌다. 한 명만 골라야 하는 상황에서 구단은 더 어린 선수, 교정기도 아직 안 뺐고 금발로 부분 염색을 한 호날두란 이름의 선수로 정했다.

그 소년의 이름을 알고 있는 사람이 퍼거슨만 있는 건 아니었다. 2002년이 되자 호날두의 위업과 결단력에 대한 소문이 돌고 돌아 유럽 내 가장 민첩한 스카우트들에까지 이르렀다. 수비수들을 겁먹게 할 수 있는 재능을 지니고 있으며, 리스본에서 신호등을 무시하고 차를 몰았을 정도로 최고가 되겠다는 갈망이 대단했던 아이가 있었다. 누군가 그 아이를 덥석 잡아챌 게 뻔했다. 호날두도 그 점을 감으로 알고 있었다. 어디가 될지는 몰라도 선수 생활 첫 이적에 대비하기 위해 호날두는 전직 나이트클럽 프로모터이자 비디오 대여점 주인인 조르제 멘데스Jorge Mendes를 고용해서 자신의 에이전트 역할을 맡겼다.

멘데스는 이 10대 청년을 즉시 사방에 홍보하기 시작했다. 호날두를 이탈리아의 인터 밀란에 언급하기도 했다. 2002년 11월, 멘데스는 어린 크리스티아누를 데리고 런던 콜니London Colney에 있는 아스날 훈련장에 방문하던 중 아르센 벵거를 만났다. 멘데스는 발렌시아, 리버풀, 유벤투스와 계약 직전까지 갔었다. 멘데스는 호날두가 레알 마드리드의 주목을 받도록 손쓰는 것도 잊지 않았다.

그렇다면 유나이티드는 어떻게 모두를 따돌렸을까? 일단 그들에게는 치밀한 계획이 있었다.

2002년, 케이로스의 연줄 덕분에 유나이티드는 스포르팅과 '전략적 관계'를 틀 수 있었다. 이 동맹으로 두 구단은 코칭 조언과 다양한 최고 사례들을 공유하기로 했다. 불순한 의도는 전혀 없었다. 스포르팅의 유소년 시스템 밑바닥부터 치고 올라온 최고의 선수를 채가려는 기색도 전혀 없었다. 스포르팅과 유나이티드는 각자의 리그에서 오랜 역사를 지닌 명문 구단으로서 아이디어를 주고받길 희망하는 것뿐이었다. 적어도 케이로스가 설득할 때는 그렇다고 했다. 호날두의 이름은 두 번 다시 언급되지 않았다.

파트너십의 결과로 스포르팅은 유나이티드한테 청탁을 하나 했다. 2003년 늦여름, 이 포르투갈 구단은 리스본에 새 스타디움을 개장할 계획이었다. "유나이티드가 친선 경기로 함께 경기장을 개시해 주시겠습니까?"

유나이티드에게 그 경기 일정은 적합하다고 보기 힘들었다. 구단이 알기로 팀은 미국 프리시즌 투어에서 지친 몸을 이끌고 귀국할 즈음이었기 때문이다. 포르투갈은 필라델피아에서 맨체스터로 가다가 들리기 좋다고 보기는 어려운 곳이었다. 하지만 스포르팅의 비위를 맞춰 주기 위해 유나이티드는 동의했다. 그렇게 유나이티드는 햇볕에 그을리고 시차로 피곤한 몸을 이끌고 리스본에 착륙했다.

그 비행기에 탑승하지 않은 사람이 한 명 있었는데, 바로 케이로스였다. 공석이 된 레알 마드리드 감독 자리를 인계받으려 겨우 1년 만에 유나이티드를 그만두었기 때문이다. 케이로스가 레알 마드리드 회장한테 제일 먼저 내린 지시 사항은 얼마가 됐든 주고 호날두를 빼 오란 거였다.

퍼거슨은 이 대화가 스페인에서 진행되고 있을지 모른다고 의심했다. 그즈음, 유나이티드는 호날두 계약을 완료한 다음 최소한 시즌 더 포르투갈에 머물게 하면서 성장시키길 바라는 마음에 스포르팅과의 관계를 조금 더 진전시켰다. 하지만 두 가지 요소가 퍼거슨의 마음을 바꿔 놓았다. 하나는 케이로스 같은 상어들이 떼로 맴돌고 있다는 정보였다. 또 한 가지는 리스본 경기에서 유나이티드를 상대로 크리스티아누 호날두가 전반전에서 보여 준 활약이었다.

호날두는 유나이티드를 압살했다.

그날 밤 호날두 바로 맞은편에 있던 불쌍한 선수는 스물두 살의 아일랜드 출신 백, 존 오셰이John O'Shea였다. 오셰이는 호날두가 접근하는 것조차 보지 못했다. 전반전이 끝나갈 즈음, 오셰이는 이 여드름투성이 십대의 술책에 너무 크나큰 타격을 받은 나머지 호날두가 가까이 다가올 때마다 반칙을 걸었다. 고문과도 같았던 45분 후, 맨체스터 유나이티드는 탈의실로 퇴각했다. 탈의실에서 고참 선수 둘, 리오 퍼디난드와 로이 킨이 퍼거슨의 소매를 잡아끌며 말했다. "저 애랑 꼭 계약하세요. 지금 당장."

퍼거슨은 적당히 얼버무리며 대꾸했다. "다 손봐 놨지." 아직 다 손봐 놓은 건 아니었지만, 조만간 그럴 작정이었다. 퍼거슨은 경기가 끝나기 전 호날두 이적을 확실하게 성사시키는 작업에 착수하려고 장비 관리사kit man를 보내 유나이티드의 CEO 피터 케넌을 구단주석에서 끌어냈다. "존 오셰이는 하다하다 편두통까지 생겼어요! 저 선수 서명시켜요." 퍼기가 케넌한테 목청 높여 말했다.

호날두는 경기 후 샤워도 못 하고 에이전트와 함께 케넌과 퍼거슨한테 거의 떠밀려 스타디움 내부 사무실로 갔다. 유나이티드의 나머지 스쿼드는 버스에서 대기 중이었다. 하지만 퍼거슨은 호날두의 서명을 받지 않고 리스본을 떠날 마음이 없었다. 호날두를 리스본에 일 년 더 꼬불쳐 두려던 예전 계획은 폐기되었다고 케년은 말했다. 퍼거슨은 이 열일곱 살 소년에게 다음 시즌 프리미어리그에서 최소 여섯 번 선발로 뛰게 해 주겠다고 약속했다. 이 빅타임 플레이어한테 더 이상 기다림은 없을 것이었다.

자신만 좋다고 하면 호날두는 24시간 이내에 맨체스터로 갈 수도 있었다.

유나이티드는 호날두와 호날두의 어머니를 혹시 누가(특히 케이로스가) 압박해서 계약하게 되는 일이 생기기 전에 영국으로 모시기 위해 전용기를 빌렸다. 상황이 너무 급박하게 돌아가는 바람에 호날두는 갈아입을 옷 한 벌 챙기지 못 했다. 언론에 소개하는 자리를 가진 후 고국으로 다시 날아가 세부 사항을 정리하면 되겠거니 생각했다. 퍼거슨 생각은 달랐다. 퍼거슨은 호날두가 다음날 아침 훈련에 나올 것으로 기대했다.

이후의 12개월은 호날두의 경력을 재정의하게 된다.

캐링턴 문화에 푹 빠진 이 과시꾼 10대는 경기에 실속을 더하기 시작했다. 호날두는 운동으로 몸집을 불렸다. 패스 기술도 향상시켰다. 데이비드 베컴 이후 비어 있던 등번호 7번을 달고 그 해 첫 시즌 마흔 경기에 출전했다. 처음에 약속받은 미약한 여섯 번을 훨씬 넘는 횟수였다. 퍼거슨이 자기 아버지의 직업의식과 영국 북부에 대해 하는 얘기를 듣고 있노라면, 어쩐 일인지 마데이라 출신의 이 10대 청년도 공감이 갔다. 유나이티드 스쿼드를 구성했던 프리미어리그 베테랑 선수들이 수년간 그랬던 것처럼. 레알 마드리드에서 만족스럽지 못한 한 시즌을 보낸 뒤 2004년 유나이티드로 돌아온 케이로스는 이렇게 말했다. "로이 킨이 팀에 있으면 농담 같은 걸 할 여지도, 오락 같은 걸 할 기회도 없어요. 매번 훈련 세션에만 전념했으니까요."

케이로스에 대한 퍼거슨의 신뢰가 워낙 깊었기에 이 포르투갈인 코치는 훈련 시 호날두의 주요 선수 돌보미가 되었다. 케이로스는 경기의 모든 기술적 측면에 있어서 호날두를 가장 가까이에서 지켜본 사람이었다. 퍼거슨은 후에 케이로스가 '실제 직함은 없었지만 맨체스터 유나이티드 감독에 가장 가까운 존재'였다고 썼다(케이로스는 심지어 퍼거슨이 BBC와 오랜 불화 기간 중, 퍼거슨이 해야 할 경기 후 인터뷰 일부도 떠맡았다. 그 후로도 자기 보스의 스타일에 충실히 따르다 심판 모욕으로 축구협회의 질책을 받기도 했다). 두 사람이 호날두에게서 가장 좋아했던 점은 자기 일에 대한 헌신이었다. 구장 위에서 보여 준 그 모든 매력, 거울을 들여다 보며 자신에게 감탄하던 그 모든 시간들, 그 모든 엉뚱한 헤어컷에도 불구하고, 호날두는 사실상 훈련장에서 살다시피 했다.

아침 7시 아침 식사 때, 퍼거슨과 케이로스는 호날두가 매일 캐링턴에 가장 먼저 도착하는 모습을 지켜볼 수 있었다. 호날두보다 8개월 어린 웨인 루니가 그 직후 나타났다. 정식 훈련 시작 시간까진 적어도 한 시간 더 남았지만, 이 10대 선수들은 빨리 구장에 들어가서 공을 차고 싶어 했다. 두 선수는 족구도 하고 두 사람이 지어낸 다른 게임도 했다. 두 선수는 케이로스가 말하는 '그들만의 작은 활동 왕국'을 가지게 되었다.

코치들은 다른 탁월한 선수들이 가지고 있던 특징이 호날두한테도 있다는 걸 알아보았다. 절대로 서둘러 집에 가는 법이 없었다. 케이로스는 이렇게 말했다. "그런 선수들은 샤워를 좀 오래 하고 체육관으로 갑니다. 그런 모습을 보면 전 '아, 지금 내 앞에 특별한 존재가 있구나'라고 생각하게 돼요. 그 선수들한테 집에는 경기보다 더 중요한 게 없는 거예요."

호날두가 캐링턴에 너무 늦게까지 남아 있게 되면서 케이로스는 훈련 후 호날두를 야외 구장 가운데 한 곳에서 쫓아내야 했다. 호날두는 바깥 구장에 계속 남아 드리블 기술과 프리킥 연습을 하고 싶어 했는데, 등번호 7번의 또 다른 이전 주인, 에릭 칸토나를 떠오르게 하는 모습이었다. 유나이티드 스탭들은 그저 퇴근이 하고 싶었다.

"저는 탁월한 프로들을 많이 봤지만, 그중에서도 또 더 탁월한 사람들이 있어요." 적합한 비유가 뭘까 찾으며 케이로스가 말을 이었다. "파란색이 있다고 쳐요. 그럼 더 진한 파란색도 있고 연한 파란색도 있는 것과 마찬가지죠."

그 후 4년에 걸쳐, 유나이티드는 호날두를 세계 최고의 선수로 빚어 놓았다. 호날두는 구단을 리그를 지배하던 예전 구단으로 돌려놓았다. 2006-7 시즌, 유나이티드는 프리미어리그 시대 최장 타이틀 가뭄을 끝내고 4년 만에 최초의 챔피언십 트로피를 거머쥐었다. 호날두는 53경기 출전에 23골 득점을 했다. 그 다음 시즌, 호날두는 제대로 터져 주었다. 윙어로 뛰면서 49경기에서 42골을 기록하면서 유나이티드를 프리미어리그 타이틀과 모스크바에서 2008 챔피언스리그 결승전까지 끌어올렸다.

하지만 모스크바에 도착할 즈음부터 문제는 이미 불거지기 시작했다. 퍼거슨과 케이로스는 늘 이런 날이 올 줄 알고 있었다. 두 사람이 걸핏하면 주고받는 질문은 '우리가 크리스티아누를 언제까지 데리고 있을 수 있을까요?'였다. 물론 두 사람은 호날두한테서 5년이나 뽕을 뽑았다는 자체를 이미 성공으로 보고 있기는 했다.

호날두는 곳곳에 이적을 원한다는 암시를 남겼다. 한편 그의 에이전트인 조르제 멘데스는 에이전트들이 할 법한 일을 했다. 암시 이상을 남겼고 세계 축구계에서 딱 그들 이름을 알려야 할 사람들 귀에 그들 이름이 들어가게 해 두었다. 언론은 이런 이적 낌새를 알아차렸지만 모호한 답변과 불분명한 출처 때문에 모든 건 소문으로만 남았다. 챔피언스리그 결승전 당일 아침까지. 그날, 레알 마드리드의 비공식적 대변지로 알려진 스포츠 일간지 『마르카Marca』가 제1면에 호날두가 스페인으로 온다고 대놓고 선언해 버린 것이다. 레알 마드리드로의 이적 가능성을 다룬 기사는 그 후 열흘 동안 『마르카』 커버를 빛내 주었다. 출처를 맞춰도 상품은 없었다.

스페인 구단들이 어떤 선수하고 계약할 의도인지에 관한 중대 발표에 있어서 어찌지 못하는 이유는 구단 구조가 근본적으로 다르기 때문이다. 레알 마드리드, 바르셀로나, 그 밖의 구단들에는 회장이 있는데, 이들은 회장 자리에 출마하면서 미래 비전을 제시해야만 한다. 그런데 그 비전이라는 것이 십중팔구 스포츠계에서 가장 간단한 선거 공약을 중심으로 구성된다. 슈퍼스타한테 돈을 펑펑 쓰겠다는 것. 특정 선수가 아직 경쟁 구단과 계약이 되어 있으면 그 선수의 관심을 끄는 방법은 노골적이고 불공정하다. 하지만 그게 바로 레알 마드리드가 2000년대 초반 갈락티코galácticos[†] 팀을 모은 방법이었다. 2008년 현재, 레알 회장 라몬 칼데론한테는 자기만의 갈락티코가 필요했다. 크리스티아누가 있어야 했다.

계속 맨체스터 유나이티드에 잔류하고 싶다는 가망성 없는 말을 하며 호날두가 대중을 몇 차례 안심시켰음에도, 8,000만 유로라는 역대 최고 이적료를 약속했다는 기사가 쏟아져 나왔다. 관계자들 모두 그게 사실이 아님을 알고 있었다. 레알에 대한 글레이저 집안의 입장은 (안 팔 거니까) '꺼져'였다. 퍼거슨이 보기에 그 정도면 두 구단주의 체면은 웬만큼 차린 셈이었다. 칼데론은 누구든 들어주는 이만 있으면 호날두가 맨체스터에 붙잡혀서 할 수 없이 뛰고 있는 거라고 말하고 다녔다.

호날두의 막장 드라마는 축구계에서 장안의 화제가 되었다.

---

† 은하수라는 뜻으로 세계적 스타들을 영입해 마케팅을 활성화하려는 정책.

축구계 권력 구조의 맨 꼭대기에 있는 제프 블라터가 칼데론을 밀어주었던 것이다. 피파 회장은 호날두가 '현대판 노예' 취급을 당하고 있다고 주장했다.

당시 1년에 대략 800만 파운드를 벌어들이고 있던 호날두도 그 주장에 동조했다.

의심의 여지없이 옹호할 수 없는 상황이었다. 어느 때고 누구든 입만 열면 선정적인 헤드라인 거리가 되었다. 호날두와 퍼거슨은 한 자리에 앉아 단 둘이 이 사태를 매듭지어야 했다. 챔피언스리그 결승전 이후 포르투갈 국가 대표 팀을 맡으러 떠났던 케이로스가 그걸 해냈다.

호날두의 '동기 부여, 헌신, 행복'에 책임을 느낀 케이로스가 맨체스터와 마드리드의 호기심 어린 시선을 멀리 피해 7월에 미팅을 주선했다. 퍼거슨과 2003년 케넌 후임으로 구단 CEO에 오른 데이비드 길은 유나이티드 캠프에서 비행기를 타고 왔다. 조르제 멘데스가 호날두 대리인으로 참석했다. 호날두로 말할 것 같으면, 퍼거슨과의 대면을 피할 수 있길 바라는 마음에 물리 치료 예약이 잡혀 있다는 핑계를 지어내서 막판에 빠지려고 했다. 그때 케이로스가 자칭 '아버지 같은 코치의 권위'를 행사하면서 주장했다.

마침내 호날두가 직접 사정권 안에 들자, 케이로스는 영국 축구계에서 가장 훌륭한 감독과 지구 최강의 선수를 자기 집 거실로 들여보냈다. 케이로스가 두 사람한테 말했다. "이 미팅을 마치면 쌍방 모두를 위한 해결책을 가지고 있어야 합니다."

그 말과 함께, 케이로스는 거실을 나와 두 사람을 가만히 내버려두었다. 길과 멘데스와 함께 물러나 기다리는 동안, 딱 한 번 물을 권했을 때 말고 케이로스는 퍼거슨을 방해하지 않았다. 한 시간이 지나갔다. 거실 안에서 주로 말을 하는 건 퍼거슨이었다. "넌 올해는 못 간다. 칼데론이 이 문제에 그런 식으로 접근한 후에는 말이야." 퍼거슨이 호날두에게 말했다. "네가 레알 마드리드로 가고 싶어 한다는 건 나도 안다. 하지만 너를 지금 그놈한테 파느니 지금 이 자리에서 쏴 버리고 말겠어. 네가 잘 뛰어 주고, 우리를 저버리지 않고, 누군가 와서 역대 최고 이적료를 제안하면, 그땐 널 보내주마."

퍼거슨은 자신이 칼데론의 괴롭히기 전술에 넘어가는 꼴을 보이기 싫다고 설명했다. "만약 내가 그자한테 굴복한다면, 내 명예부터 모든 게 사라질 거야. 내겐 아무 것도 남지 않겠지. 네가 관중석에 앉아 있어야 한다고 해도 난 신경 쓰지 않을 거야. 그렇게까지는 안 되겠지만 이 말은 꼭 해야 겠구나. 올해엔 이적 못 시킨다."

호날두도 이해할 수 있었다. 퍼거슨은 그에게 아버지 같은 존재였다. 특히 호날두의 친아버지가 술로 세상을 일찍 하직한 이후 3년 동안은 더 각별했다. 호날두는 퍼거슨을 실망시키기가 죽도록 싫었다. 그래서 유나이티드에 한 시즌 더 있기로 합의를 했다. 2009년에도 레알은 어디 안 가고 있을 테니 말이다.

두 사람 사이의 뒷거래도 소문, 비방, 이적을 할 거냐 말 거냐를 둘러싼 결말 없는 드라마가 시즌에 영향을 미치는 걸 막지는 못 했다. 퍼거슨의 파워 플레이에 화가 난 칼데론은 『마르카』 제1면을 이용해서 이 스코틀랜드 사나이를 비난했다. 노망이 난 게 아니냐는 억측과 함께 퍼거슨을 '작은 프랑코 장군General Franco'이라고 부른 것이다. 퍼거슨은 침착하게 대응할 태세를 갖추고 호날두의 호가를 끌어올리기로 작정했다. "설마 우리가 그 폭도하고 계약을 맺을 거라 생각하는가? 그쪽엔 바이러스도 안 팔 것이다." 퍼거슨이 그 말을 한 게 12월이었다.

최종 결과는 그대로였다. 퍼거슨은 이적을 지연시킬 수는 있었지만 막을 수는 없었다. 바르셀로나를 비롯하여 다른 구단들도 교착 상태에서 이익을 얻어 볼까 해서 각자 이적 제안 의사를 넌지시 비쳤다. 하지만 호날두의 마음은 이미 정해져 있었다.

유나이티드가 2009년 여름 마침내 마음을 풀었을 때, 레알은 8,000만 파운드를 토해 냄으로써 호날두를 축구 역사상 가장 비싼 선수에 등극시켰다. 축구계 기준으로도 가당찮은 금액이었다. 레알은 브라질 출신 선수 카카와 5,600만 파운드에 계약하면서 역대 이적료 기록을 얼마 전에 깬 참이었는데, 같은 달에 그걸 또 깨려 하고 있었다. 축구계 사방에서 통제 불능 상태가 되는 게 아니냐며 우려를 표했다. 하지만 블라터는 아니었다. 그는 곧바로 레알 마드리드를 옹호하고 나섰다. 레알 마드리드는 블라터에게 구단 명예 회원권을 수여한 구단이었기 때문이다.

블라터는 이렇게 말했다. "10년 전, 피카소Picasso의 〈청색시대Blue Period〉라는 그림이 있었는데, 런던 소더비Sotherby's 경매에서 당시 1억 파운드 넘게 팔렸지요. 그 후 이 피카소 그림은 어떻게 됐을까요? 아무도 못 가져가게 숨겨 놨어요. 이제 아무도 못 보게 된 거죠. 하지만 축구 선수는 일주일에 한두 번은 볼 수 있잖아요. 경기에 나오는 스타 선수니까."

호날두가 마드리드에 처음 공개된 날, 8만여 팬들은 베르나베우 스타디움Bernabéu Stadium으로 몰려가 호날두가 미켈란젤로의 〈다비드상David〉이라도 되는 양 넋을 놓고 바라보았다. 호날두가 입장 터널에서 천천히 달려 나와 구장 위 연단으로 가자 새로 선출된 레알 회장 플로렌티노 페레스Florentino Pérez와 고령이 된 구단의 전설 두 명이 이미 나와 있었다. 호날두는 모두가 지켜보고 있고 카메라 수십 대가 촬영하고 있는 가운데 그 유명한 흰색 유니폼을 처음으로 입고 등장했다.

이 일을 성사시킨 남자, 조르제 멘데스는 조심스럽게 물러나 있었다. 실질적으로 그를 눈여겨보는 사람은 아무도 없었다. 하지만 그가 이번 작전의 중심에 있었다는 사실을 알 만한 사람은 알고 있었다. 1년도 넘게, 멘데스가 세계에서 가장 부유한 구단 두 개를 계속 애타게 만들었다. 권력이 구단에서 스타에게로, 다시 그 스타의 에이전트에게로 이동하고 있다는 걸 상기시켜 주는 사람이 있다면 바로 멘데스일 것이다.

하지만 짙은 색 정장 차림의 인물 한 명이 행사한 영향력을 조명한 것 말고도, 호날두의 맨체스터에서 마드리드로의 이적은 유럽 축구계 내 권력의 대전환을 암시하기도 했다. 당시에는 거의 아무도 알아차리지 못 했지만, 그 후 수년에 걸쳐 점차 뚜렷해진 권력의 이동을. 호날두의 마드리드 이적은 스타 파워가 영국에서 스페인으로 넘어갔다는 것을 보여 주었다.

호날두가 라리가로 떠난 이후 프리미어리그는 세계 최고의 선수가 자기들 구단 중 하나에 고용되었다고 내세울 수 없게 되었다. 인재 개발 및 이동의 자연 주기뿐만 아니라 프리미어리그에 대한 상대 평가 때문에도 독일 및 스페인의 독점과 복점은 일류 중 일류 인재를 유인하는 데 있어서 약간의 경쟁 우위를 누릴 수 있었다. 유럽에서는 크리스티아누 호날두와 리오넬 메시 같은 선수들이 골육상쟁의 영국 축구에서 서로 치고받는 대신, 매 시즌 우승 트로피를 한두 개씩 보장해 주다시피 했다.

이제 '프리미어리그에 호날두 같은 선수가 필요하기는 했을까?'란 의문이 생겼다. 선수들의 실력이 충분하고 스타 선수가 팀의 돈벌이 능력을 해치지 않는 선에서 빛을 발한다면, 따라서 업계에서 가장 비싼 선수들이 점점 다른 곳에서 뛰려고 한다면 어떻게 될까? 프리미어리그 사업은 여전히 돈을 척척 벌어들일 것이다. 영국 축구의 초고속 성공을 좌절시키려면 크리스티아누 호날두의 배반만 가지고는 힘들 것이다.

혼란과 기회
토트넘 홋스퍼

호날두 사가saga는 이적 시장의 최정상에서 전개되었지만 선수, 에이전트, 구단들 사이의 갈등은(기존 팀에 대한 충성심과 더 두둑한 연봉을 원하는 마음 사이에서) 모든 수준의 프로 경기, 모든 구단에 존재하며, 현대 프리미어리그 시대에 그런 갈등은 구장에서 일어나는 모든 일 못지않게 구단들 간의 관계를 명확하게 규정했다. 떠나려는 사람은 늘 있기 마련이다. 계약을 원하는 사람도 늘 있기 마련이다. 이적은 모든 일에 대한 반사적 해결책이다.

아르센 벵거가 기꺼운 마음으로 상기시켰듯, "영국에서는 문제만 생기면 바로 다른 선수를 사라고 한다."

선수들이 구단을 오가는 방식은 처음부터 끝까지 거래 중심이다. "그쪽 선수를 원하므로 그쪽이 계약서를 기꺼이 찢어 버리고 싶은 마음이 들 때까지 돈을 드리겠습니다." 계약은 본래 아무 의미 없다. 더 큰 팀으로 이적할 수 있을 것 같다는 낌새를 알아차린 선수들은 이적 시장 기간이기만 하면 담당 에이전트를 통해 구단주의 팔을 비틀어서라도 이적을 성사시킬 수 있다. 여기는 스포츠계 최고의 자유 시장이기 때문이다.

그렇다고 약속으로 정해진 사업 방식이 아예 없다는 뜻은 아니다. 아래는 프리미어리그 이적의 기초 단계다. 축구 관계자 모두가 항상 따르려고 노력하는 하나의 큰 틀이다(스포주의: 언제나 승자는 에이전트다).

- 1단계: 구단이 관심 가는 선수를 알아본다. 예전에 그 일은 공교롭게도 시력 검사를 받아야 할 반백의 스카우트 네트워크가 유럽 어디서 벌어진 들보잡 경기를 보고 작성한 컨설팅 보고서로 이루어졌다. 요즘 그 과정은 대개 살벌한 사무실과 데이터광으로 구성된 팀에서 시작된다. 이 데이터광들은 노트북과 복잡한 선수 스프레드시트에서 취합한 수많은 동영상을 보유하고 있다. 그들의 알고리즘이 이름을 하나 토해 내면 그것이 스카우트를 그 선수의 다음 경기나 여섯 번째 경기로 보내 인성 조사를 시작하라는 신호가 된다. 그 선수가 코칭이 불가능할 정도의 또라이가 아닌지 확인하라는 것이다. 가장 까다로운 프리미어리그 스카우트 부서는 한 달에 스카우트 보고서를 200건 이상 꼼꼼하

게 살펴 추려낸다. 프리미어리그 선수 영입 담당 12년차 베테랑, 스티브 월시Steve Walsh는 이렇게 말한다. "어떤 선수를 직접 가서 지켜보기 전에 저희는 배경 조사를 꼼꼼히 하는 걸 선호합니다. 리스크를 낮추기 위해서죠. … 계약할 때 필요한 모든 걸 100% 갖추고 있다고 말하는 선수가 있으면 그 선수는 거짓말쟁이인 겁니다."

• 2단계: 해당 선수를 직접 가서 본다. 가서 많이 본다. 관심이 충분히 높아지면, 감독이나 스카우트 책임자를 보내서 그 선수를 실물로 보게 한다. 단, 그 감독이 관중석에 있는 모습이 텔레비전 카메라에 잡힐 수 있으므로 감독한테 야구 모자를 반드시 쓰라고 이른다.

• 3단계: 연봉을 제시한다. 모든 협상과 마찬가지로 구단이 실제로 지불할 각오가 되어 있는 금액의 50% 정도쯤으로 잡아야 한다. 양 구단이 서로 접촉한 적 없다고 공개적으로 부인하는 데만 골몰하면 대개 결론 없는 논쟁이 발생한다. 이런 논쟁은 팔려는 쪽이 의욕적일 때, 몇 시간에서 시즌 전체까지 이어질 수 있다.

• 4단계: 해당 선수와 개인적 조건에 합의한다. 일단 이 단계가 처리되면 이적은 실질적으로 완료된 것이나 다름없다. 세 가지 형식적 절차만 남게 된다. 결함이 있는 선수를 팔아 치우려는 게 아니라는 걸 확인하기 위한 매입 구단의 건강 검진, 계약서상 점선에 실제 서명, 해당 구단 유니폼 셔츠를 든 채 환하게 웃고 있는 선수의 사진 촬영.

적어도 모든 게 순조롭게 흘러갈 때는 이런 식으로 진행된다. 하지만 사소한 문제점이 가격부터 주변의 적대감 정도에 이르기까지 이적의 모든 것에 영향을 미칠 수 있다. 그런 문제점에는 이적 제한 해제 조항부터 선수의 기존 계약 기간이 얼마나 남았는지, 그리고 물론 에이전트 수수료 같은 작은 사소한 일이 포함된다. 맨체스터 유나이티드의 데이비드 길은 2000년대 에이전트 수수료를 구단이 지불하기보다 선수가 직접 내도록 하는 리그 전체 규정을 도입하려고 했다. 하지만 에이전트의 입김이 충분히 작용한 구단들이 충분히 많아 반발을 샀고, 프리미어리그가 처한 상황을 보니 UEFA에 따르면 에이전트 수수료가 점차 늘어 영국의 경우 총이적료의 13%나 차지하게 되었다고 한다. 이는 매 시즌 수천만 파운드에 달하는 금액이다.

여기서도 보스만 판결Bosman ruling이 권력을 선수들한테 다시 이동시켰다. 자유 계약이 생기면서 계약 기간에 이상한 변곡점이 새로 생겨났다. 계약 잔여 기간 18개월 기점. 명시적인 건 아니지만, 그 기점이 구단들이 해당 선수를 (가능한 정도까지) 묶어두기 위해 새로운 계약서 작성을 슬슬 시작해야 할 때라는 걸 깨닫는 시점이다. 안 그러면 계약이 만료될 때 땡전 한 푼 못 받고 그 선수를 잃게 될 수도 있기 때문이다.

이런 미친 짓이 연중 계속되곤 했다. 두 구단이 언제 계약을 맺어도 되는지에 대한 규정이 없었기 때문이다. 선수들은 연중무휴 판매 대상이었다. 1990년대 초부터 프리미어리그는 토트넘

전 감독인 테리 베너블스Terry Venables의 지휘하에 이 점에 제약을 두려고 했다.

'테리'의 아이디어는 감독이 코치가 되어 선수들과 시간을 보내야지, 신규 계약 건수를 물색하거나 에이전트의 접근을 막거나 아직 거처가 결정되지 않은 선수들을 상대해서는 안 된다는 것이었다고 프리미어리그 CEO 릭 페리는 당시 밝혔다.

하지만 선수 판매가 허용되는 시기를 특정하자는 제안은 리그 구단주들끼리의 투표에서 아깝게 부결되었다. 반대 표는 소수의 작은 구단들한테서 나왔는데, 이런 구단들은 자금을 신속히 마련해야 할 경우를 대비해 시즌 도중 선수를 떠넘길 수 선택권이 있다는 걸 다행으로 여겼기 때문이다. 단, 이게 끝이 아니었다.

보스만 판결로 이적 시장이 과열되자, 프리미어리그는 다시 한번 상시 쇼핑 기간이 미치는 불안정한 영향을 억제하자는 제안을 지지했다. 페리의 후임으로 온 리그의 CEO, 피터 리버Peter Leaver는 1998년 이렇게 말했다. "선수들을 팔아 보겠다고 끊임없이 접근하는 에이전트들을 어느 정도 통제할 수 있게 될 겁니다. 구단들도 사전에 제대로 계획을 세워야 할 테고요."

UEFA도 2회에 걸친 특정 기간으로 선수 이적을 제한하자는 방안에 동의한 후 도입했다. 여름에 한 번, 1월에 한 번. 하지만 어떤 아이디어가 유럽 대륙에서 건너올 경우 영국이 으레 그러듯, 프리미어리그 구단들은 갑자기 입장을 바꿨다. 그 구단들이 그 문제에 어떤 의견이 있었던 것도 아니었다. 2002년, UEFA는 이 문제를 종식시킬 수 있으리라 생각하고 유럽 전역에 이적 시기를 2회로 통일했다. 구단과 선수 모두 더욱 긴 계약 기간을 지지한다는 사실을 알고 있으므로, 일 년 내내 이적 걱정을 거의 하지 않고 당면한 과업에 집중할 수 있을 것이었다.

하지만 둘 다 틀렸다.

"현대 축구의 특징은 선수들이 더 큰 자유를 추구한다는 겁니다. 그리고 그런 성향은 개인주의에 합치하죠. 요즘 우리는 1월 이적 시기조차 구단 내에 대변동을 초래하는 지경에 이르렀어요. 자기 이익이 팀의 이익이랑 안 맞으면, 그 녀석은 굉장히 짜증이 나는 거죠." 벵거의 말이다.

그리고 바로 그 지점에서 불난 집에 부채질하면서 군침 흘리는 타블로이드 언론이 끼어든다.

이적 루머는 수십 년 간 타블로이드 언론의 장사 도구이자 프리미어리그보다 오래 된 상품이었다. 하지만 과거를 쭉 거슬러 올라가 보면, 이적 루머와 프리미어리그는 조상이 같다는 걸 알 수 있다. 그 조상은 프리미어리그에 엮였을 즈음 다국적 미디어 제국의 맨 꼭대기에 앉게 되었다. 그러나 1969년, 그 조상은 호주 출신의 야망 큰 신문사 사장에 불과했다.

루퍼트 머독은 망해가던 『더 선』을 막 인수한 참이었다. 이제 물류 문제에 직면했는데, 축구가 그의 인생에 초래하게 될 이런저런 문제 중 첫 번째였다. 전국적으로 인쇄소가 부족하다는 건 『더 선』의 초판이 아무리 늦게 끝나는 경기라도 그 경기가 끝나기 전에 인쇄에 들어가야 한다는 걸 의미했다. 축구를 사랑하는 영국 대중을 목표로 삼는 사람한테는 재앙과도 같은 일이었다.

그래서 『더 선』은 머리기사를 애타게 기다리는 독자들을 달래 줄 일종의 축구 단신을 대신 실었다. 『더 선』은 가십을 싣기 시작했다. 그 어떤 분야도 역사를 살펴볼 때 가십이 인기 없던 분야는 없었다.

그 후 수십 년 동안 축구의 가십-산업 단지에는 더 큰 혁신이 찾아왔다. 성인 영화 산업이 (VHS와 베타맥스 대결에서 결정타가 되어줌으로써) 영상 제작 기술의 선두에 섰던 것과 마찬가지로 이 축구 가사-산업 단지도 뭐가 됐든 활용할 수 있는 매체가 새로 등장하면 가리지 않고 받아들였다. 인터넷 등장 이전인 1990년에 타블로이드의 최신 루머를 총정리해 준 게 바로 BBC의 문자 다중 방송 시스템인 시팩스CeeFax였다. 프리미엄 요금제 전화 서비스 또한 팬들을 유인하여 과연 어떤 '월드컵 스타'가 자기들 구단과 계약할 가능성이 있는지 듣기 위해 터무니없이 비싼 요금을 물렸다. 그러다 이 산업 단지가 온라인으로, 트위터로 옮겨가더니 루머가 삽시간에 퍼져 나갔다. 오늘날 BBC 웹사이트에 올라오는 이적 루머 칼럼은 사람들이 가장 많이 읽는 페이지 가운데 하나에 꼭 든다. 기자들은 이적 루머를 가끔 정확하게 맞추는 것 하나로 수많은 소셜미디어 팔로잉을 받는다. 이적 시기를 따로 만들어도 이적 추측이 연중 오락 거리가 되는 것을 막지는 못 했다. 이적 루머를 다룬 신문 단신에서는 그야말로 무엇이든 선수의 이적이 임박했다는 징후가 될 수 있다.

아무개 선수가 영국에서 뛰고 싶은지 묻는 질문에 아무 감정도 드러내지 않고 그냥 "세계 최고의 리그잖아요. 누구든 자기한테 딱 맞는 구단에서 뛰고 싶겠죠"라고 대답을 한다. 그 말은 심하게 왜곡되어 '프리미어 구단들, 저 좀 데려가 주세요'라는 미드필드 이슈로 변해 버린다.

하지만 영국 언론이 이적(과 프리미어리그 전반)을 보도하는 방식에 영향을 미치는 근본적인 문제가 하나 더 있다. 접근 권한이 거의 전무하다는 것이다. 프리미어리그 담당 기자 집단은 매일 자신들이 글로 다루게 되어 있는 사람들을 잠깐이라도 볼라치면 제지를 당한다. 전형적인 일주일 일정을 보면, 감독이 매번 경기 전 기자 회견 한 번을 허용하고 시합 후 언론 인터뷰를 한다. 선수 두어 명 정도가 스타디움에서 나오는 도중 잠깐 동안 기자 몇몇한테 몇 마디 던져줄 수도 있다. 그게 다다. 아나운서는 그보단 좀 더 접근할 수 있어서, 생중계가 예정된 경기에 앞서 독점 인터뷰를 보장받기도 한다. 물론 그런 독점 인터뷰 중계권에도 수백만을 지불할 것이다.

이는 매 경기 후, 또는 매 기자 회견 후, 경쟁 일간지 기자들이 벌이는 조심스러운 게임을 초래한다. 기자들은 똘똘 뭉쳐 정치꾼들한테 빌려 온 수를 쓸 것이다. 즉, 가장 군침 도는 가십이 무엇이었는지를 자기들이 결정할 거란 얘기다. 기자들 모두가 답을 찾으려는 질문은 '승률이 어떻게 되는가'이다. 아마도 그들은 해당 시합의 레드카드를 머리기사로 다루거나, 어쩌면 감독이 자기들 구단이 스트라이커를 구한다는 암시를 주었을지 모른다. 유일하게 확실한 것 한 가지는 다음날 그들의 기사가 하나같이 똑같은 관점을 취하고 있을 거란 점이다. 왜냐? 다들 사전에 동의했으니까.

언론은 더 큰 접근 권한이라는 망상을 만들어 내기 위한 교활한 속임수도 가지고 있다. 바로 엠바고embargo다. 어떤 기자 회견이나 인터뷰도 두어 개 섹션으로 나뉠 수 있다. 일요일 경기 전 감독의 기자 회견이 전형적인 예다. 그 주 금요일에 열리는 기자 회견은 처음 10분간 신문사와 방송국에 똑같이 공개되는데, 전 분량을 즉시 사용할 수 있다. 잠시 후 카메라가 꺼지면 일간지와 웹사이트만을 위한 2부가 이어진다. 여기서 나온 말은 그날 밤 10시 30분까지 보도하지 않고 보류해야만 한다. 따라서 기자들은 보도 시점 경쟁에 내몰리지 않게 된다. 마지막으로, 3부는 일요신문들을 위한 자리다. 물론 거기서 나온 내용도 일요일 심야까지 보도를 보류해야 한다. 마찬가지로 선수 두어 명이 경기 후 몇 마디 발언을 해서 조공하는 건 무엇이든(소위 야외 믹스트존 인터뷰에서) 엠바고 대상이 되는데, 엠바고 여부는 구단이 아니라 기자단 중 고참 기자가 결정한다.

원칙을 따른다면 동료 기자들은 늘 인용 내용과 녹취 기록을 이메일로 보내줘 혼자만 불리해지는 일이 없게 해 줄 것이다. 원칙을 어기면 왕따를 당하다 결국 '업계 망신을 시켰다'며 비난하고 '부끄러운 줄 알면 고개 들고 다니지 말라'고 통보하는 분노에 찬 트윗을 동료 기자들한테 받게 된다(실화다). 특종이 있는 게 아니라면 말이다.

그 상황이면 모든 게 원점으로 돌아간다. 어떤 에이전트나 구단 중역이 한 기자한테 모 선수의 향후 계획과 관련해서 사실일 수도, 사실이 아닐 수도 있는 정보를 문자로 살짝 흘린다. 그 문자 메시지의 타이밍이 신기하게도 해당 선수의 차기 계약 교섭 시기와 우연히 맞아떨어진다. 한 구단이 '이적을 따져보고 있다'거나 경쟁 구단의 스타에 '관심이 있다'거나 그 스타를 노리고 '1월에 대담한 공세를 계획 중'이라는 내용의 출처가 모호한 보도를 재빨리 내보낸다.

스포츠 1면을 한발이라도 앞서 차지하려 매일 벌이는 게임에서, 유일하게 중요한 건 볼드체 굵은 글씨나 금색 활자로 찍은 표제 그리고 0이 주르륵 붙은 가격표다. 말도 안 되는 얘기는 이런 우스꽝스러운 짓들이 프리미어리그 주변 대화에 불을 붙이고 심지어 매 경기마다 흥미의 층위를 더해 준다는 점이다. 바꿔 말하면, 가십기사-산업 단지는 프리미어리그로 향하는 관심과 관중을 늘려줄 뿐만 아니라 프리미어리그의 토대가 되는 시장을 급속 충전하는 데도 도움을 준다는 말이다.

더 말도 안 되는 얘기 하나. 가끔 이런 이적이 실제로 이루어지기도 한다.

이런 배경을 놓고 보면, 이미 살벌한 프리미어리그의 이적 사업에서 선수들을 사고파는 과정이 2000년대 말과 2010년대 초 그 어느 때보다 미쳐 돌아가는 모습을 본 건 놀랄 일이 아니다. 프리미어리그 구단들이 2011년 여름 4억 8,500만 파운드를 펑펑 썼을 때, 즉 전년 대비 33%나 더 썼을 때는 이례적인 일처럼 보였다. 사실 그때는 집단 히스테리의 시작에 불과했다. 그것이 계기가 되어 프리미어리그 구단들의 그다음 다섯 시즌 동안의 합계 지출액은 껑충 뛰어올랐고, 급기야 2016년에는 결국 무한 경쟁 상태에 빠졌다. 2016년은 리그에 속한 스무 개 구단의 지출이 사상 최초로 10억 파운드 기록을 깬 해였다.

하지만 이런 세계 최정상급 현금흐름으로 이적 시장의 비열한 속임수가 근절되었다고 생각한다면 크나큰 오산이다. 오히려 구단, 에이전트, 심지어 선수까지 계약을 무리하게 성사시키거나 경쟁 상대를 골탕 먹이기 위한 노력 면에서 전보다 더욱 창의적이고 어이없어졌다. 신사들 사이의 품위 있는 구두 계약과 악수는 자취를 감췄다. 이적 시장에서 활동하는 것은 여지없이 피라냐 수조에서 수영하는 것과 같은 일이나 마찬가지였다. 이제 이적 시장에서의 활동은 누군가 성질 더러운 큰가오리 떼까지 추가로 들여보내기라도 한 것만 같았다.

프리미어리그는 몇 년 전, 로만 아브라모비치의 첼시가 아스날의 주전 선수들을 빼내 오는 데 마침내 성공하고야 말았던 당시 이런 풍조를 처음 일별했다. 결국 북런던에서 서런던으로 이적한 건 티에리 앙리가 아니라 수비수 애슐리 콜Ashley Cole이었다.

블루스가 콜에게 관심을 두는 건 지극히 당연했다. 이 스물다섯 살짜리 선수는 세계 최고의 레프트백으로 영국 축구의 대들보이며 누가 봐도 전성기였기 때문이다.

놀라운 건 첼시가 콜과 계약을 체결하게 된 경위였다. 2005년 1월 27일, 여러 관계자들이 랭커스터 게이트 모퉁이를 돌면 바로 나오는 로열 파크 호텔Royal Park Hotel 로비에서 모였다. 그곳은 10년도 넘은 과거, 프리미어리그가 결성된 곳이기도 했다. 콜은 에이전트인 조너선 바넷Jonathan Barnett을 데리고 왔고, 첼시쪽 대표단은 무리뉴와 피터 케년이었다. 동에 번쩍 서에 번쩍하는 슈퍼 에이전트 피니 자하비는 2010년대 성사된 거의 모든 주요 이적 자리라면 으레 빠지지 않았듯 이 자리에도 참석을 했다.

술과 안주를 먹고 마시며, 일행은 콜과 첼시 사이 계약의 모호한 사항들, 콜의 축구 이외 요구 사항들, 콜이 앞으로 무리뉴의 팀에 어떻게 적응할 것인지를 대략 그려 보며 담소를 나눴다. 모두 이적 협상의 표준에 들어맞는 것이었지만 딱 한 가지 세부 사항은 아니었다. 콜은 아스날과 맺은 5년 계약에서 중간 정도에 다다른 상태였는데, 아스날은 자기 팀 소속 선수 관련해서 첼시의 접근을 받은 적이 없었다. 따라서 이 모임 자체가 프리미어리그 규정의 명백한 위반에 해당했다. 은밀한 이적 협상의 낌새를 알아차린 타블로이드 지들이 축구 팬들 대부분에게 금시초문인 말, 태핑 업tapping up을 쓴 것은 이때가 처음이었다. 태핑 업이란 경쟁 팀 소속 선수를 찔러봄으로써 향후 이적을 용이하게 하려는 위법적 관행이다. 그 후로도 태핑 업은 계속 일어날 터였다.

프리미어리그가 이 문제를 조사하기 시작하자, 콜의 에이전트는 잽싸게 이 상황을 진정시키려 첼시와의 만남은 어떤 식으로든 이루어진 적이 없다며 무조건 부인했다. 하지만 그는 매의 눈을 한 호텔 웨이터까지는 미처 생각을 못 했고, 그 웨이터는 자신이 케년, 무리뉴, 콜한테 문제의 그날 오후 음료를 서빙했음을 확인하는 서명 진술서에 서명하게 된다.

그해 여름, 첼시와 콜, 그리고 무리뉴는 모두 프리미어리그 규정을 위반한 것으로 밝혀졌다. 블루스는 30만 파운드의 벌금형을 받고 승점 3점 감점 집행 유예를 맞았다. 콜과 무리뉴는 각각 10만 파운드와 20만 파운드의 벌금을 부과받았지만 차후 벌금이 하향 조정되었다. 하지만 그 일은 콜의 첼시 이적을 지연시키는 것에 그쳤다.

이 수비수는 장기간에 걸친 이적 사가와 아스날 구단주와의 불화 끝에 마침내 12개월만에 블루스에 서명하게 되었다. 콜은 아스날 구단주가 주당 55,000파운드 계약 제안으로 '자신을 열받게' 했다며 비난했다. 첼시로의 이적 직후 출간된 콜의 자서전은 가관일 정도로 현실감이 떨어지는데, 어쨌든 그 자서전에 이렇게 써 놓았다. "조너선이 55,000파운드라는 액수를 되풀이해서 말하는 걸 들었을 때는 차가 휘청해서 도로에서 벗어날 뻔했다." 이처럼 무분별한 발언으로 콜은 전국민의 놀림감이 되었고 아스날 팬으로부터는 캐슐리Cashley 콜이란 별명을 얻었다. 아스날 팬들은 해당 시즌 두 팀이 대결하게 되자, 가짜 20파운드 지폐를 콜에게 흔들어 보이기도 했다.

태핑 업은 결코 영국 축구에 나타난 새로운 현상이 아니었다. 노팅엄 포레스트 전 감독 브라이언 클러프Brian Clough는 "우리는 세 번 트렌트 수돗물Severn Trent Water보다 선수들을 더 많이 태핑했다"[+]고 으스댄 적이 있을 정도였다. 하지만 붐비는 호텔 로비 한가운데서 콜한테 러브콜을 한 첼시의 철면피 같은 행태는 팬들과 경쟁 팀 감독들 모두를 경악하게 했다. 자기 선수한테 대놓고 접근했다는 사실을 안 즉시 벵거는 한탄했다. "아니, M25 한복판에서 하지 않고 왜? 그럼 모르는 사람이 없었을 텐데."

블루스는 애슐리 콜 이적 사가가 불러일으킨 분노에도 아랑곳하지 않고, 2009년 가엘 카쿠타Gaël Kakuta란 16세의 미드필더한테 RC 랑스RC Lens of France와의 계약을 깨라고 부추겼다는 비난을 받으며 다시금 태핑 업 논란에 휩싸였다(첼시는 나중에 규정 위반 혐의를 벗었고 랑스와 합의를 보았다).

태핑 업에 대한 이런 도덕적 공황도 얼마 안 가 그래도 그때가 순진한 시절이었다는 느낌으로 변하게 된다. 도덕적으로 의문의 여지가 있는 관행들이 전반에 걸쳐 너무 보편화되다 보니까, 얼마 후부터는 그것도 그냥 사업을 하다 치르게 되는 대가 정도로 여겨지게 되었던 것이다. 무자비한 현대 이적 시장에서 얻은 교훈이 하나 있다면 그것은 선수의 서명 잉크가 마른 다음 복사해

[+] 수돗물을 틀 때도 영어로는 태핑이라고 한다.

서 리그 것까지 세 부 보관해 놓기 전까진 그 어떤 계약도 마음 놓을 수 없다는 것이었다.

그 교훈은 2010년 웨스트햄이 바르셀로나 출신의 아이슬란드인 베테랑 스트라이커 아이두르 구드욘센Eiður Guðjohnson과의 계약을 마무리한 듯 보였을 때, 아주 값진 교훈이었던 것으로 판명되었다.

구드욘센이 공항에 도착하자 웨스트햄은 통상적인 건강 검진을 받게 하려고 그를 차로 현지 병원에 데려다 주었다. 그 후 카나리 워프Canary Wharf에 있는 한 호텔에 내려 주었는데, 계약서에 서명하고, 사진도 찍고, 온 세상에 해머스 대표로 뛸 기회를 갖는 게 꿈에 그리던 일이라고 발표하는 등 형식적 절차를 마무리하러 스타디움으로 가기 전, 샤워도 하고 옷도 갈아입기 위해서였다. 하지만 구단 관계자가 구드욘센을 스타디움으로 데려가려고 호텔에 차를 세우고 보니, 그들의 계획은 뜻밖의 난관에 봉착했다. 웨스트햄의 공동 구단주, 데이비드 설리번David Sullivan은 그때를 이렇게 기억했다. "구드욘센이 금방 호텔에서 사라진 거예요." 구드욘센은 몇 시간 뒤 다시 나타나 토트넘 유니폼을 들고 온 세상에 스퍼스 대표로 뛸 기회를 갖는 게 꿈에 그리던 일이라고 발표했다.

웨스트햄은 도무지 믿을 수가 없었다. 검진을 받고 점선 위에 서명을 하러 가는 사이, 구드욘센은 스퍼스 감독 해리 레드냅의 접촉을 받고 마음을 바꾼 것이었다. 설리번이 아는 한, 이건 결혼식장에서 바람 맞는 정도가 아니었다. 결혼 피로연 도중에 이혼을 당한 거라고 보아야 했다. 해머스는 심지어 구드욘센의 항공권, 호텔, 검진 비용으로 5,000파운드까지 부담해야 했다.

설리번이 분기탱천하며 말했다. "우린 계약을 한 걸로 생각했어요, 선수가 건강 검진까지 받았으니까. 토트넘에 이만저만 실망한 게 아닙니다. 하지만 전 업보도 믿고 뿌린 대로 거둔다는 말도 믿습니다."

그래도 이적에 대한 설리번의 심판은 정확했던 걸로 판명되었다. 왜냐하면 업보가 3년 뒤에 돌아왔기 때문이다. 이번에는 토트넘 관계자들이 리버풀을 눌러 버리고 브라질 출신 윙어, 윌리앙Willian과 계약을 하느라 한참 정신없을 때였다. 윌리앙은 러시아 구단 안지 마하치칼라Anzhi Makhachkala의 정유업계 억만장자 거물 구단주 술레이만 케리모프Suleiman Kerimov가 사적으로 자금을 지원하다 지쳐서 팔려고 내놓은 선수였다. 안지와 가격 합의를 본 토트넘은 이미 소문난 대로 건강 검진을 받게 하려고 윌리앙을 비행기로 데리고 왔다. 윌리앙이 스퍼스 훈련장에 도착해서 플래시 세례를 받은 후 절차에 따라 이런저런 검사를 받는 동안 토트넘 임원들은 바로 옆방에서 필요한 서류를 준비하고 있었다. 윌리앙을 그 방으로 안내하기 전까진 모든 게 순조롭게 진행되고 있었다. 그런데 선수가 마음을 바꿨다.

"정말 죄송하지만 전 첼시로 갑니다." 윌리앙이 말했다.

알고 보니 윌리앙이 건강 검진을 받을 거란 소문을 듣고 첼시가 안지와의 계약 가능성을 떠올렸고, 케리모프는 공교롭게도 로만 아브라모비치의 절친이었던 것이다. 현대 프리미어리그에서 그건 상당히 유리한 카드다. 러시아인 대부호 둘이 적시에 주고받은 전화 한 통으로 첼시는 그들의 런던 연고 경쟁 구단 코앞에서 선수를 훔칠 수 있었다. 이즈음 얼마 안 갈 두 번째 복귀 때문에 스탬퍼드 브리지에 와 있던 조제 무리뉴는 이를 두고 기뻐서 어쩔 줄 몰라 했다. 그는 그날 오후 기자 회견에서 이렇게 말했다. "계약 전 검진이 그렇게나 위험한 겁니다." 그리곤 자비롭게도 토트넘에 공짜 조언을 해 주었다. "이럴 때 최선은 검진을 몰래 하는 거랍니다."

하지만 프리미어리그 대부분한테 이 새로운 이적 경제는 웃어넘길 일이 아니었다. 돌이킬 수 없을 정도로 높아진 은밀함과 공황의 수준 때문에 구단들은 어쩔 수 없이 너도 나도 원칙을 무시하고 도를 넘어서까지 계약을 밀어붙였다. 부상당한 선수, 인성이 의심스러운 선수, 완전히 형편없는 선수와의 위험한 계약이 비일비재해졌다. 2012년, 블랙번 로버스 감독 스티브 킨이 경기하는 걸 실제로 본 적도 없는 선수 세 명과 이적 시장 마감일에 계약을 하겠다고 발표했을 때, 광란의 쇼핑은 이적 시장의 전형적 특징이 되어 있었다.

에이전트의 폭증은 혼란만 가중시켰다. 조제 멘데스와 피니 자하비 같은 사람들이 점점 막강한 힘을 갖고 하루가 다르게 번창해 가자, 선수들을 사고파는 수익성 좋은 사업에 편승하려는 제리 맥과이어Jerry Maguire 지망생의 숫자는 급속히 치솟았다.

2014년 유럽에서 활동 중인 공인 축구 에이전트만 어림잡아 15만이었는데, 그들을 단순히 감시하는 일만도 열대 우림에 사는 모든 종을 분류하는 것에 맞먹는 일이 될 정도로 많았다. 그래서 피파는 같은 해 공인 에이전트 개념을 완전히 없애기로 결정했다. 그 결과 선수 구매를 희망하는 프리미어리그 구단들이 종종 동일한 선수 한 명을 대리한다고 주장하는 에이전트를 무려 너덧 명까지 접하곤 한다. 한 프리미어리그 구단의 구단주는 다음과 같이 말했다. "나는 누구를 상대하는지도 몰라요. 에이전트들은 다들 돈을 받을 걸로 기대하죠. '내가 영국에 대한 독점권이 있는 사람이다', '나한테 그쪽 구단에 대한 정식 권한이 있다' 그런 말들을 하면서요. 지금 거액의 돈을 논하는데 그로 인해서 받는 위협은 정말이지…. 제가 신변 협박도 받아 봤거든요. 내 가족을 폭행하겠다는 위협까지. 무시무시합니다."

그 모든 아수라장 속에서, 영국 축구에서 가장 명망 높은 일부 조직들조차 사업비를 따라잡느라 애를 먹었다. 풋볼리그의 원년 멤버인 에버턴은 데이비드 모예스David Moyes 하에서 연달아 기대 이상의 성과를 거두면서 유망주로 부상했다. 하지만 1966년 월드컵 준결승전을 주최한 바 있는 노후 구장, 구디슨 파크Goodison Park와 웨스트엔드 극장 프로듀서로 수수한 부를 이룩한 빌 켄라이트Bill Kenwright를 구단주로 둔 구단은 재력이 탄탄한 경쟁 구단을 도무지 따라잡을 수가 없었다.

켄라이트는 2011년 미팅에서 에버턴 서포터 그룹에 남아프리카 출신 미드필더 스티븐 피에나르Steven Pienaar를 300만 파운드에 팔아 생긴 수입을 새로운 선수 영입에 쓰지 않은 이유를 공개 발표했다. "데이비드가 시작했을 때, 제가 말했습니다. '난 돈이 없다네. 자네 은행하고 싸워야 할 거야. 매일 나 때문에. 은행은 지독하지.'" 애스턴 빌라와 뉴캐슬 유나이티드도 결국 가용 자금이 부족해서 비슷한 좌절을 겪었다. 다른 구단들도 히스테리에 사로잡혀 어떻게든 돈을 썼는데, 그중 포츠머스는 아홉 자리까지 빚이 늘었고 선수들 임금을 지급하느라 2009-10 시즌 중반에 돈을 다 써 버렸다.

전국에서 가장 신중한 구매자인 아스날조차 이적 시장 재앙은 모면하지 못 했다.

에미레이츠 스타디움 건설로 인한 극심한 채무 부담과 아르센 벵거의 안전 제일주의 재정에 짓눌린 거너스는, 자기들이 끼지 않으면 과열된 이적 시장에서 손해 볼 일도 없을 거라 판단했다. 신규 계약 선수들의 질이 2006년 이후 급격히 떨어진 건 벵거가 갑자기 인재를 알아보는 눈을 잃어버려서라기보다, 자신의 인재 영입 원칙을 훼손하거나 희생시키는 쪽으로 구단을 몰아갈 마음이 없었기 때문이었다. 그게 바로 아스날이 전 세계 축구계의 슈퍼스타란 슈퍼스타하고는 거의 계약 직전까지 갔다고 주장만 하는 이유다.

크리스티아누 호날두, 리오넬 메시, 즐라탄 이브라히모비치Zlatan Ibrahimović…. 이들은 모두 10대 때부터 벵거의 레이더에 잡혔었지만 결국 다른 구단으로 가 버렸다. 이 멋진 신세계에서, 벵거가 시장에서 움직이는 속도는 심하다 싶을 정도로 느렸다. 그래서 마침내 소화할 수 있을 만한 가격의 선수를 알아보더라도, 돌려보내기에는 너무 늦는 경우가 많았다. 2014년 스파르타크 모스크바Spartak Moscow에서 임대 영입한 선수 킴 셸스트룀Kim Källström 경우에서처럼, 설령 선수가 이미 하자가 있다고 판명되었는데도 너무 늦어서 돌려보내지 못했다. 도착 당시 셸스트룀은 허리 부상이었다.

아스날에게 정상급 선수들을 추가 영입하지 못하는 것보다 더 최악은 이미 보유하고 있는 정상급 선수들을 팔아야 하는 것이었다. 벵거가 발굴한 선수들, 애슐리 콜부터 미드필더 세스크 파브레가스Cesc Fàbregas까지 모두, 거너스가 경쟁 구단이 제시하는 임금을 맞춰 줄 수 없게 되자 부리나케 떠났다.

구단의 목표가 리그 우승에서 4위 안에 들기만 하자로 알게 모르게 바뀐 것도 우연이 아니었다. 벵거는 이렇게 말했다. "에이전트들은 우리가 팔 수밖에 없다는 것도, 우리한테 다른 구단만큼의 재력이 없다는 것도 다 알고 있었습니다. 거기에 더해서 우리가 어린 선수들을 기용한다는 것도 알고 있었죠. 그게 우리의 생존 방식이었어요. 실력 좋은 팀을 갖췄을 때도 있었지만 대신 경험이 부족했습니다. 우리 선수들은 첼시나 유나이티드 선수들보다 어렸으니까요."

북런던 반대편에서는 한 구단이 이 불안정한 이적 시장이 자기들의 취향에 맞는다는 사실을 발견했다. 토트넘 홋스퍼보다 돌려 말하기와 비열한 속임수가 횡행하는 세계를 더 잘 헤쳐나간 구단은 없었다. 그리고 그건 모두 대머리에 안경잡이인 대니얼 레비란 이름의 케임브리지 졸업생 덕분이었다.

숫기 없고 학구적인 레비는 축구계에서 가장 무시무시한 협상가로 부상할 것 같은 인물로는 보이지 않았다. 하지만 토트넘 역시 레비가 2001년 합류하기 전까진 그 어떤 분야에서도 가장 무시무시한 존재로 부상할 것 같은 구단으로는 보이지 않았었다. 프리미어리그 초창기 동안, 스퍼스는 만만한 구단으로 비쳐졌었다. 1950년대와 1960년대에 걸쳐 쌓은 현대적인 축구를 구사한다는 구단의 평판은 기술이 뛰어난 선수들에 대한 집착으로 진화했다. 기술이 뛰어난 선수들은 예외 없이 연봉은 높지만 거의 예외 없이 프리미어리그 시즌의 체력 부담을 감내할 용기는 없었다. 로이 킨이 폭로한 것처럼, 알렉스 퍼거슨이 스퍼스와의 경기 전 한 연설만큼 토트넘에 대한 다수의 견해를 압축해서 잘 보여 준 건 없었다. 연설은 딱 두 단어였다. "제군들, 토트넘일세." 스퍼스는 만만한 상대였다.

하지만 조 루이스Joe Lewis가 토트넘을 인수하자 그것도 차차 바뀌기 시작했다. 조 루이스는 하락세인 영국 구단에서 이윤을 내는 데 어느 정도 통달한 억만장자 외환 투기꾼이었다. 스퍼스 매입 전, 루이스는 1992년 EU의 환율조정제도Exchange Rate Mechanism에서 탈퇴한 파운드화를 매도했던 조지 소로스George Soros와 더불어 영국 재무부로 하여금 34억 파운드를 날리게 한 인물 가운데 한 명으로 가장 잘 알려져 있었다.

화이트 하트 레인에서 10여 킬로미터 떨어진 곳에 위치한 런던 동부, 보우Bow에서 태어난 루이스는 그 후 스퍼스 인수 시점까지 오랫동안 바하마 제도의 조세피난처에서 살고 있었다. 그 말인즉슨 자기 대신 런던 땅에서 구단을 운영해 줄 사람이 필요했단 얘기다. 그게 바로 레비였다.

레비의 아버지는 남성복 소매점인 미스터 바이라이트Mister Byrite를 창립했다. 레비는 케임브리지에서 경제학 학사를 땄으며 1995년 영국국립투자회사English National Investment Company 혹은 ENIC에 이르기까지 소매점 열 군데를 경영 또는 소유했다. ENIC는 루이스가 자금을 댄 외국 투자 기업으로 처음에는 섬유에만 관여했었다.

레비는 일찍부터 장래가 촉망되는 인재였다. 그가 맨 처음 시도한 것은 영국의 한 인터넷 벤처 기업에 600만 파운드를 투자한 것이었다. 3년 뒤, ENIC는 오토노미Autonomy라는 그 회사의 지분 4%를 1억 5,000만 파운드에 팔았다. 레비는 얼마 후 비슷한 수익을 낼 것으로 생각되는 또 다른 투자 기회를 찾아냈다. 레비는 그때를 떠올리며 말했다. "우리는 축구를 선택했습니다. 축구는 세계 최고의 인기 스포츠니까요. 게다가 최대 돈벌이 수단이기도 하고요. 연간 10% 성장하는 사업 같은 걸 찾고 있던 게 아니었어요. 우리는 좀 더 흥미진진한 걸 찾고 있었습니다."

1997년, ENIC는 축구에 힘차게 발을 들여놓으면서 글래스고 레인저스Glasgow Rangers 지분 25%를 4,000만 파운드에 샀다. 글래스고 레인저스에서 레비는 이사 자리에 앉았다. 그들은 그 후로 줄줄이 이탈리아 구단인 비첸차Vicenza, 스위스의 FC 바젤FC Basel, 체코 공화국의 슬라비아 프라하Slavia Prague, 그리스 구단인 AEK 아테네AEK Athens 지분을 매입했다. 1998년 스퍼스 인수 시도는 좌절되었지만 2000년 12월 앨런 슈가가 ENIC에 토트넘 경영권 29.9%를 2,200만 파운드에 파는 데 동의했다. 레비에게는 기꺼이 낼 마음이 있는 액수였다. 한 주당 80펜스(0.8파운드)에 ENIC는 18개월 전 제안했던 것보다(슈가는 당시 거절했다) 20파운드 적게 주고 사는 셈이었다.

회장에 임명된 레비는 즉각 구단 이적 사업의 지휘권을 잡았다. 이적 부문에서는 거액의 돈이 실적이 저조한 선수들한테 낭비되고 있었다. 당시 루이스는 물었다. "우리 구단은 지난 몇 년에 걸쳐 아스날보다 돈을 더 많이 썼습니다. 대체 그 돈으로 뭘 한 걸까요? 선수들을 계속 사들이기만 하는 건 쉬운 일입니다. 하지만 그 선수들이 잘 못 하면, 결국 수천만 파운드만 날리게 되는 겁니다."

레비가 판단하기에 해답은 선수들을 사고파는 일을 운동복 차림으로 구장 벤치에 앉아 있는 사람이 아니라, 돈 관념이 좀 더 있는 사람한테 맡기는 것이었다. 이게 선견지명인 것이 회장 역임 후 첫 8년 동안, 레비가 쫓아낸 감독만 다섯 명이었기 때문이다. 레비는 『선데이 타임즈』에 이렇게 말하기도 했다. "영국 스타일 감독은 들어오고 나면 선수들 절반을 내보내고 자기가 데리고 있던 선수들을 영입하고 싶어 하더군요. 그래서 구단은 손해 보고 판 다음 다시 사들이면서 수백 만 파운드만 날려요." 그래서 레비는 2단계 경영 구조를 채택했다. 헤드코치를 고용해서 팀 훈련을 시키고 기술이사sporting director를 고용해서 구단의 이적 업무를 맡겼다. 이는 유럽 다른 나라에서는 보편적인 방식이었지만 영국 축구에서는 비웃음을 사고 있던 방식이었다. 처음엔 PSV 아인트호벤PSV Eindhoven 전 중역 프랑크 아르네센Frank Arnesen이 첫 기술이사에 취임했고, 그 뒤를 프랑스의 스카우트 다미앙 코몰리Damien Comolli가, 코몰리 이후는 이탈리아의 프랑코 발디니Franco Baldini가 거쳐 갔다.

하지만 얼마 지나지 않아 대니얼 레비는 구단의 이적 사업을 감독할 최고의 적임자는 바로 자기 자신이라는 판단을 내렸다. "사람들은 너무 직책에 목을 매는 것 같습니다. 구단 운영 방식의 관점에서 볼 때, 어떤 사람이 단장으로 불리든, 기술이사로 불리든, 수석 스카우트로 불리든, 스카우트 책임자로 불리든, 결국 해야 할 일은 감독이 질 좋은 선수 찾는 걸 도와주는 거잖아요. 직책 같은 건 중요하지 않아요."

그의 직감은 옳았다. 그리고 그게 마지막이 아니었다. 레비는 순식간에 피도 눈물도 없는 협상 상대라는 평판을 얻었다. 병적

일 정도로 양보를 못 하거나 자신이 이익을 올리고 끝내지 못할 것 같으면 거래에 응하지 않는 걸로 유명했다. 맨체스터 유나이티드가 2008년 8월 31일 디미타르 베르바토프에 대한 3,075백만 파운드 계약을 마침내 체결하자(이 불가리아 출신 스트라이커가 스퍼스에 올드 트래퍼드로의 이적 의사를 처음 밝힌 지 12개월도 넘었을 때다), 알렉스 퍼거슨은 레비와의 협상을 "고관절 치환 수술보다 더 괴로웠다"고 설명했다. 하지만 레비의 특기가 사정없이 값을 깎는 부분에서만 발휘된 것은 아니었다. 공들인 거래 한 건 한 건으로 이적 시장에서 경쟁자들을 한 번에 한 명씩 이긴 다음 구장에서도 이기면서 레비는 토트넘을 서서히 프리미어리그의 엘리트 구단으로 바꿔 놓고 있었다.

축구 문외한인 레비는 이적 업계를 지배하는 관행들에 대해서는 잘 몰랐다. 하지만 그는 그런 것 때문에 걱정하지 않았다. 그냥 무시하면 그만이었기 때문이다. 첼시는 2011년 7월 스퍼스의 플레이 메이커, 루카 모드리치 Luka Modrić를 자기들의 여름 이적 시장 주요 타깃으로 정하면서 토트넘과 협상을 개시하기 위한 수단으로 2,200만 파운드라는 가격을 제시했다. 레비는 협상 개시를 거부했다. 일주일 뒤, 모드리치는 첼시에 합류하고 싶다고 발표하면서 자신이 레비와 '신사다운 협정'을 맺었으므로 더 큰 구단으로 떠날 수 있을 것이라고 밝혔다. 레비는 그런 협정의 존재 자체를 부인했다. 8월 31일, 이적 기간 마지막 날, 레비의 벼랑끝 작전은 성과를 거두었다. 첼시가 모드리치의 가격으로 새로이 4,000만 파운드를 제안하면서 이적을 원하던 이 미드필더가 최초 제안 가격의 거의 두 배에 마침내 스탬퍼드 브리지로 떠날 수 있는 길을 열어준 것이다. 과연 그렇게 됐을까? 새로운 제안이 거절을 당하면서 모드리치는 12개월 더 억지로 스퍼스에 잔류할 수밖에 없게 되었다. 그다음 해 여름, 모드리치는 약 3,000만 파운드에 마드리드에 팔렸다.

코몰리는 이렇게 말했다. "레비는 다 계획이 있는 사람이고 언제까지라도 기다릴 용의가 있는 사람입니다. 그게 바로 그가 늘 이기는 이유에요."

레비가 무시한 건 이적 시장의 관행뿐만이 아니었다. 리옹Lyon 회장 장 미셸 올라스Jean-Michel Aulas는 토트넘이 2012년 프랑스인 골키퍼 위고 요리스Hugo Lloris를 사려고 협상을 벌인 상대인데, 그에 따르면 레비는 이미 동의한 조항과 규정을 밥 먹듯 무시했다고 한다. 올라스는 불만을 터뜨렸다. "그 사람은 말이 많고 서면으로 동의한 사항을 자꾸 어깁니다. 토트넘 이사들과의 계약이 내가 20년 동안 했던 그 어떤 계약보다도 힘들었어요." 레비는 토트넘의 가장 치열한 경쟁 상대라고 인식되는 구단들하고의 거래도 거부했다. 한 번은 마지막 순간에 개입해서 고문들 말을 무시하고 에마뉘엘 아데바요르의 웨스트햄 임대를 막은 적도 있었다. 경쟁 구단이 상위 4위 안에 들도록 돕는 게 손해라고 보았기 때문이다. 웨스트햄은 12위로 그 시즌을 마감했다.

하지만 레비가 고집불통 거래 상대이기만 한 건 아니라는 게 드러났다. 다른 회장들은 이적 시장의 등락에 어찌할 바를 몰라 했지만, 레비는 승승장구했다. 이 토트넘 회장은 새로운 시장의 비효율성을 가장 먼저 알아본 인물에 속했다. 이 새로운 시장에서는 어린 자국 선수들(특히 영국 여권을 소지한 선수들)이 다른 선수들에 비해 과대평가되는 경향이 있었다. 대부분의 구단들이 이런 현상에 신경을 쓰기 훨씬 전부터 레비는 재판매 가치가 큰 어린 선수들을 목표로 삼았다. 그런 식으로 스퍼스 벤치에 전도유망한 영국 인재들을 비축해 놓았다가 계약 기간의 마지막 18개월을 채우는 선수가 한 명도 없게끔 끊임없이 계약 협상을 했다. 그 결과 선수를 파는 데 있어서 레비는 샹젤리제Champ-Élysées에 있는 명품 부티크와 다름없게 되었다. 할인이 절대 없다는 점에서. 스퍼스에서 성공하지 못한 선수들조차 결국 공개 시장에서 거액을 받아낸다. 레비는 이렇게 설명했다. "최고의 횡재는 들어본 사람도 별로 없고 거액에 팔린 적도 없는 선수들이었지요." 예를 들어, 2017년 여름 스퍼스는 전부 긁어모아 봐야 프리미어리그 출전 횟수가 겨우 117번밖에 안 되는 후보 선수들 다섯을 처분했다. 레비가 부담밖에 되지 않았던 선수들로 벌어들인 총액은 자그마치 4,600만 파운드에 달했다.

가뭄에 콩 나듯 아주 드물지만 레비가 가장 아끼는 선수들을 내주기로 동의하는 경우에도, 개러스 베일Gareth Bale 때처럼, 눈 한 번 깜박이지 않는 레비의 대응이 너무 냉혹해서 다 나가떨어졌다. 레알 마드리드조차. 2013년 여름, 마드리드는 4년 전 크리스티아누 호날두 때 그랬던 것처럼 베일을 1차 목표로 잡은 상태였다. 레비는 불길한 징조를 감지할 수 있었다. 베르나베우를 두고 토트넘 하이로드에서의 삶을 선택할 선수는 없기 마련이다. 하지만 베일이 화이트 하트 레인을 떠날 거라면, 토트넘의 조건에 따라야 할 터였다. 그래서 레비는 이미 스퍼스를 가능한 한 가장 유리한 입장에 올려놓았다. 한 구단 내부인이 어림잡아 추정한 바에 따르면 베일이 토트넘에서 뛴 6년 동안 계약서가 무려 일곱 번이나 수정되었다고 하는데, 스퍼스가 구단에서 가장 눈부신 이 선수에 대해 전액을 받아낼 수 있도록 확실히 해두기 위해서였다.

레알이 베일의 최초 입찰 가격으로 5,500만 파운드를 제출했을 때, 레비는 너무 낮다고 결론 내렸다. 하지만 그 자리에서 거절하지 않고 정면 승부를 택했다. 전용기를 타고 두 번이나 스페인으로 날아가 레알 회장인 플로렌티노 페레스와 조건을 논했다. 협의 내내 마드리드 임원들은 베일의 가치는 유나이티드에서 크리스티아누 호날두를 영입할 때 지불한 9,600만 유로를 넘지 않는다는 주장을 굽히지 않았다. 마드리드 측에서 설명하길 호날두는 스타 선수였는데 호날두 외 다른 선수한테 그 이상을 쓴다는 건 가당찮다는 것이었다.

바로 그게 중대한 전략적 실수였다. 레알은 무의식적으로 레비한테 자기들이 얼마까지 돈을 줄 작정이었는지를 밝힌 셈이었다.

여름 내내 레알과 레비, 베일의 에이전트 조너선 바넷(예전 애슐리 콜 대 첼시 계약의 설계자)이 서로 전화 통화 및 문자 메시지를 주고받으며 질질 끌다가, 두 구단은 이적 시기 종료를 마흔여덟 시간 앞둔 시점에 계약을 체결했다. 토트넘은 베일을 9,100만 파운드에 팔기로 했다. 적어도 공식적으로는 그게 이적료였다. 나중에 밝혀진 바에 의하면 마드리드가 그 금액을 할부로 내려고 하자 레비가 거부했다고 한다. 레비는 현찰 선불을 원했다. 그래서 그해 가장 중요한 이적이 눈앞에서 무효화될지 모르는 위협에 직면하자 마드리드는 베일의 몸값으로 1억 80만 유로를 내놓는 데 합의했다. 단, 인상된 액수는 공개적으로 인정하지 않는다는 조건에서. 레비가 다시 한번 해낸 것이다.

모두가 레비처럼 수완이 좋은 건 아니었다. 경쟁에서 뒤지지 않으려는 다급한 마음에 리그의 중역들은 이적료에 쓸 현찰을 아무데서든 닥치는 대로 끌어왔다. 은행은 구단이 얼마나 방만하게 운영되고 있는지 알기에 구단이 돈을 빌리기에 호락호락한 기관이 아니었다. 구단은 1,000만 파운드 대출을 받아 그걸 어느 나라에서 왔는지도 모를 10대한테 날려버릴 계획이나 세우는 조직이 아니던가? 게다가 2008년 경 신용 경색이 영국을 강타할 당시, 은행에 그만큼의 돈이 있던 것도 아니어서 지급 자체가 불가능했다. 구단들에 유리한 한 가지가 있다면 그건 프리미어리그에 달린 돈 수도꼭지가 당분간은 잠길 일이 없다고 보증할 수 있단 점이었다. 런던 금융 지구에 있는 그저 그런 은행보다 평판이 다소 떨어지는 몇몇 금융 기관한테는 그 정도면 충분했다.

리그의 전면 승인으로 구단들은 프리미어리그에서 발생할 미래 배당금을 담보로 비공개 펀드에서 돈을 빌리기 시작했다. 구단은 다음 회차 배당금에서 프리미어리그가 해당 구단의 몫을 VIBRAC으로 바로 돌리겠다는 약속 어음을 주고 영국령 버진 아일랜드British Virgin Islands에 본사가 있는 VIBRAC 같은 회사에서 송금을 받았다. 영국령 버진 아일랜드의 금융비밀보장법banking secrecy laws 때문에 VIBRAC의 돈이 누구 돈인지 아무도 몰랐다. 구단들이 아는 거라곤 현찰이 손에 들어왔으니 기존의 씀씀이를 이어갈 수 있을 거란 점이었다.

영국 축구가 고리대금업자가 된 것처럼 느껴졌을 수도 있지만 법에 어긋나는 건 하나도 없었다. 이보다 훨씬 극단적인 방법은 2000년 중반 남아메리카에서 건너온 제3자 소유권Third-Party Ownership, TPO이라는 금융 솔루션이었다. 시스템은 간단했다. 한 구단이 특정 선수를 보유하고 있고 급전이 필요한데 그 선수를 팔고 싶지는 않다. 그래서 그 선수를 완전히 잃는 대신 그 선수의 '경제적 권리' 지분을 현찰로 지불할 준비가 되어 있는 제3자한테 저당잡히는 것이다. 제3자는 개인이 될 수도 있고, 투자 기금이 될 수도 있는데, 때때로 룩셈부르크에 본사가 있는 우편함 회사letterbox company†가 될 때도 있다. 투자의 대가로 제3자는 해당 구단이 그 선수를 되팔 때 구단이 받는 이적료 지분에 대한 권리를 갖는다. 다시 말해서, 어떤 선수의 지분을 100만 유로에 샀으

---

† 서류를 주고받을 주소 이외에 다른 것이 필요 없는 회사를 말한다.

면 나중에 그 선수가 1,000만 유로에 되팔렸을 때 세 배로 돌려받게 된다는 말이다. 2015년 현재, 피파에 따르면 제3자 소유권은 매년 약 3억 6,000만 달러를 벌어들이고 있다고 하는데, 이는 이적 관련 전체 지출의 10% 정도에 해당한다.

다수의 구단에, 특히 스페인과 포르투갈, 남미의 구단들에, TPO는 생명줄이었다. 산더미 같은 빚에도 불구하고 아틀레티코 마드리드Atlético Madrid는 전원 소위 대안 금융으로 확보한 선수들로 구성된 스쿼드를 데리고 2014년 챔피언스리그 결승에 진출했다.

하지만 이 시스템에는 두 가지 허점이 있었다.

하나는 TPO가 동기를 그르친다는 점이다. 다른 구단이 해당 선수에게 오퍼를 넣는 순간, 투자자들한테는 그로 인한 잠재 수익이 구체적으로 얼마일지 답이 딱 나온다. 선수의 가치를 떨어뜨릴지 모를 잠재적 요인(부상부터 갑작스러운 기량 하락까지)이 수십 가지 있는 만큼, 투자자들은 차라리 일찌감치 현금화하는 걸 선호할 것이다. 따라서 투자자들은 구단에 해당 선수를 팔라는 압력을 가한다. 피파와 UEFA 같은 기관들은 구단과 선수 이외 다른 존재가 인재 이동에 관여하는 걸 원치 않기 때문에 투자자들의 그런 압력을 골치 아파했다. 제3자 펀드에서 저명한 한 투자자는 선수가 팔릴 때 자신이 영향력을 행사했을 거란 전제를 부인했다. 하지만 변명이랍시고 한 말이 훨씬 무시무시했다.

"나는 내가 투자한 선수들 96%는 만난 적도 없단 말입니다." 그 투자자는 항변했다.

TPO가 지닌 두 번째 문제는 '경제적 권리' 시장 전체가 아무런 규제를 안 받았다는 점이다. 그로 인하여 이 시장은 사기, 탈세, 돈세탁에 고스란히 노출되었다. 정확한 소유권과 자금의 재정적 배경은 조세 피난처와 세금 부담 없는 은신처 목록, 가령 룩셈부르크와 아일랜드와 카리브해 지역 어딘가에 으레 올라 있는 유령 회사들의 미로에서 자취를 감췄다. 어떤 자금은 추적 불가능한 상태를 유지하고자 어찌나 필사적이었던지 무기명 회사를 자처하기까지 했다. 무기명 회사라 하면 소유주가 누구든지 간에 물리적으로 무기명 주권을 가지고 있다는 뜻이다.

프리미어리그 본부에서 '제3자 소유권'이라는 단어가 처음 언급된 건 협회장 리처드 스쿠다모어가 프리미어리그의 수장인 자신보다 영국 축구의 이적 시장에 대해 훨씬 많이 알고 있는 누군가에게 들어 알게 된 해인 2000년이었다. 피니 자하비가 시스템 전체를 스쿠다모어한테 설명해 주었다. 물론 자하비는 TPO가 어떻게 돌아가는지 속속들이 알고 있었다. 자하비 본인이 그 시스템의 가장 충성스런 이용자 가운데 한 명이었기 때문이다.

사실 TPO는 조르제 멘데스가 10년에 걸쳐 그토록 영향력 있는 인물이 되는 데 도움을 준 시스템이었다(투자 수단을 통해 직간접적으로). 이름을 밝히지 말아 달라고 부탁한 유럽 어느 일류 구단의 회장에 따르면, 철저히 파헤쳐 보면 유럽 대륙에서 진행된 모든 이적에는 '피니와 조르제, 피니와 조르제'가 어떤 식으로든 연루되어 있을 거라고 했다. 이는 프리미어리그에서 TPO를 종식시키게 될 거래에도 해당되었다. 바로 카를로스 테베스와 하비에르 마스체라노Javier Maschrano 이적이었다.

이 아르헨티나 출신 스타 2인조는 브라질 코린치앙스Corinthians에서 활약 중이었다. 마스체라노는 과격한 태클을 하는 수비형 미드필더였고 테베스는 서른여덟 경기에 출전해 스물다섯 골을 득점한 참이었다. 웨스트햄은 그 정도 기량을 지닌 두 선수가 일 순위로 택할 만한 목적지가 아니었다. 향후 맨체스터 유나이티드, 맨체스터 시티, 리버풀, 바르셀로나에서 보여준 두 선수의 활약이 그 점을 더욱 분명히 할 터였다. 하지만 두 선수가 런던 동부에 떨어지게 된 데에는 어쩔 수 없는 사업상의 이유가 있었다. 두 선수의 에이전트와 경제적 권리에 투자한 사람들이 일라이 파포우차도Eli Papouchado란 이름의 이스라엘 사업가이자 호텔 경영자의 구단 인수 계획에 가담했기 때문이었다.

이적 가능 시기 내에 거래가 마무리되어야 했기 때문에 두 선수는 구단 인수가 실제로 진행되기 전에 구단에 와야 했다. 계약이 워낙 급히 주선되는 바람에 테베스와 마스체라노가 웨스트햄에 도착한 후에야 서류가 리그 사무실로 보내졌다. 전부는 아니었지만. 웨스트햄이 리그에는 밝히지 않은 채 계약서에 몰래 집어넣은 조항이 있었기 때문이다. 그 조항이란 두 선수의 이적 권리를 보유하고 있으며 투자자 중 바로 그 유명한 피니 자하비가 포함되어 있기도 한 회사에 부당한 지배권을 넘긴다는 내용이었다. "간단합니다. 두 선수가 대박을 쳐 주면 내가 돈을 벌게 되는 거예요." 당시 자신의 역할을 쉽게 설명하던 중 자하비가 한 말이다. "두 선수가 앞으로 웨스트햄을 떠나지 않고 웨스트햄에서 잘해 주면 말이죠."

구단 인수가 무산되어 웨스트햄이 아이슬란드 투자자들한테 팔리자, 테베스와 마스체라노는 꼼짝없이 발이 묶인 신세가 되었다. 프리미어리그가 제3자 개입을 알아낸 후 두 아르헨티나 선수의 불법 이적에 대해 웨스트햄을 기소한 후 결국 550만 파운드 벌금형을 때리자, 상황은 훨씬 골치 아파졌다.

테베스가 끝내주게 실력 좋은 선수만 아니었다면 그걸로 그냥 끝이 났을 것이다.

테베스는 그 시즌 웨스트햄의 마지막 열 경기에서 7점을 득점해서 구단 강등을 막았다. 웨스트햄 대신 강등당한 셰필드 유나이티드Sheffield United는 분개했다. 해머스가 영입해선 안 될 선수한테 구원받았기 때문이다. 셰필드 유나이티드는 곧장 소송을 제기했다. 이 문제가 해결되기까지는 2년이 걸렸고, 두 구단은 양 당사자끼리 법정 밖에서 합의를 봤으며, 합의금은 1,000만 파운드 이상이었다. 이 사건이 계기가 되어 프리미어리그는 제3자 소유권을 금지했고 향후 피파도 동일한 조치를 취하기에 이른다.

헐값에 리그 나머지 구단을 따라잡아 보려 어설픈 시도를 하기는 했어도, 웨스트햄에게 무엇보다 중요한 사실은 프리미어리그에 잔류했다는 것이다. 이적 시장에서 아무리 망신을 당한다 한들 그 사실은 바뀌지 않을 테니 말이다.

배금주의의 승리

 여전히 아부다비의 초기 투자금이 쏟아져 들어오고 있는 맨체스터 시티한테는 선수를 이용한 불법 자금 조달 같은 건 필요 없었다. 아랍에미리트의 장난감으로 보낸 첫 4년 동안, 구단은 이적시장에 5억 파운드 이상을 썼다. "지금 선수들 앞에 앉아 있는데 우승 트로피로 꽉 찬 캐비닛은 안 보이는군요." 브라이언 마우드는 구단의 헤픈 씀씀이를 두고 이렇게 말했다. "나한테는 정말 많은 자금과 비전이 있거든요. 그래서 '여러분, 이리 와서 함께 역사를 만들어 봅시다' 이렇게 말해주고 있죠."
 시티의 경우 역사(어떤 역사든)를 만들기 위해서는 손에 넣을 수 있는 인재란 인재는 모조리 끌어들여 강팀을 만드는 것만으로는 부족했다. 상대 팀을 유유히 약화시킬 계획 또한 있어야 했다. 그래서 일찍부터 어떤 구단이 챔피언스리그 진출에 가장 위협이 될지를 확인한 다음, 그 구단 최고의 선수들을 빼내 오기 시작했다. 아스날에서 시티는 3년이란 기간 안에 주전 선수 넷을 훔쳤다. 이 일로 거너스는 시티 선수 공급책City feeder club이란 농담까지 생겨났다. 에버턴에서는 그해 에버턴 올해의 선수로 뽑힌 수비수 졸리온 레스콧Joleon Lescott과 미드필더 잭 로드웰Jack Rodwell을 빼 갔다. 그리고 애스턴 빌라에서 시티는 스쿼드 중 가장 믿음직한 베테랑 두 명, 개러스 배리와 제임스 밀너James Milner를 빼냈다. "우리가 빌라를 불구로 만든 셈이었죠." 전 CEO 게리 쿡은 그때를 생각하며 말했다.

문화가 서서히 진화함에 따라 시티의 광적인 선수 쇼핑은 탈의실 안에 알게 모르게 상당히 이로운 영향을 미치기 시작했다. 다른 구단에서 우승 트로피를 받아 본 고참 선수들이 군기를 잡았다. 심지어 출전 시간이 얼마되지도 않았던 선수들, 전 아스날 주장 패트릭 비에이라와 그의 말 안 듣는 무릎까지도. 첫 성과는 아부다비의 맨체스터 시티가 FA컵을 획득한 2011년 나타났다. 35년 만에 주요 경기에서 처음 거머쥔 트로피였다.

그러나 진정한 전성기는 1년 뒤에 찾아왔다. 프리미어리그 시대를 통틀어 가장 치열한 접전이었다.

2011-12 시즌 전반기 거의 천하무적이었던 시티는 1월 말 맨체스터 유나이티드를 3점차로 앞서고 있었다. 십 년 만에 처음으로 유력한 우승 후보로 여겨졌다. 그러던 중 시티의 시티다움

이 발목을 붙잡았다. 그 후 3개월에 걸쳐 시티는 순위표 맨 윗자리에서 떨어져, 4월 초 아스날에 패한 뒤에는 유나이티드보다 승점이 8점이나 뒤처지게 되었다. 시티 선수들은 '이걸로 끝인가' 생각했다. 여섯 경기를 앞둔 상황에서 8점차라는 건 다 끝났다는 의미였다. 유나이티드는 그 기회를 허비하지 않았다.

시티의 탈의실엔 긴장감이 감돌았고 감독 로베르토 만치니Roberto Mancini는 평소보다 더 크게 화를 내고 있었다. 그는 자기 스쿼드를 싫어했고 그걸 대놓고 드러냈다. 그때였다. 수수께끼 같은 시티 회장, 칼둔 알무바라크가 감독 대신 팀 앞에서 연설을 한 것이다. 알무바라크는 절대 언성을 높이지 않으면서 아스날전 이후 분위기를 진정시켰다. 그러면서 시티는 아직 죽지 않았다고 일깨워 주었다. 아직 시간은 있었다.

유나이티드가 알아서 무너져 주고 나니까 선수들은 그 말이 믿어졌다. 4월 말이 되자 두 팀의 승점 차는 완전히 사라졌다. 두 맨체스터 구단은 승점 동점 상태로 시즌 마지막 날을 맞이했다. 시티가 골 득실차 덕분에 좀 더 유리한 상황이었다.

유나이티드는 11위 선덜랜드로 원정을 가야 했다. 그 시즌 중위권에서 헤어 나오지 못한 선덜랜드는 이 악물고 싸울 이유가 없는 팀이었다. 시티의 QPR 대항전은 편하다고 할 수 없었다. 만약 QPR이 이 경기에서 지고 다른 경기 결과도 팀에 불리하게 나오면 17위가 되어 강등을 당할 수 있기 때문이었다. QPR이 제아무리 리그 내에서 원정 경기 기록이 최악인 팀이라지만 죽기

살기로 싸울 팀과 대결하고 싶어 하는 팀은 없다.

2012년 5월 13일 일요일 오후에 벌어진 일은 광란의 두 시간에 걸쳐 몇 번이고 거듭 시티와 유나이티드의 팬 모두를 짜증나게 했다가 어깨를 으쓱하게 했다가 충격에 빠지게 할 터였다. 황당하기 짝이 없는 꿈에서조차 프리미어리그는 그날과 조금이라도 비슷한 각본을 짤 수는 없었을 것이다. 그랬다면 너무 과하다고 했을 테니 말이다.

그날 오후의 고통과 광기는 이렇게 전개되었다:

오후 3시: 동쪽 맨체스터(유나이티드)와 선덜랜드를 비롯하여 나머지 프리미어리그 연고지들에서 동시에 열 번의 킥오프와 함께 시즌 마지막 날이 시작된다.

오후 3시 1분: 웨인 루니가 선덜랜드 원정전 킥오프 거의 직후 맨체스터 유나이티드에 선제골을 터뜨려 우승 트로피에 한 걸음 다가간다. 이 소식은 즉시 에티하드 경기장으로 새어 나간다. 그로 인한 존재론적 불안감은 너무 익숙한 것이었다.

오후 3시 39분: 에티하드에서 파블로 자발레타Pablo Zabaleta가 골을 넣어 시티가 1-0으로 앞서게 된다. 이대로 가면 시티가 골 득실차로 타이틀을 차지할 것이다.

오후 4시 3분: 시티다운 짓. 후반전 킥오프 얼마 후 동점골을 허용하여, 비유를 하자면 우승 트로피를 다시 유나이티드의 손에 쥐어 주게 된다(사실 프리미어리그는 그날 우승 트로피 두 개를 운반했다. 하나는 맨체스터에, 또 하나는 선덜랜드에).

오후 4시 21분: 시티가 QPR에 2-1로 역전당한다. 이제는 끝인 게 틀림없다.

오후 4시 37분: 추가 시간에 들어가는 시티. QPR의 두 번째 골 이후 만치니가 투입한 에딘 제코Edin Džeko가 홈 팬에게 한 가닥 희망을 선사하며 동점골을 넣는다. 2-2.

오후 4시 39분: 선덜랜드에서 종료 휘슬이 울리고 유나이티드가 1-0으로 승리를 거둔다. 스카이스포츠가 분할 스크린을 보여 준다.

오른편 스크린에서는 유나이티드 팬들이 웃고 있다. 팬들은 맨체스터 상황을 2-2로 알고 있기 때문이다. 팬들은 스무 번째 우승 타이틀을 거머쥐기 직전이라 생각하고 있는 것이다. 스카이가 휴대전화를 한 쪽 귀에 대고 있는 한 팬으로 장면을 전환한다.

스크린 왼쪽에서는 시티가 구장 한가운데서 볼을 가지고 있다. "선덜랜드에선 경기가 끝났습니다." 해설가 마틴 타일러Martin Tyler가 긴장되는 목소리로 말한다. "맨체스터 유나이티드는 할 수 있는 건 다 했습니다. 루니의 그 골은 승점 3점을 받기에 충분한 골이었어요." 시티가 볼을 QPR 박스 가장자리로 몰고 간다. 마리오 발로텔리Mario Balotelli가 볼을 컨트롤한다. 조각 같은 190센티미터 장신이 뒤쪽으로 넘어지며 오른쪽 세르히오 아구에로Sergio Agüero한테 볼을 패스한다. 시계에 찍힌 시간은 93분 20초. "맨체스터 시티는 아직 살아 있습니다…. 발로텔리… 아구에로오오오오오오!"

아구에로가 오른발로 연결한다. 볼이 네트를 때린다. 시티가

3-2로 역전한다. 아구에로가 유니폼 상의를 벗고 달리는 동안 에티하드 구장 내 47,000여 관중은 열광한다.

"맹세코 이런 광경은 앞으로 다시는 못 볼 겁니다!" 타일러가 목청 높여 말한다. "그러니 보십시오! 감상하십시오…. 그들도 스타디움 오브 라이트에서 소식을 들었습니다. 맨체스터 시티가 추가 시간에 두 골을 추가해서 맨체스터 유나이티드로부터 타이틀을 낚아챘습니다."

'맨체스터 유나이티드로부터 타이틀을 낚아챘다'는 그 말. 4년 전에는 시티가 그걸 해낼지 모른다는 가능성 자체가 너무 정신 나간 소리라 생각할 것도 없다고 했을 것이다. 이제 이 근성의 이웃 구단은 프리미어리그 시대의 한 시즌을 가장 극적으로 마무리한 주인공(축구에 있어 실로 진귀한 순간이 아닐 수 없다)이 되어 자금을 아낌없이 쏟아부은 프로젝트의 정당성을 만천하에 입증해 보였다.

셰이크 만수르는 페르시아만에서 아부다비의 통치자인 형과 함께 축하 자리를 가졌다. 그 자리에는 당의를 입힌 흰색 케이크가 카트에 실려 왔다. 케이크에는 시티 로고 두 가지 버전이 장식되어 있었고, 케이크 한가운데에는 파이 반죽으로 만든 30센티미터짜리 트로피 장식이 놓여 있었다. 프리미어리그 트로피와 닮은 구석은 하나도 없었다.

퍼거슨은 이를 악문 채 유나이티드와 연고가 같은 경쟁 팀에게 축하 인사를 건네야 했다.

"이기기가 하늘의 별따기만큼이나 힘든 리그입니다." 퍼거슨이 스타디움 오브 라이트에서 말했다. "그 점은 우리가 잘 알고 있죠. 왜냐하면 오늘 우리 팀은 골 득실 차로 진 거거든요. 한 30초 정도 이어진 대인배스러운 말이 퍼거슨이 할 수 있는 최대의 찬사였다. 그러고는 곧이어 만만한 세계가 아님을 잊지 않고 상기시켜 주었다.

"얼마든지 이어나갈 수 있겠죠." 퍼거슨은 말을 이었다. "다들 그럴 거라 예상하겠지만 우리 구단 역사의 흐름이 잠시 끊어진 것뿐이에요…. 시티가 우리 수준의 역사에 도달하려면 한 세기는 걸릴 겁니다."

퍼거슨은 시티가 다음 시즌에도 자기를 이기게 둘 수 없었다. 그래서 즉시 복수 계획을 짜기 시작했다. 오래 생각할 것 없이 득점력 증강이 해결책이라는 결론을 내렸다. 2012년 여름, 영국에서 가장 치명적인 무기는 그 시즌의 득점왕, 아스날의 네덜란드인 스트라이커 로빈 판페르시Robin van Persie였다. 리그 38회 출전에 30골 득점이라고? 그 정도면 퍼거슨은 대만족이었다.

맨체스터 유나이티드와의 협상을 시작한 순간부터, 거너스는 불리했다. 계약 기간이 1년 밖에 안 남은 판페르시가 재계약을 거부하고 있었기 때문이다. 법률상으로는 눌러앉혀 불만에 찬 이 포워드를 1년 더 구단에 붙잡아 둘 수도 있겠지만, 그러면 내년 여름에 땡전 한 푼 못 받고 보낼 가능성이 있었다. 그로 인한 거너스의 잠재적 이적료 손해는 2,000만 파운드가 넘었다. 그건 아스날의 재정을 위해 고생 중인 벵거한테 전혀 도움이 되지 않았다. 벵거는 판페르시 같은 세계 정상급 선수들이 전성기에 받는 어마어마한 급료를 감당할 수 없을 것이었다. 하지만 아마도 가장 괘씸했던 건 판페르시가 벵거한테 떠나고 싶다고 털어놓았다는 사실이었을 것이다. 그 상황에서 감독이 할 수 있는 일은 좋은 값을 받으려는 시도 말고는 거의 없다. 퍼거슨도 그 점을 잘 알고 있었다. 퍼거슨은 레알 마드리드가 호날두를 두고 자기한테 그랬듯 아스날한테도 압력을 가할 각오가 되어 있었다.

협상은 퍼거슨의 바람대로 신속하게 진행되지 않았다. 맨체스터 시티와 유벤투스도 판페르시한테 눈독을 들이고 있었고, 벵거는 이 스트라이커를 국내 라이벌보다는 해외에 팔고 싶어 했다. 아스날과 미팅에 미팅을 거듭하고, 통화에 통화를 거듭한 끝에, 유나이티드 CEO 데이비드 길은 거너스 중역들로부터 자신이 느끼기에 터무니없는 것 같은 호가에 직면했다. 급기야 질릴 대로 질린 길은 퍼거슨한테 이번 이적은 옛날 방식대로 처리해야 될 거라고 말했다. 감독 대 감독 방식으로.

8월 15일, 퍼거슨은 전화기를 들고 벵거의 개인 휴대전화 번호를 눌렀다. 전화를 걸어 보니 벵거는 파리와 브르타뉴Brittany 사이를 이어 주는 프랑스의 A13번 고속도로를 달리고 있었다. 프랑스와 우루과이의 친선 경기 때문에 르 아브르Le Harves에 가는 도중이었는데, 벵거는 프랑스 최대 민영 방송국 TF1쪽 전문가로 방송을 하게 되어 있었기 때문이다.

"아르센, 나 알렉스입니다….”

이건 더 이상 통용되지 않는 거래 방식이다. 벵거는 중요한 이적을 두고 마지막으로 타 구단 감독과 직접 협상을 벌였던 게 언제였는지 기억조차 나지 않았다. 하지만 오랜 세월 퍼거슨과 그렇게 티격태격했음에도 불구하고, 벵거는 이렇게 전화를 건 퍼거슨이 존경스러웠다. 두 노장은 이 문제를 해결할 것이다. 하지만 퍼거슨이 벵거한테 가격을 후려친 후에야 해결될 터였다.

통화는 오래 이어지지 않았다. 자동차와 A13번 고속도로가 내는 소음 위로 벵거는 퍼거슨이 가격을 제안할 때마다 위로, 위로 몰고 갔다. 그러다 2,400만 파운드에 이르렀다. 지금 2,250만 파운드, 그리고 유나이티드와 판페르시가 향후 4년 안에 프리미어리그 타이틀을 획득할 경우 추가로 150만 파운드.

"좋아요. 그럼 정해진 겁니다.”

벵거라면 "고번Govan에서 포커 강의를 해도 될 것이다"라고 퍼거슨은 나중에 말했다. "벵거가 높은 금액을 받아 냈지만 이적이 마무리되어 우리도 만족합니다.” 이 시점에 가격을 비밀에 부쳐 봐야 소용없었다. 벵거가 르 아브르에 도착해서 경기 도중 프랑스 방송국에서 그 거래를 바로 확인해 주었기 때문이다.

"매번 마음이 아프지만 경제 현실과 선수 의향이란 게 있으니까요.” 벵거는 한탄했다. "계약 말년에 선수와 계약을 연장하지 못할 것 같으면 보내 주는 수밖에 없지요.”

신기술 도입
리버풀

프리미어리그 팬들한테 뒷면에 선수 이름이 새겨진 티셔츠를 사는 건 위험천만한 일이 되어 버렸다. 70파운드라는 거금을 선뜻 내고 산 그 옷의 시판 기한이 최신 아이폰보다 짧기 때문이다.

똑같은 기본 컬러와 형태를 끊임없이 아주 살짝 바꿔가며 유니폼 디자인이 바뀌기 때문만은 아니었다. 과열된 이적 시장은 곧 스쿼드가 끊이지 않고 유입된다는 의미이기 때문인 것도 있었다. 유니폼 뒷면에 이름이 새겨진 스타 선수들은 얼마 안 가 스페인이나 독일 또는 이탈리아에서 영입한 비싼 선수로 대체되어 다른 곳으로 보내지곤 했다.

영국을 떠나는 선수들보다 프리미어리그 팬들을 더 걱정시킨 존재는 타국에서 물밀 듯 쏟아져 들어오는 구단주들과 경영 간

부들이었다. 로만 아브라모비치부터 아부다비 왕족까지 외국인 구단주들은 모두 원하는 게 같은 것 같았다. 현대식 구장, 광범위한 기업 스폰서십, 그리고 살짝 비싸진 입장권. 2012년이 되자 구단을 사겠다는 사람들이 지구촌 곳곳에서 들이닥쳤다. 이탈리아인 사업가가 왓퍼드Watford의 지배권을 잡았다. 인도 출신의 양계 재벌은 블랙번 로버스를 인수했다. 레스터 시티는 태국인 면세점 재벌의 손에 넘어갔다. 난데없이 영국 축구가 지구촌 1% 중의 1% 억만장자들의 주요 놀이터가 되었다. 프리미어리그가 이제 몬테카를로Monte Carlo나 엘 불리El Bulli[†]를 전세 내고 먹는 저녁 식사보다 훨씬 독보적인 현장이란 걸 발견했기 때문이다.

 유일하게 중국 투자자들만 프리미어리그의 VIP 특별 초대에 소심한 모습을 보였다. 권유를 못 받아서 그런 게 아니었다. 중국은 2010년 리버풀 입찰에 관여했었고 나중에는 한 정부 매체가 맨체스터 시티의 지분을 사기도 했다. 하지만 베이징과 상하이에서 유입된 투자자들은 다수가 기대했던 위력을 보여 주지 못했다. 사업가 가오 지솅Gao Jisheing은 2017년 사우샘프턴 지분 80%를 가져갔고, 그로부터 1년 후에는 또 다른 기업가 궈촨 라이Guochuan Lai가 웨스트 브로미치 앨비언West Bromwich Albion을 인수했다. 라이의 접근법은 축구에서 중국인 투자자가 보이는 전형적인 방식이었다. 현지 기업을 고용해 상담을 하면서 시장에 나온 프리미어리그 구단 중 어느 구단이 최고인지 물어보고 버밍

[†] 스페인에 있었던 유명한 식당. 1년에 6개월만 운영했기 때문에 예약 대기가 1년을 넘기도 했다.

엄에서 두 번째로 큰 구단을 추천받은 것이다. 라이는 그 구단 값으로 2억 파운드 정도를 냈다. 간단했다.

그러나 2018년이 되자 중국의 프리미어리그 구단 추가 인수 전망은 자본 도피를 억제하려는 정부의 노력 때문에 어두워졌다. 중국 투자자들은 우승 팀들 홍보를 따내서 프리미어리그 유니폼에 광고를 하거나 먹튀 선수들을 자국 리그로 데려가는 데 주머니를 열었다.

그런 식으로 지난 10년에 걸쳐 미국인들이 슬그머니 들어올 여지를 남겨 주었다.

지구상에서 미국처럼 영국 축구 구단들에 열광한 곳은 그 어디에도 없었다. 2005년에서 2012년 사이, 일곱 개 구단이 미국인들한테 넘어갔다. 그런데 이 새 구단주들은 느긋하게 놀고먹으려고 대서양을 건넌 게 아니었다. 글레이저 집안의 차입매수에 넘어간 맨체스터 유나이티드가 첫 타자였다. 버밍엄에서는 애스턴 빌라가 2006년 신용카드 대기업 MBNA의 억만장자 회장, 랜디 러너의 수중에 떨어졌고, 텍사스 출신 2인조는 2007년 리버풀 인수를 결정했다.

프리미어리그의 지휘부는 이와 같은 새로운 국면에 전혀 불만이 없었다. 리처드 스쿠다모어는 미국인 투자자들한테 사업 착수를 적극 장려하기까지 했다. 미국인들의 사업 윤리를 믿었고 돈의 출처도 알고 있었기에 한 시즌 망쳤다고 후다닥 도망치지 않을 거란 확신이 있기 때문이었다. 월가의 사전 심사를 받은 이런 인물들의 경우, 적격 여부 심사는 형식적 절차에 불과했다.

영국 축구에서 가장 오래된 구단의 인수에 대한 관심이 뜨겁게 달아올라 한 명 이상의 억만장자가 동일한 구단에 달려들기도 했다. 2007년 아스날 사례가 그랬다. 거너스는 리그에서 가장 지대한 관심을 받는 구단 가운데 하나였다. 노련한 감독에 번쩍번쩍 빛나는 새 구장을 갖춘 데다 그 시점에는 트로피 보관함에 쌓인 먼지도 아주 얇았기 때문이다. 그 덕분에 어쩌다 보니 생전 처음 듣는 두 사람의 살벌한 대결 사이에 끼게 되었다.

한 쪽은 부동산으로 돈을 벌었지만 월마트 상속녀와 결혼해서 더 큰 부자가 된 스탠 크뢴케였고, 또 한 쪽은 열성적인 펜싱 팬인 알리셰르 우스마노프Alisher Usmanov란 이름의 우즈베키스탄 출신 철강 재벌이었다. 둘 다 찾아낼 수 있는 지분이란 지분은 최대한 사들였다. 크뢴케는 구단 지분을 67%까지 획득했고 우스마노프는 데이비드 딘이 보유했던 주식을 포함해서 30.4%까지 축적했다. 두 사람은 아스날의 재정 운용부터(우스마노프는 특히 이 점 때문에 미치려고 했다) 아르센 벵거의 향후 거취까지 뜻이 맞는 부분이 거의 없었다.

크뢴케는 자신이 보유하고 있는 미국 내 네 개 프로 스포츠 구단(NBA의 덴버 너기츠, NHL의 콜로라도 아발란치Colorado Avalanche, NFL의 세인트루이스 램스St Louis Rams, MLS의 콜로라도 래피즈Colorado Rapids)처럼 아스날도 자립 모형을 계속 유지하는 데 불만이 전혀 없었다. 크뢴케 소유하에서 네 구단들이 보낸 도합

54시즌을 통틀어 우승 횟수가 딱 두 번밖에 없었다는 점을 고려할 때, 크뢴케는 실제로 경쟁에서 이기는 것보다 그 팀들이 경기를 벌이는 건물에 투자하는 걸 더 우선시했다는 비난을 면하긴 어렵다. 아발란치가 스탠리컵Stanley Cup에서 우승했고 래피즈는 MLS컵MLS Cup을 획득한 게 다였다. 아스날은 크뢴케가 수장일 때 프리미어리그 우승 근처에도 못 갔다.

"현 상황을 무시한 채 우리가 레알 마드리드, 첼시, 맨체스터 시티, 바르셀로나와 같은 리그에 속한다고 계속 착각하는 건 도움이 안 됩니다." 우스마노프는 2012년 아스날 이사회에 보낸 신랄한 공개 서한에 이렇게 썼다. "열심히 노력해서 성공할 기회를 가지려면, 이 경우는 우승컵을 획득하는 것이 될 텐데, 우리는 모든 면에서 그런 구단들과 대등해야 합니다. 최우선 사항은 아니더라도 재정적 측면도 거기에 해당되겠지요."

우스마노프는 초반부터 벵거 퇴진을 요구하며 강경한 의사를 밝힌 팬들 편이었다. 하지만 크뢴케가 벵거바라기를 자처하는 바람에 이 프랑스 남자는 자신이 신축에 일조한 스타디움 못지않게 고정불변한 존재처럼 보일 수 있었다.

2007년에 시작된 이래, 우스마노프-크뢴케 대립은 수그러들 기미도 없이 10년 동안 악화일로를 걸었다. 크뢴케가 대대적으로 보도된 바대로 2017년 우스마노프의 구단 지분에 7억 3,000만 달러를 불렀으면 이런 대립에 종지부를 찍을 수 있었을 것이다. 하지만 지분이 공개 매각이었음에도 우스마노프는 이름이 스탠 크뢴케가 아닌 사람한테만 매각을 고려할 거라고 콕 집어 말했다. 그러다 더 이상 스탠 크뢴케를 못 참아 주게 된 2018년 우스마노프는 마음을 바꿨다. 자기 지분을 현금화해서 아스날한테 18억 파운드를 받아냈다.

한편 '침묵의 스탠Silent Stan'은 글레이저 집안이 세운 모형을 고수하면서 침묵을 지키는 데 전혀 불만이 없었다.

그 점에서 글레이저 가문의 뒤를 이어 영국 축구의 국민 구단 매입에 나선 차기 미국인은 자신을 차별화했다. 하지만 스포츠계에서의 침묵은 존 W. 헨리한테 문제가 되지 않았다. 보스턴 레드삭스를 샀을 때도 그랬고 2009년 리버풀 구단에 눈독을 들였을 때는 더더욱 그랬다. 숱 적은 백발의 헨리는 탄탄한 팬층, 유명한 구장, 우승컵 가뭄의 조건을 갖춘 유명 스포츠 팀으로 돈을 버는 데는 일가견이 있었다. 그는 레드삭스의 구단주가 되어 86년 만에 월드시리즈 우승을 안겨 주었다. 그가 잘 모르는 건 영국 축구였다. 레드삭스 법인 영업 부서의 조 재누제브스키Joe Januszewski한테 문자 한 통을 전해 받기 전까지는. 문자의 내용은 간단했다. "우리 구단을 구해 주세요!"

어쨌든 요점은 그거였다. 후속 이메일에서 재누제브스키는 리버풀(19세기 가장 성공적인 팀이었지만 1990년대 이후 우승 한 번 못 해 본)이 현 구단주 톰 힉스와 조지 질레트 주니어 하에서 처한 위태로운 상황을 대략 설명했다. 차입매수였던 이 둘의 구단 인수로 리버풀은 3억 5,100만 파운드의 부채를 떠안는 모습을 두 눈 뜨고 봐야 했다. 2억 3,700만 파운드는 스코틀랜드 왕립은행Royal Bank of Scotland에서 빌렸는데, 상환이 몇 주 남지 않은 상황이었다. 채무 이행 불능인 리버풀은 파산 위험에 직면했다. 상환 마감이 임박하는 가운데 구단의 대출건이 스코틀랜드 왕립은행의 불량 자산 부서로 이관되면서 안필드 이사회실은 공개적 전쟁터가 되어 갔다. 두 공동 구단주는 더 이상 말도 섞지 않는 지경에 이르렀고, 구단은 이사 셋이 운영 중이었다. 이들은 힉스의 격한 반대에도 불구하고 이해관계자 넷 중 한 명한테 팀을 팔아 보려고 협상을 진행 중이었다. 힉스는 이를 저지하고자 셋 모두를 해고하려고 했지만 실패했다. 그것도 스피커폰으로.

리버풀 서포터들한테 이와 같은 꼴사나운 알력 다툼은 그들이 사랑해마지 않는 구단의 미래에 대한 위협으로 비쳐졌다. 하지만 예리한 투자자한테 이는 감질나는 기회로 보였다. "한 집단이 스코틀랜드 왕립은행 재정증명서proof of funds를 보여 주고(입찰 무리한테 앞으로 일어날 일) 미결 채무를 완납하면, 힉스/질레트로서는 어쩔 수 없이 받아들여야 할 겁니다." 재누제브스키는 이메일에서 헨리한테 설명했다. "은행도 법적으로 강제하는 게 가능할 겁니다."

헨리는 구미가 당겼다. 그는 야구광이었지만 미국 스포츠에 대한 관심이 레드삭스에만 국한된 것은 아니었다. 2002년 할리우드Hollywood의 베테랑 제작자 톰 워너Tom Werner와 헨리가 함께 세운 펜웨이 스포츠 그룹Fenway Sports Group, FSG은 NASCAR 자동차

레이싱 팀인 러쉬 펜웨이 레이싱Roush Fenway Racing 지분 50%뿐만 아니라 지역 스포츠 채널 지분 80%도 보유하고 있었다. 하지만 이건 사업을 글로벌로 확장할 기회였다. "제 생각엔 세기의 거래가 될 것 같습니다." 재누제브스키는 이메일에 이렇게 썼다. "리버풀 구단은 세계 5위 안에 드는 스포츠 브랜드인데, 전 세계의 축구에 미친 대중한테 제대로 된 홍보와 영향력을 미치게 해 달라고 지금 간청하고 있습니다."

리버풀은 마틴 에드워즈가 맨체스터 유나이티드를 머천다이즈 유나이티드로 바꿔 놓으며 프리미어리그 최초로 폭발적 마케팅을 선보였던 시절이 그리웠다. 하지만 재누제브스키가 옳았다. 리버풀은 전 세계 프리미어리그의 신규 팬들이 열광하던 투박한 진정성과 오랜 전통이 체화된 구단이었다. 그 팬들은 콥Kop에 서보는 게 꿈이었다. 콥이란 100년도 넘은 옛날 현지 기자가 널따란 단층 관중석이 제2차 보어 전쟁Second Boer War 당시 전략적 요충지였던 남아프리카의 한 언덕, 스피온 콥Spion Kop을 닮았다고 생각해서 붙인 이름이었다(전 세계 그 어느 팀도 오늘을 무색하게 할 역사를 만들고 싶지는 않을 것이다).

그리고 그런 팬들이 일단 스탠리 파크Stanley Park 남쪽에 면한 안필드에 당도해서 하고 싶어 하는 일은 딱 하나였다. 로저스Rogers와 해머스타인Hammerstein†의 뮤지컬 삽입곡을 부르는 것이었

---

† 작곡가 리처드 로저스와 극작가 오스카 해머스타인 2세가 이룬 팀. 뮤지컬 역사상 최고의 콤비로 추앙받았다.

다. 축구계에서 가장 유명한 응원가가 된 '그대 결코 혼자 걷지 않으리You'll Never Walk Alone'†는 매번 경기 시작에 앞서 닭살 돋을 정도로 감동적인 떼창으로 힘차게 울러 퍼졌다. 보루시아 도르트문트Borussia Dortmund부터 FC 도쿄FC Tokyo에 이르기까지 이 응원가가 너무 부러워서 그냥 훔쳐다 경기 전 루틴의 일부로 만들어 버린 구단도 있었다.

뭔가 상징적인 것을 찾는 프리미어리그 시장 투자자에게 리버풀은 안성맞춤 구단이었다.

2010년 10월 15일, 재누제브스키의 이메일이 헨리의 메일함에 도착한 지 딱 60일째 되는 날, 헨리는 리버풀의 새 구단주로 소개되었다.

"우리는 지금 이 자리에 이기기 위해 온 겁니다." 구단 인수 완료 직후 헨리는 왕립재판소Royal Courts of Justice 계단에 서서 선포했다. "우리는 그 무엇보다 이기는 데만 전념할 것입니다. 승리의 역사를 써 나갈 것입니다. 오늘 리버풀 팬들께서 알아주셨으면 하는 건 이것이야말로 우리가 이 위대한 구단에 적용하고자 작정한 작전이란 점입니다."

오래지 않아 헨리는 우승이 마음먹는다고 당장 되는 게 아니란 걸 깨달았다. 알고 보니 FSG가 4억 8,700만 달러를 들여 사들인 것은 엄청난 골칫거리였다. 힉스와 질레트가 리버풀에 남긴 건 평범하기 짝이 없는 노장 선수단에 완전 비호감 감독 로

---

† 뮤지컬 회전목마 삽입곡으로 리버풀 FC의 응원가.

이 호지슨Roy Hodgson, 그리고 구단의 답 안 나오는 안필드 스타디움Anfield Stadium이었다. 스타디움의 경우 수익을 낳을 만한 현대식 관중석 수준으로 끌어올리려면 재개발을 하든지 아니면 그냥 버리고 완전히 새로운 장소에 신축해야 할 판이었다.

그래도 헨리는 남들처럼 겁먹지 않았다. 레드삭스를 인수했을 때도 비슷한 문제에 직면했었기 때문이다. 그래서 새로 인수한 팀에 대해서 더 많이 알게 되고, 영국 축구계도 더 폭 넓게 알게 되었을 때, 그는 보스턴에서 썼던 것과 똑같은 수법이 열성팬과 99살 먹은 스타디움이 있는 또 하나의 이 추운 북쪽 도시에서도, 비록 6,500킬로미터나 떨어져 있지만, 통할 거란 확신이 들기 시작했다. "리버풀과 보스턴뿐만 아니라 레즈와 레드삭스 사이에도 유사점이 많다는 게 내 눈엔 또렷하게 보였어요." 헨리가 말했다. 그가 판단하기에 영국 축구에 필요한 건 구식이지만 아직 유효한 미국식 혁신이었다.

첫 번째 도전 과제는 구장 위의 리버풀을 개선하는 것이었다. FSG가 보스턴에서 이걸 어떻게 해냈는지 모르는 사람은 없었다. 사실 그건 할리우드 영화나 다름없었다.

엄밀히 말해서, 마이클 루이스Michael Lewis 원작에 브래드 피트Brad Pitt가 주연한 영화 〈머니볼Moneyball〉은 레드삭스가 아니라 오클랜드 에이스Oakland A's와 통계에 집착했던 단장 빌리 빈Billy Beane에 관한 영화였다. 하지만 메이저리그 야구 팀 중 그 영화의 중심 주제(남들이 놓친 가치를 알아보기 위한 통계 기반 접근법)

를 레드삭스보다 더 철저하게 혹은 더 성공적으로 지킨 팀은 없었다. 레드삭스 매입 후 헨리의 첫 행보는 빈을 채용하려는 시도였다. 하지만 빈이 캘리포니아 북부를 떠나려는 마음이 없었기 때문에 그 자리는 결국 시오 엡스틴Theo Epstein한테 갔다. 엡스틴은 비교적 푼돈으로 선수들을 데려다가 레드삭스가 다음해 월드시리즈 우승을 할 수 있게 도운 인물이었다.

헨리는 보스턴을 야구 챔피언으로 만들어 준 공식을 영국 축구에 통째로 들여올 수 없다는 걸 알고 있었다. 하지만 데이터 분석을 채용해서 팀 구축 전략을 가동시키면 비슷한 성과를 낼 수 있을 거라고 생각했다. 그리고 리버풀에서 선수 영입을 감독할 책임자를 고용하려면 누구한테 상의해야 할지 알고 있었다.

바로 빌리 빈이었다.

"빌리는 예전부터 프리미어리그를 깊이 연구해 왔습니다." 헨리가 말했다. "[그가] 인수 직후 나한테 전화를 해서는 다미앙 코몰리가 야구 접근 방식이 자신이랑 비슷한 사람이라면서 추천하더군요."

그렇게 해서 코몰리는 결국 FSG 인수 얼마 후 리버풀 단장이 되었다. 선수 영입 책임자로 코몰리를 앉힌 리버풀은 이제 선수들을 코칭할 사람이 필요했다. 구단이 시즌을 우울하게 시작한 터라, 호지슨은 서포터들의 반응에 지칠 대로 지쳐 있었다. 온사이드에서 팬들의 응원을 계속 받고 싶었던 헨리는 호지슨을 진정한 전설, 케니 달글리시로 교체했다. 달글리시는 힐스버러 참사 때 사임한 후 20여 년 만에 리버풀 감독으로 복귀하는 것이었다.

이제 경기를 뛰는 쪽은 정해졌으니 헨리는 구단의 돈벌이 부문에 신경을 돌릴 수 있게 되었다. 이 분야는 미국 스포츠 쪽 노하우를 어느 정도 아는 인물이 절실히 필요했다. 전 세계적인 대세에도 불구하고, 리버풀은 맨체스터 유나이티드, 아스날, 심지어 첼시한테도 글로벌 스폰서십과 광고 수익에서 훨씬 뒤처져 있었다. FSG의 마케팅 귀재가 뉴잉글랜드New England†의 모든 어린이 머리에 레드삭스 모자를 씌울 수 있었다면, 이 올드 잉글랜드와 그 외 나머지 나라에서 리버풀 티셔츠를 몇 장이나 팔 수 있을까? 헨리가 생각해 보니 이 모든 일의 최대 장점은 그 모든 돈을 자신들이 고스란히 가질 수 있다는 것이었다. 수익을 서른 개 팀과 나눠 갖는 야구와 달리 리버풀은 FSG의 전문 지식으로 직접 이익을 얻을 수 있을 터였다.

"MLB 경우에는 상품 판매나 스폰서십 관련해서 뉴잉글랜드에서만 활동할 수밖에 없었습니다." 헨리가 설명해 주었다. "우린 수익을 확 늘려서 맨체스터 유나이티드와 어깨를 견줄 수준까지 끌어올릴 수 있다고 생각했습니다." 그보다 헨리는 자신의 의사 결정 과정을 믿고 있었기 때문에 리버풀을 호전시킬 수 있다는 자신이 있었다. 다른 프리미어리그 구단주들은 대개 참을성도 없고 자제력도 없었다. 하지만 헨리는 자신이 늘 믿어 왔던 신중한 분석적 접근 방식을 이번에도 활용할 생각이었다. 결국 자신

† 레드삭스 연고지인 보스턴이 있는 주다.

을 월드시리즈 반지가 두 개나 있는 억만장자 상품 트레이더로 만든 건 그 접근 방식이었다. 게다가 축구는 단순한 게임이었다.

그러나 이번만은 헨리가 오판한 것으로 판명되었다. 헨리가 적잖은 손해를 보고 곧 깨닫게 될 사실은, 만약 합리적이지 않은 환경에 처해 있다면 합리적인 접근 방식에서 얻을 수 있는 이익이 별로 없다는 사실이다. 수년간 영국 축구에 대해서 이러니저러니 말들이 많았지만, 합리적이지 않다며 비난한 사람은 아무도 없었다. 얼마 안 가 헨리는 자신의 착오를 깨달았다. 프리미어리그는 광란의 도가니였다.

리버풀 인수 후 수일 내, 헨리는 전 구단주 힉스한테 '인수 사기극epic swindle'을 조직했다는 비난을 받았다. 힉스는 댈러스 법원에 피해 보상금으로 10억 파운드를 요구했다. 그는 스카이 뉴스와의 두서없고 산만한 인터뷰에서 인터넷 테러리스트들이 자신을 리버풀 구단주에서 물러나게 하자는 캠페인을 벌였고, 구단 이사회는 자기 몰래 팀을 팔아넘기려는 조직적 음모에 가담했다고 주장했다. 그러고 나서 리버풀의 독립 회장 마틴 브로튼 경Sir Martin Broughton의 진실성을 의심하는 충격적인 발언을 뱉었다. "그 사람은 첼시 팬이에요. 리버풀 팬도 아니란 말입니다." 힉스가 못마땅하다는 듯 말을 이었다. "미국인들을 몰아낸 인물로 보이고 싶어 하더군요." 브로튼은 즉시 맞고소에 들어갔다.

힉스의 주장은 그 자리에서 묵살당했지만, 얼마 안 가 헨리는 자신이 더욱 빠져나오기 힘든 논란과 고투 중이란 사실을 알게 되었다. 2011년 맨체스터 유나이티드와의 대결 중, 리버풀의 루이스 수아레스Luis Suárez가 유나이티드의 수비수 파트리스 에브라Patrice Evra에게 인종차별적 욕설을 했다. 에브라를 '프랑스 검둥이'라고 일곱 번이나 부른 후, 그 점을 강조하기라도 하려는 듯 자기 피부를 꼬집어 보인 것이다. 모두가 그것이 전적으로 비열한 행동이라는 데 동의했다.

아니, 모두는 아니었던 모양이다. 수아레스의 행동을 비난하기는커녕, 리버풀 선수들과 코치진은 이 우루과이 출신 스트라이커를 적극 옹호했다. "우리는 이 친구를 지지합니다." 달글리시는 그 사건이 알려진 후 이렇게 말했다. "구단과 구단 내 모두가 100%, 전적으로 루이스 수아레스Luis Suárez 편입니다." 혹시 메시지를 못 알아들은 사람이 있을까봐, 달글리시는 다음 경기에 앞서 구장에서 워밍업을 할 때, 지금 욕먹고 있는 바로 그 동료 선수를 응원하는 티셔츠를 선수들한테 입히기까지 했다.

한편 헨리는 보스턴에서 이 사건이 전개되는 것을 불신과 경악이 뒤섞인 마음으로 지켜보았다. 그의 스타 선수(코몰리가 초기 이적 시장에서 거둔 성공 가운데 하나)가 같은 프로 선수한테 인종차별적 욕설을 했다. 그런데 본인이 그 팀을 운용하라고 앉힌 구단의 전설이자 라이버 버드Liver Bird† 못지않게 리버풀의 상징 같은 인물이 그 행위를 적극 지지하는 모습을 보이고 있었다. 헨리는 레드삭스 시절에도 정말 이상한 일들을 많이 봐 온 터였

---

† 리버풀시의 상징이자 리버풀 엠블럼 가운데 있는 전설의 새.

다. 하지만 야구 구단주로서 겪은 그 모든 일에도 불구하고 이런 불경스러운 일은 도무지 어떻게 처리해야 할지 알 수가 없었다.

그리고 헨리의 그런 상태는 고스란히 겉으로 드러났다. 왜냐하면 그 유감스러운 일련의 사건을 어쩐 일인지 FA 조사, 뒤이은 기소, 7일간 진행된 심리, 수아레스의 여덟 경기 출전 금지 및 4만 파운드 벌금형, 그리고 마침내 FA의 115페이지짜리 보고서 발표까지 장장 4개월이나 질질 끌게 내버려 두었기 때문이다. 놀랍게도 그 모든 절차에도 불구하고 달글리시나 수아레스, 점차 목소리를 높여 가던 소수의 리버풀 팬들은 어째서인지 루이스 수아레스가 이 사건 전체를 통틀어 부당한 취급을 받은 당사자라는 주장을 끝까지 버리지 못 했다.

이 모든 일을 겪으면서 헨리는 그냥 이 에피소드가 끝날 때까지 그냥 가만히 있었다. 2012년 2월 11일 사건이 없었다면 그 일은 지금까지도 계속 이어졌을지 모른다. 문제의 그날, 누군가 급기야 헨리한테 사건에 종지부를 찍으라고 압박했다. 리버풀이 사건 발생 후 처음으로 맨체스터 유나이티드를 대면한 날도 그날이었다. 그리고 수아레스가 킥오프 전 에브라와 악수를 거부하면서 불씨가 남아 있던 분쟁에 기름을 들이붓기 딱 좋은 때라고 결론 내린 것도 그날이었다. 헨리로 하여금 자세를 바로 하고 귀 기울이게 만든 건 『뉴욕 타임스』였다. "펜웨이 스포츠 그룹이 야구에서 판명되었듯 축구에서도 유책 구단이라면, 영국 프리미어리그의 자사 구단인 리버풀을 다잡아 한시라도 빨리 글로벌

이미지를 바로잡아야 한다." 최근의 수아레스-에브라 사태에 관한 한 페이지 분량의 기사에는 이렇게 쓰여 있었다.『뉴욕 타임스』가 펜웨이 스포츠 그룹 지분 7%를 보유하고 있다는 점에 주목해야 한다. 기사가 나온 지 24시간 이내, 달글리시, 수아레스, 리버풀 단장 이언 에어Ian Ayre가 이 사건에 대한 구단의 대처에 대하여 사과 성명을 발표했다. 그렇게 사건은 일단락되었다.

그렇다고 잊힌 건 아니었다. 달글리시는 그 시즌 말미, 3년 계약을 고작 12개월밖에 채우지 못하고 해고당했다. 수아레스 사건의 와중에 그가 보인 행동이 헨리의 달글리시 해고 결정에 결정적 역할을 했다고 보는 게 타당하다. 하지만 구장 위에서의 성과가 시원찮았던 것도 사실이다. 이를 계기로 헨리가 축구의 이적 시장이 장기화된 인종차별 논란보다 헤쳐 나가기 훨씬 어렵다는 원치 않는 깨달음을 얻은 것 또한 사실이다.

헨리의 우승 팀인 레드삭스 팀은 시장 비효율을 발견하는 데 기반을 두고 구축된 팀이었다. 빌리 빈과 시오 엡스틴은 야구에는 과소평가받고 있는 특정 속성이 있는데, 특히 주자를 진루시키는 능력이 그렇다는 점을 발견했다. 두 사람은 그 점을 이용해서 딱 그 능력만 출중한 선수들을 무더기로 싼값에 계약했고 구단은 승승장구했다. 하지만 헨리가 구단주가 된 지 2년째인 당시 프리미어리그에서 비슷한 비효율을 발굴하려는 리버풀의 노력은 값비싼 실수처럼 보이기 시작했다.

FSG의 인수 후 2년 동안, 리버풀은 1억 파운드를 아끼지 않고 퍼부었다. 이는 데이터 기반 접근법에 거액을 건 도박이나 마찬가지였다. 수아레스는 2,400만 파운드에 계약했고 미드필더 스튜어트 다우닝Stewart Downing과 조던 헨더슨Jordan Henderson은 각각 2,000만 파운드와 1,600만 파운드에 계약을 했다. 750만 파운드는 스코틀랜드 출신 찰리 애덤Charlie Adam한테 들어갔고, 기록적인 액수인 3,700만 파운드는 스트라이커 앤디 캐럴Andy Carroll한테 들어갔다. 캐럴은 가장 비싼 영국 선수에 등극하기도 했다.

투입된 총액이 세상을 놀라게 한 건 분명했다. 경쟁 구단들은 리버풀이 선수 생활을 통틀어 프리미어리그 경기에 겨우 열여덟 번밖에 출전하지 않은 캐럴한테 그렇게 큰돈을 쏟아붓자 경악했다. 하지만 이런 행보 배후의 전략은 약간 단순하기는 해도 분명해 보였다. 서른여덟 경기 동안 59골 득점에 그친 것이 일부 원인이 되어 리그를 6위로 마친 지 1년 후, 리버풀은 영국 축구 최고의 찬스 메이커creators of chances들 중 일부를 영입했다. 구단 내부 데이터에 따르면 다우닝, 애덤, 헨더슨 모두 그 시즌 찬스 메이커 상위 8위 안에 들었지만 같은 순위표에서 그보다 훨씬 아래에 위치한 많은 선수들보다 영입 비용이 훨씬 싼 선수들이라고 나왔다. 레드삭스가 주자를 진루시켜서 경기를 이겼다면, 리버풀은 유효 슈팅을 만들어 내서 이길 계획이었다.

이론상으로는 전부 그럴듯하게 들렸다. 톰 워너는 그해 여름 리버풀의 이적 계약을 칭찬하면서 시오 엡스틴의 이름을 언급하기까지 했다. 워너가 "다미앙 코몰리나 시오나 난 인물인 건 분명하다"고 말한 것이다.

하지만 몇 달도 안 되어 리버풀의 값비싼 알고리즘에 수정이 필요하다는 사실이 명약관화해졌다. 득점 찬스를 최대한 많이 만들려 했던 구단의 노력은 결국 리버풀 역사상 최저 리그 득점 기록으로 끝이 났다. 시즌 마지막, 코몰리는 잘렸고 달글리시도 따라 퇴장했다. "알고 보니 그 사람, 〈머니볼〉식 접근을 진심으로 믿는 사람이 아니었어요." 헨리가 그때를 떠올리며 말했다.

헨리가 차차 이해하기 시작한 바는 미국 스포츠를 규정하는 법(또는 그 점에 있어서 사업이나 금융 또는 기초 산수에서 쓰는 용어)이 영국 축구에는 적용되지 않는 경우가 많다는 것이었다. 그리고 적용되는 경우조차 헨리의 마음에 썩 들지 않기 일쑤였다. 선수 계약만 해도 그렇다. 리버풀이 루이스 수아레스를 영입할 때 5년 계약을 맺었기 때문에 리버풀은 수아레스의 부상이나 폼 저하, 갑자기 상대 선수를 물어뜯는 성향에 상관없이 그 계약 기간 동안 수아레스한테 돈을 주어야 했다. 하지만 수아레스가 그 5년이 만료되기 전 이적을 원할 경우 그는 얼마든지 이적을 할 수 있었다. 리버풀은 물론 이적료를 받겠지만 말이다. 하지만 축구계에서 한 선수(또는 그의 에이전트)가 떠날 때라고 결정을 하면 계약법은 무용지물이 되었다. 그 어떤 구단도 오래 전부터 이적을 희망해온 선수를 붙잡아 둘 수는 없었다. 그런 선수는 결국 떠날 게 뻔하기 때문이다. 그리고 실제로도 늘 떠났다.

헨리는 이런 협의가 별로 마음에 들지 않았다. 그래서 뭔가 조치를 취하기로 마음먹었다. 마침 수아레스가 2013년 여름 이적을 결정한 때였다. 수아레스가 마음에 둔 구단은 아스날이었다. 아스날은 12개월 전 로빈 판페르시를 마지못해 맨체스터 유나이티드로 보내고 난 후 새로운 센터포워드를 물색 중이었다. 리버풀은 수아레스를 잃고 싶지 않았지만(특히 프리미어리그의 라이벌 구단한테는 더더욱) 사소한 문제가 하나 있었다. 수아레스의 계약에 어떤 구단이든 4,000만 파운드 이상을 부를 경우 떠나도 좋다고 명시한 이적 제한 해제 조항release clause이 포함되어 있었던 것이다. 그래서 아스날이 7월 수아레스의 몸값으로 딱 4,000만 1파운드를 제시하자 치사한 생각이 들었다.

계약 조건에 따르면 수아레스는 안필드를 마음대로 떠날 수 있었다. 하지만 헨리는 축구에서 계약이 지닌 참뜻을 속속들이 알고 있었다. 그는 선수, 에이전트, 프리미어리그 라이벌한테 이리 치이고 저리 치이는 게 지긋지긋했다. 그래서 자신도 선수들의 지침을 본받기로 마음먹었다. 그냥 조항도, 계약도 깡그리 무시하기로 했다. 아스날한테 제안이 왔을 때, 헨리는 받아들이지 않았다. "우리가 발견한 바로 영국에선 계약이 별 의미가 없어 보이더군요. 사실 영국만 그런 것도 아니고요." 헨리는 나중에 이렇게 해명했다. "이 계약이란 것이 효력이 없어 보이기에 우린 그냥 안 파는 쪽으로 입장을 정했습니다."

이 후안무치한 행보는 아스날에게는 분노를, 리버풀 팬들에게는 기쁨을 선사했다. 헨리가 그날 현황을 트위터에 올렸을 때

("저쪽 에미레이츠에서 무엇 때문에 저렇게 머리끝까지 화가 난 것 같으십니까?") 아스날은 분노했고 리버풀 팬들은 너무 기뻐 죽을 지경이었다.

하지만 미국 스포츠에 존재하는 것과 같은 구속력 있는 계약을 도입하는 데 이런 강경책은 도움이 되지 않았다. 수아레스한테 그런 태도로 나간 덕에 (그리고 나중에는 결별 의사를 표현했음에도 2017년 여름 이적 시기 막바지 리버풀로부터 이적을 거부당했던 브라질 출신 플레이메이커 필리페 쿠티뉴Philippe Coutinho한테 취했던 태도 덕에) 헨리는 선수를 안필드에 붙잡아 둘 수 있었다. 하지만 실제로는 불가피한 일을 연기한 것에 불과했다. 수아레스도 쿠티뉴도 결국 FC 바르셀로나에 입단했다.

이적 시장에서 우위를 점하려는 헨리의 원정은 계속되었다. "영국 축구에서 이기려고 애를 쓰는 것보다 더 도전 의식을 자극하는 일은 없는 것 같다"고 헨리는 말했다.

영국 축구 여기저기에 활용 가능한 시장 비효율이 존재한다고 믿는 사람이 헨리만 있는 건 아니었다. 팀마다 이윤 창출 기회를 위한 자체 데이터 마이닝 분석 부서가 있는 미국 스포츠에서 프리미어리그로 이동하는 미국인들이 점점 많아졌다. 축구 구단에도 비슷한 접근법을 적용하려는 분위기가 조성된 건 너무나 당연했다. 유일한 문제는 자기가 뭘 찾고 있는 건지 자기 자신도 잘 모른다는 점이었다.

품위의 몰락
애스턴 빌라

자동차 부품 사업가이자 NFL의 잭슨빌 재규어스Jacksonville Jaguars 구단주인 샤히드 칸Shahid Khan은 2013년 7월 모하메드 알 파예드로부터 풀럼을 인수하여 당시로서는 여섯 번째 프리미어리그 미국인 구단주가 되었다. 다른 미국인 구단주들과 마찬가지로 그역시 자신이 영국 축구에서 비효율을 찾아냈다고 생각했다. 이번에는 맨체스터 유나이티드였다.

유나이티드는 칸의 인수 전 시즌 우승을 차지했는데, 이는 프리미어리그 시대 들어 유나이티드의 13번째 우승이자 알렉스 퍼거슨 감독의 27년 재임 기간 중 마지막 우승이었다. 칸이 듣기로, 당시 유나이티드 스쿼드에는 몸값 비싼 일류 선수들이 깊이 포진되어 있어서 후보 선수만 내보내도 풀럼 쯤은 이길 수 있을 거라고들 했다.

그것이 바로 풀럼이 선수 쇼핑에 나서기로 결심한 이유였다. 우선 코티저스Cottagers†는 르네 뮬렌스틴Renè Meulensteen을 영입했다. 뮬렌스틴은 올드 트래퍼드의 네덜란드인 조감독 출신으로 유나이티드 소속 젊은 선수들의 기술 개선에 힘쓴 인물이었다. 그다음으로 풀럼은 그 젊은 선수 중 두 명인 라이언 터니클리프Ryan Tunnicliffe와 라넬 콜Larnell Cole을 데려와 강등과의 싸움을 돕게 했다.

유나이티드의 이 젊은이들이 1월 이적 시장 마지막 날 풀럼의 홈구장 크레이븐 코티지에 도착했을 때, 이 두 명과의 동시 계약으로 이적 시장에서 대승을 거뒀다고 말하기는 힘들었다. 콜 혼자 유나이티드 1군에 출전한 것은 3년 전, 리그컵 대회 리즈와의 시합에서 경기 77분째에 교체 투입되면서였다. 터니클리프의 유나이티드 경력은 1군 출전 경험 총 2회가 다였지만, 그의 아버지 믹Mick이 자기 아들이 언젠가 유나이티드에서 뛸 거라는 데 건 내깃돈 100파운드 덕분에 배당금 10,000파운드를 받기엔 충분했다. 터니클리프가 아홉 살 때였다. 하지만 거래를 승인하면서 칸이 바란 것은 박수갈채가 아니었다. 그가 바란 건 원석이었다. 그리고 맨체스터 후보 선수단 구석에서 그걸 찾았다고 생각했다. 평론가들이 알기로 라넬 콜과 라이언 터니클리프는 차기 데이비드 베컴이나 라이언 긱스가 될 재목감이었다.

† 풀럼 구단의 애칭.

아니면 착각이었거나. 도착한 지 3주도 안 되어 뮬렌스틴은 해고되고 콜과 터니클리프도 유나이티드로 돌려보내지면서 결국 임대 계약도 종료되었다. 3개월 뒤, 풀럼은 강등되었다. 플럼의 맨체스터 유나이티드 후보 선수 빼돌리기 작전은 부메랑 효과를 낳았다.

풀럼의 승리 공식 찾기는 계속되었다. 프리미어리그에 대한 전문 지식이 짧다는 점을 깨달은 칸은, 자기보다 축구에 대해 조금이라도 더 많이 아는 사람한테 선수 영입을 맡겼다. 하지만 그렇게 많이 아는 건 아니었다. 2017년, 풀럼은 단장 역할을 칸의 아들 토니가 맡게 될 거라고 발표했다. 토니는 바이오디젤 기업 매니저 출신으로 가장 주요한 프로 스포츠계 지원 자격이 학교 야구단에서 점수 기록을 한 경험이었다. 그다음 해, 칸은 자신의 데이터 기반 접근 방식을 시험해 볼 기회를 얻었다. 풀럼이 프리미어리그로 승급된 시기인 만큼 이는 정말 중요한 일이 되었다. 그래서 7,000만 파운드 상당의 신규 선수로 이를 지원했다.

미주리 출신의 사모펀드 매니저 출신인 선덜랜드의 엘리스 쇼트Ellis Short는 대놓고 비효율성을 찾으러 영국 축구에 온 게 아닌 몇 안 되는 미국인 구단주 중 한 명이었다. 그럼에도 그는 비효율을 하나 발견했다. 유감스럽게도 그 비효율이란 감독을 고용하면서 보인 자신의 비효율이었다.

쇼트가 블랙 캣츠Black Cats[†]를 인수한 이후 10년 동안, 총 13명의

[†] 선덜랜드의 별명.

감독이 팀을 운영했다. 그 13명은 축구장에 발을 들인 인물 중 가장 성질 더럽고 가장 성미 사나운 인물을 올린 명단이나 다름 없었는데, 파올로 디 카니오와 로이 킨부터 거스 포옛Gus Poyet이 그 명단에 올라 있다. 열성적인 사이클리스트인 쇼트는 감독에게서 사이클링 파트너를 고를 때와 똑같은 자질을 찾는 것 같았다. 하와이에 가면 가장 즐겨 찾는 그의 사이클 동료는 랜스 암스트롱Lance Armstrong이다.

랜디 러너가 절대 하고 싶지 않았던 일은 애스턴 빌라를 미국화하는 것이었다.

그에게는 구단을 위한 〈머니볼〉스러운 계획도, 지나치게 공을 들인 분석 모형으로 라이벌들을 앞서겠다는 비전도 없었다. 혁명을 일으키고 싶은 마음도 없었다. 미술품 수집가이자 역사 연구가인 러너는 자신에게 주어진 임무를 다르게 보았다. 그는 한때 위대했던 조직의 관리인이 되려고 했다. 애스턴 빌라에는 러너 자신도 생전 본 적 없는 스포츠계 집사 정신 시대에 대한 향수를 불러일으키는 구석이 있었다.

하지만 2006년 약 6,200만 파운드에 애스턴 빌라를 인수할 당시의 러너는 자신이 영국의 불법 침입자라는 점을 인지할 정도의 현실 감각은 가지고 있었다.

팬들을 극도로 의식한 러너는 일부러 영상 및 음성 인터뷰를 최대한 자제했다. 러너는 외국인에 대한 영국인들의 태도를 웬

만한 미국인들보다 잘 알고 있었다. 케임브리지 대학 클레어 칼리지Claire College에서 공부하기도 했고 첼시에 집을 소유하고 있기도 한 덕이었다. 그리고 팬들이 아끼는 이 구단에 예전의 영광을 되찾아줄 기회를 갖기도 전에 자신의 미국식 억양이 팬들을 화나게 할지도 모른다는 사실 역시 알고 있었다.

하지만 나중에 알고 보니, 10년 뒤 서포터들이 그의 머리를 내놓으라며 항의할 때 억양은 아무 상관없었다. 막대한 손해를 보고 2016년 빌라를 매각할 즈음, 그가 구단 부활에 들인 최선의 노력은 구장 위에 남긴 처참한 폼에 오랫동안 가려졌다. 영국 축구 생태계 10년에 대해 그의 뇌리에 깊이 각인된 것은 그것을 운영하는 사람들이 보인 광기였다. NFL에서의 경험으로 러너는 구단주들과 중역들을 상대하는 데 익숙해져 있었다. 흠이 있기는 그 사람들도 마찬가지였겠지만, 그래도 그들은 일련의 합의된 법칙에 따라 마련된 일정한 사업적 틀 안에서 일을 했다.

그가 목격한 2006년의 프리미어리그는 사기꾼과 협잡꾼들이 제 멋대로 돌아다녔던 개척 시대의 황량한 서부와 조금도 다를 바가 없었다. 2016의 프리미어리그는 그때보다도 또 훨씬 심해졌다. 프리미어리그는 선수와 선수 에이전트의 손아귀에 있는 것 같았다. 아니 에이전트와 에이전트가 데리고 있는 선수라고 해야 할까?

"긴장감, 혼돈, 그런 상황에 처하면 자신의 본모습이 드러나거나 덩달아 거기에 휩쓸리거나 둘 중 하납니다." 러너가 말했다.

러너가 그 진리를 분명히 깨닫기까지는 수년이 걸렸다. 재임 초반, 러너는 거의 미술품을 복원하듯 프로젝트에 열과 성을 다했다. 빌라의 정통성과 역사에 매혹된 러너는 기회가 될 때마다 그걸 과시하려고 했다.

그 유명한 스타디움의 홀트 엔드Holte End[†]를 위해 모자이크를 구상하면서 러너는 구단 컬러에 맞는 짙은 자홍색 및 푸른색과 똑같은 색을 찾기 위해 미술가와 함께 런던 시내 블룸스버리Bloomsbury 곳곳을 바삐 돌아다녔다. 트리니티 로드 관중석Trinity Road stand을 새단장하면서는 예전 스테인드글라스 유리창을 폐기하지 않고 롱아일랜드에 있는 자기 집으로 보냈다. 그 유리창은 오늘날까지 그 집에 남아 있다. 버밍엄에 와서 직접 관전을 못할 때는 텔레비전을 보지 않기로 한 원칙을 어겨 가며 미국에서 시청하곤 했다. 킥오프 전 집에 있는 유일한 텔레비전의 전원을 꽂고 경기 종료까지 코드를 빼지 않았다고 한다.

"감상적인 얼간이로 기억된다고 해도 난 아무렇지 않습니다." 프리미어리그에서 영원히 떠난 후, 그가 2017년 한 말이다.

그의 초기 프로젝트 가운데에는 홀트 호텔Holte Hotel로 알려진 폐건물이었던 빅토리아풍 바 복원도 있었다. 그 바는 빌라 파크Villa Park 바로 앞에 있었다. 그 프로젝트는 구단 팬들을 위한 러너의 선물이었다. 마흔넷의 러너는 최대한 호감을 사고 싶었다. 그 시절 영국 축구는 주머니에 달러화를 가득 채운 채 전용기에

[†] 네 개의 관중석 가운데 하나.

서 내려 자기들 펍에 온 미국인을 보면 여전히 식겁했다. 부동산 및 금융 회사 억만장자가 웨스트 미들랜즈West Midlands[†]의 옛 중심지에 있는 팀한테 대체 뭘 원하는 걸까?

사실 러너 내면의 트레이더는 주요 자산을 외화로 보유한다는 아이디어를 마음에 들어 했다. 그리고 스몰마켓 NFL 팀 구단주인 자신이 영국 최대 도시 가운에 하나에 있는 빅마켓 팀을 추가하게 될지 모른다는 전망도 기분 좋았다. 클리블랜드와 버밍엄을 비교해 달라는 요청을 받자, 러너는 나긋나긋한 말투로 미국의 미드웨스트(중서부)를 떠올리게 해서 좋아한다는 점 말고는 웨스트 미들랜즈에 대해 아는 것이 거의 없다는 사실을 시인해야 했다. 그럴 만도 했다. 버밍엄을 들어 본 적조차 없는 미국인이 대부분이 아니던가.

하지만 그곳 구단에 6,000만 파운드를 날리고, 농가를 사고, 거기 있는 동안 다 쓰러져 가는 바까지 복구한 미국인은 더 없었다. 빌라 팬들한테 이 모든 건 그저 황홀하기만 했다. 그 펍은 러너가 건넨 화해의 선물이었다. 5,600여 킬로미터 떨어진 곳에서 전화를 걸어 거미줄을 걷어 내고 배관을 수리하고 녹슨 비어탭을 잘 작동하게 한 다음 마룻널을 뚫고 자란 나무를 밖으로 끌어내라고 지시했다. 20년도 넘게 홀트 호텔 펍은 폐건물 상태였다. 러너는 그 펍이 제 모습을 찾을 때까지 돈을 쓸 작정이었다.

구단으로 말할 것 같으면, 앞선 20년은 애스턴 빌라에 딱 먼지

[†] 애스턴 빌라의 연고지인 버밍엄이 있는 주.

쌓인 그 팀에게 만큼만 관대했다. 1981년까지만 해도 리그 우승 팀이었고 1982년에는 유럽 챔피언이기도 했던 팀이 이제는 중위권을 못 벗어나는 팀이 되어 있었다. 구단은 괴팍한 스페인 패키지 여행 상품 개발자이자 굉장히 고루한 축구 팬이었던 더그 엘리스 소유 기간 동안 맨체스터 유나이티드, 아스날, 첼시 같은 팀에 밀렸다.

러너는 엘리스와 노는 물이 다른 부자였다. 가구를 팔다가 신용카드 대기업 MBNA 운영으로 옮겨 간 전직 미 해병대원의 아들인 랜디는 아이비리그에서 교육을 받은 전문 투자자였다. 아버지가 2012년 향년 69세에 뇌종양으로 죽었을 때, 랜디는 박애주의적인 성향과 20억 달러 이상의 주식을 물려받았다.

아버지가 남긴 유산에 대한 의무를 또렷이 의식하고 있던 러너는 무엇보다도 나머지 가족을 위해 재산을 지키고, 클리블랜드 브라운스Cleveland Browns를 비롯해서 가장 사랑하는 자산의 가치를 이윤 때문에 훼손하는 일 없이 감독해야 할 책임감을 느꼈다. 알 러너Al Lerner는 죽어가면서도 랜디한테 클리블랜드 브라운스 스타디움의 구장 명명권을 팔지 말라고 지시했다. NFL의 수익 배분 모형 때문에 러너는 말 그대로 다른 구단주들한테 금전적 손해를 끼치고 있었지만 꿋꿋하게 버텼다. 브라운스가 만년 패자여도 절대 신경 쓰지 않았다. 알 러너가 1998년 브라운스를 인수한 때부터 랜디가 2006년 빌라를 인수한 사이, 브라운스는 우승을 한 번밖에 기록하지 못 했다.

하지만 영국 축구에서와 달리 NFL에는 형편없는 팀에 대한 페널티가 없었다. 프리미어리그의 하위 세 개 팀이 매 시즌 챔피언십으로 추락할 때 받는 재정 붕괴 위협도 없었다. 브라운스는 언제까지나 형편없는 축구를 마음껏 할 수 있었고, 구단주들은 NFL의 수익배분 연합 멤버로서 여전히 돈을 벌 수 있었다.

반면 애스턴 빌라는 특정한 내력이 있는 팀이었다. 요즘에는 프리미어리그나 유럽대회 트로피 조합에 거의 끼지 못했지만 옛날엔 그 안에 들었었다. 그보다 빌라는 영국 축구의 역사적 기념비였다. 1874년 결성된 애스턴 빌라는 맨체스터 유나이티드보다 4년 먼저 생겼고 리버풀보다는 거의 20년 나이가 많다. 1888년 빌라는 풋볼리그의 창립멤버가 될 정도로 영향력이 상당했었다. 빌라 파크 스타디움은 1897년부터 구단의 홈구장이었다. 런던 국립 초상화 미술관London's National Portrait Gallery의 후한 기중자인 러너는 박물관을 보면 박물관인지 알아보았다.

러너는 딱 알맞은 때 더그 엘리스를 포착했다. 엘리스는 감독 열 셋을 해고한 후 그에게 적의를 품은 모든 사람들보다 오래 살아남았다. 팬들 말마따나 빌라는 20세기에 가장 먼저 진입했다가 엘리스 덕분에 꼴등으로 퇴장한 구단이었다. 하지만 세 군데 혈관우회수술이 서포터들도 못 해낸 일을 해내 엘리스를 쫓아냈다. 2005년, 81세에 엘리스는 자기 주식을 처분할 데를 물색하기 시작했다.

프리미어리그에 뛰어든 걸로 러너는 유행의 선구자가 되었다.

2006-7 시즌 시작 무렵 외국인 구단주를 둔 구단은 세 개밖에 없었다. 리그 나머지는 대개 자국 거물과 엘리스 같은 삼류 백만장자의 손아귀에 들어가 있었다.

보수적인 구단 관리인 대부분이 그랬듯 러너도 믿었다. 정말 믿었다. 얼마나 철석같이 믿었던지 자기 발목에 빌라의 로고인 앞발 들고 포효하는 사자 문신까지 새겼을 정도였다.

홀트 호텔 펍과 스타디움은 시작에 불과했다. 애스턴 빌라 서포터즈 신탁 Aston Villa Supporters' Trust이 1888년 풋볼리그를 창립한 구단 회장, 윌리엄 맥그레거 동상 건립 기금을 마련했을 때, 러너는 그 돈이 한 푼도 헛되지 않게 하겠다고 굳게 약속했다.

러너는 입장권과 맥주를 팔아서가 아니라 정서적 교감을 쌓아 빌라 충성 팬들의 마음을 얻기로 결심했다. 2006년 11월, 리그컵 첼시전을 위해 런던까지 왕복 네 시간 이동을 해야 하는 빌라 서포터 4,500명한테 버스 90대를 제공했다. 그다음 해 봄, 시즌 마지막 홈 경기 관중 팬 전원을 위해 '자랑스러운 역사, 밝은 미래'라고 새겨진 자홍색과 푸른색 머플러를 제작했다.

현금을 갈망하는 프리미어리그의 기질과 반대되는 행보, 그러니까 돈보다 훨씬 품위 있는 몸짓도 나왔다. 두 시즌 동안, 러너는 연간 몇백만 파운드를 벌어들일 수 있는 굵직한 유니폼 스폰서십 계약을 훌륭한 명분을 위해 피했다. 맥주나 항공사 또는 뒤가 구린 온라인 카지노를 선전하는 대신, 빌라의 유니폼 앞면을 에이콘스 아동 호스피스 Acorns Children's Hospice 시설에 내주었다. 이런 러너를 비난할 수 있는 건 회계 담당자밖에 없었을 것이다. 구단 팬진 편집자인 데이브 우드홀Dave Woodhall이 말했다시피 수십 년 만에 처음으로 '될성부른' 구단이었다.

러너가 될성부른 나무가 되도록 도운 사람 중에는 전에 한 번 프리미어리그 역사에 불쑥 등장했던 인물이 있다. 그는 바로 찰스 챈들러 '척' 크룰락 장군이었다. 미 해병대 사령관 출신인 크룰락은 베트남전, 이라크전 참전용사이자 2003-4 시즌 마지막 날 첼시의 리버풀전 대비를 도운 인물이었다. 하지만 크룰락이 빌라에서 러너 곁에 짠하고 등장한 이유는 러너의 가족과 다년간 쌓은 유대 때문이었다. 그는 러너의 아버지를 따라 MBNA로 가기도 했었다.

함께 대서양 너머로 연락을 주고받으며 빌라를 호전시키려면, 러너와 크룰락 장군한테는 실상을 정확히 파악할 효과적이 방법이 필요했다. 그래서 장군은 축구에서 군사적 수렁이라고 할 만한 것을 헤치고 나아가기로 했다. 바로 애스턴 빌라 게시판이었다. 러너가 제발 그러지 말아 달라고 간곡히 부탁했지만, 크룰락은 일주일에 최소 한 번씩 팬들과 소통하며 팬들의 체온을 재고 관심사를 듣고 프리미어리그 역사상 그 어떤 단장보다 깊은 대화를 나눴다.

그의 글은 늘 '장군 본인은'으로 시작했고, 해병대 모토인 '언제나 충성'으로 끝을 맺었다. 그는 입장료부터 빌라 파크 안에서 팔리는 초콜릿 브랜드, 그리고 이적에 관한 온갖 질문을 재치 있게 받아넘겼다. 러너 역시 버밍엄 펍에 예고 없이 짠하고 나타남으로써 자기 구단 팬들을 알아 갔다. 러너는 팬을 특별한 존재로 만들어 주려고 최선을 다했다. 자신은 관람 경험만 팔면 그만인 장사꾼이 아니라 어떻게 하면 팬들한테 그들만의 문화를 돌려줄 수 있는지 알아내려는 외국인이라 생각했기 때문이다. 하지만 크룰락과 마찬가지로 러너도 선수에게 돈을 쓰는 것보다 프리미어리그 팬의 마음에 더 빨리 다가갈 수 있는 방법은 없다는 점을 잘 알고 있었다.

러너는 마틴 오닐Martin O'Neill에게서 자기 대신 그 일을 기꺼이 도맡으려는 감독의 모습을 발견했다. 한 성깔 하는 북아일랜드인으로 터치라인에서는 운동복 차림이었고, 선수 멱살을 잡고 호통을 쳤으며, 범죄 및 범죄학 전문 지식을 쌓은(선수 시절에도 호텔에서 탐독할 살인 사건 파일을 가지고 다니곤 했다) 오닐은 10년 동안 일류 팀의 코칭을 맡아 왔다. 이적과 봉급에 돈을 아끼지 않고 쓴 처음 네 시즌 동안, 빌라는 이적 시장에 1억 3,000만 파운드가량을 뿌려 구단을 유럽 초호화 구단의 반열에 올려놓았다. 이 전략은 어느 정도 성공했다. 2006-7 시즌을 11위로 마감한 뒤, 빌라는 세 시즌 연속으로 6위를 했다.

유일한 문제는 프리미어리그의 성공 등식(돈을 써서 팀을 향상시키고 그 돈에는 미련 안 갖기) 중에 러너의 투자 본능과 들어맞는 게 하나도 없다는 것이었다. 이건 그의 아버지가 억만장자가 된 방식이 아니었다. 그리고 아들인 랜디가 계속 억만장자로 남을 수 있는 방식이 아닌 것도 분명했다. 러너는 그 돈을 절대 되찾지 못할 거란 사실을 깨달았다. 그러니 허리띠를 졸라 매야 했다.

2010년 여름, 오닐이 선수한테 쓸 돈을 더 달라고 윗선에 갔을 때 러너는 일부에 대해서는 회의적인 태도를 보였다. 러너는 자기 구단으로 몰려와 점점 터무니없이 높아지는 급료를 뽑아가는 선수들 때문에 어이가 없었고 좌절하기도 했다. 그가 보기에 오닐은 이미 20대 후반에 접어들어 재판매 가치도 없을 선수와만 고액 연봉 계약을 맺는 것 같았다. 모두 영국과 아일랜드 출신이라 나머지 리그는 좀 더 복잡한 유럽의 대륙식 축구를 추구하는 상황에서 직선 축구만 익힌 선수들이었다. 그렇다면 유소년 기관에서 기용하는 건 어떤가? 러너가 이런 농담을 한 건 오닐이 구단에 유소년 아카데미가 있다는 걸 아는 이유가 고작 유소년 아카데미의 훈련 장소가 옆 구장인 게 다였기 때문이다.

빌라의 적자가 1억 5,000만 파운드를 넘기자, 러너는 적자를 더는 늘리지 않을 작정이었다.

사태가 정점에 이른 건 2010-11 시즌 시작 닷새 전이었다. 오닐이 빌라를 버리면서 러너를 열 받게 한 것이다. 빌라는 황급히 오닐 후임으로 제라르 울리에Gérard Houllier를 선임했다. 한 중역 출신에 따르면, 울리에는 '엉뚱한 도구를 가지고 수플레를 만들려 했던' 프랑스 출신의 만성 심장 질환 환자였다. 심지어 울리에도 그 사실을 알고 있었다. 자신의 스쿼드를 보며 울리에는 러너한테 스쿼드 중 축구를 제대로 아는 녀석이 한 명도 없다고 말했다. 하지만 러너의 문제는 계속되기만 했다. 오닐이 중재 재판소에 자신이 구단을 떠나게 된 정황을 두고 소송을 걸었는데, 이 소송이 9개월이나 계속된 것이다.

러너는 런던 중재 심리를 마치고 나오면서 자신이 대체 어떤 상황에 처한 건지 알고 싶어졌다. 중재인들도 자신들이 무엇에 대한 판결을 내려야 하는 건지 모르는 것 같았다. 심문이 빌라의 이적 정책(오닐이 구단에 불만을 제기하게 된 핵심)에 이르자, 패널 중 한 사람이 러너한테 선수 계약과 관련해서 빌라 이사회와 상의를 했는지 여부를 물었다. 질문 자체에 말문이 막힐 지경이었지만, 러너는 자신이 구단 지분 100%를 보유하고 있기 때문에 이사회가 없다고 설명했다.

러너는 자신의 구단 운영 방식을 두고 수백만 파운드가 오가는 결정을 내리는 사람들이 어찌된 일인지 이런 중요한 정보를 모르고 있더라고 말했다. 러너는 결국 2011년 오닐과 합의를 보게 되는데, 언론은 이 합의를 두고 '원만한 조건'이라고 썼다. 하지만 이 사건 전체는 프리미어리그 구단 소유에 대한 러너의 감흥을 깨 버리고 말았다. 이때 느낀 좌절에는 구단 소유 초창기 또는 폭력성 때문에 NFL에 대한 흥미를 잃기 전까지 브라운스를 소유했던 시절 효력을 발휘했던 최면 효과도 더 이상 소용이 없었다. 영국 축구에 상주하는 사람들은 그냥 그와 같은 부류가 아니었다.

이와 같은 독특한 경험을 하면서 전에는 즐겁게 느껴졌던 것들(빌라 파크 안에서 들려오는 함성 소리를 듣는 것, 스컨소프Scunthorpe[†]로의 원정 여행)이 그 광채를 잃었다. 빌라가 2015 FA 컵에서 아스날과 결승전을 하게 되었을 때조차 러너는 웸블리에서 한 시라도 빨리 나가고 싶을 뿐이었다. 거너스가 자신의 구단에 연달아 골을 먹이는 동안 무늬만 빌라 팬인 윌리엄 왕자와 한담을 계속 나눠야 하는 거북한 자리가 그에게는 너무 버거웠다. 러너는 얼른 차에 올라타 자신이 가장 좋아하는 사우스 켄싱턴South Kensington의 펍에 갈 생각만 하며 경기 후 황급히 경기장을 빠져나왔다.

그때를 회상하며 러너도 자신이 프리미어리그 구단을 성공적으로 운영하는 데 필수적인 일상적 의무를 수행할 준비가 되어 있지 않았다고 시인한다. 당시 빌라는 그가 운영하던 일고여덟 개 사업체 가운데 하나였는데, 축구는 나머지 사업체에 비해 하찮아 보이기도 했다. 결국 러너는 프리미어리그 구단 스무 개와 NFL 서른두 개 팀 모두의 시가를 합한 것보다 시가총액이 훨씬 큰 MBNA 회장이었으니 그럴 만도 했다.

러너가 깨달은 또 한 가지 사실은 프리미어리그 구단을 산다는 건 사실상 그걸 두 번 사야 한다는 의미였다. NFL 팀은 더 비쌀지는 몰라도 한 번 사면 자유 계약 선수들을 제외하면 추가로 돈 들어갈 일이 거의 없다. NFL 팀 운영비는 리그끼리 나눠 가

[†] 스컨소프 유나이티드 구단은 영국 링컨서주 스컨소프를 연고지로 하는 EFL 리그 2소속 축구 팀.

지는 수익으로 거의 충당이 되고, 스타디움 비용은 연고지가 내 준다. 하지만 축구의 경우 한 구단에 대한 정가를 지불하고 나서 보장할 수 있는 건 수표책을 닫을 일이 없다는 것뿐이다. 빌라가 이적 시장에서 겪은 불행이 러너한테 그런 가르침을 주었다.

환멸을 느낀 러너는 구단 운영을 다른 사람들한테 맡겼다. 선수단 구성에 연속성이 없어지자 최근까지만 해도 6위권이 당연하게 여겨졌던 구단이 하루아침에 강등전으로 내몰리게 되었다. 2011년 3월, 빌라가 승점 1점 차로 강등 위기에 몰리면서 절박한 상황에 처하자 크룰락 장군은 직접 나서 선수단이 에버턴의 구디슨 파크로 나서기 전 집합 명령을 내렸다. "내 해병대원들은 군복을 입고 해병대 문장을 달고 출정해서 상황이 어려워지면, 사령관이 아니라 똑같은 군복을 입고 똑같은 문장을 단 전우들을 위해 싸웠다. 마찬가지로 선수도 유니폼을 입고 구단 뱃지를 달면 그와 똑같이 행동해 주기를 바란다."

무언가가 마음을 움직였는지 빌라는 마지막 여덟 경기 중 네 경기에서 승리를 거둬 강등을 모면할 수 있었다. 하지만 그것도 임시 유예에 부과했다. 오늘의 퇴장과 또 다른 강등전으로 인한 스트레스로 크나큰 타격을 입은 러너는 다시는 그런 일을 겪지 않기로 결심했다. 그는 팬들한테 솔직하게 털어놓기로 했다.

"영국 축구라는 사업에서 운명은 몹시 변덕스럽다는 걸 저는 절실히 깨닫게 되었습니다. 저는 제 운명을 한계를 훨씬 넘어서까지 밀어붙인 것 같습니다." 러너는 구단 웹사이트에 이렇게 썼다. 발표하고 말할 때마다 언제나 그랬듯, 이번에도 심사숙고 끝에 신중하게 고른 인용문을 가미했다. "개인적으로 저도 그 수넴 여인처럼 제 백성 중에 거주하면서[†] 매각 이후, 제 직업적 삶의 다른 부분도 계속 이어가야 할 때가 온 것 같습니다."

구약 성서의 열왕기 하 속 한 인물에 자신을 비유한 것이 팬들 대부분에게 받아들여졌다. 하지만 메시지는 분명했다. 러너는 영국 축구를 떠날 준비가 되었다.

사실 러너는 팬들한테 알리기 훨씬 전부터 빌라를 떠넘길 준비가 되어 있었다. 2014년 봄, 러너는 데이비드 블리처David Blitzer와 조쉬 해리스Josh Harris한테 구단을 팔기로 했다. "마무리가 됐습니다." 그 계약을 직접 들은 사람이 말했다. 그런 줄 알았다. 하지만 그 거래는 애스턴 빌라의 훈련장에서, 구단 최고의 선수인 벨기에 출신 스트라이커 크리스티앙 벤테케Christian Benteke가 4월의 어느 목요일 아침, 아킬레스건 파열을 당하면서 백지화되었다. 블리처와 해리스는 꾸물거렸다. 벤테케는 6개월 동안 사이드라인에서 구경만 해야 할 판이었는데, 이는 그가 다음 시즌 한창 때까지 뛰지 못할 거란 얘기였다. 그해 여름 2,500만 파운드 이상을 내서라도 벤테케를 데려가겠다는 영입 희망자가 줄을 섰는데도 벤테케를 팔 수 없게 된 것이다. 마무리된 줄 알았던 거래는 무산되었고, 블리처와 해리스는 빌라 대신 팰리스에 정착했다.

[†] 성경 열왕기 하 4장 12-13절의 문구.

20. 품위의 몰락 | 383

러너는 자신이 아부다비의 한 구매자와 거래가 성사될 뻔했다는 말도 했지만 그 거래 역시 불발로 끝났다. 2015년, 진퇴양난에 빠졌다. 게다가 구단에 강등을 초래하는 절박하기 짝이 없는 근시안적 결정의 악순환도 이미 시작되었다.

중대한 일이든 사소한 일이든 가리지 않고 모든 게 잘못되고 있었다. 세부적인 부분까지 꼼꼼하게 신경을 써서 팬들의 마음을 샀던 시절은 이제 아득한 추억이 되었다. 2015년 11월, 5년 만에 다섯 번째 감독인 프랑스인 레미 가르드Rémi Garde를 공개하면서 빌라는 이제 감독 이름의 철자조차 제대로 적지 못하는 지경에 이르렀다. 공식 해시태그를 "#환영합니다레미WelcomeRemy"라고 적은 것이다. 하지만 그 오타처럼 가르드도 점점 길어지고 있는 '젠장할!' 목록에 오른 또 하나의 젠장할이 되고 말았다. 그는 스물세 경기를 넘기지 못 했다.

애스턴 빌라는 승산 없는 싸움을 벌이고 있었다. 크룰락 장군은 다시 한번 선수단의 사기를 높여 보려고 이번에는 빌라가 처한 곤경과 장군 본인의 이라크전 경험을 비교했다. "사막의 폭풍Desert Storm†을 한 번 봅시다." 장군은 『더 선』지와의 인터뷰에서 말했다. "때는 새벽 네 시였고 우린 사우디아라비아와 쿠웨이트를 가르는 지뢰 구역 코앞에 서 있었습니다. 참호에는 가스가 가득했고 우리한테 포를 쏟아부을 각오가 된 대규모 포병대와 화학 공격 위협도 있었지요. 제 부사령관이 절 보며 말하더군요,

---

† 이라크전의 작전명.

'여길 어떻게 통과해야 할까요?' 전 이렇게 말해 줬습니다. '우린 해낼 것이다. 우린 칼이 버터를 베듯 여길 통과할 것이다.'"

미 해병대의 능력을 마음대로 이용할 수 있는 것과, 2015-16 시즌 애스턴 빌라 스쿼드를 이용하는 것은 완전 별개였다. 빌라는 프리미어리그 지뢰 구역은 고사하고 노위치에서 치른 원정 경기도 이기지 못 했다. 4월 16일, 맨체스터 유나이티드한테 지면서 모든 게 무너져 내렸다. 당시 빌라 팬들은 자기 비하적 유머에 완전히 꽂혀 있어서 "우리 한 골 넣은 척 하자"고 외친 후 '우리 다시 만나리We'll Meet Again'를 힘차게 부를 정도였다.

10년이라는 기간 동안, 러너의 보살핌으로 구단은 프리미어리그 정예들과 어울리다가 그 무리에서 완전히 쫓겨났다. 그리고 러너는 그 영광을 위해 2억 5,000만 달러도 넘게 돈을 썼다.

"버티면서 빠져나갈 수 있길 바라는 걸 몇 시즌이나 할 수 있겠습니까? 이건 애스턴 빌라가 아닙니다. 그런 식으로 절박하게 존재를 이어 가는 건 정말이지 받아들일 수도 없고, 견딜 수도 없으며, 빌라의 영광된 과거와도 양립할 수 없습니다." 러너는 구단 홈페이지에 올렸다. "그건 당시 제가 발 들이기를 고대했던 모습도, 또 이유도 아닙니다. 바로 그 때문에 저는 변화를 바랐습니다. 저는 옳다고 확신하는 바에 따라 2014년 5월 발표 이후 우리가 사랑해 마지 않는 구단을 팔아서 더 적합한 주인에게 맡기려 노력해 왔습니다만 성사가 되지 않았습니다.

빌라 팬 여러분께 이번 강등은 제 책임이지 다른 누구의 책임이 아니라는 점을 분명히 하고자 이 글을 씁니다."

누군가의 강등은 누군가의 횡재였다. 2016년 5월, 빌라 눈앞의 미래가 챔피언십에 놓여 있다는 걸 안 토니 샤Tony Xia 박사가 6,000만 파운드를 내고 구단을 인수하여 러너의 시련에 마침표를 찍어 주었다. 토니 샤는 중국 출신으로 하버드와 MIT와 옥스퍼드에서 교육받은 억만장자였다. 주위 정황이 너무 나빠져서 매각 발표 직전 러너는 법집행당국으로부터 잠깐 동안만 구단주 자리를 내놓지 않는 게 좋겠다고 조언하는 전화까지 받았다.

러너는 '그 모든 것들이여, 안녕'이라는 제목의 성명서를 통해 작별을 고하면서 더는 흔적조차 남아 있지 않은 제1차 세계대전과 잉글랜드의 유산을 다룬 로버트 그레이브스Robert Graves의 자전적 작품을 언급했다. 프리미어리그에 재산을 탕진한 러너는 '사랑해 마지 않던 왕년의 구단'에 남긴 자신만의 유산에 홀트 엔드 재단장, 구단 시설에 대한 섭섭지 않은 투자, 자신이 10년 전 팬들한테 준 최초의 선물인 펍이 들어가기를 바랐다.

그 마지막 성명서에서 러너는 어마어마한 손실액을 밝히면 자신이 구단주로 있던 시기가 왜곡될 것을 너무도 잘 알고 있었지만, 돈을 얼마나 많이 썼는지 혹은 날렸는지를 두고 많은 사람들이 벌인 암울한 대화 주제 역시 언급했다. 지난 10년간 빌라의 연간 영업 손실 총액은 1억 8,000만 파운드 이상에 달했다. 그는 2012년 10억 달러에 브라운스도 팔았다. 러너의 유동 자산이 너무 분산되어 있었기 때문에(미국 세법 때문에) 러너는 그 손실

중 상당액을 다른 데서 얻은 이익으로 상쇄할 수 있었다. 하지만 양도는 괴로웠다.

러너는 영국 축구에 있으면서 개인적으로 치른 대가를 평가하면서 조지 해리슨이 비틀즈 멤버로 보낸 삶에 대해 했던 말을 떠올리고는 이를 바꿔서 표현했다. "프리미어리그 때문에 신경이 망가졌다고나 할까요."

물론 문신은 아직 그의 발목에 남아 있다. 이제 텔레비전 코드는 계속 뽑혀 있다. 하지만 어마어마한 손해에도 불구하고, 러너는 어느 정도는 자기 생각대로 떠날 수 있었다고 생각한다.

"프리미어리그가 저를 물어뜯고는 탁 뱉었다고 말하면 아주 쉽겠죠. 하지만 전 제가 프리미어리그 목구멍에 손가락을 넣고 '이제 날 좀 토해내시지' 이렇게 말했다고 생각하고 싶군요."

전통의 역습

러너가 프리미어리그에서 빠져나오기 훨씬 전, 다른 미국인 구단주들은 강등 가능성(과 거기에 딸려 오는 재정 악화)에 잔뜩 겁을 먹은 나머지 최약체 팀을 내보내는 100년 묵은 관습을 완전히 철폐하려고 리그를 상대로 열심히 로비를 벌였다.

"전 세계 스포츠계를 쭉 살펴보고 또 스포츠 구단주들을 살펴보면서 그들이 어떻게 투자를 하고 어떻게 돈을 버는지 알아내려고 하다 보면, 대부분이 프랜차이즈 개념을 선호한다는 걸 알게 될 겁니다." 리그감독협회League Managers of Association 협회장, 리처드 비번Richard Bevan이 2011년 한 말이다. "프리미어리그의 승강제를 무효화하자는 논의가 나오고 있는 해외 소유 구단은 이미 많이 있습니다."

하지만 추락 통로를 막는 일은 절대 없을 터였다. 거기에 찬성하는 관계자들이 프리미어리그 규정을 개정하는 데 필요한 열네 표 근처에도 못 갔기 때문이다. 설사 열네 표를 얻더라도 언젠가 승격될 날을 희망하고 있는 영국 축구 나머지 팀의 반발이 무시 못 할 정도로 거셀 것이었다.

몇몇 미국인 구단주들은 승강제 폐지가 불가능하다면 위기에 직면할 경우 따라야 할 차선책 정도는 알고 있었다. 탁월한 강등 해결사, 샘 앨러다이스Sam Allardyce. 앨러다이스는 카리스마와 북미축구연맹NASL 소속 탬파베이 라우디스Tampa Bay Rowdies 선수로 활약한 시즌에 분석 애호 기질까지, 곤경에 처한 한 미국인 구단주가 좋아할 만한 요소는 다 갖춘 인물이었다. 랜디 러너는 그를 빌라로 영입하고 싶었지만 그러지 못 했다. 엘리스 쇼트는 선덜랜드에 그를 영입은 했지만 붙잡아 두지는 못 했다. 2015년 영국 축구의 구단주가 된 사모펀드 거물, 조쉬 해리스와 데이비드 블리처는 그를 잽싸게 데리고 왔고, 그는 그 시즌 마지막 몇 달 동안 과연 명성대로 분위기 전환을 성공시키면서 구단을 위태로운 상황에서 구했다.

구단주들 사이에서 앨러다이스의 인기가 두드러지게 된 데에는 (비록 구단주들은 인정하지 않으려 하지만) 강등에서 빠져나올 수만 있다면 강등 위험이 스릴을 주기 때문이었다. 대비책 없이 큰 이권이 걸린 내기에 운을 거는 것, 그것이야말로 업계 최고의 자리에 오른 자신만만한 A 유형 성격의 소유자들이 끌릴

만한 상황이다. 최근 시즌에 돌입한 구단주 목록에 헤지펀드 억만장자, 전직 기업매수자, 부동산 투기꾼, 그리고 전문 도박사가 포함된 것은 결코 우연이 아니다.

하지만 아마 그 무리 중 문제의 미국인들보다 더 위험천만한 도박을 벌인 이는 없을 것이다. 그들은 2016년 여름 영국 축구의 주인이 되고 싶은 열망이 너무나 큰 나머지 워싱턴 D.C.에서 남웨일스 소재 인구 25만의 해변 도시로 눈을 돌렸기 때문이다.

1912년 창단 이후 스완지 시티Swansea City는 104경기 출전 중 영국 축구 1구 리그에서 뛴 횟수가 7회밖에 되지 않는 구단이었다. 프리미어리그 시즌을 시작할 때마다 강력한 강등 후보에 올랐고, 재정 파탄 위기가 늘 도사리고 있었다. 2001년만 해도 단돈 1파운드라는 액수에 팔린 구단이었다. 그 후 얼마 지나지 않아 팀의 서포터들과 전 임원들이 30만 파운드를 각출해 구단의 파산을 막았다.

따라서 미국인 스티브 캐플런Steve Kaplan과 제이슨 레비언Jason Levien이 2016년 구단 값으로 1억 1,000만 파운드를 턱 내놓았을 때, 웨일스에서는 못마땅하게 여기는 이들이 일부 있었다. 하지만 캐플런과 레비언은 걱정하지 않았다. 수많은 선배 미국인 투자자들과 마찬가지로, 두 사람 역시 프리미어리그의 성공, 수입, 성장 전망을 보았고 자신들이 구단을 거저 얻은 거나 다름없다고 확신했다.

처음엔 스완지 팬들도 회의적이었다. 그러다 몇 달이 지나자 회의감은 완전한 적대감이 되었다. 구단주로 맞이한 첫 시즌, 9경기밖에 치르지 않은 상황에서 캐플런과 레비언은 관중석에서 항의를 받았다. 그중 특히 귀에 쏙 들어온 짤막한 노래가 있었는데, '양키들은 달러 가지고 꺼져라!'였다.

이런 적개심은 성적이 계속 나빠서 스완지가 12경기 후 꼴등을 했기 때문인 것도 있었다. 하지만 그게 다는 아니었다. 스완지 서포터들은 성적 부진은 감당할 수 있었다. 어차피 좋았던 적도 없으니까. 그들을 진짜 열 받게 한 건 스완지에 그런 신세를 초래한 결정이었다. 캐플런과 레비언의 감독 선정이 문제였다.

58세의 전직 미국 국가 대표 코치 출신인 밥 브래들리Bob Bradley는 스완지 선수를 맡기 전 메이저 대회 우승은커녕 유럽 주요 리그의 1부 리그에서 일한 경험도 전무한 인물이었다. 그러나 이력보다 팬한테 더 모욕적이었던 것은 그의 미국식 억양이었다. 이미 미국인 투자자들이 이사회 회의실에서 거들먹거리는 모습을 연달아 목격한 영국 축구 관중한테 탈의실에서 양키가 명령을 내리는 것은 도를 넘은 처사였다.

하필이면 브래들리가 BBC와 가진 경기 후 인터뷰에서 패널티킥을 'PK'라고 언급하는 바람에 스완지 서포터들의 짜증 수치는 새로운 고점을 찍었다. 브래들리는 말을 하다가 갑자기 멈추고는 곧바로 '페널티'라고 고쳐 말했지만 이미 늦어 버리고 말았다. 소셜미디어 법정에서 브래들리는 축구 얘기를 하면서 감히 미국인처럼 말한 용서받지 못할 범죄로 고발당했다.

브래들리에 앞서 영국의 1부 리그를 거쳐 간 50명이 넘는 비非영국인 감독들도 줄지어 자기 억양을 과시했지만 별 탈 없었다는 사실을 기억하는 이는 없는 듯했다. 프린스턴에서 교육을 받기는 했지만 브래들리의 뉴저지 억양이 내는 소리는 섬세한 영국인의 귀에 웃기고 손발이 오그라들 것 같고, 때로는 역겹게 들리기도 했다. 그건 전적으로 브래들리가 축구 종주국에서 미국식 표현을 썼기 때문이다.

이 모든 논쟁에서 가장 기이한 부분은 브래들리가 사실 미국식 축구 용어보다는 영국식 축구 용어를 훨씬 자주 썼다는 점이었다. 스완지를 맡은 기간 동안 방송으로 나간 네 시간 이상 분량의 기자 회견과 인터뷰에서, 브래들리는 '풋볼'이라는 단어를 77회 썼다. '사커soccer'라는 말은 한 번도 쓰지 않았다. 또한 꼬박꼬박 '셧아웃shut out' 대신 '클린시트clean sheet†'를, '연습'보다 '훈련'을, '락커룸'보다 '드레싱룸'을 쓰는 걸 잊지 않았다.

하지만 결국 브래들리의 어휘는 구장에서 매주 펼쳐진 재앙의 부차적인 문제일 뿐이었다. 겨우 2승 기록에 스완지를 강등권이라는 수렁에 빠트리고 끝난 그의 재임 기간은 85일, 11경기밖에 지속되지 않았는데, 이는 프리미어리그 역사상 두 번째로 짧았다. "당연히 그게 감독하고 코칭하는 전반적 능력에 대해 늘 많은 걸 말해 주는 것은 아닙니다. 왜냐? 프리미어리그에서는 전혀 다른 방식으로 테스트를 받거든요." 브래들리가 경질당한 후 한

† 한 경기를 무실점으로 방어하는 것.

말이다.

스완지의 새로운 체제는 시즌 중반에 그것도 강등행이 확실해 보이는 팀인 상황에서 새로운 감독을 물색할 수밖에 없는 궁지에 빠졌다. 팀에는 규율을, 서포터들한테는 자신감을 주입할 감독이 필요했다.

캐플런과 레비언은 고심 끝에 폴 클레멘트Paul Clement로 정했다. 레알 마드리드와 파리 생제르맹에서 보조 코치를 지낸 클레멘트의 가장 두드러지는 자질은 영국식 억양이었다. 이번에는 그들의 도박이 성공했다. 클레멘트는 한 경기가 남은 상황에서 스완지의 강등을 막아냈다.

"대서양 반대편에서조차 그 유대감이 느껴지면서 등골이 오싹하더군요."

'등골이 오싹하다'는 스완지 서포터들이 자기 팀이 38경기에서 21패 70실점을 기록했고 감독 세 명이 경질당한 시즌을 묘사하는 데 쓸 단어가 아니었을지 모르겠다. 그 단어는 스완지가 18위로 시즌을 마감하며 급기야 강등당한 후 벌어진 일에 써야 했다.

그래도 캐플런과 레비언은 적어도 한 가지는 옳았다. 성공(현지 팬에게 시험받는 유의 성공일지라도)은 프리미어리그의 험난한 시즌을 헤쳐 나갈 수 있는 구단주들에게 놀라운 수익을 가져다줄 것이다. 문제는 성공의 구성 요소가 정확히 무엇인지 규정하는 데 있어서 구단주들과 서포터들의 마음이 맞는 경우가 거의 없다는 사실이다.

미국인 구단주들의 손아귀에 들어간 이후로, 맨체스터 유나이티드, 아스날, 리버풀 모두 종종 비난을 받기는 했어도 주요 대회 우승을 17번이나 했다. 이 세 구단의 시가총액도 낮춰 잡아도 대략 70억 달러로 올랐다.

맬컴 글레이저는 맨체스터 유나이티드 차입매수로 구단에 열 자릿수에 달하는 부채를 남긴 후, 수년 간 영국에서 가장 미움받는 인물이었다. 하지만 산더미 같은 부채와 축구 쪽 경험이 전혀 없는 미국인 가문 얘기를 처음 듣고 우려했던 것과 달리, 글레이저 가문의 재임 기간이 대실패였다고 주장하기는 어렵다. 글레이저 가문 소유 첫 10년 동안, 맨체스터 유나이티드는 프리미어리그 타이틀 5회(그전 10년은 6회였다), 챔피언스리그 트로피는 1개 획득했으며, 부채는 엄격하고 효율적인 운영으로 2010년 12억 달러에 육박하며 최고점을 찍었던 시기의 절반으로 줄였기 때문이다. 2016-17 시즌, 구단은 프리미어리그 중계권 계약과 유나이티드의 독자적인 대규모 영리 추구 활동의 결과로 지구상 그 어떤 구단보다 높은 수익을 자랑하는 구단으로 돌아왔다.

하지만 '사랑해요 유나이티드, 글레이저 극혐'이라고 찍힌 스티커들은 올드 트래퍼드 곳곳의 접이식 좌석에 여전히 붙어 있다.

유나이티드 팬과 아스날부터 스완지, 리버풀 팬은 공통점이 적어도 하나 있는 셈이었다. 그 공통점이란 서포터가 각자의 구단주가 구단의 전통을 등한시하는 것처럼 보일 때면 언제든 배너와 슬로건으로 무장하고 가두시위에 나설 각오가 되어 있다는 점이었다. 미국인 구단주한테는 밥 브래들리의 억양처럼 팬이 받아들이지 못하는 무언가가 있었다.

미국에 기반을 둔 구단주 다수가 프리미어리그 구단 시장에 진입하거나 거기서 퇴장하면서 보고한 이상한 현상이 하나 있다. 미국인을 짝퉁으로 보지만 자기들 스쿼드에 돈을 펑펑 써 주는 슈가대디는 사양하지 않으려는 인지부조화가 바로 그것이다. 한 미국인이 잠깐 들러 둘러볼 때 받는 대접은 한 가지다. 하지만 중국이나 걸프 지역 또는 러시아에서 투자자가 오면, 영국 구단들은 이상하게도 레드카펫을 못 깔아줘 안달인 것처럼 보인다. 뭔가 스위치가 켜지면서 사람들한테 얼마 동안 미친 듯이 돈을 쓸 준비가 된 구단주가 있는 차기 첼시나 맨체스터 시티에 대한 환상이 생기는 모양이다. 차기 맨체스터 유나이티드를 꿈꾸는 이는 없다. 왜냐하면 서포터들의 마음속 맨체스터 유나이티드는 한 마디로 이렇게 요약되기 때문이다. 차입매수와 부채, 그리고 대출 상환을 포함하는 쪼들리는 재정 계획에 따라 운영되는 구단은 그닥 재미가 없다.

하지만 그 모든 결점에도 불구하고, 미국인 구단주는 프리미어리그 구단주와 리처드 스쿠다모어의 환대를 받았다. 그들은 양키가 한 가지 중대한 측면에서는 요긴하다는 걸 알았기 때문이다. 미국의 침공은 리그에 온갖 시장의 근원으로 향하는 아우토반을 제공해 주었다.

5부
새로운 대영제국

"그들에게는 휘발유와 아이디어가 있다."
- 아르센 벵거, 아스날 FC -

제국의 확장

런던 웨스트엔드 소재 프리미어리그 사무실의 대부분은 지하에 위치한다. 이 사실 하나만으로 프리미어리그 사무실은 축구 행정계에서 예외가 될 수 없다. 취리히에 있는 피파 본거지만 해도 영화 〈닥터 스트레인지러브Dr. Strangelove〉에서 뜯어내 온 것처럼 범상치 않게 생긴 회의실을 포함해서 지하 5층으로 이루어져 있기 때문이다. 하지만 프리미어리그는 미래 세계의 대피호 같은 분위기는 추구하지 않을 것이다. 어디를 봐도 프리미어리그에선 첩보물에 나오는 스파이-악당의 은신처나 군대 로봇 공학 연구소 분위기는 풍기지 않는다.

프리미어리그 사무실을 예외로 만드는 것은 소박함이다. 프리미어리그 본부는 중간 규모의 법률사무소 분위기에 더 가깝다.

흰색 정면과 검은색 난간을 갖추고 줄지어 들어서 있는 우아한 조지 왕조풍 건물 사이에 조화로이 서 있는 글로스터 플레이스Gloucester Place 30번지 소재 프리미어리그 사무실 외관에는 작은 은빛 명판 하나만 붙어있다. 주소가 새겨진 부분에, 프리미어리그는 '예약 방문자'에 한해 출입이 가능하다고 명시해 놓았다. 가던 길을 멈추고 사진을 찍으려는 몇몇은 프리미어리그 이사들이 리그 전체 미팅 때문에 모일 때마다 복도에서 일하고 있는 사진기자들이다. 몸에 맞지도 않는 정장 차림으로 검은색 택시에서 내리는 중년 남성들 사진을 생각하면 된다.

2005년 현재 공간으로 이전할 당시는 국내 텔레비전 중계권이 막 두 번 연달아 10억 파운드 수익을 올린 때였다. 시청률이 급등했다. 그런데도 전 세계 최고의 인기를 자랑하는 리그치고 사무실은 소박했다. 뉴욕 51번가와 파크 애비뉴 모퉁이에 높이 솟아 있는 NFL 사무실이나 두 개의 애비뉴에 걸쳐 자리 잡은 51층짜리 타워에 입주한 NBA 사무실과 다르게 과시할 것도 없고 규모도 작았다. 그 이유 중에는 프리미어리그가 NFL이나 NBA 직원 수의 약 10분의 1인 110명 정도밖에 안 된다는 것도 있다.

세계에서 가장 인기 많은 리그의 본거지에 방문하면 프리미어리그 트로피가 진열되어 있고 차를 만들어 마실 수 있는 소파가 놓인 작은 대기실로 안내를 받는다. 분위기는 조용하고 업무 효율이 좋을 것만 같다. CEO 리처드 스쿠다모어도 계약이 유효기간을 넘기지 않았는지, 파트너들이 계속 만족하고 있는지, 리그 전체 자선 사업이 순조롭게 진행되고 있는지 확인하는 보좌관들과 마찬가지로 사무실을 간소하게 꾸렸다. 프리미어리그에서 가장 돈을 많이 받는 중역인 스쿠다모어가 받은 본봉은 일곱 자리 숫자 초반대였다. 그 액수를 NFL 협회 총재 로저 구델Roger Goodell이 2016년 벌어들인 3,400만 달러나 NBA가 총재 애덤 실버Adam Silver에게 지급한다고 알려진 약 2,000만 달러와 비교해 보면, 어째서 프리미어리그는(각 구단으로 유입되는 그 모든 돈에도 불구하고) 중역들을 그토록 도매금으로 보이게 할까 하는 의문이 생길 것이다.

그 이유는 프리미어리그가 미국 그 어떤 리그보다 규모가 훨씬 작은 조직이기 때문이다. 프리미어리그는 뭐니 뭐니 해도 중계권 판매 조직인데, 어쩌다 보니 스무 개 구단에 노선, 심판, 시합구까지 제공하고 있는 상황이다. 조직은 리그 전체 스폰서가 (고작) 여섯 개인데, 오피셜 타임키퍼Official Timekeeper, 오피셜 스낵Official Snack, 2000년 이후 조용히 흥하고 있는 나이키와의 공인구 계약같이 뻔한 것들이다.

반면 NFL에는 리그 전체 스폰서가 2015년 NFL 공식 수프를 포함해서 서른두 개였다.

영국이 배출한 가장 수익성 높은 이 스포츠 조직은 굿즈를 팔 생각이 없다. 야구 모자 하나 머플러 한 장 팔지 않으려 한다. 그 부분은 전적으로 구단들에게 맡기고 있다. 사실 프리미어리그의 웹사이트에는 그 흔한 온라인샵 하나 없다. 작전 본부 전체가 위치조차 아무에게도 알려지지 않은 사무실 하나에 가뿐히 수용될 수 있는 건 바로 그 이유 때문이다.

하지만 2005년부터 지금까지, 글로스터 플레이스에 위치한 그 소박한 소재지는 지구 정복에 나선 프리미어리그의 원정을 위한 지휘통제실 역할을 하고 있다.

영국 축구가 최초로 세계를 정복한 때는 축구 협회의 규칙을 지구촌 곳곳에 전파한 19세기 말이었다. 그 당시는 보통 '제한적 성공'으로 기록된다. 영국을 제외한 전 세계가 공과 골망으로 축구라는 종목을 플레이하는 법을 순식간에 익혔다. 그러더니 익히는 수준을 넘어 너무 잘하는 경지까지 올랐다. 얼마 안 가, 종주국으로서 모두가 축구의 대가라 여겼던 영국의 위치는 의심받는 지경에 이르더니, 공개적으로 도전까지 받았고, 이후에는 영국이 내로라하던 선수들이 헝가리, 미국, 그리고 물론 독일에게도 대패를 당하면서 그 민낯이 까발려지는 지경에 이르렀다. 그 후, 영국 축구는 미국인이 우린 얼그레이 차처럼 자국 너머 축구를 회의적으로 바라보게 되었다. 프리미어리그가 설립된 1992년만 해도 리그 소속 구단에 소속된 선수 중 외국인 선수는 총 열세 명이 전부였다. 전 세계가 영국 축구로 눈을 돌렸지만, 영국 축구는 세계에 그다지 관심이 없었다.

1990년대 중반 외국인 선수들이 출현하면서 구장 위가 서서히 변하기 시작했다. 영국 축구 권력의 회랑을 보면 전환점이 좀 더 분명해진다. 1999년, 프리미어리그가 전화번호부를 만드는 옐로우 페이지스Yellow Pages 직원 출신인 리처드 스쿠다모어를 세 번째 CEO로 선임한 것이다.

군살 없는 몸매에 숱이 줄고 있는 백발, 말끔한 옷차림의 스쿠다모어는 전에 프리미어리그의 CEO 자리를 거쳐 간 나머지 두 명과 크게 다를 것이 없어 보였다. 하지만 회계사 출신 릭 페리나 최고경영자로 있다가 2년 뒤 법조계로 돌아간 피터 리버와 달리 스쿠다모어는 리그 사무실에 진지한 상업적 변화를 가져왔다. 영업 쪽 출신인 스쿠다모어는 그 후 20년에 걸쳐 프리미어리그를 지구상에서 가장 탐나는 스포츠 제작물로 포장하고, 200여 개 국가에서 영국 축구로 짜낼 수 있는 돈은 마지막 한 푼까지 짜낼 새로운 방법을 고안해 내기에 이른다.

그의 이력을 살펴보면, 그때까지는 그토록 중독성 있는 제작물을 세계를 상대로 거래하는 데 그다지 도움이 되는 점은 없었다. 가령 축구를 팔기 훨씬 전의 스쿠다모어는 전화번호부를 팔았다. 노팅엄 대학University of Nottingham에서 법학을 전공한 후 1980년 옐로우 페이지스Yellow Pages 광고 영업계에 발을 들이게 되었는데, 해 보니 그 일이 끔찍이 싫었다. 승진에 승진을 거듭하며 8년 동안 여덟 번 승진을 한 끝에 결국 영업 부장 자리에 올랐다. 전화번호부보다는 좀 더 대중에게 인기 있는 무언가를 판촉해 보아야 할 때라고 결심한 스쿠다모어는 1989년 톰슨 뉴스페이퍼Thompson Newspapers 영국 영업 및 마케팅 이사로 합류했다가 뉴욕으로 전근하면서 부회장이 되어 미국 남부 및 동부 신문 운영을 총괄했다. 조심성 있고 말씨가 상냥한 영국인인 스쿠다모어는 경쟁력, 능률, 혁신에 대한 개방성이 주를 이루는 미국 기업 문화를 즐기면서 그 속에서 승승장구했다. 얼마 안 가 그는 5억 6,000파운드에 달하는 기업 및 광고 총매출과 미국 마흔 개 주 200여 개 신문사를 감독하게 되었다.

하지만 1997년, 그와 그의 부인 캐서린은 본국으로 돌아가고 싶은 마음이 커졌다. 스쿠다모어가 『타임스Times』에서 프리미어리그 하위 리그 세 개 구단을 감독하는 기관인 풋볼리그가 낸 최고경영자 구인 광고를 발견한 건 영국 귀국길에서였다. 스쿠다모어는 지원해서 그 일자리를 얻은 다음, 영국 축구 최고 관리자의 전형으로 여겨지던 거만한 유형과 달리, 순식간에 예리하고 영리한 경영자라는 명성을 쌓았다. 따라서 프리미어리그가 풋볼리그 최고경영자 재직 겨우 2년 만에 스쿠다모어의 의사를 타진해 본 건 당연했다.

여러모로 스쿠다모어는 프리미어리그에 이상적인 인물이었다. 상업에 종사한 경험부터가 이미 그를 다른 후보들과 차별화하고 있었지만, 사적인 이력 또한 차별화에 한몫했다. 일단, 심판 자격 소지자란 점이 달랐는데 이는 곧 그의 윗사람들이 될 스무 명의 억만장자 및 백만장자들 사이의 설전을 중재할 때 요긴한 요건이었다. 거기다 고향이라는 항목도 있었다. 스쿠다모어는 브리스톨Bristol에서 나고 자란 인물이었다. "제 이력서를 보면 전 옛날부터 유명 구단들의 연고지였던 런던이나 북서쪽 출신이 아니죠." 스쿠다모어가 업계 잡지 『매니지먼트 투데이Management Today』와의 인터뷰 때 한 말이다. "축구계에서 전 중립으로 간주되었어요."

스쿠다모어가 프리미어리그 수장 역할에 완벽히 들어맞는 인물이기는 했지만, 일단 최고경영자 자리에 앉고 나자 그 역할의 윤곽을 그리는 건 본인이 해야 했다. 영국 축구가 20년 동안 급속한 글로벌 확장, 대규모 해외 투자, 인종차별부터 수상한 에이전트에 이르는 다양한 문제들을 다루면서, 스쿠다모어에게는 프리미어리그 최고경영자라는 자리를 최고 수준의 영국 축구를 위해 대외 활동을 하는 일종의 대사로 정의할 기회가 생겼다.

그러나 결국 스쿠다모어는 그보다 좁은 정의를 골랐다. 스쿠다모어가 정말 되고 싶었던 건 리그의 영원한 세일즈맨이었다.

최고경영자로 임명될 즈음, 프리미어리그가 이미 국내에서는 거대 조직이 다 되어 가고 있다는 걸 스쿠다모어는 알 수 있었다. 스카이는 그전 해 국내 텔레비전 중계권 계약 재협상을 하면서 4년 동안 6억 7,000만 파운드를 지급하기로 동의했는데, 이는 그전 계약에 비해 176% 늘어난 액수였다. 하지만 해외 수익 쪽을 살펴보니 건드리지 않은 잠재적 분야가 많았다. 리그의 해외 방송 중계권은 1997년 겨우 9,800만 파운드에 팔렸는데, 이는 스쿠다모어가 보기에 실망스러울 뿐만 아니라 자존심 상하는 수치이기도 했다. 그가 생각하기에 프리미어리그는 세계에서 가장 흥미진진한 축구 시합이었기 때문이다. 당시는 프리미어리그가 그 정도밖에 못 받던 때였다.

스쿠다모어는 우선 리그의 해외 판매 방식부터 점검했다. 그때까지 리그는 해외 중계권 패키지를 함께 묶어 고정 금액에 경매에 부쳤다. 그러면 낙찰자는 그 패키지를 풀어서 자기들이 선택한 국가와 지역에 되팔 수 있었다. 1997년 IMG와 커넬플러스Canal+의 공동 입찰이 패키지 전부를 따냈다. 그다음 계약 때는 네 군데 기관이 컨소시엄을 이뤄 2001년 1억 7,800만 파운드에 중계권을 획득했다. 스쿠다모어는 아직 근본적 문제가 있다고 보았다. 프리미어리그는 실질적으로 해외 중계권을 가장 이윤이 많이 남는 방식이 아니라 가장 편리한 방식으로 팔고 있었다.

스쿠다모어는 중간 상인을 없애고 방송사들과 직접 협상하고 싶었다. 그는 직접 나서고 싶어 하는 사람이었다.

스쿠다모어는 구단주들한테 해외 중계권을 지역별 패키지로 쪼갠 다음 텔레비전 방송국과 직접 거래를 하면 마침내 제 값을 받을 가능성이 더 커진다고 알렸다. 그의 영업 쪽 이력에 납득당한 구단주들은 그 제안에 동의했다. 그들은 스쿠다모어 방식을 시도하기로 했다.

그 계획은 곧바로 성과를 올렸다. 2004년, 리그의 해외 중계권은 3억 2,500만 파운드에 팔렸는데, 그전 계약 기간에 비해 83% 오른 금액이었다. 2007년 총액은 6억 2,500만 파운드로 껑충 뛰어올랐고 2010년, 프리미어리그의 해외 중계권은 14억 파운드에 팔리면서 사상 처음으로 10억 파운드대를 찍었다. 겨우 9년 만에, 스쿠다모어는 해외 중계권 수익 687% 증가라는 압도적 업적을 이룬 것이다. 리그가 해외 중계권에 대해 맺었던 단일 거래는 급속한 성장을 이뤄 211개 국가 및 지역을 포괄하는 80개 계약으로 늘었다.

그 덕분에 전 세계 영국 축구 광팬들은 결국 국내 팬들보다 더 프리미어리그를 폭넓게 시청할 수 있게 되었다. 축구 기관들끼리 다년에 걸쳐 도달한 합의에 따라 프로 및 세미프로 수천 개 팀들의 경기 관전을 보장하기 위해 오후 2시 45분부터 오후 5시 15분 사이에는 경기 생중계 방송이 영국 국내에서는 금지된 탓이다. 스쿠다모어가 리그 경기의 중계권을 팔면서 전 세계를 누비고 다닐 때, 방송 시간대와 방송 일정에 관한 수십 년 묵은 제한 규정 중 방해가 된 것은 하나도 없었다. 해외 방송사들은 프리미어리그 경기를 빼놓지 않고 모두 생중계로 내보낼 수 있었다. 그걸 내보낼 채널만 충분하면 되었다.

의심의 여지가 없었던 것은 프리미어리그에 대한 전 세계의 욕구였다. 스쿠다모어는 자신의 역할을 새 시즌마다 인도, 태국, 싱가포르, 중동을 비롯한 주요 시장을 방문하며 세계 곳곳을 누비는 중역으로 점차 구체화하면서 깨달은 것이 있었다. 프리미어리그라는 상품이 고유의 이점을 다수 장착하고 있다는 점이었다. 지금에 와서 보면 너무 뚜렷하게 드러나는 이런 요인들은 전 세계 팬들로 하여금 부지불식간에 프리미어리그에 빠져들게 만드는 효과를 초래하는 것이었다. 무엇보다도 그런 이점들은 순전히 우연이 빚어낸 결과였다. 리그는 그런 요인의 존재와는 무관했다.

첫째(이자 가장 아차 싶게 단순한) 이점은 이 쇼 전체가 영어로 펼쳐진다는 것이다. 이탈리아의 세리에 A와 독일의 분데스리가의 경우 일단 시청자들이 삼프도리아Sampdoria와 보루시아 묀헨글라트바흐Borussia Mönchengladbach 같은 이름을 알아들을 수 있게 해야 하지만, 전 세계 인구의 4분의 1은 프리미어리그 채널을 튼 순간 즉시 화면에서 벌어지고 있는 일을 이해할 수 있다(비록 그게 가끔 말도 안 되는 사커 대 풋볼 논쟁의 시작을 의미하더라도. 분명히 말하지만 '풋볼'처럼 '사커'도 '어소시에이션 풋볼association football[†]의 약어다).

언어를 제외하고도 프리미어리그에는 위치상의 이점도 있다. 무수히 많은 런던 기업들이 수년에 걸쳐 발견했다시피, 영국의 근무 시간과 아시아 및 미국의 주간晝間이 겹친다는 사실은 NFL과 NBA 같은 다른 경쟁 스포츠 조직들에 비해 프리미어리그에 유리하게 작용했다. 이른 오후에 시작하는 프리미어리그 경기는 싱가포르에서는 황금 시간대 토요일 밤 연예 프로그램을 통해, 브루클린에서는 토요일 아침 시리얼을 먹으면서 시청하는 게 가능하다.

[†] 당시 군중 축구는 발뿐만 아니라 손을 사용하거나 수비를 위해 정강이를 차는 등의 허용 범위가 있어 FA가 이 허용 범위를 제외한 룰을 확정하고 이를 어소시에이션 풋볼이라 명명한다.

이 모든 사항 이외에도, 스쿠다모어가 확실하게 알아차린 것은 해외 시청자한테 일종의 선천적 영국 편애증 같은 것이 있어서 영국 축구의 전통과 문화, 그 정통성에 끌린다는 것이었다. 요컨대, 해외 시청자는 영국적인 것을 몹시 원하고 있었다.

"영국적인 것이 우리 존재의 정수입니다." 2013년, 스쿠다모어는 『더 타임스』에 이렇게 말했다. "약간은 여왕이나 BBC가 된 것 같은 기분이에요."

최고경영자로 보낸 첫 10년 동안 스쿠다모어는 리그의 해외 텔레비전 중계권 가치를 열 배로 높이면서 유리한 출발을 할 수 있었다. 이제는 자기만의 색깔을 더해야 했다. 해외 중계권료를 계속 올리기 위해서는 중간 상인을 빼버리고 해외 방송사들과 직접 거래하는 것만으로는 부족했다. 해외 방송사들한테 그들이 터무니없이 높은 가격에 산 프리미어리그 중계권이 그들의 비즈니스 모델에 필수라는 확신을 심어 주어야 했다. 그러려면 스쿠다모어한테는 확실한 전략 두 가지가 필요했다.

첫 번째 전략은 세일즈맨으로서 스쿠다모어의 재능을 요했다. 아니, 좀 더 구체적으로 말하면 프리미어리그의 한 구단주가 묘사했듯, 협상 테이블에서 구매자로 하여금 절대 마음을 놓지 못하게 하여 '긴장감을 조성하는' 그의 재능을 요했다. 그렇다고 스쿠다모어가 상대의 약점을 냄새 맡고 그걸 이용해서 제품을 강매하는 사기꾼 세일즈맨인 것 같다는 인상을 받는다면 그건 완전 오해일 것이다. 사실, 스쿠다모어는 리그의 영업부를 동네 우체국 같이 스스럼없고 소박한 태도로 운영하여 세계 스포츠계에서 가장 교묘한 경매 절차를 만들어 냈다. 그는 일부러 영업 팀 인원을 대여섯 명 정도로만 유지해서 방송사들이 글로스터 플레이스에 전화를 걸 때 사적인 친분을 느끼게 했다.

그리고 영업 팀이 지침으로 삼은 슬로건은 '항상 계약을 체결하라'보다는 '항상 예의를 지키라'였다. 예의에 대한 스쿠다모어의 확고부동한 의식은 예의범절이야말로 고객과의 관계를 유지하는 비결임을 뼈저리게 느끼게 해 주었다. 매 시즌이 끝날 때마다, 스쿠다모어는 리그의 여든 개 해외 방송사들한테 직접 감사 인사 이메일을 보냈고, 리그와 계약이 만료된 방송사들한테는 각별한 작별 인사를 보냈다.

스쿠다모어는 교역 임무를 할 때 수상과 동행하기 시작했는데, 그때마다 프리미어리그 우승 트로피를 가지고 갔다. "트로피를 보면 모두들 '와우'하고 감탄하지요." 스쿠다모어는 설명했다. "국가 원수, 수상 너나 할 것 없이 트로피를 들고 사진을 찍고 싶어 한답니다. 우린 그걸 소프트 파워라고 부르죠."

다소 촌스럽게 들릴지도 모르지만 스쿠다모어의 소품 활용으로 협상에 끼워달라며 아우성치는 입찰자 행렬이 끊임없이 이어진 것은 사실이다. 스쿠다모어는 거의 모든 대륙에서 리그의 중계권 경매 계약을 갱신할 때가 다 되어갈 때마다 그 경쟁이 늘 치열할 거라고 장담할 수 있었다.

가령 홍콩을 예로 들어보자. 2010년, i-케이블i-Cable 유료 텔레비전 방송국이 약 1억 파운드에 프리미어리그 중계권을 따냈는데, 나우 티비Now TV란 방송국과의 이전 계약에 비해 약 30%가량 오른 금액이었다. i-케이블 계약이 2013년 갱신할 때가 다 되자, 스쿠다모어는 나우 티비를 설득해서 다시 협상 테이블에 앉혔고, 나우 티비는 프리미어리그 경기 독점 중계권을 다시 따내기 위해 1억 3,000만 파운드를 내야 했다. 하지만 3년 뒤, 그 계약이 만료되자, 스쿠다모어한테는 선택의 여지가 없어 보였다. 프리미어리그 중계권을 놓고 10년에 육박하는 세월 동안 거액이 걸린 힘겨루기를 하면서 상대보다 큰돈을 낸 나우 티비와 i-케이블은 이제 또다시 제살깎아먹기식 입찰 경쟁에 뛰어들 생각이 없었다. 이번만큼은 이 방송사들이 스쿠다모어의 게임에 놀아나지 않기로 결정했으므로, 그쪽 방식으로 협상을 해야 할 터였다. 아니면 협상이 없을 판이었다.

　나중에 밝혀진 일이지만, 스쿠다모어한테는 또 다른 비장의 무기가 있었다. 내내 제3의 입찰자와 조용히 협상을 벌여 왔던 것이다. 2016년, 중국의 광대역 통신망 사업자 LeTV가 (인구 700만의) 홍콩에서 프리미어리그 경기 중계권을 2억 6,000만 파운드에 낚아채 갔다. 이는 이전 가격의 두 배가 넘는 금액이면서, 당시 리그가 맺은 해외 텔레비전 중계권 계약 중 최대 규모이기도 했다. 순전히 스쿠다모어가 시장 전체에서 한 시도 눈을 떼지 않은 덕분이었다. "우린 이 지역 시장에서 20년이란 세월을 보냈는데 중계권을 딴 당사자하고의 관계 때문만이 아니라 중계권을 못 딴 쪽하고의 관계 때문이기도 했습니다." 스쿠다모어의 설명이다. "우리와 가장 친밀한 관계를 맺은 기업 중에는 중계권 비보유자들도 있는데, 그 기업들이 언젠간 중계권 보유자가 될 날이 올지 모르기 때문이죠."

하지만 그런 친밀한 관계도 한계가 있는 법이다. 해외 중계권료가 오르기 시작했을 때조차, 프리미어리그는 해외 중계권을 비공개 안전 온라인 경매로 판매하기 시작했는데(갱신 기간에는 일주일에 최대 2-3회 열릴 때도 있다), 스쿠다모어는 영국 축구가 글로벌 수익의 한계를 뛰어넘으려면 축구계 최대 스타들의 도움이 필요하게 될 거란 사실을 알고 있었다. 그 스타란 바로 프리미어리그의 스무 개 구단이었다.

대범한 해외 원정
맨체스터 시티

리처드 스쿠다모어가 1998년 합류하여 최고경영자가 되기 전에 프리미어리그 구단들이 일편단심 고립주의 조직이었다고 한다면 잘못 짚은 걸 것이다. 그중 몇몇은 좀 더 넓은 세상에서 무엇을 얻을 수 있는지를 이미 찾아 나섰다. 으레 그렇듯, 맨체스터 유나이티드가 앞장을 섰다. 1997년, 유나이티드는 태국과 홍콩 및 일본 팬들한테 그 모든 새로운 굿즈를 수출하고자 세 경기가 예정된 프리시즌 아시아 투어를 시작했다.

하지만 리그 팀 대부분의 경우 해외 활동에 가장 가까운 활동이 프랑스나 오스트리아 또는 스위스에서 매년 갖는 시즌 전 전지 훈련이었다. 그곳에서 몇 주 동안 알프스의 시골 공기를 맡으며 체력 단련을 하고, 가능한 경우 현지 아마추어 팀과의 친선 경기 또는 가장 가까운 나이트클럽 방문을 통해 현지 주민들을 기쁘게 하는 게 다였다. 그 시도는 처음부터 끝까지 시즌 전의 단조로움을 깨기 위한 수단으로만 간주되었다. 상업적 활동은 고려 대상이 전혀 아니었다. 그런 인식이 너무나 뿌리 깊이 박혀 있는 나머지 『가디언』은 2003년 유나이티드 대 스포르팅 리스본 경기(유나이티드가 크리스티아누 호날두와 계약을 체결했던 경기)를 '무의미한 친선 시합'이라고 칭할 정도였다.

프리시즌의 브랜드화 가능성을 제대로 파악하고 있던 구단들조차, 그런 원정 중 치르는 경기를 여전히 좀 화려한 연습 경기로만 여겼다. 하지만 리그 수익 증진 방편으로 해외 시장에 초점을 맞추기 시작하면서, 스쿠다모어는 텔레비전 쪽에 했던 것과 똑같은 걸 프리미어리그 프리시즌에도 적용할 수 있겠다는 생각을 했다. 프리시즌을 제대로 패키지화해서 리그의 해외 주요시장에 직접 내놓는다면, 프리시즌도 리그가 해외 팬과 새로운 차원의 관계를 맺는 데 일조함으로써 글로벌 인지도도 높이고 나아가 글로벌 수익도 늘릴 수 있을 것이었다.

그 첫발을 내디딘 건 프리미어리그가 말레이시아에서 최초의 공식 승인 해외 시합인 포팀아시아컵four-team Asia Cup을 시작한 2003년이었다. 여러 팀이 뒤섞인 라인업은 첼시, 뉴캐슬, 버밍엄, 그리고 안 어울리게도 말레이시아 국가 대표 팀이었다. 2005년 볼턴, 에버턴, 맨체스터 시티가 그 토너먼트에 두 번째 출전을 위해 태국으로 원정을 갔을 때는 아시아 트로피Asia Trophy로 이름이 바뀌었고, 홍콩이 주최하게 된 2년 후에는 인기가 많아져서 매 경기 표가 매진되고 바클리스 은행이 타이틀 스폰서로 새로 합류하기도 했다.

얼마 안 가 구단들은 스쿠다모어의 접근법이 지닌 파급력을 알아보기 시작했다. 해외 기업들이 아시아 고객 눈에 들기 위한 수단으로 프리미어리그를 택하면서 스폰서십 수익이 증대했다. 이를테면 런던 에미레이츠의 펜스 광고에 어느 날 갑자기 베트남어 광고가 뜨기 시작한 것이다. 2009년 온라인 도박 회사인 188베트188BET는 프리미어리그 구단 두 개(볼턴과 위건)와 유니폼 스폰서십 계약을 체결했다. "우리가 이 구단들을 고른 이유는 영국과 아무 관련이 없습니다." 당시 188BET 대표가 한 발언이다. "우린 아시아를 상대하는 기업입니다. 세계에 눈도장을 찍으려는 것입니다."

하지만 리그의 공식 경기가 영국 축구의 인기에 버금가는 대상이 여전히 존재하지 않는 아시아의 주요 시장에 집중하는 동안에 아시아의 반대 방향, 기회의 땅이자 스포츠에 미친 나라를 향해 목표를 조준한 경기도 있었다. 그 나라는 팬이 펑펑 쓸 수 있는 소득도 있고 각 가정에 텔레비전이 여섯 대씩 있는 나라였다.

미국한테 축구가 적대시할 대상이 아니라는 점만 설득하면 되었다.

2001년 유나이티드는 뉴욕 양키스와 양자 간 마케팅 협약을 체결함으로써 현대 미국이라는 미개척 분야를 열었다. 지구상에서 가장 유명한 두 팀의 파트너 체결(적어도 서류상으로는)은 무언가로 돈을 벌 수 있는 가장 확실한 수단처럼 보였다. 문제는 그 무언가가 무엇인지 아는 사람이 아무도 없다는 점이었다. 전설이 된 맨체스터 유나이티드의 감독 바비 찰튼Bobby Charlton은 그 계약의 목적이 무엇인지조차 파악하지 못하고 있었다. "맨체스터 유나이티드가 야구 팀을 만들 일은 절대 없습니다." 찰튼은 말했다. "마찬가지로 뉴욕 양키스가 축구 팀을 만들 일도 없을 테고요."

유나이티드와 양키스는 적어도 그 점은 지켰다. 두 팀의 꿈은 양키스 모자를 올드 트래퍼드에서, 유나이티드 유니폼을 양키 스타디움에서 파는 것이었다. 하지만 시작 단계에서부터 어느 한쪽이 유리한 계획이었다. 유나이티드는 2003년, 시애틀, 로스 앤젤레스, 뉴욕, 필라델피아에서 프리시즌 시범 경기 투어로 입장권을 30만 장 넘게 팔면서 양키스보다 훨씬 앞서 나갔다.

대서양 건너 다른 구단들도 얼마 안 가 유나이티드의 뒤를 따랐다. 2005년, 풀럼은 연례 올스타전에서 뛰어 달라는 메이저리그사커Major League Soccer, MLS의 초청을 수락했다. 첼시는 그다음 해에, 웨스트햄은 2008년에 그 경기로 원정을 갔다. 경기 자체가 늘 스릴 넘치는 구경거리였던 건 아니지만, 적어도 영국 구단들이 미국에서 열린 경기를 아주 진지하게 여긴다는 증거 정도는 되었다. 웨스트햄 서포터들은 콜럼버스 크루Columbus Crew 팬들과 몸싸움을 벌여 이 모든 트렌드에 진짜 같은 요소를 더해 주었다.

소위 친선 경기에서 뜻밖의 폭력 사태가 발생했는데 결국 경찰이 양 팀 서포터들한테 후추 스프레이를 쏘고 나서야 끝이 났다.

2009년이 되자, 세계 곳곳을 누비는 프리시즌 투어는 더 이상 신기한 구경거리가 아니게 되었다. 글로벌 브랜드라 자처하는 자존심 있는 프리미어리그 구단에게는 필수 행사가 되었다. 그러니 맨체스터 시티로서도 도저히 거부할 수가 없었을 것이다. 으레 그렇듯, 시티의 눈이 본능적으로 가장 먼저 향한 곳은 시내 건너편 맨체스터 유나이티드였고, 유나이티드가 무슨 일을 꾸미는지 살폈다. 게리 쿡이 아이디어를 하나 떠올린 건 그때였다. 정통성이 해외 팬이 그토록 바라마지 않는 것이라면(영국 구단들이 적어도 뭐라도 걸고 경기를 뛰는 모습을 볼 기회와 더불어) 홈 경기든 원정 경기든, 아시아에서 열리든 미국에서 열리든 달의 뒷면에서 열리든, 구단 서포터한테 뭔가 의미가 있을 만한 시합을 열면 어떨까? 쿡은 영국 축구에서 가장 오래된 런던의 두 라이벌, 유나이티드와 시티 시합을 외국에 보여 주고 싶었다.

하지만 시티 대 유나이티드 투어(한 번은 베이징에서, 또 한 번은 뉴욕 정도에서)를 그해 정례 미팅 도중 유나이티드 최고경영자 데이비드 길한테 제안하면서, 쿡은 올드 트래퍼드 쪽 구단이 이 계획에 미온적이라는 것을 느꼈다. "참 좋은 생각이네요." 길이 운을 떼었다. "하지만 우리 애들이 찬성하지 않을 겁니다." 시티 정도 규모 구단과 경제적 부담을 함께 지기로 동의하자는 건 그 시절 설득하기 어려운 일이었을 것이다. 그리고 알렉스 퍼거슨한테 알리기 전이기도 했다. 쿡의 계획은 사장되었다. 그걸 되살린 건 10년 가까이 걸려 쿡과 길 둘 다 그 바닥을 뜨고 난 후였다.

2017년 여름, 맨체스터 유나이티드와 맨체스터 시티는 휴스턴 프리시즌 경기에서 한 판 붙었는데, 이는 영국 밖에서 주최된 최초의 두 맨체스터 대결이었다. 그 경기는 관중을 67,000명 이상 끌어들였다.

대체 그 8년 동안 뭐가 바뀐 걸까? 답은 수년간 혁신적 전략이 부글부글 끓어오르고 있던 곳, 바로 맨체스터 시티 사무실 내부 깊숙한 곳에 놓여 있다. 글로벌 유력 구단이 되기 위해, 시티 또한 세계 최고의 프리미어리그 수출 역군으로 거듭나고 있었다.

2011-12 시즌 마지막 슈팅으로 우승을 거둠으로써 시티는 글로스터 플레이스 30번지의 중역들한테 그해 가을 중계권 갱신에 돈을 펑펑 쓸 준비가 된 해외 방송사의 욕구를 자극하기에 딱 좋은 하이라이트 영상을 거저 준 셈이었다. 아구에로, 경기 94분째, 스포츠에서 볼 수 있는 완벽한 순간. 프리미어리그는 그 영상을 곧바로 해외의 잠재적 입찰자들한테 보여 주었다. 아부다비 시대에 접어든지 겨우 4년 만에 영국 축구를 정복한 맨체스터 시티는, 다음으로 글로벌 제국을 세우기 위해 독보적 구단되기 임무에 착수했다.

하지만 외부로 눈을 돌리기에 앞서, 시티는 그보다 좀 더 중요한 일을 먼저 처리해야 했다.

자기들이 보기에 멋진 것 같은 축구 문화가 있으면 통째로 도용하는 시티의 행태는 계속되었다. 런던 반대편 맨체스터 유나이티드의 성공을 부러운 눈으로 바라보고는(위대함이란 어떤 것인가를 매일 상기시킨 존재였다) 아스날을 비롯한 축구 정체성이 강한 구단 출신 선수들을 떼로 영입했던 것처럼, 시티는 2008년부터 세계 최강의 자리를 지켜 오고 있는 구단에도 시선을 못 박았다. 대상은 바로 바르셀로나.

시티는 리오넬 메시를 빼 오지 못했다. 사실 우연이기는 했지만, 그전에 이미 시도한 적이 있었다. 2012년, 바르샤의 혁신적인 젊은 감독 펩 과르디올라는 프리미어리그로의 이적에 관심이 없었다. 시티는 다른 방책을 택했다. 바르샤의 선발 라인업이나 선수단에서 최고의 인재를 빼낼 수 없다면 바르샤의 이사회에서라도 최고를 뽑아올 심산이었다.

시티는 커머셜의 귀재, 오마르 베라다Omar Berrada부터 최고운영책임자에 앉혔다. 그런 다음 베라다의 예전 보스이자 바르셀로나의 전 재무 담당 페란 소리아노 유인에 착수했다. 바르셀로나 미용사의 아들로 190센티미터 장신에 MBA 학위 소지자인 소리아노는 축구계 비즈니스를 빈틈없이 이해하고 있는 걸로 일찍부터 두각을 나타냈다.

그는 팀 급여와 리그 순위 사이에서 완벽에 가까운 상관관계를 발견한 어느 미시건 대학 교수의 연구를 열렬히 신봉했다. 그 연구는 소름이 끼칠 정도였다. 시즌 첫 날 라리가나 프리미어리그나 분데스리가에서 스무 명의 급료 지급 총액을 확인하면 그 표가 10개월 후 어떻게 될지 대충 감을 잡을 수 있게 된다. 소리아노는 축구가 복잡한 게임이 아니라는 걸 알게 되었다. 성공도 돈으로 살 수 있었다. 어려운 부분은 성공을 살 돈을 충분히 벌어들이는 것이었다.

소리아노는 2003년부터 2008년까지 5년 동안 바르샤의 재무 책임자로 있으면서 그 문제를 풀려고 했다. 구단 이름을 스페인 너머까지 알리려고 애를 썼다. 광고 파트너십도 적극적으로 물색했다. 요컨대 소리아노는 맨체스터 유나이티드 같은 구단이 10년 전에, 지갑을 닫지 않는 구단주 없이는 경쟁 구단 중 그 어떤 구단도 따라잡을 수 없을 정도로 수익 격차를 벌린 것을 보고 그대로 따라했던 것이다. 그 기간 동안, 소리아노는 바르샤의 연간 수익을 1억 2,300만 유로에서 3억 900만 유로로 신장시켰다. 더욱이 구단을 어떻게 마케팅해야 하는가에 대한 그의 아이디어는 팀이 어떻게 플레이해야 하느냐에 대한 과르디올라의 아이디어 저리 가랄 정도로 명확했다.

시티는 소리아노가 브라질 출신의 스트라이커라도 되는 듯 그에게 구애를 했다.

소리아노는 2008년 구단 내 정치적 기류가 바르셀로나 회장을 적대시하는 쪽으로 바뀌자 부리나케 카탈루냐를 떠나 항공업계로 달아났다. 하지만 게리 쿡이 2011년 시티의 최고경영자에서 물러난 후, 소리아노는 맨체스터 시티 이사회 소속 뉴욕 출신 유력 변호사, 마티 에델만의 전화를 꼬박꼬박 받게 되었다. 두 사람은 몇 개월에 걸쳐 런던에서, 파리에서, 아부다비에서 만났지만 소리아노는 축구 업계로 다시 뛰어들기를 거부했다. 하지만 시티가 처음으로 프리미어리그 우승을 따내고 얼마 후, 에델만은 마침내 소리아노의 노를 예스로 바꿔 놓았다. 그해 여름, 에델만은 소리아노를 맨체스터 소재 로우리 호텔Lowry Hotel로 은밀히 불러(시티와 유나이티드 모두 계약을 체결할 때 즐겨 찾는 장소다) 그를 시티에 합류시켰다.

그때까지도 소리아노는 축구계에 등장해서 돈을 물 쓰듯 쓴 아부다비와 반대 입장이었다. 심지어 2009년 구단 운영에 관한 자신의 저서 『골: 볼은 우연히 들어가지 않는다Goal: The Ball Doesn't Go In by Chance』에 그 내용을 실으려고 분량을 따로 할애하기까지 했다. "그들은 얼마를 주든 최고의 선수들을 있는 대로 다 사들이려 함으로써 또 한 차례 가격 부풀리기를 초래하려 했다."

소리아노가 누구보다 그 상황을 잘 알고 있는 건, 2008년 브라질 출신의 귀재 호날두를 두고 협상에 들어가면서 활짝 열린 시티의 지갑을 이용해 먹은 적이 있기 때문이다. 당시 호날두를 맨체스터에 팔 생각은 없으면서 그저 AC 밀란과 동시 진행된 협상에서 호가를 부풀리기 위해 협상에 나선 것이었다.

그해 말, 소리아노는 치키 베히리스타인Txiki Begiristain을 기술이사로 영입했다. 1990년대 초, 바르셀로나 드림 팀 윙어 출신인 베히리스타인은 바르샤 감독 요한 크루이프Johan Cruyff의 '패스 먼저, 플레이는 아름답게' 철학에 심취해 있었다. 선수일 때나 감독일 때나 바르샤가 체현하게 된 자유 동선 축구의 복음을 가장 먼저 설파한 사람은 다름 아닌 크루이프였다. 베히리스타인과 과르디올라는 크루이프가 전한 복음의 신봉자가 되었다.

시티는 그 복음을 직접 들여오고 싶었다.

소리아노와 베히리스타인을 영입하면, 시티는 바르셀로나의 구장 위 유산과 구장 밖 전략을 통째로 도용할 수 있었다. 사실 시티는 바르샤와는 비교도 안 될 정도로 앞으로 나아가고 싶었다.

아부다비의 돈과 프리미어리그의 자유방임적 태도에 비교적 최근 시티의 일류 구단 진입까지 더해지면서 소리아노의 눈앞에 백지가 펼쳐진 셈이었다. 구단은 앞으로도 아낌없이 돈을 써서 전 세계에서 인재를 낚아 올 수 있었지만(2011-12 시즌 우승을 가능케 했던 접근법), 이제 영국 1위만으론 부족했다. 시티는 글로벌 구단의 의미를 재정의할 셈이었다.

"이번엔 최초의 다국적 구단을 만들어 보면 어떨까요?" 소리아노는 구단주들과의 첫 미팅에서 이렇게 말했다.

그 비전은 맨 처음 바르셀로나에서 소리아노한테 모습을 드러내기 시작했다. 그는 카탈루냐의 대표적 구단의 미국 지점, 그러니까 일종의 바르셀로나 미국을 설립해서 MLS에서 시합하게 하고, 그 유명한 블라우그라나blaugrana[†]색 유니폼을 입힐 꿈을 꿨었

[†] 푸른색과 짙은 적색을 의미하며 바르셀로나 유니폼 색이다.

다. 그의 구단이 전 세계 팬의 마음을 사로잡은 요소를 모두 한데 묶어 그걸 팬들한테 직접 가져다주고 싶었다. 서머 투어를 통해서도 안 되고 굿즈를 통해서도 안 되었다. 소리아노는 일본 팬들이 만 킬로미터 넘게 떨어져 있어서 멤버십 특전을 하나도 이용하지 못하면서도 바르셀로나 멤버십을 산다는 데 생각이 미쳤다. 일본 팬들은 번호가 찍힌 멤버십 카드를 들고 다니는 것만으로 유대감을 느끼기 때문이었다.

그 비전을 고향에 깊이 뿌리내리고 있는 지역주의 전통에 맞추는 게 문제였다. 어떻게 하면 바르셀로나 유권자 14만 3,000명(엄밀히 말하면 구단주들)을 설득해서 뉴욕 프랜차이즈에 상권 확대 명목으로 그들의 역사를 빌려주면 이득이 된다고 믿게 할 수 있을까? 만약 그 팀이 형편없는 팀이면? 소리아노는 정당성을 제시할 수가 없었다. "당시엔 FC 바르셀로나가 바르셀로나를 위한 구단이란 인식이 있었습니다." 오마르 베라다가 말했다. "진짜 FC 바르셀로나는 오로지 바르셀로나에만 있어야 한다는 거죠. FC 바르셀로나가 미국에 있을 수도 있다는, 구단이란 무엇인가에 대한 이사회 멤버들의 인식하고는 맞지 않았던 겁니다."

앞마당 저 너머의 관심을 끌어 보려고 유사한 계획을 실행하려고 했던 구단들도 있었다. 1999년, 아약스 암스테르담Ajax Amsterdam은 스카우팅 범위를 확장하고자 남아프리카에 아약스 케이프타운 FCAjax Cape Town FC라는 자체 창설 구단을 운영했었다. MLS에서는 캘리포니아 남부의 치바스 USAChivas USA가 멕시코 팀, 치바스 과달라하라Chivas Guadalajara의 국외 위성 구단으로 10년 동안 존재했다가 2013년 해체되었다. 한편 에너지 음료 회사인 레드불은 똑같은 브랜드의 구단 다섯 개를 창단하면서 오스트리아에 레드불 잘츠부르크Red Bull Slazburg를 시작으로 차후 MLS의 뉴욕 레드불스New York Red Bulls까지 창단했다. 그러나 말도 안 되게 비싼 프리미어리그 시장 진입에는 실패했다.

　소리아노가 꿈꾸는 규모를 시도라도 해 본 사람은 없었다.

　"우리는 도달한 결론은 축구업계에는 글로벌 브랜드를 가지고 엔터테인먼트 회사가 된 구단과 현지 시장을 못 벗어난 구단 사이에 놀라울 정도의 격차가 존재한다는 것이었다." 소리아노는 이렇게 썼다.

　시티는 전자에 속하고 싶었다. 그래서 소리아노는 바르셀로나 아이디어를 중단 지점부터 곧바로 이어서 진행했다. 시티 근무 둘째 날 소리아노는 미국에 갔는데, 도착하자마자 에델만에 끌려 뉴욕 양키스의 미팅 장소로 갔다. 겨우 몇 분 만에 구단주들은 맨시티가 리그에 새 구단을 추가하기 위해 MLS가 요구하는 1억 달러를 해결하고 난 후 향후 창단하게 될 구단의 지분 20%를 갖는 데 합의했다(시티의 우주에서 시대 변화는 빠르다. 1억 달러는 셰이크 만수르가 프리미어리그를 사기 위해 겨우 4년 전에 냈던 돈의 절반 정도다). "사실 정말 무서웠습니다. 아직 성공 초기일 뿐이었으니까요." 현재는 시티풋볼그룹City Football Group으로 불리고 있는 조직의 축구 쪽 운영을 책임지고 있는 브라이언 마우드의 말이다. "이제 이걸 어떻게 하면 어디 다른 데 가서 할 수 있을까요?"

2013년 5월, 시티는 뉴욕 시티 FC_{New York City FC, NYCFC} 창단을 발표했다. 맨체스터 시티처럼 뉴욕 시티 FC도 앞면에 에티하드 항공사 이름이 찍힌 하늘색 유니폼을 입을 예정이었다. 신생 구단은 아주 재미있고 세련된 축구를 시도할 것이다. 그리고 뉴요커들의 구단이 될 것이다. 베라다에 따르면 시티는 영국 북서쪽 상황과 상관없이 매일 '살아 숨 쉬는 접점'이 될 수 있을 만한 '고유의 정체성을 지닌' 시티의 대사 같은 조직, 지속적인 존재감을 어필할 조직을 만들 생각이었다고 했다. 한편 고국에 있는 시티의 높은 사람들은 나중에 미국에 거주하는 리버풀 팬들이 보이는 이상한 현상을 포착하게 된다. 그 팬들은 NYCFC를 선호하는 MLS 팀으로 선택했는데, 추측컨대 맨체스터 유나이티드에 대한 상호 반감이 그 원인으로 보인다.

하지만 맨체스터 시티 제국의 다른 모든 것과 마찬가지로, 이 움직임 이면에는 더 큰 사명이 있었다. 우선 뉴욕은 아랍에미리트 연방의 해외 홍보에 있어서 조심스러우면서 야심만만한 시도였다. 홍보 활동은 아부다비 관광청이나 에티하드 항공이 꾸며낼 수 있는 것보다 밝고 활기하게 진행되었다. 언제나처럼 축구가 전달 수단이었다. 뉴욕에서 거점을 찾으려는 시티의 노력은 그 점을 매우 분명하게 드러냈다.

뉴욕의 다른 MLS 프랜차이즈인 레드불스처럼 산업화 이후 불모지인 뉴저지주 해리슨에 자리를 잡는 실수를 모면하기 위해, 맨체스터 시티는 어떤 일이 있어도 뉴욕시의 다섯 자치구 안에 깃발을 꽂기로 했다. 허드슨강Hudson River 부두를 비롯하여 후보 지역 24군데 가운데 으리으리한 축구 전용 구장 신축이 가능한 한 군데로 낙점했다. 그곳은 바로 퀸스Queens에 있는 플러싱 메도 우스 코로나 파크Flushing Meadows-Corona Park였다. 42,000석 규모의 시티 필드Citi Field에서 경기하는 뉴욕 메츠New York Mets와 US오픈 개최지인 USTA 빌리 진 킹 국립테니스센터USTA Billie Jean King National Tennis Centre의 이웃이 될 예정이었다. 뉴욕에서 벌이는 신축 사업이 으레 그렇듯, 무엇 하나 쉬운 게 없었다. 에델만과 사이먼 피어스가 이끄는 맨체스터 시티 경영진은 뉴욕 시청과 기타 기관에 NYCFC 구장이 공원 부지의 적절한 활용에 해당한다는 점을 납득시켜야 할 터였다.

에델만은 이 동네 부동산 거래의 달인이었다. 그에게는 정계 연줄도 있었다. 하지만 공사 지연은 수개월 동안 계속되었다. 퀸스 현지의 여러 단체들이 목소리 높여 하루가 멀다 하고 시위를 벌이는 탓이었다. 메츠와 USTA 역시 이 계획에 반대하고 나섰다. 2013년 봄, 시티풋볼그룹이 스타디움 프로젝트를 시행할 수 있을지 여부조차 불투명해졌다. 아랍에미리트 연합국의 주미대사 유세프 알 오타이바Yousef Al Otaiba한테 복사해서 보낸 일련의 이메일에서(2017년 해킹으로 유출되었다) 구단의 높으신 양반들은 다른 선택지를 고려 중이었다.

"MCFC(맨체스터 시티)/CFG(시티풋볼그룹)/UAE(아랍에미리트 연합국)/AD(아부다비)는 달성은 가능하지만 불확실한 스타디움 승인 건에 대하여, 논란과 정밀 조사라는 난국을 돌파할 준비가 되어 있는 겁니까?" PR계 대가였던 피어스가 시티풋볼그룹 회장 칼둔 알무바라크 앞에서 할 브리핑을 준비 중인 에델만과 소리아노한테 보낸 메일 내용이다. "이번 사안이 UAE/AD가 어렵사리, 한정적이나마 획득한 미국의 정치 자본과 대중의 호감을 기꺼이 위태롭게 해도 좋을 만한 사안인가요?"

브리핑 메모는 이어서 시티풋볼그룹의 자산과 부채를 쭉 나열했다. 피어스 말대로, 그들은 굉장히 공개적인 싸움에 대비하여 '무장을' 해야 하기 때문이었다.

피어스는 "공격받기 쉬운 AD/UAE의 취약점: 게이, 돈, 여성, 이스라엘"이라고도 썼다. 아부다비의 동성애 법적 처벌, 막대하고 과시적인 부, 여성 인권 제한, 단호한 친 팔레스타인 스탠스를 말하는 것이다.

1년도 넘게 시도한 끝에, 시티는 스타디움 계획을 전면 철회하고 NYCFC는 브롱크스Bronx 소재 양키 스타디움Yankee Stadium에 억지로 마련한 임시 구장에 거처를 정했다. 원래 계획은 제국을 세 구단으로 확대하는 것이었다(맨체스터 시티, 뉴욕, 그리고 나머지 하나). 그 꿈은 중국에 구단을 하나 창단하는 것이었지만 당시 중국 리그의 사업 현장은 혼돈 그 자체인 것으로 판명되었다. 그러다 오스트레일리아에서 대안이 하나 나왔다. 전략이 먹힐 것으로 판명되자 구단을 세 개 이상 만드는 데에까지 생각이 미쳤다. 4년 내, 시티풋볼그룹은 다섯 개 대륙, 여섯 개 구단으로 확장되었다.

"프리미어리그가 해외에서 갖는 이점은 유럽 축구 리그와는 비교도 안 될 정도로 강력했습니다." 베라다는 시티의 라이벌들이 앞선 20년에 걸쳐 깔아 놓은 상업, 방송 기반을 인정하면서 말했다. "그래서 우린 라리가나 리그1, 또는 이탈리아 세리에A에서보다 훨씬 발 빠르게 움직일 수 있었죠."

시티는 오스트레일리아에서 멜버른 하트Melbourne Heart란 구단을 인수한 다음 곧바로 구단을 온통 하늘색으로 바꿔 놓았다. 멜버른 하트는 멜버른 시티Melbourne City가 되었다. 멜버른 시티의 유니폼 스폰서는 에티하드가 되었다. 물론 팀은 예전의 붉은색과 흰색 줄무늬를 유지할 수 없었다. 이미 하늘색을 쓰고 있던 시드니 FCSidney FC가 분개하면서 열 개 팀밖에 없는 리그에서 두 구단이 동일한 색을 사용하는 데 이의를 제기했다.

일본에서도 시티는 브랜드화 기회를 엿보고는 20% 지분을 획득하여 요코하마 F. 마리노스Yokohama F. Marinos를 편입시켰다. 요코하마는 기존의 로열 블루 배색을 유지할 수 있게 해 주었다. 요코하마의 경우 완전 인수가 아니라 상업적 투자에 가까웠기 때문이다. 시티와 요코하마는 자동차 제조업체 닛산Nissan과의 파트너십이라는 상호 이익을 공유하고 있기도 했다.

그 후 2017년, 시티는 팀 두 개를 더 추가했다. 이번에는 진짜 축구가 목적이었다. 시티는 수년간 프리미어리그 상위 구단들의 골치를 썩혀 온 몇몇 문제들의 해결을 시도해 볼 작정이었다. 모두가 똑같은 정보만 파고 있을 때, 지구에서 가장 뛰어난 10대 선수를 발굴하는 데서 우위를 점하려면 어떻게 해야 할까? 그리고 그런 10대 중 한 명을 용케 손에 넣는다고 해도 그 아이를 프리미어리그에서 뛰게 하려면 어떻게 준비시켜야 하는 걸까?

최고 수준의 유소년 축구조차 오랫동안 구단들한테는 좌절을 안겨 주었다. 고만고만한 연령대 선수들만 모여 있기 때문이었다. 예비 팀에도 똑같은 문제가 발생했는데, 23세 이상 선수들의 출전을 엄격히 금한 탓이었다. 이게 다 무슨 말이냐면 젊은 선수들이 훨씬 성숙하고 출전 경험 많은 노련한 선수를 접할 일이 없었다는 뜻이다. 바꿔 말하면, 그 선수들의 경험은 쓸데없었다는 뜻이다. 한 가지 해결책은 젊은 선수들을 영국 2부 리그 또는 네덜란드나 벨기에 리그 같이 규모가 작은 리그 소속 구단으로 임대를 보내 경험을 쌓게 하는 것이었다. 그러나 그 경우에는 원소속 구단이 그 선수들의 기술적 발전에 일절 관여할 수 없게 되었다.

맨체스터 시티는 꼭 타협할 필요는 없다는 결론을 내렸다. 시티는 인재 스카우트 경쟁에서 기선을 잡기 위한 방편으로 토르케Torque란 이름의 우루과이 팀을 인수했다. 인구 340만의 국가 우루과이는 전 세계 축구 강국 가운데 하나다. 월드컵 우승 횟수 2회에 루이스 수아레스와 에딘손 카바니Edinson Cavani 같은 스타 선수들도 배출한 국가다. 시티는 한몫 챙기고 싶었다. 토르케 덕분에 시티는 인재 공급망에 접근할 수 있게 되었을 뿐만 아니라 발굴한 남미 선수들을 숨길 공간까지 갖게 되었다.

카탈루냐의 스페인 2부 구단, 지로나 FC_{Girona FC}에 소수 지분을 획득하자 시티에는 우루과이와 거의 똑같은 이점이 생겼다. 지로나의 경우 괜찮은 수준의 유럽 리그에서 뛰고 있었기 때문에, 시티의 임대 선수들이 맨체스터의 모구단으로 다시 불려가거나 이익을 남기고 팔려갈 때까지 기술을 연마할 기회를 더 많이 제공해 줄 수 있었다.

다시 한번, 시티는 축구계에 존재했던 아이디어를 가져다 가장 비싸고, 가장 논리적인 극단으로 나아가고 있었다. 그리고 그 모든 게 성장 중인 선수를 온실 같은 유소년 축구 환경에 가둬두는 것보다 훨씬 혁신적인 것으로 밝혀졌다. 인재가 가득한 시티의 유소년 아카데미 팀들은 대개 전력을 다하지 않아도 이길 수 있다. "우리의 승률은 굉장히 높습니다." 마우드가 말했다. "매주 이기는 게 아주 당연해진 젊은 선수들이 많거든요." 아주 잘하는 팀이 아니더라도 그런 젊은 선수들을 외국 리그에 풀타임 프로로 던져 넣으면 그 팀을 통해 의미 있는 경험도 얻고 역경도 아주 조금은 맛볼 수 있었다.

공교롭게도 모선에서 시티의 위성구단들한테 돈을 쏟아 붓기 시작하자 그 구단들이 맛볼 수 있는 역경의 크기는 그다지 크지 않게 되었다. 멜버른은 리그 최하위에서 A리그 플레이오프 준결승까지 진출했고, 지로나는 라리가로 승격했으며, 토르케는 시티 위성 구단으로 맞은 첫 시즌에 우루과이 2부 리그에서 우승을 차지했다.

그렇게 유행에 뒤처진 방식으로 돈을 쓴 맨체스터 시티한테 아군이 많이 생길 리가 없었다. 게다가 그렇게 유행에 뒤처진 방식으로 돈을 써서 이기기까지 하니 공공의 적 1호가 되고 말았다. 축구계의 기존 초갑부들조차 틀림없이 불평을 했을 것이다. 유벤투스 회장은 가문 대대로 피아트 제국의 돈을 구단에 마음껏 투자해 온 아그넬리 가문의 일원, 안드레아 아그넬리Andrea Agnelli였다. 그런 아그넬리가 '재정 도핑'이라며 시티를 비난했다. 2012-13 시즌의 맨체스터 시티는 더 이상 적자 사업체가 아니었다는 점은 개의치 말자.

시티는 오랫동안 유럽 축구 기관들의 이목을 끌어 왔는데, 이런 기관들은 필요 이상으로 돈을 쏟아부어 경쟁을 흐트러뜨리는 구단, 바꿔 말하면 지금 시티가 하고 있는 짓과 첼시가 10년 가까이 해 온 짓을 엄단하길 바라고 있었다. UEFA가 취한 수단은 '재정 페어플레이 규정Financial Fair Play Regulations'의 제창이었다. 이 규정에 따르면 구단은 3년 기간에 걸쳐 연간 적자가 평균 3,500만 유로가 되면 안 되었다. 아부다비는 인수 후 첫 5년 동안 약 10억 파운드를 날렸다. "원대한 계획에서는 그게 말도 안 되는 일이 아닙니다. 그 시기에 과투자는 현명한 처신이었어요." 소리아노의 말이다.

UEFA와 시티의 라이벌들은 메인 후원사인 에티하드 항공과 구단의 협의에도 의혹의 눈길을 보냈다. 에티하드 항공의 소유주가 공교롭게도 아부다비 왕실의 일원이었기 때문이다. 대대적으로 보도된 바에 따르면 시티와 에티하드의 후원 계약은 10년간 4억 달러였다. 이는 J. P. 모건과 매디슨 스퀘어 가든Madison Square Garden이 체결한 10년에 3억 달러의 세계 기록을 훨씬 웃도는 액수였다. 하지만 에티하드는 2003년 창립 이후 수익을 기록한 적이 없었다. 에티하드의 후원 계약을 비판하는 쪽은 아부다비가 맨체스터 시티로 돈을 자유로이 이동시켜 회계상 손실을 최소화하려고 스폰서십 계약을 정상가보다 훨씬 높게 꾸며냈다는 의혹을 제기했다. 시티는 그 어떤 부정 행위도 없었다며 이를 일축했다.

그럼에도 UEFA가 2014년 시티에 재정 페어플레이 제재를 가하면서 2,000만 유로 벌금과 그 시즌 챔피언스리그 출전 스쿼드를 25명에서 21명으로 축소하라고 했을 때 깜짝 놀란 이는 없었다. 시티는 구단이 손실을 기록하기는 했지만 부채는 없기 때문에 처벌 대상이 아니라고 주장했다.

UEFA는 그 주장을 믿지 않았다. 물론 시티는 부채가 없었다. 그보다 개인 자산이 200억 달러인 구단주가 있었다. 그리고 그 구단주의 구단에게는 UEFA보다 더 중요한 일이 있었다. 시티에서 한 카탈루냐 사람이 주도한 혁신이 맨체스터 제2의 구단을 가져다 글로벌 흥행 강자로 바꿔 놓으려는 참이었기 때문이다.

"우리가 디즈니라는 건 아니지만, 잘 생각해 보면 그렇게 다를 것도 없습니다." 베라다의 말이다. "우리한테도 팬들이 감정을 이입하는 캐릭터들이 있으니까요. 여기서 캐릭터란 선수들이겠죠. 게다가 3,4일에 한 번씩 쇼도 보여 주잖아요. 또 여름이면 그 쇼를 전 세계로 가지고 나가고요. 그런 의미에서 우리도 연예산업에 속한다고 할 수 있습니다."

화려한 전성기

글로벌 제국이 없는 구단들이 해외를 순회하며 장사를 할 수 있는 가장 좋은 방법은 여전히 바로 그 프리미어리그 쇼를 가지고 순회 공연을 하는 것이었다. 그리고 여기서도 프리미어리그의 타이밍은 완벽했다. 처음으로 대서양 건너편에서 경기를 하면 어떨까 하는 가능성을 검토하다가 영국 구단들이 갓 시작한 자신들의 해외 사업을 위해 의기투합하고픈 인물을 찾은 것이다. 그 인물은 축구를 했던 프린스턴 시절 이후 몸에 살집이 좀 붙었고 MLS의 뉴욕/뉴저지 메트로스타스New York/New Jersey MetroStars 최초의 단장 자리에서 쫓겨난 뉴저지 출신의 떠버리 이탈리아인이었다. 이름하야 찰리 스틸리타노Charlie Stillitano.

2000년대 초, 스틸리타노는 스포츠 홍보 사업에 자금을 조달하여 세계 최대 구단들을 미국에서 열릴 하계 친선 경기에 초청하려고 자기 집을 담보로 잡고 돈을 빌렸다. 그 후 10년도 안 되어, 스틸리타노는 수화기를 들고 알렉스 퍼거슨이나 조제 무리뉴한테 밤이든 낮이든 가리지 않고 아무 때나 전화를 걸어도 되는, 지구상 몇 안 되는 사람 가운데 한 명이 되었다. 글레이저 집안사람조차 그런 특권이 늘 허락되는 게 아닌데 말이다.

스틸리타노는 자신이 상대하고 있는 프리미어리그 구단들이 실질적으로 아는 게 아무 것도 없다는 사실을 진작 알아차렸다. 그는 프리미어리그에 한 경기당 50만 달러를 내고 텔레비전 중계권을 통째로 보유할 수도 있었다. "그 사람들 이걸 대단하게 생각 안하더군요. 푼돈을 바라더라니까요." 스틸리타노의 말이다. 오로지 유나이티드만이 세상물정을 좀 더 반영한 요구 사항을 알고 있어서 피터 케넌과 데이비드 길이 스틸리타노 소유 회사와의 수익 분배 협의를 만들어 냈다. 그 두 사람은 잠재력을 볼 수 있었던 것이다. 8만 명 넘는 팬들이 유럽의 일류 선수들을 직접 보기 위해 뉴저지에 있는 자이언츠 스타디움으로 몰려들 것이었다. 하지만 유나이티드는 2003년 그 투어 직전 데이비드 베컴을 레알 마드리드에 팔아버림으로써 그 8만여 팬들을 실망시켰다.

스틸리타노가 비행기 일등석, 르 써크 Le Cirque[†]에서의 저녁 식사, 맨해튼 5번가에서의 쇼핑부터 NFL급 훈련 시설까지 방미 일

---

† 뉴욕 최고로 꼽히는 프렌치 레스토랑.

정의 모든 것을 최고 수준으로 준비해 놓았기 때문에 선수들도 미국에 들리는 일정을 마음에 들어 했다. 목재 벤치와 흰 곰팡이 핀 구두 상자 같은 유럽의 탈의실만 알던 스쿼드한테 펜트하우스 아파트 크기의 NFL 스타일 락커룸의 폭신한 카펫 바닥을 밟는 건 눈이 번쩍 뜨이는 경험이었다.

스틸리타노의 가장 큰 도전(2000년대 중반 회사가 잠깐 도산했을 때를 제외하고)은 유나이티드와 레알과 리버풀 같은 구단들끼리 서로 겨루게 하는 것이었다. 수년간, 그런 구단들은 미국 유람 같은 이런 경기에서 전력을 다하면 그 시즌을 망치게 된다고 믿고 있었다. 첼시와 인터 밀란이 2009년 스틸리타노가 필요로 하던 방어 수단을 주기 전까지는 말이다. 카를로 안첼로티Carlo Ancelotti의 첼시와 조제 무리뉴의 인터 밀란이 투어 후 각자 국내 리그 및 국내 컵을 모조리 우승하는 동안, 무리뉴의 이탈리아 구단은 업적에 챔피언스리그 우승까지 추가했기 때문이다. 이제 어떤 구단이든 국내에만 머물러 있어야 할 이유 같은 건 없어졌다. 몇 년 전까지만 해도 팀들한테 제발 와달라고 사정사정하던 스틸리타노는 이제 팀을 까다롭게 고를 수 있는 입장이 되었다.

"초창기 맨체스터 유나이티드가 이끌던 커머셜 부서는 (외람되지만) 멍청이들에서 똑똑한 사람들로 물갈이가 되었습니다." 스틸리타노의 말이다. 심지어 무료로 오겠다는 팀도 생겨났다. 유럽 축구계에 커다란 족적을 남기고 미국 스포츠계에도 커다란 족적을 남기며 위상이 높아지자 스틸리타노는 국제 스포츠계의 흥미로운 갈림길에 놓이게 되었다. 갑자기 가장 인기 많은 스포츠의 가장 인기 많은 팀들과 모두들 손에 넣고 싶어 안달하는 거물급 선수들이 스틸리타노의 손아귀에 들게 된 것이다. 결국 스틸리타노가 NFL 말고 어디서 수익을 얻겠는가?

따라서 2004년 스틸리타노가 로만 아브라모비치 소유의 호화 유람선에서 가진 점심 식사 자리는("그 유람선에는 헬리콥터도 있고 요트도 있더군요.") 호들갑 떨 것이 전혀 없는 사건이었다. 스틸리타노가 아브라모비치한테 필라델피아 이글스Philadelphia Eagles 구단주 제프리 루리Jeffrey Lurie를 소개한 것은 유람선이 필라델피아 항구에 정박하고 있던 동안이었다. 사업가 대 사업가로, 루리는 아브라모비치한테 첼시의 이자, 세금, 감가상각비, 무형자산상각비 차감 전 이익Earning Before Interest, Tax, Depreciation, and Amortization, EBITDA이 어떻게 되느냐고 물었다. 대답을 들은 루리는 아연실색했다. 아브라모비치는 첼시가 경쟁에서 단숨에 위로 올라가려다 전 해 2억 달러 이상 잃었다고 털어놓은 것이다. 그래도 루리는 그 구단이 마음에 들었다. 영국 구단도 좀 더 자기 사업체에 가깝게 만들면 돈 벌 여지가 있을 것 같았다. NFL 팀들은 이기든 지든 상관없이 매년 돈을 꽤 많이 번다.

"나한테 아이디어가 하나 생겼어요." 루리가 말했다. "내 파트너들하고 내가(나머지 서른 한 명의 NFL 구단주들) 프리미어리그를 사면 어떨까요?"

아무도 루리의 말이 농담인지 진담인지 확실히 몰랐다. 하지만 루리는 절대 그 이상 아무 것도 진행하지 않았다.

정작 프리미어리그에 가담한 NFL 구단주는 루리보다 훨씬 남쪽에 살고 있었다. 마이애미 돌핀스 구단주이자 맨체스터 시티 마티 에델만과 친구 사이인 스티븐 로스였다. 2011년 경기를 관전한 후 스틸리타노의 여름 순회 경기에 바짝 구미가 당겼다. 로스는 곧 크리에이티브 아티스츠 에이전시Creative Artists Agency한테 스틸리타노의 그룹 전체를 인수한 다음 월드 풋볼 챌린지World Football Challenge를 지금과 같은 토너먼트 기획 조직 이상의 조직으로 만들기로 했다. 해외 방송 중계권 쪽 사업도 키울 작정이었다. 2013년, 로스와 스틸리타노는 여덟 개 구단이 피닉스Pheonix 및 로스앤젤레스 등 7개 도시를 돌며 12차례 경기를 벌이는 화려한 이벤트성 대회인 인터내셔널 챔피언스컵International Chapions Cup이란 여름 행사를 론칭했다. 물론 결승 개최지는 로스의 뒷마당격인 마이애미였다.

2016년과 2017년 이 토너먼트는 성장하여 중국과 싱가포르, 오스트레일리아에서도 개최되었다. 스틸리타노는 매년 여름 영국 상위 다섯 개 팀(프리미어리그 팀의 5분의 1에 해당)의 참가 확보를 담당했다. 첼시, 맨체스터 유나이티드, 에버턴, 레스터, 아스날, 맨체스터 시티, 토트넘 모두 참가한 적이 있다.

하지만 주의 깊게 살핀 사람이라면 누구나 일찍이 2008년부터 분명히 알 수 있었던 점이 있다. 이 여름 순회 경기는 누군가 나타나 친선 경기 이상을 실현시켜 주길 얌전히 기다리며 잠자코 있던 미국 내 프리미어리그 팬의 원천을 제대로 건드렸다는 점이다. 미국에 더 많은 축구를 선사하면 미국인들은 그걸 실컷 즐길 준비가 되어 있었다.

그 모든 것은 루퍼트 머독이 1992년 5월 어느 날 아침 한 통의 전화를 받은 이후로 영국 축구에서 가장 중요할지 모를 텔레비전 중계권의 기반을 닦아 주었다.

공교롭게도 그 계약을 담당한 인물은 열렬한 축구 팬이 아니었다. 사실 오랫동안 NBC의 중역이었던 존 밀러Jon Miller는 오히려 골프 팬으로 보아야 했다.

밀러가 매주 토요일 아침 뉴저지에 있는 자택에서 아침 일찍 일어나 슬금슬금 아래층으로 내려간 다음 아무에게도 들키지 않게 조용히 뒷문으로 나갔다가 점심 전에 18홀을 돌고 오는 이유가 바로 그것이다. 매일 아침 골프장으로 차를 몰고 가는 동안 근처 알파인 컨트리클럽까지 이어진 조용한 가로수 길에서 사슴이나 붉은 여우를 한 번쯤 보았을지도 모르겠다. 하지만 문제의 그날 아침, 밀러는 사슴이나 붉은 여우보다 훨씬 희귀한 존재, 동트기 전 하늘이 푸르스름한 시간에는 마주칠 일이 거의 없는 존재를 보았다. 그 존재란 그의 10대 아들이었다.

밤 외출에서 귀가한 지 두어 시간 지났을 즈음 가족실에 있는 소파 위에 담요로 몸을 꽁꽁 감싸고 있던 로비 밀러는 이미 잠에서 깨어 있을 뿐만 아니라 눈을 말똥말똥 뜨고 텔레비전을 뚫어

져라 보고 있었다. 로비의 아버지한테 이건 심히 우려스러운 광경이었다.

"안 자고 뭐 하니?" 밀러가 문틈으로 고개를 내밀고 걱정스럽게 물었다.

"아빠." 잔뜩 흥분한 대답이 들려왔다. "아스날 대 토트넘 전 때문에요."

그건 밀러의 질문에 대한 온전한 답이 못 되었다. 밀러는 토트넘은 고사하고 아스날이 뭔지도 몰랐기 때문이다. 잠시 후 차를 빼 집 앞 쪽으로 돌아 나왔다가 그 동네에 사는 다른 아이들 대여섯 명이 겨드랑이에 담요를 낀 채 그의 집 진입로를 올라 현관문 쪽으로 가는 걸 봤을 때는 혼란이 더더욱 가중되었다. 몇 시간 후 집에 돌아와 아까 그 아이들이 아직도 그의 집에 진을 치고 6,500여 킬로미터 떨어진 곳에서 펼쳐지고 있는 발놀림에 시선을 고정하고 있는 걸 보았을 때는 머리가 완전히 멍해졌다. 하지만 밀러는 궁금한 마음도 들었다.

"오래 전에 깨우친 바로는 애들이 시청하는 걸 무시해선 안 된다는 겁니다." 밀러의 말이다.

밀러는 무시하지 않기만 한 게 아니었다. 2012년 봄, 그는 프리미어리그 축구 미국 내 텔레비전 중계권 입찰 가능성을 논하기 위해 맨해튼 사무실에서 리처드 스쿠다모어 맞은편에 앉아 있었다. 폭스가 20년 가까이 미국 내 중계권을 보유해 오고 있었다. 프리미어리그의 연례 프리시즌 대서양 횡단 순회 대회가 점차 큰 이익을 내기 시작하면서 2010-11 시즌부터 2012-13 시즌까지 3년에 7,000만 달러를 내기로 한 가장 최근 계약은 탄탄한 시청자 층을 확보할 수 있었다. 그전 시즌, 첼시의 11월 리버풀전 녹화 방송을 당일 송출했을 때 폭스의 지상파 채널 시청자는 미국 최고 기록인 170만을 찍었다.

밀러는 프리미어리그면 그보다 더 잘 될 수 있을 거라고 생각했다. 그가 보기에 미국에서 영국 축구는 그때까지도 여전히 '제대로 인정받지 못하고 있고, 제대로 마케팅되지 못하고 있고, 제대로 홍보되지 못하고 있는 상품'이었다. 그런데 밀러는 이제 그런 상황을 타개할 수 있는 위치에 있었다. 1년 전, 밀러가 새로 인수한 NBC 스포츠 네트워크 프로그램 책임자에 임명된 덕이었다. 이 방송국은 스포츠 프로그램을 매주 대략 9,000시간 제작한 24시간 방송 케이블 채널이었다. 그 방송 시간을 채우기 위해, 회사는 이미 NHL 아이스하키 중계권과 포뮬러원 중계권을 획득해놓고 있었다. 하지만 밀러는 여전히 대형 프로그램이 빠져 있다는 느낌이 들었다. 그는 스쿠다모어한테 그 답이 프리미어리그 축구라고 말했다.

2012년 가을, 밀러는 NBC가 3년에 2억 5,000만 달러에 프리미어리그 미국 내 방송 중계권 입찰을 할 수 있게 모든 승인을 받았다. 이는 폭스가 내던 1년에 2,300만 달러의 세 배가 넘는 액수였다.

어마어마한 입찰가에도 불구하고, NBC가 낙찰받으리라 기대한 사람은 사실 없었다. 밀러와 그의 팀은 CBS, 폭스, ESPN 같은 경쟁사들과 경쟁해야 했을 뿐만 아니라 폭스-ESPN 공동 입찰과도 맞서야 했기 때문이다. NBC가 입찰 최종 단계까지 올라갔을 때조차 내외부인을 막론하고 NBC가 중계권을 빼앗아 올 가능성이 있다고 보는 사람은 거의 없었다. 10월 마지막 주 금요일 아침, 존 밀러 사무실 바깥 전화기가 울릴 때까지는.

밀러가 사무실 전화를 직접 받는 일은 거의 없었다. 하지만 이 특별한 금요일 아침, 밀러의 비서(그의 나머지 부서원 대부분과 마찬가지로)가 자리를 비운 상태였다. 허리케인 샌디Hurricane Sandy가 그 주말 뉴욕을 강타해서 NBC 직원 대다수가 급히 시내를 빠져나간 탓이었다.

밀러가 수화기를 집어 들었다. "존 밀럽니다."

"존 밀러 씨." 사무적인 목소리가 들려왔다. "리처드 스쿠다모어입니다."

밀러의 심장이 두근거리기 시작했다. 입찰 당사자들은 다음 주 정도에 프리미어리그의 연락을 받을 것으로 알고 있었기 때문이다. 하지만 늘 그래 왔듯, 밀러는 결과에 너무 연연하지 않으려 애를 썼다. 그런데 프리미어리그 최고경영자가 전화를 건 지금, 밀러는 연연하는 심정이 되었다. 사실 말도 제대로 나오지 않았다.

"안녕하세요, 리처드. 요새 어떻게 지냈어요?" 밀러가 더듬더듬 말했다.

"저야 좋죠." 스쿠다모어가 대답했다. "하지만 밀러 씨보다 좋을 수야 없죠."

"그게 무슨 말씀이신지?"

"귀사가 앞으로 3년 동안 프리미어리그의 미국 내 새 둥지가 되셔서 축하드릴 겸 이렇게 전화드린 겁니다."

대화가 계속 이어졌지만 밀러는 도무지 집중이 안 됐다. 그래서 두 남자는 조만간 직접 만나 대화를 나누기로 약속하고 통화를 마무리했다. 수화기를 내려놓은 후, 밀러는 눈을 감고 그 순간을 온전히 음미했다. "결혼식, 애들 태어난 날, 그밖에 이런 저런 날들이 있었죠. 하지만 스쿠다모어 입에서 그 말이 나온 날만큼 흥분되거나 행복했던 적은 없었어요." 밀러가 말했다.

단, 문제가 하나 있었다. 이 기쁜 소식을 함께 할 사람이 없었다.

밀러의 사무실은 비어 있다시피 했다. 그의 상사인 NBC 스포츠 최고책임자, 마크 라자루스Mark Lazarus는 NBC가 2014년 동계 올림픽 정보 수집차 떠난 소치 출장에서 귀국 중이라 대서양 한가운데를 건너는 중이었다. 밀러는 기쁜 소식을 전하려고 부인한테 전화를 걸었지만 받지 않았다. 그래서 사무실에서 나와 6번가를 걸으면서 그가 방금 전해 들은 소식이 얼마나 대단한 소식인지 제대로 알고 있을 한 사람한테 전화를 하기로 마음을 먹었다.

로비 밀러는 자기 아버지가 전화로 프리미어리그 중계권을 따냈다는 소식을 알렸을 때 러닝 머신에 있었다. 다른 NBC 중역들도 기뻐 어쩔 줄 몰랐다. 하지만 NBC가 프리미어리그 경기 미국 중계권을 따냈다는 소식을 듣고 전혀 기뻐하지 않는 집단이 하나 있었다. 바로 프리미어리그 구단주들이었다.

이제 그들 무리 중 미국인의 숫자도 꽤 큰 편이었는데도, 리그의 스무 개 구단 구단주들은 여전히 미국 텔레비전 업계에 대해 아는 게 거의 없는, 우물 안 개구리 같은 집단이었다. 그들이 확신하는 것 한 가지는 ESPN이 전 세계에서 가장 유명한 스포츠 방송국이라는 것이었다. 그들 중 대다수한테는 아직도 영국에서 시트콤 〈프렌즈〉의 본고장으로 가장 잘 알려진 라이벌 방송국 때문에 기존 방송국을 버리게 된다는 생각이 별로 솔깃한 상업적 수완처럼 들리지 않았던 것이다. 적어도 스쿠다모어가 그런 구단주들한테 공을 들이기 전까지는 말이다.

그 후 몇 주, 몇 달에 걸쳐, 스쿠다모어는 그런 의혹을 잠재우고 구단주들한테 NBC가 리그에 적합한 파트너사란 확신을 심어주기 위한 노력을 멈추지 않았다. NBC 건을 설명하려고 몇몇 구단에는 직접 찾아갔고 또 몇몇 구단에는 몇 번이고 전화를 걸기도 했다. NBC 계약이 리그가 이전에 맺은 미국과의 텔레비전 중계권보다 훨씬 고가이긴 했어도, 그가 금전적인 부분만 내세운 건 아니었다. 그보다 브랜드 성장이 우선이었다. 스쿠다모어의 설명에 따르면 NBC 계약 조건하에서 NBC는 지상파 방송국에서 시즌당 25경기를 방송해 주기로 약속했는데, 이로써 영국 축구가 미국 텔레비전 방송에서 생중계되는 최초가 될 터였다(그

전까지 경기 생중계는 케이블 채널에서만 방영되거나 폭스 방송국에서 녹화 방송으로만 가끔 송출됐었다). 스쿠다모어는 NBC의 제작 가치, 올림픽을 성공적으로 중계한 이력, 프리미어리그 방송을 혁신하겠다는 약속을 적극 어필했다. "이쪽 사람들 계획은 우리한테 큰 도약이 될 겁니다." 스쿠다모어가 보증했다. 그가 안심시키고 부추기자 순식간에 효과가 나타났다. NBC가 프리미어리그와 계약을 체결하러 왔을 때는 스쿠다모어가 구단주들 사이에 ESPN을 버리는 행보가 올바른 행보라는 의견의 일치를 확립해 놓은 뒤였다.

NBC는 스쿠다모어의 믿음이 옳았다는 걸 얼마 지나지 않아 입증해 보였다. 처음 세 시즌 동안, NBC는 미국 텔레비전 방송 역사상 최다 시청자 수를 기록한 프리미어리그 경기 10경기 중 8경기를 방송했다.

NBC 하에서 시청자 수가 늘어난 데에는 타이밍 덕도 일부 있었다. 첫 시즌이 2014년 월드컵 직후였던 덕분에 대대적인 영국 축구 광고까지는 아니더라도 영국 축구에 대한 관심이 자연스레 치솟을 수 있었다. NBC는 다채널 방송을 통한 프리미어리그 경기 무제한 접속과 매 경기를 생중계로 보여 주는 디지털 서비스 또한 제공했다.

하지만 시청률이 급등한 데에는 NBC의 보도 방식도 한몫 했다고 볼 수 있었다. 방송국이 진작 깨달은 바는, 신규 시청자는 가짜 제작물은 안 참아 준다는 것이었다. 폭스가 프리미어리그 미국 중계권 보유 방송사로 앞선 3년이란 기간 동안 시청자층을 어느 정도 구축해 놓기는 했지만, 가장 가까운 영국식 술집이 만여 킬로미터나 떨어져 있는 로스앤젤레스 내 스튜디오에서는 분위기가 제대로 나지 않는 것 같다는 느낌이 있었다.

반면, NBC는 처음부터 현지 느낌을 제대로 내서 하프타임 맥주 맛까지 느껴질 정도였다. NBC는 영국 축구를 시청하는 미국인이라면 영국 해설자 목소리를 기대할 것이며, 피치†, 키트(유니폼), 클린시트 같은 영국식 표현도 프리미어리그가 지닌 대서양 건너편다운 매력의 일부라는 점을 인지하고 있었다. NBC는 영국식 억양을 그대로 살리면서 미국 시청자에 직접 호소해야 하는 미묘한 균형을 잘 잡아냈다.

시청률이나 광고 구매에는 드러나지 않았지만 미묘한 변화 역시 일어나고 있었다. 프리미어리그 팬은 영국에서는 난폭한 노동 계층이 기반이었지만, 미국 내에서는 지위의 상징 같은 것이 되어 가고 있었다. 댈러스 카우보이스Dallas Cowboys나 골든 스테이트 워리어스Golden State Warriors는 아무나 응원할 수 있지만, 들어 본 적도 없는 도시 출신의 열한 명으로 구성된 팀을 좋아하려면 어떤 속물근성 같은 것이 있어야 했다. 프리미어리그 유니폼을 입는 것이 브루클린이나 샌프란시스코에 사는 친구들한테 '나는 아는 것도 많고 호기심도 많고 가끔은 아침에 술을 마시는 사람이다'라고 알리는 방식이 되었다. 미국 유명 인사들조

---

† 축구장을 부를 때 미국은 필드, 영국은 피치라고 부른다.

차 프리미어리그를 시청했다. NBA의 케빈 가넷Kevin Garnett은 배우 윌 페럴Will Ferrell과 마찬가지로 자랑스러운 첼시 팬이 되었다. 제이-지Jay-Z는 아스날 서포터를 표방했다. 르브론 제임스LeBron James는 리버풀 지분을 소량 구매하여 앞서 언급한 이들 모두를 제쳤다.

하지만 프리미어리그가 지닌 가장 단순한 매력은 그 편의성이었을 것이다. 90분이라는 경기 시간은 프리미어리그를 미국 텔레비전에서 가장 시청하기 쉬운 스포츠로 만들었다. 토요일 아침 늦잠을 잔 후 오전 열 시에 경기를 보고도 하루의 나머지를 멀쩡하게 보낼 수 있었다. 에너지 넘치는 다섯 살짜리 아이가 있어 어쩌다 보니 오전 7시 30분에 깨어 있게 되었다고 해도 만화 채널로 돌리기 전까지는 커피를 마시며 스포츠를 생중계로 볼 수 있었다. 그리고 그 이상을 원한다면, 대학 풋볼 경기 한 번을 끝날 때까지 보는 데 걸리는 것과 똑같은 시간 동안 더블헤더[†] 전체를 픽업 트럭 광고는 80% 덜 보면서 시청할 수 있었다.

NBC 중역들도 이 모든 걸 알 수 있었다. 시청자 수, 미국 전역으로 퍼져 나가는 축구 열풍을 보고는 투자를 늘렸다. 2015년 처음 계약 기간 3년 만료가 다가오자, NBC는 방송 시간을 늘리는 것만으로는 안 되겠다고 판단했다. NBC는 다각도 확장을 결정했다. "우린 과감한 결단을 내렸습니다." 밀러가 말했다.

---

† 두 팀이 같은 날 계속해서 두 경기를 치르는 것.

다음번에 전화로 좋은 소식을 알릴 때, 리처드 스쿠다모어는 프리미어리그가 NBC와 3년 연장할 거란 말을 못 하게 되었다. 신규 계약에서는 6년, 즉 2022년까지 연장할 것이며 NBC가 시즌당 지급해야 할 중계료는 두 배로 오를 예정이었다. 스쿠다모어 재직 기간 중 프리미어리그가 3년마다 갱신하기로 한 해외 계약 기간 규정에서 벗어난 건 처음이었다. 하지만 그 이유는 어렵지 않게 알 수 있었다. 새로운 계약금이 10억 달러, 즉 5년 전 폭스와 계약한 금액보다 열 배 이상 높은 금액이기 때문이었다.

1992년 반기를 들었던 영국 구단주들은 꿈도 꾸지 못한 성공이었다. 그들은 미국을 모방하고만 싶어 했다. 25년 뒤 그들이 탈퇴해서 만든 리그가 미국에서 가장 인기 많은 수입품이 되리라고는 생각도 못 했다.

대서양 너머, 자기들 경기에서 눈을 못 떼고 있는 미국의 수백만 시청자들을 보면서 프리미어리그 구단주들은 자신들이 마침내 성공했다는 걸 깨달았다. 그 수백만 개의 눈이 구단주들에게로도 향하자, 프리미어리그는 다시 한번 절묘한 타이밍 솜씨를 발휘했다. 미국 시청자들은 영국 축구가 역사상 가장 극적인 시즌을 펼쳐도 좋은 경지에 올라 있었다.

변방의 반란
레스터 시티

2015-16 시즌이 시작될 때까지만 해도 레스터 시티는 그저 돌아가면서 프리미어리그 소속 구단수를 채워주는 구단 중 하나에 불과했다. 여우 군단Foxes[†]은 우승 후보가 아니었다. 유럽 대회 진출 후보도 아니었다. 레스터 시티는 뭐랄까⋯ 그냥 존재하는 구단이었다. 그것도 프리미어리그에 들었을 때뿐이지만. 요요 구단[‡]은 대개 1부 리그와 2부 리그를 왔다 갔다 하는데 레스터는 프리미어리그 시대의 대부분을 프리미어리그 밖에서 보냈다.

  1992년 프리미어리그 시대가 시작되기 이전 레스터의 삶은 그다지 행복하지 않았다. 레스터시가 영국 섬유 산업의 사양화

[†] 레스터시티의 애칭.
[‡] 승격과 강등을 오락가락하는 구단을 말한다.

와 함께 쇠퇴하자, 더 큰 도시들이 경제와 국가를 대표하는 경기를 장악하는 동안 여우 군단은 자신들의 운을 곱씹어보며 이스트 미들랜즈에서 괴로운 나날을 보내고 있었다. 블랙번이 프리미어리그 챔피언이 된 이후 20년 동안, 대회란 대회의 타이틀은 모조리 런던이나 맨체스터 연고 구단의 트로피 진열장에만 안착했다. 블랙번과 잭 아저씨가 위계 질서를 흩트려 놓기 20년 전과 비교할 때(우승 트로피가 더비와 노팅엄과 기타 이상한 장소를 거치던 당시), 소도시 연고 팀이 우승 후보가 되던 시대가 끝이 났다는 건 분명해졌다. 슈퍼카를 모는 탑급 외국인 선수는 밀라노나 바르셀로나에서 이스트 미들랜즈로의 이적은 원치 않았다. 그리고 트로피를 번쩍 들어 올리는 탑급 감독도 유럽 대회는 구경도 못할 공산이 큰 곳에서는 일하고 싶어 하지 않았다.

축구계의 움직임으로 판단하건대, 우승 한 번 못 해 보고 지나온 레스터 시티의 152년 존재 역사는 앞으로도 20년이나 50년, 아니 152년 더 우승 한 번 못 해 보고 존재만 하게 될 판이었다.

레스터의 뻔한 전망 때문에 투자자들이 달려들지 않는 건 아니었다. 2010년 챔피언십에 나간 여우 군단은 비차이 스리바다나프라바Vichai Srivaddhanaprabha란 이름의 폴로를 즐기는 면세점 부호가 이끄는 컨소시엄에 인수되었다. 영국 축구 주식을 사려다 프리미어리그 구단의 과도한 비용 때문에 물러났던 사람들과 마찬가지로, 스라바다나프라바도 이 바닥에서 돈을 벌 수 있는 훨씬 유리한 방법이 있다는 사실을 깨달았다. 그 방법이란 인내심을 조금 더 요할 뿐이었다. 계획은 2부 리그의 구단을 하나 골라 자금을 대서 젖과 꿀이 흐르는 프리미어리그 땅으로 도약시키는 것이었다.

스리바다나프라바의 타이밍은 더 없이 좋았다. 앞으로 몇 년 안에 승격할 수 있다면, 레스터 시티는 프리미어리그에 제때 진입해서 전보다 좋아진 중계권 수익의 상승 곡선을 탈 수 있을 터였다. 그리고 여우 군단은 그렇게 했다. 2014년 1부 리그에 들면서 레스터는 새로운 구단주한테 3년 안에 프리미어리그 5위권에 진입할 수 있도록 1억 8,000만 파운드를 추가로 약속받았다.

하지만 구단 내 보수 세력은 경거망동을 삼가야 한다고 보았다. 그들한테는 안 봐도 비디오 같은 상황이었다. 원대한 꿈을 품은 작은 구단이 외국인 투자자의 돈을 쓴다. 성적이 기대에 못 미친다. 투자자가 갑자기 지갑을 닫아 버린다. 또 만났네, 강등, 긴축 재정, 또다시 강등.

그래서 여윳돈이 있음에도 레스터는 2015-16 시즌 스쿼드를 프리미어리그 기준에 비해 저렴하게 짰다. 스카우트 책임자 스티브 월시가 짜맞춘 스쿼드였다. 월시는 건장한 체격에 숱 적은 백발이 성성한 북부 출신으로 어디를 봐도 직업 생활 내내 바람 많은 벽촌의 스타디움에서 지퍼를 끝까지 채운 패딩 점퍼 차림으로 보낸 사람처럼 보였다. 뉴캐슬, 헐, 조제 무리뉴 하의 첼시에서 일하면서 축구계에서 30년을 보낸 덕에 그는 영국에서 성공할 만한 선수를 알아보는 법을 터득할 수 있었다.

월시는 세 시즌에 걸쳐 조용히 부적응 선수 및 방출된 선수들을 6,000만 파운드 정도에 모았다(당시 아스날 스쿼드의 몸값은 약 다섯 배, 맨체스터 시티의 몸값은 여덟 배 더 높았다). 이미 구단에 소속되어 있던 선수는 골키퍼 카스페르 슈마이켈Kasper Schmeichel 밖에 없었다. 월시가 처음 계약한 두 선수(자메이카 수비수 웨스 모건Wes Morgan과 유나이티드 아카데미 낙제생 대니 드링크워터Danny Drinkwater)로 인해 구단이 치른 비용은 각각 100만 파운드 이하였다. 월시는 프랑스 2부 리그에서 리야드 마레즈Riyad Mahrez를 발탁했다. 마레즈는 드리블에 대한 애정이 살짝 과했던 왜소한 체구의 알제리 출신 선수로 50만 파운드가 들었다.

그다음에는 군살 하나 없는 스트라이커 제이미 바디Jamie Vardy가 있는데, 너무 작다는 이유로 셰필드 웬즈데이 아카데미에서 잘린 선수였다. 영국 축구의 상위 두 개 리그에서 뛸 일은 없어 보이는 선수였다. 이제는 전설이 된 그의 벼락부자 성공기를 보면 바디는 EPL보다 일곱 단계 낮은 곳, 일주일에 100파운드 정도를 받았던 세미프로 팀인 스톡스브리지 파크 스틸스Stocksbridge Park Steels에서 선수 경력을 시작했다. 더 큰 구단들이 그를 눈여겨보기도 했지만, 그 구단들이 본 거라고는 위험 신호밖에 없었다. 레드카드를 연달아 받은 데다 술집에서 벌인 싸움 끝에 폭행으로 유죄 판결까지 받았기 때문이다. 그 때문에 법원의 야간 통행 금지 명령에 따라야 했고 경기 중에도 발목에 전자 감시 장치를 차고 있어야 했다. 원정 경기 때문에 장기간 시외로

나가야 할 경우, 스톡스브리지는 경기 종료 전 그를 다른 선수로 교체한 다음 제때 집에 도착할 수 있게 차에 태워 보내곤 했다.

하부 리그의 몇몇 구단도 위험을 감수하고 그를 검토했다. 처음엔 핼리팩스 타운Halifax Town, 그리고 그 후엔 플릿우드 타운Fleetwood Town. 2012년 월시한테 발탁되기 전까지 바디는 거기까지가 자신이 올라갈 수 있는 최대치라 생각했다. 그때 바디는 이미 스물다섯 살이었지만, 대기만성형인 게 분명했다. 골을 뽑아내고 있었다. 게다가 그에게는 월시 생각에 레스터가 어떻게든 해 볼 만한 자질이 한 가지 더 있었다.

"제이미한테 무슨 대단한 비결이 있는 건 아니었습니다." 2011년 당시 5부 리그에 속했던 플릿우드 타운에 바디를 입단시킨 앤드류 필리Andrew Pilley의 발언이다. "진짜 말도 안 되게 빨랐죠. 속임수처럼 보일 정도였어요."

월시의 염가 선수단에게 어딘가 특별한 구석이 있다는 징후가 일찍부터 나타난 건 아니었다. 여우 군단은 2014-15 시즌 프리미어리그로 승격했는데 상규常規가 적용된 것으로 보였다. 성적은 들어간 돈만큼 나온다. 레스터보다 돈을 적게 쓴 구단은 없었으므로 레스터가 2015년을 꼴찌로 시작한 건 납득이 되고도 남는 일이었다.

베팅업체들은 레스터(7 대 10)를 틀림없는 강등 유력 후보로 점쳤다. 베팅업체들이 레스터 관련해서 잘못 짚는 일은 이것 말고도 더 나올 터였다.

여우 군단은 그 시즌 마지막 여덟 경기 중 여섯 경기를 이겨 프리미어리그 역사상 가장 뜻밖의 강등 탈출을 달성했다. 그러나 그러고도 레스터는 그 누구에게도 자신들이 그다음 시즌에도 살아남을 거라는 확신을 주지는 못 했다. 여우 군단은 자기들을 구해 준 감독을 잘랐고, 스쿼드는 여전히 염가에 사들인 예비 부품의 집합체였다. 나사를 몽땅 잘못 끼운 이케아 서랍장 같다고나 할까.

2015-16 시즌이 시작되자, 레스터는 다시 베팅업체들의 강등 유력 후보에 올라 있었다(베팅업체들은 레스터의 구단주들이 스님을 모셔와 구장과 팀에 복을 기원했어도 별로 신경 쓰지 않았다). 하지만 베팅업체들은 모든 팀에 하듯 레스터에도 프리미어리그 우승 확률을 정했다. 5,000대 1. 사실상 스포츠 경기의 확률로 보기도 힘든 승률이었다. 그 정도 확률은 산마리노 공화국이 다음 월드컵에서 우승할 확률, 데이비드 베컴이 차기 제임스 본드James Bond 역을 맡을 확률, 엘비스 프레슬리가 살아있는 모습으로 발견될 확률과 동급이었다.

이 모든 일에 더해 여우 군단의 우승 확률을 더 떨어뜨린 것은 신임 감독 클라우디오 라니에리였다. 이 유쾌한 이탈리아인이 프리미어리그에서 마지막으로 목격된 모습이 11년 전 첼시한테 가차 없이 경질당하는 것이었기 때문이다. 한편 라니에리는 그 후 7개 팀 감독을 맡았는데, 그중에는 그리스 국가 대표 팀도 있었다. 그리스 국가 대표 팀은 4경기 모두 무승에 당시 피파 랭킹

187위였던 페로 제도Faroe Islands한테도 안방에서 패하는 수모를 당했다.

게리 리네커조차 놀라움(혹은 경멸)을 감추지 못 했다. "클라우디오 라니에리? 진짜?" 그는 7월 중순 발표 직후 이런 트윗을 올렸다.

그해 여름, 월시는 유럽이라는 잡화점에서 계속 인재를 찾아다녔고 선수 9명한테 4,500만 파운드밖에 쓰지 않았다. 은골로 캉테N'Golo Kanté란 이름의 파리 교외 출신에 168센티미터 미드필더를 추가하려고 했을 때만 유일하게 반대에 부딪쳤다. 캉테는 고작 2년 전 프랑스 3부 리그에 겨우 들어간 선수였지만, 월시는 그 선수가 요긴할지 모른다고 생각했다. 적어도 달리는 건 얼마든 시킬 수 있을 터였다. 라니에리는 관심이 없었다. "클라우디오한테 그 선수를 받아달라고 사정해야 했다니까요." 월시가 말했다.

며칠에 걸쳐 월시는 레스터 사무실에서 라니에리 옆을 지나가면서도 '캉테요, 캉테, 캉테하고 계약하셔야 한다니까요'라고 귀띔을 해 주었다. 라니에리는 그래도 반대했다. 다른 사람들처럼 라니에리도 그 선수가 혹독한 영국 축구에는 너무 왜소하다고 보았기 때문이다. 게다가 팀에 그 선수를 끼워 넣을 포지션도 보이지 않았다.

"그 선수 어느 포지션이든 맡을 수 있어요. 너무 작다는 건 나도 알지만 분명 골을 넣을 거라고요!" 월시가 라니에리한테 말했다.

월시가 못살게 군 게 효과가 있었던 모양이다. 얼마 안 가, 라니에리는 캉테를 팀의 중심으로 놓고 자신에게 주어진 스쿼드를 그해 가을 허를 찌른 여러 사건 가운데 하나로 만든 것을 보면. 레스터는 곧바로 강등권에서 벗어났을 뿐만 아니라 꽤 안정적인 모습을 보였다. 여우 군단이 뭔가 현란한 기교를 부린 건 아니었지만 효과는 있었다.

잘 나가는 구단들처럼 흥미진진하고 시선 끄는 플레이에 대한 기대에 부응해야 한다는 부담감이 없던 레스터는 내려앉았다가 역습으로 상대를 해치우는 것만으로 만족했다. 마레즈는 윙어답게 경기장 측면을 누비고 다녔다. 수비 기둥이 너무나 견고해서 반칙에 가까운 플레이라고 볼 수 있을 정도였다. 바디는 며칠이고 머리 위로 넘어간 공을 쫓아갈 수 있었다. 계속 골을 넣은 바디는 12월이 되자 최다 경기 연속 골 기록에 근접 중이었다. 바디가 기록을 깨고 11경기 연속 골이라는 신기록을 세우자, 레스터는 수년 전 플릿우드 타운이 쉽게 꿰뚫어 보았던 게 무엇인지 마침내 이해했다. 바디를 팀에 투입하면 거의 속임수를 쓰는 거나 마찬가지였다.

동시에 64세의 라니에리는 기자 회견마다 나가서 사람들의 마음을 사로잡고 있었다. 말은 매사 못 미더워하는 할아버지처럼 했지만 거기엔 매번 그의 활기찬 이탈리아어 발음과 미소 띤 표정이 배어 있었다. 그는 그의 스피드광 스쿼드를 영국 공군에 비유했다. "정말 굉장하죠. 휙! 휙! 전 그게 너무 좋더라고요." 그가 킥킥 웃으며 말했다. 그리고 나서 그가 바디한테 좀 더 적절하다고 판단한 비유는 '환상적인 경주마'였다. 라니에리는 혁신적인 코칭기법도 도입했는데, 보통 일주일에 한 번 주던 휴일을 이틀로 늘렸고 무실점을 기록할 때마다 팀 전체에 피자를 사주겠다고 약속하기도 했다.

프리미어리그에 관해 누구나 알고 있는 모든 점이 레스터의 열기가 곧 식을 것임을 가리키고 있었다. 이건 그냥 말이 안 되는 일이었다. 레스터는 전에 리그 우승을 경험해 본 비싼 선수나 감독을 보유하고 있지도 않았고, 오라가 풍기는 구단도 아니었다. 하지만 이 여우 군단의 콧대를 꺾어 줄 상대를 물색해 보니 정작 유력한 후보들은 몰락하느라 정신이 없었다.

첼시의 조제 무리뉴가 조장한 지속적인 긴장감은 전 시즌에는 우승을 가져다 주었지만 이제는 탈의실 분위기를 죽이고 있었다(첼시의 재앙은 12월 레스터한테 실책으로 패배한 후, 무리뉴가 선수들 노력이 부족했던 탓이라고 비난하고 며칠 후 경질당하면서 정점에 달했다). 맨체스터에서는 유나이티드가 데이비드 모예스의 후임 루이 판 할Louis can Gaal 하에서 맥을 못 추고 있었고, 시티는 마누엘 페예그리니Manuel Pellegrini 하에서 열의가 없는 모습이었다. 아스날과 토트넘은 진검 승부를 펼치기로 굳게 마음먹은 것처럼 보이더니 양 팀 역시 경기력이 오락가락해졌다.

여우 군단이 리그의 빅 구단들이 전부 동시에 하향세로 돌아선 시기를 잘 잡은 덕도 있지만, 프리미어리그에서 전개되고 있는 광범위한 변화의 혜택을 거둬들인 것이기도 했다. 새로운 중계권 계약(리처드 스쿠다모어의 최근 성공)은 영국 1부 리그에서 뛰는 것만으로 하루아침에 유럽에서 가장 부유한 구단 사이에 끼게 된다는 의미였다. 그리고 그 영향은 맨체스터 유나이티드 같은 구단보다 레스터 같은 구단한테 늘 더 크게 작용하게 되어 있다. 1,000만 파운드라는 여분의 돈은 올드 트래퍼드에서는 있으나마나한 돈일지 몰라도 여우 군단한테는 전혀 그렇지 않았다. 갑자기 중위 구단이 더 실력 좋은 선수를 영입할 수 있게 되고, 주급을 더 줄 수 있게 되고, 그 선수들을 더 오래 붙잡아 둘 수 있게 되기 때문이다. 한 선수가 영국에 와서 중위권 구단에서 뛰다가 달랑 한 시즌 활약 후 맨체스터 유나이티드한테 발탁되던 시절은 끝났다.

"투자를 조금만 똑똑하게 하면 그런 선수들을 붙잡아 둘 수가 있습니다." 그 시즌 상위 네 개 구단들을 상대로 리그 최고기록을 보유한 팀인 웨스트햄의 감독 슬라벤 빌리치 Slaven Bilić가 말했다.

2016년 1월 1일, 시즌 중반 레스터는 거너스와 공동 1위였다. 한 달 뒤, 여우 군단은 맨체스터 시티와 승점 3점차로 1위에 올랐다. 레스터는 리그 내 그 어떤 팀보다 선수를 적게 쓰며 움직이고 있었고, 프리미어리그는 이게 진짜 가능한 일이란 걸 깨닫기 시작했다. 라니에리조차 자기 팀이 우승 가능성이 있다는 사실을 인정하지 않으려 하자, 시즌 전체가 비현실적으로 느껴졌다. 레스터는 연승 행진을 하고 있었다. 그런데 아무도 그게 가능한 이유를 몰랐다.

여우 군단의 분전에는 라니에리나 바디 또는 누가 됐든 파란색 유니폼을 입은 누군가보다 중요한 존재가 있다고 여기는 이들이 있었다. 레스터 신봉자 중 좀 더 미신적인 성향이 강한 이들은 5세기 전에 죽은 한 MVP 덕이라고 여겼다. 그 MVP란 보즈워스 필드 전투Battle of Bosworth Field에서 머리를 도끼에 여러 차례 맞아 죽은 리처드 3세King Richard III였다.

이 바짝 야윈 군주가 어떻게 해서 레스터의 운을 바꿔 놓았는가에 관한 이야기는 그가 소름끼치는 최후를 맞이한 지 527년 후에 시작되었다. 그는 그 긴 세월 동안 대충 판 무덤 속에 묻혀 있었는데, 매장 위치는 2012년 레스터 대학University of Leicester의 인류학자들이 유골을 발견하고 나서야 세상에 알려졌다. 왕은 주차장 아래 묻혀 있었다.

리처드 3세를 레스터 대성당에 안치한 후(60년 만에 처음 거행된 영국 군주의 장례 절차였다), 구단에 이상한 일이 일어났다. 여우 군단이 그 후 치른 42경기 중 고작 4경기만 지고 28경기를 이겨 강등권에서 기적적으로 벗어나고 프리미어리그 정상에 우뚝 선 것이다.

라니에리조차 레스터가 진정한 우승 후보란 사실을 한사코 인정하지 않긴 했지만, 그 시즌 마지막 몇 주는 구단에 대한 희망적 기사가 쏟아져 나온 시기였다(라니에리가 공개적으로 그 말을 하기 전 4월, 레스터는 승점 5점차로 선두를 달리고 있었다).

"좋아, 이제는 우리도 할 수 있다! 앞으로 [다시는] 일어날 수 없는 일이기 때문이다." 라니에리가 선수들한테 말했다.

라니에리가 신기한 전화를 받은 것도 그 즈음이었다. 죽은 왕이 자기네 팀을 밀어주고 있다는 건 알고 있었지만, 이제 맹인 테너도 생겼다.

"클라우디오, 뭔가가 느껴집니다." 이탈리아의 성악가 안드레아 보첼리Andrea Bocelli가 그의 동포한테 말했다. "상서로운 분위기가 있어요. 제가 그쪽에 갔으면 합니다."

라니에리는 보첼리의 레스터 마지막 홈 경기 방문을 주선했다. 영국 축구 역사상 가장 믿기지 않았던 우승 경쟁을 완성하기 위해 트로피를 번쩍 들어 올렸을 때, 구장 위 라니에리의 옆자리에는 이 오페라 가수가 서 있었다. 안 될 게 뭐가 있겠는가? 이 상황 자체가 이미 너무 말도 안 되다 보니, '공주는 잠 못 이루고'를 부르는 세상에서 제일 유명한 테너를 이 요지경에 더한다고 해서 레스터에서의 그 토요일 오후가 지금보다 더 비현실적이 될 성 싶지 않았던 것이다.

간신히 강등이나 면하던 신세에서 1년 새 챔피언이 되는 건 일어날 수 없는 일이었다. 그건 프리미어리그가 앞선 24년에 걸쳐 구축해 온 모든 것을 거스르는 일이었다. 챔피언은 주급도 높아야 하고, 이적 시장에 거금을 들여야 하고, 상대를 압도해야 했다. 레스터는 일류 구단의 주급 일부만 가지고 기적을 일궈냈으며, 경기 중 볼 점유율은 프리미어리그 시대 그 어떤 챔피언보다도 낮았다. 이 동화 같은 일로 선수들은 국가적 유명 인사가 되어 지붕 없는 버스를 타고 시내에서 퍼레이드를 했고, 구단주한테서는 선물로 BMW를 받았다.

이번 시즌 중 그다지 디즈니 같지 않았던 지엽적인 일에는 신경을 끄자. 만취한 제이미 바디가 어느 카지노에서 아시아계 남자한테 인종차별적 발언을 했던 이 시즌 전 여름에 일어난 사건 같은 일 말이다. 아니면 라니에리가 레스터 감독직을 맡을 수 있었던 유일한 이유가 태국 프리시즌 투어 중 레스터 선수들 몇몇이 연루된 섹스 테이프가 유출되었는데, 그 선수 중 하나가 전 감독의 아들이라 전임자가 잘렸기 때문이라는 사실(영국 축구 기준으로 봐도 아주 제대로 추잡한 이야기)도. 따라서 레스터 시티의 기적이 완전히 듣기 좋기만 한 동화는 못 되는 이유가 적어도 두어 개는 있었던 셈이다.

그리고 이 점에 동의할 마음이 있는 집단이 적어도 하나는 있었다. 레스터 선수들이 카지노나 프리시즌 투어에서 벌인 짓이 마음에 걸렸기 때문은 아니었다. 레스터가 성공했다는 그 사실 하나에 특히 마음이 상한 집단이 있었으니, 그들은 바로 프리미어리그의 빅6였다.

분열의 조짐

맨체스터 유나이티드, 맨체스터 시티, 첼시, 리버풀, 토트넘, 아스날한테, 레스터 같은 벼락 성공은 도저히 용납할 수 없는 일이었다.

그들의 시커먼 마음속에 만년 루저 이야기(만년 루저는 아니었지만)를 품을 자리 따위는 없었기 때문이 아니라 프리미어리그의 상층부가 이미 만원이라 느끼고 있었기 때문이었다. 한때 빅5로 알려졌다 나중에 빅4가 된, 구단들 중에서도 가장 강력한 이 집단이 이제는 빅6로 늘었다. 챔피언스리그에 나갈 수 있는 팀 수보다 더 돈 많고 더 야망 큰 팀들이 많아졌다는 얘기다. 맨체스터의 두 구단, 첼시, 아스날 같은 구단한테 챔피언스리그 진출은 단순히 호사스러운 연례행사에 불과한 게 아니었다. 챔피언스리그는 그 구단 비즈니스 모델의 주축이나 다름없었다. 설사 조별 경기 6경기에서 다 지더라도 2016-17 챔피언스리그에 진출한 것만으로 경쟁 팀 모두는 1,270만 유로씩을 받았다. 당연히 2차전에 진출할 것으로 예상된 프리미어리그 팀들의 최소 수당은 약 2,500만 유로였다. 그중 한 팀이 시동이 걸려 그냥 다 이겨 버리면, 그 팀은 5,700만 유로나 벌게 된다.

레스터 같은 구단한테는 너무 듣기 좋은 소리였다. 빅6는 그런 절호의 기회를 빅6에 속하지 않은 구단이 또다시 채가게 둘 순 없었다. 자기들도 같이 뛴 빌어먹을 프리미어리그에서 우승하게 내버려 둔 것으로 족했다. 2016년 여름, 빅6는 재무장의 필요성을 느꼈다.

리그 전체가 너나할 것 없이 미친 듯이 돈을 써대던 와중에 맨체스터 유나이티드가 20년 만에 역대 최고 이적료 세계 기록을 깬 최초의 영국 구단이 되었다. 목표는 프랑스인 미드필더 폴 포그바Paul Pogba였다. 포그바는 4년 전 19세의 나이에 유나이티드를 떠난 선수였다. 포그바 계약은 포그바의 에이전트로 세상에서 가장 부유한 피자맨일 공산이 큰 미노 라이올라Mino Raiola가 조율했다. 어려서 네덜란드로 이민을 간 이탈리아인인 라이올라는 10대 시절 아버지의 피자 가게에서 일을 하다가 법학 학위를 딴 후, 이탈리아로 이적하고 싶어 했던 네덜란드 축구 선수의 눈에 들었다. 하지만 라이올라의 가장 큰 성공작을 꼽으라면 단연 포그바였다. 2012년 포그바한테 유나이티드를 버리고 유벤투스로 가라고 설득한 것도 라이올라였고, 2016년 유례없는 금액인 9,300만 파운드에 유나이티드로 돌아갈 수 있게 주선한 자리에 있던 것도 라이올라였다. 그 계약으로 라이올라 자신도 1,500만 파운드를 벌어들였을 뿐만 아니라 다름 아닌 알렉스 퍼거슨 경의 욕을 먹어 수명까지 길어졌다. 퍼거슨이 라이올라를 '똥자루'라고 부른 것이다.

포그바 건은 프리미어리그 팀들의 정신 나간 씀씀이가 이어진 여름, 신문을 장식한 유일한 헤드라인이었다. 역사상 최초로 프리미어리그 팀들의 합계 지출이 10억 파운드를 넘긴 해였다.

하지만 유럽 이적 시장에 백지수표로 융단 폭격을 퍼부으면서도 영국 상위 구단들은 불편한 현실을 인정해야 했다. 세상에서 가장 돈 많고, 가장 경쟁 치열하고, 가장 시청자가 많다며 다들 호들갑이었지만 정작 프리미어리그는 축구계의 슈퍼엘리트를 더 이상 살 수 없었다.

10년 가까이 시대를 풍미했던 크리스티아누 호날두와 리오넬 메시 사이의 라이벌 구도가 전개된 건 영국이 아닌 스페인이란 사실을 프리미어리그는 놓치지 않았다. 2014년 리버풀을 우승 직전까지 견인한 후 루이스 수아레스는 개러스 베일이 프리미어리그를 열광시켜 놓고 레알 마드리드로 튄 지 2년 지난 시점에 바르셀로나로 도망치듯 가버렸다. 슈퍼스타가 되어 가고 있던 브라질 출신 선수, 네이마르도 남미에서 유럽으로 도약할 때가 왔을 때, 영국의 러브콜을 모두 거절하고 (짐작대로) 바르샤를 간택했다.

선수 입장에서 빅6 아무 구단이든 제치고 스페인의 두 거대 구단 중 하나를 고르는 건 100% 타당한 일이다. 라리가에서 뛰면 좋은 점이 많기 때문이다. 일단 스페인 축구는 영국 축구보다 몸이 덜 상한다. 영국의 경우 심판들이 관대하고 상황은 열악한데, 팬들은 그래도 뼈가 부서질 듯한 태클에 환호한다. 축구장 바깥 상황을 봐도 스페인의 세법은 3부 리그 구단의 수비보다 허점이 더 많아서 유럽의 축구 선수 백만장자들이 이용해 먹기 딱 좋다(이를테면 리버풀 선수 욘 아르네 리세 John Arne Riise 의 급여 명세서가 유출되었는데, 높은 과세 등급에 따라 40%를 성실하게 납부한 걸로 나왔다. 반면 호날두, 메시, 네이마르는 모두 스페인 조세 당국을 너무 믿었다가 탈세 혐의로 걸렸다).

거기다 날씨라는 사소한 문제도 있다. 멀쩡해 보이는 외국인 선수들이 흔히 받는 자질 검정이 그 선수가 스토크의 비바람 부는 밤에도 잘 뛸 수 있느냐 여부다. 하지만 마드리드에 살면서 선탠도 하고 골프도 일주일에 네 번이나 칠 수 있는데 뭐 하러 사서 고생을 하겠는가?

그래서 프리미어리그에는 천문학적인 연봉(스페인, 이탈리아, 독일도 이건 마찬가지였다)과 자칭 '세계 최고의 리그'라는 차별화, 바람 부는 스토크의 밤이 지닌 매력 말고 이 슈퍼 엘리트 선수들을 유인할 무언가가 필요했다. 의식적으로든 무의식적으로든, 프리미어리그는 또 하나의 축구계 구성 집단인 반백의 인물들한테 그 부분을 맡겼다. 구단에 자신들의 색깔을 또렷이 입히는 존재이자 탑급 선수들이 밑에서 뛰는 특권을 누리고자 제 발로 찾아갈 정도의 흡인력을 지닌 존재들, 슈퍼 엘리트 감독과 전설적인 코치가 바로 그들이다.

프리미어리그 역사의 대부분을 살펴볼 때, 그 정도로 강한 흡인력을 지닌 영국 감독은 알렉스 퍼거슨과 아르센 벵거밖에 없었다. 2000년대 중반 조제 무리뉴가 그 명단에 추가되었다. 하지만 그걸로 끝이었다. 그러다 2013년 퍼거슨이 마침내 은퇴를 했다. 순전히 의지력과 로빈 판 페르시의 골에 의지해서, 퍼거슨은 13번째 프리미어리그 우승을 따낸 후 석양 속으로 유유히 사라졌다.

보안관이 마을을 떠나면 늘 공백이 생기기 마련이다. 퍼거슨의 오라(와 은근한 돌려까기 공격 능력)는 프리미어리그 시대 모든 우승 경쟁의 생김새를 결정지었다. 설사 퍼거슨이 이기지 못한 우승 경쟁이더라도 마찬가지였다. 퍼거슨 유나이티드 팀은 타이거 우즈 옆에서 골프를 치는 것만으로 쇼트 게임†에서 당황하게 되는 것과 마찬가지로 늘 하나의 요인으로 작용했고, 존재 자체로 상대의 집중력을 흐트러뜨렸다. 퍼기가 은퇴하지 않았다면 레스터 시티의 기적은 일어나지 않았을 것이라고 말해도 과언이 아닐 정도다. 스포츠 1면에 실리게 될 그의 주옥 같은 쓴소리와 그의 팀이 시즌 후반 봉인 해제하곤 했던 폼이 결합했다면

---

† 그린 근처 100미터 이내에서 이뤄지는 모든 샷.

레스터는 완전히 깨졌을지 모른다. 2015-16 시즌의 여우 군단보다 훨씬 노련했던 팀들도 바로 곁에서 괴롭히는 데 일가견 있던 유나이티드한테 백기를 들었었다.

하지만 1980년대 리버풀의 지배가 끝나면서 영국 축구 상위권이 재편되어 노리치와 리즈 유나이티드 같은 구단이 타이틀에 도전을 했고 1990년과 1993년까지 3년이란 기간 동안 챔피언이 세 번 바뀌었듯, 포스트 퍼거슨 시대 역시 개편을 초래했다. 레스터의 우승은 가장 극적인 사례였을 뿐이다.

6위권 안에서 돌아가며 서로 자기 자리를 굳건히 하려 시도하던 와중에 상위 구단들은 유럽의 슈퍼 감독한테 자기 팀의 중요 인물을 넘기게 되었다. 퍼거슨, 무리뉴, 벵거가 구단들에 깨닫게 해 준 게 있다면 그건 구단에서 가장 중요한 직원은 초조하게 검을 질겅질겅 씹는 남자나 패딩 외투 지퍼를 자꾸 만지작거리는 남자 또는 사이드라인에서 포르투갈어로 욕설을 중얼거리는 남자란 사실일 것이다.

2015년 여름, 존 헨리의 리버풀은 수염을 기르고 안경을 쓰는 위르겐 클롭Jürgen Klopp을 영입하면서 축구 힙스터 로또를 맞았다. 클롭이 흥미진진한 축구 스타일, 젊은 인재에 대한 헌신, 열광적인 팬층으로 유럽 전역에 추종자를 양산한 구단인 보루시아 도르트문트를 떠난 이후였다. 정작 도르트문트 서포터들은 터치라인에서 고함을 치고 악을 쓰고 허공에 주먹을 날려 트위터에 최적화된 축구 코치가 되어 전 세계로 퍼져 나간 클롭만큼 열광적이진 않았지만 말이다. 자칭 '기술은 5부 리그 수준이지만 두뇌만큼은 1부 리그 수준'의 축구 선수였던 클롭은 특유의 '헤비메탈 축구' 스타일로 두각을 나타냈다. 헤비 메탈 축구란 시종일관 압박하고, 또 압박하여 역습 압박을 하는 축구를 말한다. 클롭은 헤비 메탈 축구로 2010년 연승을 거두며 분데스리가를 완전히 지배하고 있던 위협적인 상대 바이에른 뮌헨을 허물어뜨렸다. 그때까지 바이에른은 앞선 챔피언십 12회 중 8회 우승의 전적을 기록한 상태였다. 2013년 챔피언스리그 결승에서 두 독일 팀이 만나 한 팀이 막판에 바이에른을 이겼을 때, 클롭은 자신의 바이에른 숙적을 제임스 본드 영화에 나오는 악당에 비유했다.

그렇다고 클롭이 제임스 본드와 비슷하다는 뜻은 아니다. 턱시도는 그의 스타일에 방해만 될 것이다. 아르센 벵거는 더그아웃에서 랑방Lanvin 정장을 입고 무리뉴는 포르쉐 디자인의 패딩 재킷을 선호했지만, 클롭은 의심의 여지없는 추리닝 감독이라 늘 열네 시간 비행을 앞두기라도 한 사람처럼 입었다. 그가 챔피언스리그 도르트문트 대 아스날 대결 때 입은 퓨마 추리닝 바지와 후드 조합은 구단 상점에서 100파운드 이하에 구입할 수 있었다.

48세의 클롭이 영국에 도착한 당시는 20년 동안 감독이었던 벵거의 퇴진을 바라는 아스날 팬이 점점 늘어나고 있던 때였다. 그 팬들은 클롭을 보고 잃어버린 기회를 보았다. '클롭을 선택했어야 해.'

클롭은 프리미어리그의 슈퍼 감독 신열풍 1호였다. 첼시에서는 로만 아브라모비치가 자신이 구단주로 재직하는 기간 동안 벌써 열두 번째 감독을 고용한 참이었다. 그 감독은 말끔한 이탈리아인 안토니오 콘테였다. 유벤투스와 이탈리아의 스타였던 콘테는 지구상 전술에 대한 상황 판단이 가장 빠른 감독으로 성장해 있었다. 그리고 탈모가 있던 미드필더 시절 이후 새 머리털도 성장시킨 듯했다. 콘테는 유벤투스에 리그 타이틀을 세 번 연속 안긴 후, 본인도 인정했다시피 한 세대 만에 나온 역대 최약체 이탈리아 대표 팀을 '작은 전쟁 기계'로 만들어 2016년 유러피언 챔피언십에서 깊은 인상을 남겼다.

아브라모비치한테 감독으로 고용된 다른 사람들과 마찬가지로, 콘테 역시 리스크를 충분히 인식하고 있었다. 이 러시아인 구단주는 리그에서 감독을 가장 빨리 갈아치우는 것으로 악명이 높았다. 성적이 떨어지기 시작하는 순간, 본능적으로 가장 먼저 떠올리는 생각이 감독을 교체하는 것이었다. 구단주로 있던 13년이란 기간 동안, 아브라모비치는 월드컵 승자, 챔피언스리그 승자, 첼시 영웅을 해고했고, 조제 무리뉴는 두 번이나 해고했다. 임시 감독 한두 명을 제외하면, 아브라모비치는 14개월에 한 번 꼴로 11번이나 감독을 바꾼 셈이었다.

그렇다면 어떤 감독이 아브라모비치 눈 밖에 날지 모를 수모를 굳이 자청하려 하겠는가? 감독이란 원래 그런 자리니까? 우선 첼시가 세상에서 가장 야망 크고 가장 성공한 구단이란 단순한 이유가 있다. 그에 못지않게 중요한 이유는 감독은 리스크에 대한 보상이 따른다는 사실을 알고 있기 때문이다. 다른 위험한 직업과 마찬가지로 감독도 위험 수당을 받는다. 2003년 이후, 구단 측의 설명에 의하면 첼시는 여러 감독한테 퇴직금으로 6,000만 파운드 이상을 썼다. 예를 들어 딜로이트의 2011년 분석을 보면 구단의 전년도 인건비에는 감독 및 코칭 스태프의 해고 수당으로 1,500만 파운드 정도에 더하여 딜로이트가 '첫 번째 팀 관리 조직 변화'라 부른 항목과 관련하여 1,300만 파운드가 추가로 포함된 것으로 드러났다.

바꿔 말하면, 지중해에 대형 요트를 띄우는 게 아니라 해고가 아브라모비치의 가장 비싼 취미가 되어 가고 있다는 뜻이었다.

그래도 콘테는 이 난장판에 끼고 싶었다. 그의 전술적 정확성과 철저한 직업의식은 프리미어리그와 찰떡궁합인 듯 보였다. 2016년 7월 46세의 이 이탈리아인이 영국에 당도했을 때, 런던 전역의 '벵거 퇴진' 시위대는 구단이 변화를 고려했다면 얼마나 좋았을까 다시 한번 아쉬워하고 있던 참이었다. '콘테로 갔어야 했다.'

그해 여름 첼시에서 쫓겨난 지 7개월 만에 조제 무리뉴의 영국에서의 3막은 맨체스터 유나이티드에서 시작되었다. 무리뉴의 이적은 수년 전에 이미 결정된 운명처럼 보였다. 알렉스 퍼거슨이 다채로웠던 무리뉴의 비난을 모면한 유일한 감독이었기 때문이다. 사실 무리뉴는 2013년 퍼거슨을 이을 유나이티드의 가장 유력한 후보였지만 첼시로 돌아갔었다. 유나이티드는 대신 퍼거슨이 직접 고른 데이비드 모예스를 후임으로 정했다. '선택받은 자Chosen One'라는 칭호를 받은 모예스는 대실패와 다를 바 없는 존재가 되었다. 올드 트래퍼드 재임 기간 10개월 만에 유나이티드를 7위로 떨어뜨리자 모예스는 전 국민의 조롱거리로 전락했다. 래퍼이자 유나이티드 팬인 스톰지Stormzy는 노래에 '너희 팀에 와서 다 말아먹은 자, 그게 나 데이비드 모예스'라는 가사를 넣기도 했다. 자신은 어떤 경우에도 절대 틀릴 리 없다고 굳게 믿고 있는 듯 보였던 인물인 네덜란드 감독 루이 판 할의 지도를 받은 두 시즌도 도긴개긴이었다.

따라서 53세의 무리뉴가 2016년 프리미어리그로 돌아왔을 때, 또 한 명의 탁월한 감독이 벵거의 잠재적 후임 목록에서 빠지게 된 것이었다. 하지만 '벵거 퇴진'을 가장 열성적으로 외치던 팬들도 15년 가까운 세월 동안 자기 구단에 시비를 걸었던 이 남자에 대해서는 가만히 있었다. '다른 누군가로 갔어야만 했어…. 그 사람만 아니면 돼.'

빅6를 완성시킨 주역은 프리미어리그 경력의 양 극단에 있던 북런던의 2인조였다. 토트넘에서는 입이 거친 44세의 아르헨티나 수비수 출신, 마우리치오 포체티노Mauricio Pochettino가 스퍼스를 유력한 우승 후보로 바꿔 놓으면서 갑자기 호감 인물이 되었다. 그의 훈련 세션은 끝도 없이 이어지는 달리기로 악명 높았다. 포체티노식 여름엔 하루에 두 번, 가끔씩 세 번씩 가혹한 피트니스 세션이 꼭 들어갔다. 하지만 엄격한 그의 광기에도 방법은 있었다. 스페인에서 영국에 왔을 때, 포체티노는 어찌된 일인지 프리미어리그 경기가 그가 여지껏 다른 리그에서 관여했던 그 어느 경기보다 길게 느껴졌다는 사실이 생각났다. 물론 모든 경기는 90분간 치러졌지만, 포체티노가 알아낸 바로 영국의 경우는 파울이나 터치라인을 완전히 넘어간 볼로 인한 경기 중단 횟수가 더 적었다. 게임이 중단되면 최대 10분을 더 뛰거나, 10분 더 혼신의 노력을 다 해야 했다. 따라서 발에 불이 붙은 듯 쉬지 않고 달릴 준비가 안 된 선수는 기용하지 않았다.

그런 식의 원칙으로 포체티노는 먼 앞날까지 내다보는 감독을 물색 중이던 상위 리그의 레이더망에 오를 수 있었다. 영국에서 아직 메이저 트로피를 따지는 못 했지만, 포체티노는 같이 어울린 친구들 덕에 프리미어리그의 슈퍼 감독 사이에 낄 자격을 얻었다. 유나이티드는 무리뉴에 안착하기 전 포체티노를 진지하게 검토했었고, 나중에 들려온 소문에 의하면 레알 마드리드도 최종 후보 명단 1순위로 포체티노를 올렸다고 했다. 포체티노는 성공 가도를 달리고 있는 게 분명했다.

한편 북런던에 있는 그의 짝패는 아무래도 시원찮아 보였다. 퍼거슨이 은퇴하면서 벵거는 마지막 노장이 되었다. 2016년, 벵거가 거너스에서 감독으로 재직한 기간이 프리미어리그의 나머지 감독 19명의 재직 기간을 다 더한 것보다 길었다. 하지만 한 가지 의문이 아스날 팬의 마음에서 떠나지 않고 있었다. 벵거가 적임자였을까? 아스날은 2004년 이후 리그 타이틀을 한 번도 따내지 못 했고, 최소 2010년 이후부터는 시즌 후반 우승 가능성이 점쳐진 적도 없었다. 2016-17 시즌이 벵거가 칭한 이른바 '세계 감독 챔피언십'이 되어 가고 있는 가운데, 66세의 이 프랑스인은 과연 자기보다 10년 이상씩 어린 코치들을 따라잡을 수 있을 것인가?

이 논쟁은 그 시즌 후반, 두 파로 갈린 아스날 서포터들이 같은 경기에 각자 비행기를 띄워 배너를 날리면서 어처구니없는 지경에 다다랐다. 첫 번째 배너에는 '재계약은 없다#벵거는 물러나라'라고 쓰여 있었다. 몇 분 뒤, 스타디움 위로 또 다른 비행기가 뜨더니 앞선 메시지에 반하는 메시지가 펄럭거렸다. '우리는 아르센을 믿는다 #리스펙AW.' 그날의 유일한 승자는 에어애즈Air Ads란 이름의 배너 띄워 주는 작은 업체였다. 양측 다 그 업체를 이용했기 때문이다.

아마도 벵거를 여전히 슈퍼 감독이라 여긴(그리고 그 점을 확실하게 표명하기 위해 여전히 매년 여덟 자릿수의 돈을 꼬박꼬박 쓴) 유일한 사람은 그에게 급료를 지급하고 있던 스탠 크뢴케밖에 없었을 것이다. 과묵한 스탠이 사람들 앞에서 무슨 말이라도 내뱉을 마음이 들었던 얼마 안 되는 때에도, 벵거 얘기가 나오자 그가 보인 반응은 늘 똑같았다. "훌륭한 사람이죠." 크뢴케는 성성한 백발 콧수염 아래로 이렇게 말했을 뿐이었다. 아스날의 2016년 연례 주주 총회에서도 구단 팬들은 벵거를 못 잡아먹어 안달인데, 크뢴테는 벵거한테 벵거 초상화 액자를 건넸다(그 초상화는 벵거네 집 벽에 걸리지 못 했다).

맨체스터 시티의 분위기는 누가 봐도 훨씬 낙관적이었다. 구단 중역들은 여전히 어떻게 하면 슈퍼 엘리트 선수를 프리미어리그로 다시 데려올까에만 집착하고 있는 가운데, 시티는 최소 5년 동안 준비해 오던 사업 계획의 시작 버튼을 눌렀다. 아마도 영국에서 리오넬 메시 같은 선수를 영입할 형편이 되는 유일한 구단일지도 모를 구단이 또 한 명의 세계적인 슈퍼 스타, 잿빛 턱수염에 허리가 안 좋은 바르셀로나 출신의 대머리 미드필더 영입을 결정한 것이다. 그의 이름은 펩 과르디올라. 과르디올라야말로 CEO 페란 소리아노와 기술이사 치키 베히리스타인이 이끈 시티의 카탈루냐 파견단이 시티에 착륙한 그날 이후 꾸준히 닦아놓은 터의 주인이었다. "우리가 펩 영입을 시도하리라는 건 처음부터 예견된 일이었습니다." 소리아노가 말했다. 이제 원하던 인물을 데리고 왔으니, 시티는 펩이 구단에 훌륭한 발자취를 남기는 데 필요한 공간과 자원을 빼놓지 않고 제공해야 했다.

과르디올라 본인은 더 원대한 임무를 정했다. 프리미어리그에서 이기고 싶었던 건 당연했고(그건 부수적 결과가 될 예정이었다) 영국에 축구의 개념을 완전히 새로운 방식으로 가르쳐 주고픈 마음이 더 컸다.

"물론 코치는 영국에서 플레이한다는 게 어떤 의미인지를 조만간 입증해 보여야 하겠죠." 과르디올라는 맨체스터에서 가진 소개 자리에서 말했다. "결국 우리가 원하는 건 아주 단순합니다. 상대가 공을 가지고 있으면 그 공을 최대한 빨리 빼앗아 오는 거죠. 우리가 공을 가지고 있으면 최대한 빨리 움직여서 득점 찬스를 최대한 많이 만들어내는 거고요."

프리미어리그의 반대편에는 축구관이니 카탈루냐의 지도자니 그런 말도 듣고 싶지 않고, 명문 구단이니 우승 트로피니 그런 것도 없는 감독들이 있었다.

그 감독들은 다들 나이도 더 많고 산전수전 다 겪은, 무엇보다도 전부 영국인이었다. 그중 매력적인 축구로 유명한 이는 단 한 명도 없었다. 하지만 그것 때문에 고용 가능성이 떨어질 일은 거의 없었다. 고용이 되더라도, 맨체스터 시티나 첼시 같은 구단은 언감생심 꿈도 꾸지 못할 것이다. 하지만 일자리가 떨어지는 일은 없었다. 사실 그들은 프리미어리그 생태계에서 아주 중요한 역할을 했다.

이 감독들은 생존 전문가였다. 샘 앨러다이스, 로이 호지슨, 토니 풀리스Tony Pulis, 데이비드 모예스, 마크 휴즈, 앨런 파듀Alan Pardew 같은 인물이 여기에 속했다. 예전에는 챔피언스리그 팀이나 되어야 가능했던 씀씀이가 이젠 상위에 잔류 시 받는 돈이 된 상황에서 안전을 보장할 수 있는 감독이 중위권에서 4위로의 도약을 가능케 한 감독보다 잠재적 가치가 더 높아졌다. 구단주한테 이 감독들은 투자를 안전하게 지켜주는 존재였다. 팬들한테

이 감독들은 때때로 필요악 같은 존재였다.

감독의 평균 수명이 13개월로 하락하고 있는 리그에서 이 생존자들이 계속 자리 보전을 하는 바람에 사실상 프리미어리그의 관료주의가 생겨났다고 볼 수 있다. 2013-14 시즌, 리그의 절반 정도가 시즌 시작 당시와 다른 감독으로 시즌을 마무리했다. 아홉 개 구단이 시즌 도중 코치 열 명을 갈아치운 것이다. 풀럼이 한 시즌에 두 명을 자르는 보기 드문 위업을 달성하는 바람에 9개 구단이 갈아치운 감독이 10명이 되었다.

그런 상황에서 구단주들은 늘 원로들을 다시 찾았다. 그런 싸움을 전에 겪은 믿음직한 연장자에게로. 앨러다이스, 호지슨, 휴즈, 모예스, 풀리스, 파듀가 그들이었다. 이 여섯 명의 감독 중 적어도 넷은 2008년과 2018년 사이 매 시즌 프리미어리그 구단이나 잉글랜드 국가 대표 팀에 고용되었다. 10년 동안 고용을 보장받은 셈이다.

이런 원로급 감독을 고용한 구단은 그런 감독의 단골 명단이기도 했다. 2006년 이후, 블랙번, 크리스탈 팰리스, 에버턴, 풀럼, 뉴캐슬, 스토크 시티, 선덜랜드, 웨스트 브롬, 웨스트햄은 모두 프리미어리그의 돌려막기용 감독 중 적어도 두 명은 고용했기 때문이다.

"해고가 너무 비일비재하다 보니까 가만히 있다가도 꽤 여러 구단의 구세주가 될 수 있는 겁니다." 리그에서 일곱 개 구단을 겪은 앨러다이스가 말했다. "경력 있고 실적 있으면 골라서 갈 수 있다니까요."

자기들이 응원하는 구단의 구단주가 강등 닥터를 공개하면 팬들은 그다지 기뻐하지 않는다. 그건 상황이 최악으로 치달았다는(그리고 그 구단주가 프리미어리그 잔류만으로 만족한다는) 사실을 시인하는 것이기 때문이다. 서포터들이 시즌 티켓에 돈을 쓰는 변함없는 이유는 팀이 공격 본능을 발휘하고 희미하게나마 흥행 요소를 가미한 멋있는 축구를 하는 모습을 보려는 것이다. 당연하지 않은가. 구단도 팬의 그런 환상을 실현시켜 줄 감독을 가끔은 고용한다. 하지만 상황이 어긋나기 시작해서 슬슬 강등 가능성이 거론된다면, 멋 같은 건 사치가 된다. 구단주로서는 다음 시즌 프리미어리그 수당 1억 파운드만 날리지 않는다면 팬의 비위를 맞춰 주는 것쯤 무시해도 괜찮다. 그 시점에서 중요한 건 해당 구단이 세 팀만 확실히 제칠 수 있게 해 줄 감독을 고용하는 것이다. 그러고 나면 구조 작업이 시작된다.

"지금 나한테 떨어진 스쿼드를 살펴보고, 맞서 싸울 상대 팀을 살펴본 다음, 경기를 단순하게 하려고 하는 편이죠." 앨러다이스가 말했다. "이렇게 말하는 겁니다, '아주 간단한 기본이다, 제군들. 나가서 90분 안에 그 기본을 달성하는 거다.'"

스토크 시티의 퓰리스는 일정 수준 이상의 퍼포먼스를 달성하는 길은 90분 동안 공을 최대한 라인 밖으로 내보내는 것이라고 보았다. 공이 관중석 어딘가로 날아가 버리면 제 아무리 노련한 팀도 당해낼 수 없는 법이다. 잘 안 풀렸던 맨체스터 유나이티드 재임 전, 데이비드 모예스는 피지컬로 실력차를 메꿀 수 있는 코너킥과 프리킥을 집중 공략해서 에버턴이 기대 이상의 성과를 내는 데 일조했다. 마지막으로 단순성만을 끝도 없이 추구하는 앨러다이스는 모든 구단에 딱 두 가지만 요구한다. 열심히 플레이하고 정확히 플레이하라.

그 결과는 결코 보기 좋지 않다. 유명한 예로 무리뉴는 그걸 두고 '19세기 축구'라고 불렀다. 하지만 그런 방식이 효과가 없다고 우길 수는 없었다. 앨러다이스는 프리미어리그에서 강등을 당한 적이 한 번도 없었기 때문이다. "전 애들한테 말합니다. '언제든 일어날 수 있다. 너희들이 내 기록을 망치는 일은 없을 것이다. 그러니 우린 이번에도 살아남을 거다.'"

철학왕의 진격
맨체스터 시티

그것이 바로 철학왕 과르디올라가 곧 직면하게 될 축구였다. 그는 코치로는 챔피언스리그에서 영국 구단을 가까이 접한 적이 있었지만, 선수로는 그런 경험을 한 번도 해 보지 못했다. 영국 구단을 가장 가까이 접했던 일이라고 해 봐야 2000년대 초 런던 북부 아르센 벵거의 주방에 서서 아스날과 계약하게 해 달라고 한 게 다였다. 문제가 있다면 과르디올라는 당시 이미 30줄에 접어들었고, 벵거는 유럽에서 가장 뛰어난 중앙 미드필더를 보유하고 있었기에 선수 과르디올라가 필요 없었다는 사실이다.

그로부터 얼마 지나지 않아 브레시아Brescia, 로마, 카타르의 알아흘리Al-Ahli를 거친 끝에 감독 과르디올라가 태어났다. 그에게 있어 두뇌의 가치는 언제나 오른발보다 훨씬 컸다.

과르디올라는 15살의 나이에 유소년 아카데미/예비 학교에 합류한 이후 바르셀로나 축구 문화에 푹 빠졌고, 이후 바르셀로나 구단 기풍의 수호자로 성장했다. 그 기풍이란 요한 크루이프가 1970년대 처음 카탈루냐에 들여온 후 1990년대 바르샤 드림 팀 감독으로 있으면서 완성한 기풍이었다. 당시 크루이프는 과르디올라에 수비형 미드필더를 맡겼다. 크루이프의 조직 전체가 축구장 위 공간에 대한 혁신적 이해와 복잡한 패스 패턴에 의존했는데, 이는 '티키타카'라고 잘못 명명된 전술이다.

과르디올라는 그 전술을 자나 깨나 연구했다. 바르셀로나가 주목했다. 비록 감독 경험은 전무했지만, 바르셀로나 구단은 2007년 과르디올라가 예의 그 바르샤 원칙을 예비 팀인 바르샤 B_{Barça B}에 가르칠 정도는 된다고 보았다. "크루이프가 대성당을 지어 놓았으니 우리 임무는 그걸 유지·보수하는 겁니다." 과르디올라가 말했다.

바르샤 B 지휘권을 넘겨받고 한 시즌 후, 과르디올라는 성인 대표 팀으로 승진했다. 그 후 이어진 9년은 과르디올라에게 우승 트로피와 영광과 온 몸을 갉아먹는 스트레스로 점철된 세월이었다. 스페인 리그 타이틀 3회, 리오넬 메시, 안드레스 이니에스타_{Andrés Iniesta}, 자비_{Xavi}를 중심으로 구축한 바르샤 팀으로 챔피언스리그 우승 2회 그리고 바이에른 뮌헨과 함께 독일 리그 타이틀 3회 이상 달성. "어쩌면 진짜일지도 모르겠네요. 내가 오줌을 싸면 향수가 나온다는 말 말이에요." 2010년 기자들이 극찬하자 과르디올라가 한 말이다. 유럽에서 가장 유서 깊은 두 구단의 터치라인을 이리저리 왔다 갔다하면서 고함을 치고, 시냅스를 자극하기라도 하려는 듯, 민머리를 자꾸 벅벅 긁던 과르디올라는 고통받는 천재와 보채는 아이 사이를 오락가락했다. 2011년, 카탈루냐 정부로부터 상을 받는 자리에서 과르디올라는 시합 전 전술 짜는 과정을 자세히 들려주었다. 자기 사무실에 틀어박혀 DVD 한 무더기와 메모지를 쌓아놓고 배경 음악을 잔잔하게 틀어놓는다고 했다. "바로 그 때입니다. 영감이 떠오르는 순간은 헷갈리지 않습니다. 시합에서 어떻게 하면 이길지 감이 오죠. 한 1분, 아니 어쩌면 80초 정도밖에 되지 않는 순간이지만 그 순간이야말로 제 일이 진짜 보람 있게 느껴지는 순간이죠."

그 순간은 킥오프 전 그가 마지막으로 맛보는 평온함이었을 것이다. 시합이 시작되는 순간부터 시합 후 샴페인을 따라 마실 때까지, 이 천재 감독은 결국 아주 타이트한 자기 점퍼보다 더 팽팽히 긴장한 미치광이로 돌변한다. 터치라인에서 터뜨리는 감정의 폭발이 너무 센 나머지 그 감정이 옷 밖으로 터져 나올 때가 있었다. 챔피언스리그 시합 때 너무 격렬하게 공중으로 펄쩍 뛰어올랐다가 맞춤 정장 바지가 찢어졌을 정도였다.

2012년 바르셀로나를 떠나던 당시 그는 지칠 대로 지쳐 있었다. 바르셀로나에서 보낸 세월이 영겁처럼 느껴졌다. 잠을 거의 안 자는 사람한테는 그렇게 느껴질 만도 했다.

그때가 페란 소리아노가 과르디올라를 영입하려고 처음 시도

한 때였다.

  과르디올라는 거절했다. 코치 대부분은 일자리가 없을 때 이직 자리를 찾는다. 텔레비전에 전문가로 얼굴을 비치며 자신의 전문 지식을 광고한다. 동료 중에 좀 괜찮은 자리에 있다가 쫓겨난 사람 누구 없나 여기저기(최소한 국내에서라도) 기웃거린다.

  하지만 과르디올라는 단연 '대부분의 코치'가 아니었다. 그보다는 국립자연사박물관American Museum of Natural History 위쪽, 가로수가 늘어선 센트럴파크 어퍼웨스트 사이드Upper West Side에서 지내며 뉴욕에서 1년 안식년을 가졌다. 작품 구상 중인 맨해튼의 소설가처럼, 이 축구 감독도 그저 생활하고 사색에 잠기며 메마른 영감의 원천이 다시 채워지길 기다렸다. 아이들을 어퍼웨스트 사립 학교에 걸어서 바래다주었다. 체스 챔피언, 게리 카스파로프Gary Kasparov와 저녁을 함께 하기도 했다. 매디슨 스퀘어 가든에서 닉스Knicks 경기도 관전했다. 축구계에서의 앞날을 위해 유일하게 허용한 것은 바이에른 뮌헨 행 준비를 위해 남 몰래 독일어 강습을 받는 것이었다.

  하지만 푹 쉬고 아이디어를 잔뜩 가지고 독일에 도착했어도 그는 또다시 지치고 불만족스러운 기분이 들었다. 과르디올라의 팀이 그가 감독으로 있던 세 시즌 모두 분데스리가를 완전히 박살냈지만, 챔피언스리그 트로피가 하나도 없는 탓에 메시라는 무기 없이도 유럽 최강 팀을 구축할 수 있다는 걸 온 세상에 입증할 기회를 놓치고 만 것이다. 소리아노가 다시 러브콜을 보내

왔다. 그리고 이번엔 과르디올라도 프리미어리그로 도약할 준비가 되어 있었다(알 아흘리에서 선수로 뛴 지 10년 만에, 카타르의 2022년 월드컵 개최를 위한 카타르 유치전 공식 홍보 대사로 뛴 지 6년 만에, 과르디올라는 오일머니로 받은 급료를 현금화할 예정이었다).

과르디올라와 전화 통화를 한 셰이크 만수르에게, 그리고 마침내 그만의 모비 딕을 잡은 소리아노에게, 과르디올라는 맨체스터 역사상 가장 대단한 인물이었다. 그 어떤 선수보다 임팩트 강하고, 실질적으로 축구계 그 어떤 인물보다도 주가 높은 인물이었기 때문이다. 게다가 과르디올라는 세계 최고의 슈퍼 엘리트 인재를 프리미어리그로 다시 유인해야 한다는 관점도 가지고 있었다. 그리고 슈퍼 엘리트 감독이야말로 그에 더 없이 완벽한 미끼라는 관점도. 과르디올라는 맨체스터에서 가진 소개 자리에서 이렇게 말했다. "일이 잘 되면 최고의 선수들이 이곳 영국으로 올 겁니다."

이는 2011년과 2012년 카탈루냐 침공 이후 시티가 세운 계획이 내내 지향하던 바였다. 60대의 신중한 칠레인, 마누엘 페예그리니는 2014년 챔피언십을 우승시켰음에도 늘 꿩이 아닌 닭이 된 느낌을 지울 수가 없었다. 셰이크 만수르가 칼로 특수 맞춤 케이크를 자르고 있는 흰색 로브 차림의 왕족들한테 둘러싸여 멀리서나마 축하해 준 성과였다. 펩은 시티가 늘 바라마지 않았던 대로 업계의 진정한 군계일학이었다. "그 친구한테도 적기였고, 우리한테도 적기였어요." 시티의 브라이언 마우드가 말했다. "우린 그 친구만큼 대단한 인물을 맞이할 준비가 되어 있었습니다. 4년 전에도 펩을 맞이할 준비가 되어 있었냐고 묻는다면요? 그땐 아니었어요. 펩은 다 만들어 놓은 자리에 몸만 온 셈이었어요. 사실 그가 뭔가 대단히 바꿀 필요도 없었죠."

과르디올라는 그럴 필요가 없었을지 모른다. 하지만 그래도 그는 바꿨다.

우선 시티의 훈련장에 카탈루냐 말이 훨씬 많이 울려 퍼지게 될 터였다. 과르디올라는 바르셀로나 시절부터 자신과 함께 했던 코칭 스태프를 데리고 왔는데, 그중에는 생전 프로 축구라는 해 본 적 없던 보조 코치도 있었다. 그는 스페인 최고의 수구 선수인 마넬 에스티아르테Manel Estiarte였다. 그런 다음에는 새로운 스쿼드한테 다가가야 했다. 과르디올라의 철학에 따르면 감독은 선수한테 전적으로 받아들여져야 했다. "텔레비전에서 보기는 했습니다. 하지만 선수하고 직접 말도 해 보고, 포옹도 해 보고, 엉덩이도 걷어차 봐야만 합니다." 과르디올라는 맨체스터에서 열린 첫 기자 회견에서 이렇게 말했다.

과르디올라는 선수 한 명 한 명이 서로에게 똑같이 해 주길 바랐다. 시티에서 보낸 첫 달 동안, 그는 훈련장에서 휴대전화 사용을 금하고 무선 인터넷 연결도 못하게 했다. 그는 심지어 "선수들한테 아침, 점심도 같이 먹게 했다." 전 수비수 파블로 자발레타의 당시 발언이다. 팀 식사 자리는 오로지 정서적 유대를 쌓거나 축구 전략에 대한 수준 높은 논쟁을 벌이기 위한 자리지 인스타그램을 보기 위한 자리가 아니었다.

이런 경험 자체가 선수들한테는 무리한 요구일 수 있다는 점은 짚고 넘어가야 할 것 같다. 선수들은 매일 참가하는 두 시간 훈련 세션에다 체육관에서 보내는 시간을 빼면 하루의 대부분을 시합 후 컨디션 회복에 쓰기 때문에 느긋하게 쉬는 걸 굉장히 즐긴다. 과르디올라가 바이에른에서 맡았던 선수들은 훈련 때 처음 한두 번은 과르디올라가 자신을 녹초가 될 때까지 혹사시킬까봐 두려워했었다. 시티 스쿼드도 똑같이 겁이 났을 거라 생각해도 무리가 아닐 것이다.

과르디올라는 바이에른전에 너무 집착한 나머지 공간 이용에 관한 자신의 생각을 좀 더 확실하게 설명하려고 훈련 구장에 라인을 다시 긋기까지 했다. 독일에서도 이와 똑같이 과하다 싶게 설명을 했었다. 선수를 작은 체스말처럼 여기저기로 배치할 수 있게 구장을 스무 개의 작은 사각형으로 쪼갰던 것이다. "그 친구가 왜 안식년까지 가졌는지 알겠더라고요." 마우드가 말했다. "일에 쏟아붓는 에너지가 어마어마했던 거죠. 이 친구 꼭두새벽부터 한밤중까지 한 시도 신경을 끄질 않아요."

이제 달라진 점은(영국에서의 도전과 스페인 및 독일에서 직면한 상황을 가른 점) 과르디올라가 전에는 한두 팀만 상대하면 됐던 것이 이제 갑자기 유력 후보 네다섯 팀과 상대하게 됐다는 점이다. 그리고 그 우승 후보 한 팀 한 팀이 시티 계획의 일부를 자기들 식대로 가져다가 슈퍼 감독을 중심으로 착착 진행시키고 있었다. 분위기가 다를 게 뻔했다. 과르디올라는 그 부분에 대해 시즌 첫날부터 숙적 조제 무리뉴 덕을 톡톡히 봤다. 두 사람은 거의 어디서나 격돌했다. 스페인에서는 무리뉴가 레알 마드리드 감독이었고, 챔피언스리그에서의 무리뉴는 인테르에 있었다.

"마지막으로 우승을 시킨 게 10년 전인 감독도 있습니다." 무리뉴는 맨체스터 유나이티드 소개 자리에서 벵거를 저격하며 말했다. "또 아예 우승을 못 시켜본 감독도 있고요." 지나는 말로 포체티노에 대한 저격도 덧붙였다. "내가 입증해야 할 게 많은 사람이라면 다른 감독은 어떨지 상상해 보십시오."

과르디올라에 관한 질문이 나오면 무리뉴는 답변은 피하면서도 압박을 가하는 동시에 자신을 더 대단한 사람처럼 보이게 하는 걸 잊지 않았다. "어느 한 감독, 한 구단, 한 경쟁 상대에 대해 말한다는 건, 축구에서나 인생에서나 저는 싫습니다. 옳지 않다고 봐요. 스페인에 있을 때처럼 우승 후보가 둘 뿐인 시합에 있는 것, 또는 이탈리아처럼 세 팀이 타이틀을 놓고 싸우는 것, 그건 별개죠. 그렇다면 그런 식의 접근법이 말이 됩니다. 프리미어리그에선 전혀 말이 안 됩니다. 한 팀에만 초점을 맞춘다면 나머지 팀이 비웃을 거예요. 따라서 나는 그런 데 끼지 않을 겁니다. 나는 영국에서 제일 잘 나가는 구단의 감독이니까요."

과르디올라가 영국에서 보낸 첫 시즌은 기이했다. 과르디올라가 일거수일투족을 낱낱이 주시받으며 프리미어리그 일정을 헤쳐 나가는 동안, 콘테의 첼시가 우승을 차지해 버렸다. 진짜 힘든 난관은 눈앞에 나타나지도 않았다. 과르디올라의 시합 당일 복장은 정장에서 후드로, 항공 재킷으로, 오버사이즈 머플러로 바뀌었다.

하지만 레스터 시티의 깜짝 우승 후 프리미어리그 구성원들의 반격이 어찌나 가혹했던지 빅6는 본의 아니게 나머지 구단들까지 더욱 가차 없이 후려치게 되었다. 맨체스터 유나이티드는 7위 에버턴과 승점 8점차로 6위를 했고, 7위와 8위의 승점 차는 15점이나 났다. 한편 레스터의 좋은 기운은 찾아왔을 때처럼 순식간에 사라져 버렸다. 어떤 스포츠에서든 그 정도의 기적은 감독에게 계약 장기 연장을 가져다주기 마련이다. 그게 아니라면 적어도 해당 도시에서 다시는 술값을 내지 않아도 되는 상품권 정도라도. 프리미어리그에서 그 기적은 라니에리한테 고작 9개월을 하사했을 뿐이다.

여우 군단이 강등 위기에 처하자, 구단주는 2월 중순 라니에리를 경질했다. 프리미어리그 강등에 대해서는 아주 조금이라도 온정 따위를 베풀 수 없었다.

주전 선수들은 라니에리에 반기를 들며 구단주한테 그를 영국인 보조 코치, 크레이그 셰익스피어Craig Shakespeare로 교체해달라고 요청했다. 이런 정황은 뜨거운 주목을 끌기에 충분했기에 셰익스피어가 감독으로 맞이한 첫 시합에서 레스터 팬은 팀에 '위험을 경고하라! 그리고 전쟁이라는 개를 풀어놓아라!'라고 촉구하는 초대형 플래카드를 펼쳤다. 팬들이 윌리엄 셰익스피어의 『줄리어스 시저』의 대사를 발췌한 것은 결코 우연이 아니었다.

"그래요, 난 잘렸죠, 안다고요! 이게 내 인생이고 내 인생은 축구입니다. 어느 날은 정상에 있다가 어느 날은 바닥으로 곤두박질치는 게 이 바닥이에요." 라니에리가 말했다.

라니에리한테는 그럴지 모르겠다. 축구 고위 경영진한테는 그런 롤러코스터를 탈 여유 같은 건 없었다. 시즌이 끝나자 프리미어리그의 슈퍼 감독들은 자신의 업적을 평가했다. 콘테는 가장 강한 인상을 남겼다. 과감한 전술 변경으로 상대의 기선을 제압함으로써 리그 타이틀을 거머쥔 것이다. 포체티노는 두 번 연속으로 2위를 달성했다. 클롭은 4위권을 확보해서 다시 한번 리버풀을 챔피언스리그로 보냈다. 무리뉴는 유로파 리그와 리그컵을 우승해 맨체스터 유나이티드에 4년 만에 처음으로 트로피를 안겨 주었다. 21년 만에 처음으로 챔스 출전 자격을 놓쳤지만 아스날이 FA컵 우승을 따내면서 벵거조차 내세울 게 생겼다.

유일하게 과르디올라만 구단의 시즌 성적과 구단에 대한 자신의 기대치 사이의 괴리를 직면할 수밖에 없는 처지에 놓였다. 이건 그에게도 낯설고 새로운 느낌이었다. 3위로 마감하는 바람에 토너먼트 결승전에 못 나가다니. 바르셀로나도 바이에른도 그가 감독으로 있을 때 2위 이하로 내려간 적이 한 번도 없었는데. 봄이 왔는데 감독 인생 10년 만에 처음으로 트로피가 하나도 없었다.

"2016-17시즌은 신임 감독 펩 과르디올라 취임 후 첫 시즌이었는데 정말 모순투성이였다. 우리 1군 팀이 트로피를 하나도 못 따고 프리미어리그 3위를 해서 챔피언스리그 출전 자격을 비교적 늦게 확보한 것이다." 구단 회장, 알 무바라크가 마치 시티의 연말 소득이라도 보고하는 양 연례보고서에 남긴 글이다.

"지난 일곱 시즌 동안 우린 프리미어리그 내 그 어느 팀보다 트로피를 많이 땄다. … 스스로 기준을 그렇게 높게 잡았으니 시즌을 빈손으로 종결하면서 실망감에 속이 쓰린 건 불가피했다."

다양한 축구 전문 매체들은 높은 평가를 받는 외산이라면 가리지 않고 의심부터 하던 예전으로 돌아가 보도에 그다지 신중을 기하지 않았다. 리그 최대 예산을 가지고도 과르디올라는 우승 도전에 실패했다. 언론은 그가 구장 위 핵무기인 메시 없이 챔피언스리그 결승 진출을 연달아 실패한 사실을 물고 늘어졌다. 그 모든 게 그의 티피태피(숏패스 스타일) 티키타카가 스페인이나 독일에서는 통했을지 몰라도 맨체스터에선 그 작전으로 성공하길 기대해선 안 된다는 증거라는 것이다. 그 시즌 '프리미어리그에 아주 잘 왔습니다, 펩'이라는 말은 그 어느 때보다 비꼬는 의미로 무수히 많이 쓰였다.

타블로이드지는 이 섬세한 카탈루냐 출신 천재한테 새로운 별명까지 붙여주었다. 구라디올라 fraudiola [†]

---

† 거짓, 사기(구라)를 뜻하는 fraud와 Guardiola를 합성한 말이다.

12월 초의 어느 일요일 밤, 맨체스터의 대기는 금방이라도 눈송이가 떨어질 것 같은 분위기였다. 기온은 몇 도인지는 몰라도 아무튼 영하였고 올드 트래퍼드는 거의 텅 빈 상태였다. 날씨에 무감각해진 현지 사람들조차 쌀쌀한 날이라는 걸 인정하지 않을 수 없었다. 하지만 펩 과르디올라한테 지금은 실내로 들어갈 때가 전혀 아니었다. 김나는 탈의실의 온기는 전혀 급하지 않았다. 과르디올라는 지금 이 순간을 누리고 싶었다.

올드 트래퍼드 구장 한 가운데서 스키니 바지와 검은색 항공 재킷 차림에 짙은 색 울 목도리를 두른 과르디올라는 기쁨을 주체할 수가 없었다. 그는 구장에서 퇴장하는 선수들을 꼭 껴안아 주었고, 사이드라인에서는 보조 코치들과 격렬한 하이파이브를 주고받았으며, 미드필더 다비드 실바David Silva의 정수리에는 쪽쪽 소리가 날 정도로 세게 입을 맞췄다. 프리미어리그 여정을 시작한 지 1년 반이 지난 지금 과르디올라한테 마음껏 음미할 순간이 왔다. 인정받은 순간이었다.

그의 팀이 방금 2017-18 시즌 첫 맨체스터 더비에서 2-1로 시합을 종료하면서 프리미어리그에서 열네 경기 연승을 거둔 것이다. 시티는 다른 팀들을 멀찌감치 따돌리며 1위를 달리고 있었다. 하지만 그중에 과르디올라의 생각을 탁구공처럼 이리 튀고 저리 튀게 만든 건 없었다. 방금 맨체스터 유나이티드와 숙적 조제 무리뉴에 한 수 가르쳐 주었다는 사실 때문도 아니었다. 물론 까놓고 말해서 과르디올라는 그것도 나쁘지 않았다. 과르디올라가 얼어붙을 듯한 12월 공기를 마음껏 즐기고 있는 진짜 이유는 마침내 인정받은 기분이 들었기 때문이다. 2016년 청운의 꿈을 안고 막연한 혁명을 약속하며 맨체스터 시티에 도착한 이후, 과르디올라는 시종일관 그의 철학이 영국에서는 먹힐 수도 없고 먹힐 리도 없다는 말만 들어왔다. 프리미어리그는 과르디올라식 축구를 하기에는 너무 저돌적이고, 한 번에 몇 분 동안 공을 이리저리 패스하기에는 너무 빠르고 몸싸움도 과하다는 것이었다. 겨울 휴식기가 없는 영국 경기 일정상 과르디올라식 축구를 하기엔 체력 소모가 너무 심했고, 90분짜리 론도[†]를 성공시키기에 프리미어리그의 경쟁 강도는 너무 셌다. 심지어 매섭게 추운 영국의 날씨조차 자기 팀의 매 경기 볼 점유율 100%를 꿈꾸는 사람의 패스앤무브 스타일pass-and-move style에는 불리했다.

하지만 과르디올라는 결코 포기하지 않았다. 그가 시티에서 보낸 힘겨웠던 첫 시즌 동안 시티가 챔피언스리그 16강에서 탈락했을 때도 포기하지 않았고, 맨체스터 시티가 4강에 안착하게 된 날까지도 포기하지 않았다. 오히려 자신의 축구 철학 원칙을 더 충실하게 지켜내면서 전형적인 과르디올라 방식으로 노력을 배가했다.

시티는 그 어떤 바르셀로나 팀 또는 바이에른 팀보다 볼을 오랜 시간 점유하게 되었다. 속도도 힘도 더 좋아졌다. 그리고 마침내 12월 초에 벌써 타이틀 획득을 거의 마무리 짓고 프리미어

---

† 주제가 같은 상태로 여러 번 되풀이되는 형식의 음악.

리그 최다 연승 기록 갱신을 앞둔 채, 손발이 완벽하게 들어맞는 공격 군단이 되었다. 축구에 대해 조금이라도 아는 사람 중에 과르디올라를 감히 '구라디올라'라고 부르는 사람은 이제 아무도 없었다. 과르디올라는 자기 방식이 영국에서 통할 수 있다는 걸 세상에 보여 주기만 한 게 아니었다. 그는 맨체스터 시티를 자신이 감독을 맡은 팀 중 가장 과르디올라다운 팀으로 변신시켰다.

"이런 식의 플레이, 영국에서도 가능합니다. 제가 기쁜 이유가 바로 그겁니다." 과르디올라는 오스카라도 수상한 듯 환하게 미소 지으며 말했다. "사람들은 '안 돼, 바르셀로나에서 플레이하던 대로 하려고 하면 영국에선 안 돼, 불가능해'라고 말했죠. 하지만 가능하잖아요. 축구를 하면서 공 점유를 시도하는 건 언제나 가능한 겁니다."

맨체스터 시티가 최근에 갖게 된 우월한 지위를 모두가 탐탁하게 여긴 건 아니었다. 당연히 불쾌한 기색을 가장 먼저 드러낸 건 조제 무리뉴였다. 종료 휘슬 소리가 난 직후, 이 유나이티드 감독은 맨체스터 시티 탈의실로 불쑥 찾아와 더비 승리를 너무 요란하게 축하하는 것 아니냐며 과르디올라의 선수들을 비난했다. "이렇게 남을 존중할 줄 몰라서야." 무리뉴는 소문난 매너남답게 시티 선수들한테 조용히 주의를 주었다. 시티는 그래도 기분이 나빴다. 그들은 스페인어, 영어, 포르투갈어로 되받아쳤다. 시티 탈의실에서 이런저런 탈의 단계에 있던 다국적 남자들 사이에 언쟁이 벌어졌고 그 소리가 선수 입장 터널까지 새어나갔다. 증원 부대가 유나이티드 탈의실에서 출격하면서 작은 실랑이는 곧 서른 명의 선수가 서로 밀치고 떠밀고 올드 트래퍼드 터널 안에 있는 것 중 아무거나 손에 잡히는 대로 집어 던지면서 악화일로로 치달았다. 경찰이 해산시킨 후, 양 팀은 피해 상황을 조사했다. 각 팀에서 일부 부상자가 나왔다. 시티 보조 코치 미켈 아르테타Mikel Arteta는 공중에서 날아온 병이 눈 바로 위를 치면서 심한 열상을 입었다. 무리뉴는 우유를 뒤집어썼다.

이는 오로지 무리뉴와 과르디올라 사이의 결전에서만 일어날 수 있는, 딱 그 상황에서만 가능한 우스꽝스러운 촌극이었다. 8년 전에도 똑같은 일이 벌어졌다는 사실만 빼면 말이다. 8년 전 그날, 올드 트래퍼드 터널에서 서로에게 달려들었던 팀은 맨체스터 유나이티드와 아스날이었고, 발사체로 쓰인 시합 후 간식의 맞은편에 있었던 건 조제 무리뉴 대신 유나이티드 감독 알렉스 퍼거슨이었다. 아스날 미드필더 세스크 파브레가스가 힘껏 던진 피자 한 조각이 퍼거슨 재킷을 정통으로 맞혔었다. 이 사건은 '뷔페 전쟁Battle of the Buffet'으로 기록되었다.

하지만 페퍼로니 조각이 알렉스 퍼거슨을 그리 오래 당황시키진 못 했던 것처럼, 허공을 가른 병도 2017년 과르디올라 시티나 시티 구단주의 끝없는 야망에 브레이크를 걸진 못할 터였다. 시티는 그저 한 시즌 동안만 상대를 압도하는 독보적인 팀이 아니었다. 시티는 영국 축구 전체를 휘저어 놓을 될 팀이었다.

28

뜻밖의 위기

얼핏 보면 대체 불가한 선두를 달리고 있고 시합이 절반 이상 남은 상황에서 남은 2017-18 시즌은 맨체스터 시티의 우승 기념 트랙 돌기처럼 보였을 것이다. 하지만 그렇다고 프리미어리그 시즌에 조마조마함이 너무 없었던 것 같다고 느낀다면, 현실은 전혀 그렇지 않았다. 거기엔 여전히 음모, 긴장, 드라마가 존재했다. 어디서 찾아야 할지를 몰랐을 뿐.

가령 개성 강한 맨해튼 식당의 식사 공간으로 시선을 돌려보자. 왜냐하면 맨체스터 시티의 더비 우승 약 6주 전인 10월 중순의 어느 포근한 밤, 전혀 어울리지 않는 한 무리의 손님이 함께 앉아 로칸다 베르데Locanda Verde의 짙은 색 목재 테이블과 검은 가죽 의자에 앉아 밥을 먹고 있었기 때문이다. 이 식당은 트라이베카에 있는 고급 이탈리안 레스토랑이다.

머리가 별로 없는 나이 많은 백발 남자들로 구성된 이 무리는 멋지게 선탠하고 보톡스를 꾸준히 맞은 것처럼 보이는 VIP 손님들이 웃고 떠들고 있는 자리에서 전혀 튀어 보이지 않았다. 하지만 영국 축구 중역들을 잘 알고 있는 사람이 화장실에 가는 도중 그 무리의 자리를 지나쳤다면, 이 무리가 뉴욕 조직범죄단의 우두머리들이 평화 유지를 위해 정통 이탈리안 식당에서 정기 모임을 열던 시절 이후 가장 만날 일 없을 것 같은 적들의 모임이라는 사실을 알아차렸을 것이다. 그날 밤 그 테이블에는 맨체스터 유나이티드 구단주인 조엘과 아브람 글레이저 형제, 유나이티드 최고경영자 에드 우드워드, 리버풀 구단주 존 W. 헨리, 아스날 최고경영자 이반 가지디스가 함께 빙 둘러앉아 있었기 때문이다.

그들은 푸른 꽃게 때문에 그 자리에 참석한 게 아니었다.

이 구단들이 100년 넘게 이어져 온 상호 혐오를 털고 이렇게 한 자리에 앉아 저녁 식사를 하게 된 건 그들 모두를 우려케 한 최근의 위기 때문이었다. 아니 좀 더 정확히 말하자면, 위기 두 건이라고 해야 할 것이다.

어쩌다 보니 NFL도 근처 콘래드 뉴욕 호텔에서 추계 구단주 모임을 갖고 있었다. 도널드 트럼프 대통령과 국민의례 때 사회 정의를 주장하며 무릎 꿇고 집단 반발을 한 NFL 선수들이 관련된 기이한 대소동을 해결하기 위해서였다. 그 사건은 탬파 베이

버커니어스 구단주이기도 한 글레이저 형제가 로스앤젤레스 램스 구단주이자 가지디스를 미국으로 부른 장본인이기도 한 아스날의 스탠 크뢴케와 더불어 뉴욕에 있는 이유이기도 했다.

하지만 NFL의 홍보 위기와 씨름을 하는 동안에도 그들 뇌리에는 프리미어리그에서 전개되고 있는 난국이 떠나지 않고 있었다. 이 난국이 그들에게는 자유 세계 지도자를 향한 일갈보다 훨씬 걱정스러웠다. 돈이 관련된 문제였기 때문이다.

앞선 12개월에 걸쳐, 프리미어리그의 빅6는 리그가 현재 해외 텔레비전 중계권 판매에서 긁어모으고 있는 어마어마한 돈(당시 35억 파운드)을 프리미어리그가 25년 전 처음 설립된 이래로 계속 해 왔던 대로 리그의 스무 개 팀과 똑같이 나눠선 안 된다는 결론에 도달했다.

빅6가 보기에는 더 큰 몫을 받아 마땅한 구단이 있었기 때문이다. 콕 집어 말해서 빅6 본인들.

결국 리그가 전 세계에서 폭발적 인기를 얻게 된 건 빅6 때문이 아니었던가? 영국 축구의 인지도를 높이기 위해 매년 여름 전 세계를 돌아다니고 있는 것도, 노르웨이 트론다임Trondheim에서 티에라 델 푸에고Tierra del Fuego†에 이르기까지 시청자 몰이를 하며 전 세계 수백, 수천만 추종자를 과시하고 있는 것도 다 빅6였다. 그러니 합당한 보상을 받아야 마땅했다. 미국이나 아시아의 그 누구도 빌어먹을 본머스Bournemouth를 시청하겠다고 꼭두새벽에

---

† 남아메리카 대륙 남쪽 끝에 있는 군도.

일어나거나 한밤중까지 깨어있는 게 아니었다.

빅6에게는 유감스럽게도 본머스는 동의하지 않았다. 허더즈필드, 브라이턴Brighton, 왓퍼드를 비롯하여 리그의 나머지 작은 구단들도 동의하지 않았다. 그 테이블에 모인 중역들이 주방장이 맛있게 먹으라고 만들었을 파스타를 다소 침울한 얼굴로 후룩후룩 먹고 있는 건 바로 그 이유 때문이었다.

조엘 글레이저 오른편에 앉은 존 헨리는 이번 일을 말로 풀려고 보스턴에서 내려왔다. 그 두 사람 맞은편에 자리한 우드워드와 가지디스는 뉴욕까지 불려와 각자의 의견을 보탰다. 하지만 그 자리에 모인 이들은 기존 수익 배분 협약을 무효화하고 새로운 협약을 입안하는 데 필요한 열네 표를 찾을 가망이 거의 없다는 걸 알고 있었다.

이 문제를 논의하기 위해 프리미어리그 구단들이 7일 후 모일 예정이었는데, 차후 해외 중계권료 총액의 35%만 리그 최종 순위에 따라 구단끼리 나눠 갖자는 제안이 협상 테이블에 오를 예정이었다. 하지만 몇 주 전 이 주제를 놓고 가진 마지막 미팅이 험악하게 끝났다는 사실은 각 부들이 마음을 바꿀 의향이 전혀 없다는 암울한 징조나 마찬가지였다. 리처드 스쿠다모어는 빅6 대신 필요한 열네 표를 확보하고자 밤낮 없이 노력했다. 하지만 그들만의 작은 도당 외에 새로운 방책 쪽으로 마음이 기운 쪽은 레스터, 에버턴, 웨스트햄밖에 없어 보였다. 뉴캐슬은 중립적인 태도를 취했지만 확실한 아군은 아니었다. 게다가 뉴캐슬 구단주 마이크 애슐리Mike Ashley가 표결 시에도 구단주일지는 아무도 모르는 일이었다. 바로 전날, 이 억만장자 스포츠용품 소매상이 구단 매각을 적극 추진 중이라 발표했기 때문이다.

그 외에도 작은 구단들이 똘똘 뭉쳐 반대를 하고 있었는데, 그 저항 정도가 빅6가 예전에 매주 토요일 오후마다 억지로 협약을 통과시키곤 했던 때보다 좀 더 완강해 보였다. 그달 초 미팅에서 해당 주제에 대해 운을 뗀지 불과 몇 분 만에 빅6는 필요한 열네 표 확보는 물 건너갔다는 걸 확실하게 알 수 있었다. 리그의 스무 개 구단 중 최소 절반이 입장을 고수할 것이었다. 그들의 의견 일치가 너무 강해서 스쿠다모어는 구단들에 표결에 부치자는 요청조차 하지 않았다. 소용이 없을 것이기 때문이었다. 대신 빅6는 해당 이슈를 3주 후 다시 다루는 데 동의했다.

이제 7일 남은 상황에서 로칸다 베르데에 모인 사람들은 그때까지도 의미 있는 변화가 없었다는 사실을 인정할 수밖에 없었다. 프리미어리그 미팅에 수년간 참석해 본 끝에, 우드워드와 가지디스는 자신들이 정치 여론 조사원이라도 되는 양 모두의 투표 성향을 다 외우게 되었다. 하지만 우드워드와 가지디스가 두 진영의 표를 집계했을 때, 설사 모든 부동표가 자기들 쪽으로 넘어온다고 해도 자신들의 뜻을 관철시키는 건 불가능했다. 리그는 여전히 교착 상태였다.

그로 인하여 헨리, 글레이저 형제, 나머지 빅6 구단주들은 궁지에 몰리게 되었다. 프리미어리그의 수익 배분 모형, 규정 변경에 필요한 3분의 2 다수결, 이 요소는 릭 페리가 25년 전 언스트 앤영 메모지에 적은 이후 리그의 핵심 교리가 되었다. 그 요소들은 영국 축구를 세계적인 명문 리그라는 위치에 오를 수 있게 해준 바로 그 교리였다. 하지만 현재 맨해튼 시내에서는 그 기둥이 붕괴된 것처럼 보이기 시작했다.

평화적 수단을 통한 좀 더 합리적인 수익 분배를 확보할 수 없다면 리그 소속 상위 구단들한테 남은 선택지는 무엇일까? 그 자리에 참석한 그 누구도 '유러피안 슈퍼리그European Super League'라는 말을 내뱉지는 않았지만, 그럴 필요도 없었다. 겨우 몇 시간 전, 글레이저 형제들과 아스날의 스탠 크뢴케가 NFL 구단주 미팅에서 뉴욕의 부동산 개발업자이자 마이애미 돌핀스 구단주, 인터내셔널 챔피언스컵 창시자인 스티븐 로스와 사담을 나누고 왔기 때문이다.

재정적 영향력과 구단들과의 기존 관계 때문에, 로스는 ICC 중역 한 명이 2016년 런던 도체스터 호텔Dorchester hotel에서 프리미어리그 빅6 중 다섯 구단 대표와 함께 만난 이후로 유러피언 슈퍼리그를 밀어붙일 수 있는 인물로 점쳐졌었다(토트넘은 그 자리에 초대받지 못했다. 대니얼 레비는 그것 때문에 너무 화가 나서 오로지 화풀이를 위해 라이벌 구단의 이적 목표 가운데 한 명을 빼앗았다). 로스한테는 돈도 있었고 스포츠계 출신이었던 데다 찰리 스틸리타노도 있었다. 스틸리타노는 태생적으로 유럽 최대 구단만을 위한 토너먼트 시합을 새로 만들 가능성을 논하는 자리에서 입을 다물고 있을 수가 없는 인물이었다.

확실히 해 두자면 가능성은 여전히 낮아 보였다. 하지만 있을 성 싶지 않았던 모임이 끝나고 맨체스터 유나이티드·리버풀·아스날의 구단주 및 중역이 자리를 뜰 때, 임박한 리그 미팅이 프리미어리그 역사상 가장 중대한 미팅이 될 것임은 분명해졌다. 4반세기 전 창설된 이후 리그의 기반이었던 한 가지가 위태로워 졌기 때문이다. 바로 결속력이었다.

그래서 문제의 그 미팅이 돌연 취소되었을 때 모든 것이 곤란해졌다. 해외 텔레비전 중계권료 수익에 대한 리그 전체 2차 논의가 열리기 불과 24시간 전에 프리미어리그는 모임이 취소되었다고 짤막한 성명을 발표했다. "변경에 대한 의견의 일치가 현재로서는 전혀 이루어지지 않았음이 분명해졌습니다." 성명에는 이렇게 쓰여 있었다. 밝히지 않은 속내가 무엇인지는 박사학위가 없어도 알 수 있었다.

상위 구단들이 돈을 척척 벌어들여 으리으리한 새 스타디움을 짓고 전 세계 팬을 끌어 모으고 스스로 수억 달러짜리 사업체가 된 25년 동안 평화롭게 공존한 끝에, 프리미어리그의 황금 수송선은 영국 기차들이 툭 하면 그러듯 뜻하지 않게 우뚝 멈춰 서고 말았다. 4반세기 만에 처음으로, 스무 개 구단들은 돈만으로는 풀 수 없는 분쟁에 말려들게 되었다. 모든 건 돈 때문이었다. 양쪽 다 이런 교착 상태를 질질 끌며 버티다 보니, 다른 사소한 불화가 슬슬 표면화되기 시작했다.

얼마 안 가 불을 보듯 분명해진 것은 영국의 1부 리그(한때 공동체의 화합과 상호 이익의 본보기였던)가 리그 자체로 인해 고통받고 있으며, 프리미어리그는 반동강이 나서 모든 걸 날려버릴지도 모를 상황을 두고 각자 상대방을 탓하기 바쁜 파벌 싸움의 늪에 빠졌다는 사실이었다.

부글부글 끓어오르는 긴장감은 대부분 닫힌 문 뒤에, 구단 이사회실에, VIP좌석에 그리고 호화 호텔의 회의실 밖으로는 새어나가지 않았다. 외부에서 보면 프리미어리그는 승승장구하고 있는 것처럼 보였다. 리그가 챔피언스리그의 마지막 16강에 구단 다섯 개를 출전시키는 기염을 토하면서 유럽 무대에서 부활하는 동안, 국내 텔레비전 중계권의 최신 판매에 대한 협상이 이루어졌다. 이는 구단들이 또 한 번 횡재를 앞두고 있다는 의미였다.

하지만 이처럼 보이지 않는 적대감이 팽배하던 와중에 깜짝 놀랄 일이 하나 벌어졌다. 알고 보니 가장 적극적이었던 선동꾼은 겉보기에 걱정거리가 제일 적은 구단이었던 것이다. 구장 위에서 영국 축구를 황폐화시키는 것만으로는 부족했던 맨체스터 시티와 카탈루냐-아랍에미리트 지도부는 리그의 사업 방식을 뒤엎기 위해 애를 쓰고 있었다.

리그의 공식 미팅에서 그리고 다른 구단들과의 은밀한 논의 자리에서, 시티는 리그의 수익 배분 모형을 욕하면서 해묵은 창립회원협정을 문제 삼았다. 창립회원협정은 프리미어리그의 바이블 격인 문서로, 릭 페리가 손으로 휘갈겨 쓴 것이었다. 사실 그 문서가 작성될 당시에는 해외 수익에 신경 쓰는 사람이 없었다. 그 당시는 시합을 방송해 달라고 외국 방송사에 리그가 돈을 내던 시절이라 해외 중계로 오히려 손해를 보고 있었기 때문이다. "아무도 그게 이렇게까지 대단해질 줄 상상도 못 했죠. 그러니 그 권리를 똑같이 나눠 갖는다는 생각이 대수롭지 않은 개념이었고요." 페리가 말했다.

맨체스터 시티가 보기에 창립회원협정은 돌청바지, 세가 제네시스Sega Genesis[†], 1990년대의 기타 다른 애장품들과 함께 유리 진열장 속으로 들어가야 할 구닥다리 유물에 더 가까웠다. 리그의 그 케케묵은 원칙과 경쟁적 균형에 관한 불합리한 구식 관념 덕분에 프리미어리그는 세계인들이 가장 좋아하는 스포츠를 제공하는 가장 부유한 조직이 될 수 있었다. 하지만 근대사라고 해봐야 고작 2008년부터 시작된 맨체스터 시티 같은 구단한테 그건 다 머나먼 옛날 얘기로만 들렸다.

사실 시티가 리그의 전반적 권력을 대수롭지 않게 여겼다는 사실을 알았다고 해서 충격을 받는 건 말이 안 되는 소리였다. 페란 소리아노가 벌써 10년 전에 바르셀로나 운영에 관해 쓴 자신의 저서에서 그런 태도를 아주 정확히 보여 준 바 있기 때문이다. 미국 프로 스포츠계와 유럽 축구 사이의 차이점에 관한 소회를 밝히던 중, 소리아노는 경쟁적 균형 개념에 대한 자신의 견해

[†] 1988년 일본이 출시한 16비트 게임기.

를 밝혔다. "아주 유명한 미국 스포츠 감독이 나한테 말한 적이 있다. '지금 당신이 해야 할 일은 세비야 FC Seville FC나 비야레알 FC Villarreal FC 같은 팀을 팍팍 밀어줘서 스페인 리그를 좀 더 흥미 진진하게 만들고 수익을 극대화해야 한다는 걸 왜 모르는지 난 이해가 안 갑니다.'" 소리아노는 계속해서 이렇게 썼다. "그 사람 말을 들으면서 나는 어떤 종류의 수익이든 극대화시키기가 어렵다는 사실을 발견했다. 왜냐하면 '토너먼트 전체 수익'이나 그 비슷한 개념을 떠나 내가 오로지 바라고 신경 쓰는 건 FC 바르셀로나가 완승하고 필승하는 것이기 때문이었다."

'그 비슷한 개념'이 이제 프리미어리그의 수익 분배 구조에 적용된 것이다. 소리아노의 확신은 오히려 전보다 훨씬 강해졌다. 세계 최고의 선수들을 영국으로 다시 유인하고자 하는 희망을 품고 있다면, 프리미어리그의 상위 구단들에는 더 큰 몫이 배분되어야 했다.

지난 해 여름 이적 가능 기간 동안 소리아노한테는 그만큼 분명해진 사실이었다. 물론 시티한테 이적 시장의 정상에서 겨룰 만한 자금이 없기 때문은 아니었다. 세계 축구의 그 어떤 팀도 셰이크 만수르의 재산 중 2억 2,150만 파운드 넘게 가져다 쓴 팀은 없었다. 소리아노는 그 돈을 펩 과르디올라의 스쿼드를 위해 새로 영입한 선수 다섯 명한테 썼다. 프리미어리그에 씀씀이가 헤픈 팀이 시티만 있는 것도 아니었다. 결국 영국 구단들이 이적료로 쓴 돈은 다 해서 14억 파운드가 넘었기 때문이다. 여름 이적 시장에서 이적료 합산 지출액 10억 파운드 수준을 넘긴 게 벌써 연속으로 다섯 번째였다.

소리아노한테 문제가 되는 건 최고의 선수들과 최대 이적료 관련해서 머리기사를 장식한 여름 이적 시장 행보에 맨체스터 시티가 끼어있지 않았다는 점이었다. 거기에는 맨체스터 유나이티드도, 첼시도, 리버풀도, 그 어떤 영국 구단도 끼어있지 않았었다. 그 여름 가장 수지맞았던 이적의 주인공은 아랍에미리트의 다른 국가가 주인으로 있는 다른 리그의 다른 강성 구단이었다. 카타르의 국부펀드가 지원하는 파리 생제르맹Paris Saint-Germain이 2억 2,200만 유로를 일시불로 지급하면서 세계 기록을 깨고 현란한 헤어스타일에 발이 빠른 바르셀로나 출신 브라질 선수 네이마르와 계약을 체결한 것이다. 그 정도는 별로 불쾌하지 않다면, 불과 몇 주 전 차기 글로벌 슈퍼 스타로 지목된 프랑스의 10대 청년, 킬리앙 음바페Kylian Mbappé란 이름의 18세 포워드가 세계에서 두 번째로 높은 이적료에 모나코에서 이적을 한 바 있었다. 그런데 음바페도 파리 생메르맹과 계약을 했다.

소리아노한테 이는 짜증나는 상황이었다. 축구계의 보배 같은 선수와의 계약에 있어서 영국 구단들이 레알 마드리드나 바르셀로나한테 기가 죽는 건 다른 얘기였다. 스페인의 이 두 슈퍼 구단은 바이에른 뮌헨과 마찬가지로 각자 국내 대회를 압도하는 팀이었다. 그 구단들과 계약을 체결한 선수는 시즌 대부분 동안 리그의 나머지를 구성하고 있는 약체들을 초전박살 내면서 보낼 수 있다는 걸 알고 있었다. 그 덕분에 더 중요한 시합, 챔피언스리그의 후반 라운드, 그리고 마지막으로 머리 위로 커다란 트로피를 번쩍 들어 올리는 중대한 일을 위해 에너지를 아낄 수도 있었다. 반면 영국 축구는 뼈 빠지게 힘들고 지루했다. 그렇기 때문에 소리아노는 리오넬 메시나 크리스티아누 호날두 같은 선수들이 선수 생활을 어딘가 좀 더 편안한 곳에서 보내기로 결정한다고 해도 비난할 수 없는 실정이었다.

하지만 세상엔 모두에게 돌아갈 정도로 세계 최정상급 선수들이 굉장히 많이 있다. 그런데 이제 파리 생제르맹까지 이 판에 끼겠다고 한다면 그건 문제였다. 그리고 축구에서 가장 확실한 문제 해결 방법은 딱 하나밖에 없다. 소리아노는 돈만 충분히 쥐여주면 세계 최정상급 선수들을 맨체스터로 이적시킬 수 있다는 걸 알고 있었다. 프리미어리그 구단들은 남아돌 정도로 돈을 많이 벌고 있으므로, 그 방법을 쓰는 게 가능했다. 협상 테이블의 반대쪽에 있는 나머지 다른 구단들을 희생시켜서라도 맨체스터 시티의 금고에 들어갈 몫만 확실하게 늘릴 수 있으면 그만이었다. 그에겐 그게 너무 타당한 일이었다. 영국 축구가 세계 최정상급 선수들을 끌어 모으고 싶다는데 누가 어깃장을 놓을 수 있겠는가?

공교롭게도 거의 모두가 그랬다. "맨체스터 시티에 있는 이 스페인 녀석들은 자기들이 남들보다 잘난 줄 안다니까요." 웨스트햄의 공동 구단주, 데이비드 설리번이 말했다. "욕심 때문인 것 같습니다." 설리번은 결코 돌려 말하는 법이 없는 인물이었다. 한 번은 매춘 알선으로 유죄를 선고받아 71일 징역을 살고 나와 놓고는(성인 출판물 사업 때문이었다) 자신을 '자유의 투사'라고 치켜세운 적도 있었다. 하지만 이번 일 만큼은 그가 대다수 프리미어리그 회장들을 대변했던 것일지 몰랐다. 그 회장들 다수가 속으로는 빅6를 제외한 나머지 구단에 대한 시티의 모욕적 태도를 문제 삼고 있었기 때문이다.

이는 리그 내부에 우리 대 그들식 편가르기만 조장했을 뿐이었다. 구단주 중에는 이번 불화가 2016년 프리미어리그 정상 회담 때문이라고 보는 이들도 있었다. 중국 방송국 PPTV와 5억 6,400만 파운드짜리 텔레비전 중계권 계약을 인가하기 위한 정기 회의 도중, 맨체스터 유나이티드 최고경영자 에드 우드워드가 회의를 중단시키고 장내 다른 빅6 대표들과 임시 비밀 회의에 들어간 게 그때였다. 밀담이 끝나자 PPTV 건은 만장일치 지지를 받았지만 우드워드의 권력 놀음은 나머지 열네 구단을 열 받게 했다.

거의 2년 뒤, 관계 복구를 위한 진정한 시도가 전무하다 보니 그 때의 골은 깊어지기만 했다. 토트넘의 대니얼 레비는 그 후 열린 리그 회의에서 빅6의 입장을 해명하겠다고 나섰지만 나머지 리그의 화를 돋우기만 했다. 한 구단주가 회상한 바에 따르면, 레비의 해명은 딱 다섯 음절이 다였다고 한다. "우린 공평한 걸 원할 뿐입니다." 레비는 누군가 이의를 제기할 때마다 이 말만 지겹도록 내뱉었다.

"다들 암호 같은 말만 하고 있어요." 그 구단주는 투덜거렸다.

빅6는 프리미어리그 내에서 가장 권세 높은 도당이자 쿨한 별명이 있는 유일한 집단이었지만, 조직 내부의 교착 상태 때문에 좌절한 유일한 집단은 아니었다. 최근 작지만 점점 목소리를 내고 있는 또 다른 하위 집단이 나왔다. 이 집단은 특히 리그 내부 관계가 악화일로를 걷는 데 크게 실망했다. 바로 미국인 구단주들이었다.

이제 다섯 개 팀을 거느리게 된(리그의 4분의 1) 미국인 구단주들이 모여 일종의 비공식적 압력 단체를 형성했다. 그들은 필요에 따라 그때그때 뉴욕이나 런던에서 만나 여러 이슈를 논의하고 식견을 나누고 영국 생활을 하면서 느낀 이상한 점들에 혀를 내둘렀다. 최근의 교착 상태가 더 광범위한 문제를 시사한다고 보았다. 프리미어리그 미팅에 적대적 태도가 팽배해진 바람에 사업상 논의는 거의 불가능해졌다. 대서양 반대편에서는 프로 스포츠가 그런 식으로 돌아가지 않았다. NFL이나 NBA의 특징이랄 수 있는 협력적 접근법을 채택하기만 한다면 스무 개 구단 모두가 잘 먹고 잘 살 수 있을 것이라 생각하니 속이 쓰렸다.

나머지 프리미어리그 구단들은 수년 전부터 미국의 상업적 수완과 마케팅 파워를 찬양하며 대서양 건너에서 온 사업가들의 등장을 반겼었다. 하지만 이제 미국인 구단주들은 중심부 위주의 이윤 추구 프로젝트나 상호 합의가 된 비용 관리에 관하여 합의에 도달하는 것이 거의 불가능해진 현실을 그냥 체념해 버렸다. 프리미어리그 회의실 내 적대적인 태도는 다른 구단주들이 차라리 투광등을 끄고 경기하는 쪽에 표를 던질 공산이 크다는 것을 의미했다.

미국에서 건너 온 이 집단은 혼자가 아니었다. 점점 더 많은 구단이 폭등하고 있는 선수 임금에 경악하고 있었기 때문이다. 선수 임금이 매년 팀 전체 수익에서 차지하는 비중은 점점 커지고 있었다. 딜로이트에 따르면 최근 시즌에서 선수 임금은 리그 전체에 걸쳐 구단 수익의 평균 63%를 차지했다. 그런데 이 수치는 협상 테이블의 반대편에 있는 더 작은 구단 몇몇의 경우 80% 이상까지 치솟는다. 그런 구단들한테 텔레비전 중계권 수당 증가는 양날의 검이나 마찬가지다. 그렇다. 현금 유동성은 개선해 주지만 결국 그 여윳돈의 태반은 다른 구단을 따라잡기 위해 어쩔 수 없이 선수 임금과 이적료로 들어가게 되어 있기 때문이다.

맨체스터 유나이티드와 토트넘 같은 구단들이 조직 내 임금상한제를 시행해도 여전히 우승 팀을 구장에 내보내는 것이 가능하다는 것을 보여 주기는 했지만, 리그 밑바닥에서 겨우 생존이나 하고 있는 팀 중 일부는 수익의 태반 이상이 선수한테 나가고 있는 실정이라서 광고나 텔레비전 중계권료 수익이 늘어나도 구단 계좌로 입금되기도 전에 매번 다 써 버려서 남는 게 없었다. 리그는 임금 상한제를 제시하고 단기적 비용 관리 수단을 채택하기도 했었지만, 으레 그렇듯 구단들은 미국 프로 스포츠계 임금 상한제와 똑같이 이를 리그 전체에 포괄적으로 적용하려는 조치에는 동의할 수가 없었다.

하지만 리그 내 거의 전원의 의견이 일치하는 주제도 하나 있기는 했다. 2017-18 시즌이 돌아가는 걸 보니 맨체스터 시티가 영국 축구에 위협적인 존재가 될 것임이 훤히 보였던 것이다.

시티가 역사상 가장 압도적인 시즌의 와중에 있어서 그런 것만은 아니었다. 프리미어리그는 압도적인 팀의 배당금을 목격한 적이 있었다. 배당금은 그 구단들의 기존 씀씀이에 비해 그렇게 천문학적인 액수는 아니었다. 아주 오래 전 잭 워커와 블랙번 로버스 시절, 구장에서의 성공을 돈으로 살 준비가 된 이들이 있었다. 프리미어리그는 그들을 기꺼이 맞아들여 지갑을 탈탈 턴 다음 가던 길을 계속 갔었다.

하지만 맨체스터 시티가 이 두 요소를 결합시킨 방식을 보니 이번엔 느낌도 다르고 훨씬 위험하게 느껴졌다. 그렇게 느껴진 이유에는 시티가 너무 극단으로 향하고 있다는 점도 있었다. 크리스마스에 벌써 승점 13점차로 앞서고 있었는데, 이는 영국 1부 리그 역사상 최대 점수차였다. 시티는 리그 18연승 기록도 세웠는데, 이는 프리미어리그 기록일 뿐만 아니라 레알 마드리드나 바르셀로나가 라리가에서 이룩한 기록보다도 우수한 기록이었다. 구장 밖에서 시티는 리그의 다른 구단보다 단순히 돈을 더 많이 쓰는 정도가 아니었다. 시티는 지난 5년 동안 이적료가 무려 10억에 이를 때까지 돈을 써댔다. 그 결과 그 어느 때보다 가장 비싼 스쿼드를 보유하게 되었다. 작년 여름 2억 파운드를 지출하며 위력을 과시했다. 그것도 풀백에만. 이 모든 것에 더해 세계 최고의 일류 감독까지. 유소년 아카데미에는 정상급 10대 인재들이 수두룩했다. 이 모든 건 과연 언제 끝장날 것인가?

영국 축구계 내부인들은 마음속에 다른 의문을 품고 있었다. 모난 돌은 언제 정을 맞게 될까? 프리미어리그의 매력이자 근본적인 장점은 그것이 가장 유동적이고 경쟁적인 리그라는 데 있다. '아무 일요일any given Sunday'이란 표현은 사실 토요일†을 가리키는 것임을 입증한, 오르락내리락 순위가 계속 변하는 무한 경쟁에 있다는 얘기다. 그런 프리미어리그가 나머지 무리보다 한참 앞선 특별한 엘리트 팀 한 팀 외 나머지 별 볼 일 없는 무리처럼 보이기 시작하고 있었다.

마케팅 전문가가 아니어도 알아차릴 수 있는 문제였다.

"20점 차로 리그 우승을 하는 건 원치 않습니다. 브랜드에 좋지 않으니까요." 2017-18 시즌 또 한 번의 강등 탈출을 위해 에버턴이 영입한 샘 앨러다이스가 말했다. "리그는 힘도 잃고, 성과도 잃고, 전 세계 시청자를 열광케 하는 매력도 잃을 겁니다."

맨체스터 시티가 초래한 난제가 영국에서 그 선례를 찾아볼 수 없는 난제인 이유를 딱 꼬집어낸 이는 프리미어리그의 또 다른 감독(경제학 학위가 있는)이었다. 필드 위의 팀 때문도, 은행

---

† NFL 경기는 주로 일요일에, 프리미어리그를 비롯한 프로 축구 경기는 대개 토요일에 열린다.

의 돈 때문도 아니었다. 비전 때문이었다. 끝없는 야망, 첨예한 초점, 그걸 실행시킬 넘쳐날 만큼 많은 돈. 이제껏 그 어떤 팀도 그토록 모든 요소를 갖추고서 위협을 가한 팀은 없었다.

"우리한테는 오일머니도, 아이디어도 없었습니다." 아르센 벵거가 에미레이츠 스타디움 건설 후 허리띠를 졸라매던 아스날 시절을 회상하며 말했다. "그들한테는 오일머니도, 아이디어도 있었죠. 그 덕에 그렇게 유능해진 거예요."

벵거는 한때 인재 영입과 훈련에 대한 과감한 접근법으로 부족한 부분을 보완해서 팀을 더 부유하게 만들어 주던 인물이었다. 하지만 시티처럼 압도적인 적 앞에서, 그것만으로는 이제 역부족이었다. 과르디올라의 계획이 들어맞은 시즌이 공교롭게도 아스날이 벵거를 퇴장시킨 해와 일치했던 건 우연이 아니었다.

흔들리는 제국

 20년 동안, 리처드 스쿠다모어의 직장 생활은 대부분 평온무사했다. 프리미어리그의 스무 개 구단 구단주들한테 리그 시합을 전 세계에 팔겠다는 약속을 했고, 20년 동안 그가 한 일이 바로 그것이었다.

 관중도 계속 늘었고 매출액도 계속 늘었고 스쿠다모어 자신의 연봉도 2003년 90만 파운드에서 2015년에는 보너스 포함 600만 파운드로 꾸준히 올랐다. 그 과정에서 실수도 있었다. 특히 2014년 회사 계정으로 성적인 내용이 담긴 이메일을 여러 통 보낸 것이 전 비서에 의해 유출되었을 때가 가장 망신스러운 때였다. 하지만 스쿠다모어는 대체로 말썽거리를 그럭저럭 잘 피해 왔다.

그러나 프리미어리그 수장이 된지 30년째에 접어들었을 때, 말썽거리가 스쿠다모어를 찾아왔다. 맨체스터 시티의 과한 힘, 빅6와 나머지 구단 사이의 분열, 해외 중계권료를 두고 벌어진 언쟁, 경쟁적 균형을 유지하기 위한 몸부림. 이 모든 요소는 리그의 지속적 성공뿐만 아니라 리그에 대한 스쿠다모어의 권위에도 걸림돌이 되었다. 스쿠다모어가 실상 그의 상전이나 다름없는 스무 개 구단 회원들이 서로의 목을 잡아 뜯지 못하게 막을 수 있을까? 더 중요하게는, 리그 회원들끼리 서로 사업을 계속하게 할 수 있을까?

개인 차원에서, 위 질문들에 어떻게 답할 것인가에 프리미어리그 최장수 수장으로서 그가 남기고 갈 유산의 형태가 좌우될 거란 걸 스쿠다모어는 알고 있었다. 하지만 더 큰 그림을 보자면, 그 모든 건 그가 좌지우지할 수 있는 일이 아니라는 사실도 알고 있었다. 스쿠다모어는 그가 힘겹게 일궈 놓은 제국에 위협을 가하는 정치적·문화적·기술적 영향력의 변화를 감안할 필요가 있었다.

우선 2016년의 브렉시트 합의안 표결은 영국에서 가장 성공한 세계적인 문화 수출품이 EU를 탈퇴하기로 한 국가의 결정에 어떤 식으로 영향을 받게 될 것인가 하는 의문을 제기했다. 스쿠다모어는 10년 넘게 프리미어리그를 이런 종류의 특수한 외부적 정치적 압박으로부터 분리하려고 노력해 왔다. EU가 경매를 통한 프리미어리그의 영국 중계권 판매를 두고 스카이가 전 경기 생중계를 방송하기로 한 계약은 독점에 해당한다고 주장하면서 2005년 프리미어리그를 제소하려 했던 이후, 스쿠다모어는 리그의 사업 방식 변경을 강제할 수 있는 이런저런 입법기관들을 지속적으로 감시할 방법을 모색해 왔다. 바로 그 이유 때문에 영국 밖에서 근무하는 정규직 사원이 브뤼셀에 한 명밖에 없는 것이다. 그 직원이 맡은 일은 EU 내부의 정책 서류와 정치적 논쟁을 예의주시하면서 아무리 사소한 것이더라도 영국 축구에 타격을 줄지 모르는 디테일은 없는지 살피는 것이었다.

하지만 지금 스쿠다모어는 미지의 대상을 상대해야 했다. 외국인 선수의 이적 자유와 비자부터 영국이란 나라가 해외 투자를 환영하는 국가라는 더욱 광범위한 인식에 이르기까지 프리미어리그의 지위에 타격을 줄 만한 요인은 얼마든지 있었다.

그런 의문들이 해결되기 훨씬 전부터 프리미어리그는 그로 인한 부정적 영향 때문에 크나큰 충격을 받고 있었다. 유로 대비 파운드화의 가치 하락으로 영국 구단들이 유럽 대륙의 동료들에 비해 크게 불리해졌기 때문이다. 가령 2016-17 시즌 딜로이트 발표 수치를 보면 맨체스터 유나이티드의 수익은 1,300만 유로 떨어졌는데, 이는 환율 변동이 직접적인 원인이 되어 발생한 급감이었다. 그로 인하여 8,900만 유로 손해를 보면서 기저 성장 7,700만 유로가 상쇄되었다. 유나이티드만 그런 게 아니었다. 영국 구단들은 2017년 여름 이적 시장에 총 14억 파운드를 썼는데, 브렉시트 합의안 표결과 뒤이은 외환 시장 사태 전이었다면 1억

500만 파운드를 날리지 않을 수 있었을 것이다. 이는 공항에서 현금인출기를 쓰는 것보다 더 최악인 거래였다.

스쿠다모어한테 이런 식의 지각 변동은 프리미어리그의 성공을 지탱해 준 근본적 사업 모형에 대한 공격이나 다름없었다. 영국 구단들이 더 이상 최고의 선수들과 감독들을 유치할 수 없게 된다면, 리그의 스타 파워가 감소하여 경기 수준이 떨어지게 될 테고, 경기 수준이 떨어지면 향후 텔레비전 중계권료가 하락할 가능성이 있으며, 중계권료가 하락하면 영국 구단들의 스타 선수 영입 능력에 지장이 생길 것이었다. 이런 식으로 악순환이 반복되다 보면 프리미어리그가 퇴보할 수도 있었다.

하지만 브렉시트의 혼돈과 영국 역사상 가장 예측하기 힘든 시기를 헤쳐 나가는 건 스쿠다모어가 겪어 본 다른 굵직한 정치적 장애물에 비해 식은 죽처럼 보였다. 스쿠다모어는 해외에서 의미 있는 프리미어리그 시합을 개최하라는 구단주들의 압박과 시합을 해외로 옮기겠다는 운만 띄워도 가이 포크스가 의회 폭파를 시도했던 이래 가장 극악한 배신이라 여기는 영국 대중의 불신을 어떻게든 양립시킬 방법을 찾아야 했다.

이는 벌써 몇 년 전부터 시작된 위기였다. 스쿠다모어가 영국 해안 너머에서 그들의 산물이 얼마나 인기가 많은지, 그리고 그걸로 얼마나 큰 부를 얻을 수 있는지 프리미어리그 구단주들한테 알려준 이래로, 구단주들은 리그의 정기 시합을 해외 핵심 시장으로 진출시키겠다는 아이디어에 집착해 왔다. 결국 그들은 프리시즌 투어와 친선 경기가 해외 수익을 얼마나 증대해 주었는지 이미 목격했기 때문이다. 그들이 아무 생각 없이 연 그 시합들이 사실은 중요한 시합이었다면 거기서 어떤 횡재를 기대할 수 있었던 걸까? 이 의문에 대한 답을 모색하는 일은 2008년 구단주들이 프리미어리그 시즌에 라운드 수를 더해(소위 39번째 라운드) 그 경기를 전 세계 스타디움에서 열자는 안을 승인하면서 처음 이루어졌다. 리그 자체 견적에 따르면 이 계획으로 스무 개 팀이 각자 500만 파운드의 추가 순이익을 올리게 되므로, 구단주들한테 만장일치 승인을 받을 수 있었다. 이 사업 계획을 공개하면서 스쿠다모어는 '바야흐로 때가 도래한 아이디어'라고 강조했다.

하지만 유감스럽게도 그 아이디어는 너무 빨리 찾아온 것으로 판명되었다. 실행 전 축구협회나 피파, 정부 또는 영국 축구팬한테 미리 알릴 생각을 한 사람이 없었다는 게 문제였다. 이 기관들은 하나 같이 다들 해외 시합에 즉각적이고도 격렬한 반대 의사를 표명했다. 그들의 유보적 태도는 실용적인(39번째 경기 추가는 리그의 균형을 깨트릴 것이다) 이유부터 정치적인 이유까지 다양했다. 축구서포터연맹Football Supporters' Federation은 『데일리 메일』과 공동으로 '영국을 대표하는 경기에 대한 도 넘은 신성 모독'에 반대하는 청원을 냈다. 얼마 안 가 피파 회장 제프 블라터도 자신의 견해를 밝혔다. "축구가 할렘 글로브트로터스[†]나 서커스

[†] 미국의 묘기 농구단.

처럼 되어서는 안 된다"고 세계 축구 단장이 공표한 것이다.

그 발언과 함께 39번째 시합은 물 건너갔다. 2010년 스쿠다모어는 그 개념은 당도하자마자 사멸했다고 확인해 주었다.

표면적으로만 그랬던 걸지 모르겠다. 왜냐하면 2016년 이후 얼마 간 시간이 흐른 뒤, 프리미어리그가 해외 시합 개최 계획을 조용히 부활시켰기 때문이다. 굳이 39번째 경기일 필요는 없었다. 시즌 초반 전 세계 다섯 개 도시의 중립 구장에서 개최되는 딱 한 라운드. 사실 리그 구단주들은 이 아이디어를 한 시도 잊은 적이 없었다. 그들은 여전히 돈을 벌고 싶다는 입장이었다. 별 일 없으면 돈 벌리는 일은 지지하는 그들이었다.

처음 가능성이 제기된 지 거의 10년이 지난 시점, 마침내 다시 논의하기 딱 좋은 때가 온 것 같다는 분위기가 감지되었다. 하지만 대중에 발표해도 좋은 정도까지는 아니었다. 구단주들은 그 교훈을 이제야 처음으로 깨달았다. 하지만 맨체스터 시티의 주도하에 구단주들은 해외 경기 개최를 실현시키고자 일치단결했다. "훌륭한 아이디어입니다." 스페인의 라리가가 마이애미에서 경쟁 리그 경기를 개최하겠다고 발표하면서 프리미어리그의 선수를 쳤을 때, 소리아노가 한 발언이다. "사업을 다른 차원으로 끌어올릴 수 있는 아이디어에요."

프리미어리그가 일단 도약하고 나면 ICC쪽 사람들이 대기하고 있다가 프로젝트 실행을 도와줄 거라 확신하고 있었다. ICC의 비전도 NFL이 런던에서 개최한 연례 시합 같은 것을 개최하는 것이었는데, NFL의 이 연례 시합은 하루 오후 동안의 오락거리 수준을 넘어서는 것이었다. 시합 때마다 일주일 동안 리젠트 스트리트Regent Street를 따라 이벤트, 홍보, 화려한 마케팅 전시도 열리기 때문이다.

"리그가 여기까지 오기로 결정했다면, 우린 찬성입니다." 스틸 리타노가 말했다. "우린 그 일을 맡을 준비가 되어 있습니다. 그렇게 큰 행사를 성사시킬 능력이 있는 건 우리밖에 없어요."

공적인 자리에서 그 주제가 언급될 때마다 스쿠다모어는 말을 아꼈다. "아직도 간절히 바라고 있느냐고요? 구단들은 의향이 있습니다." 홍콩에서 열린 2017년 프리미어리그 아시아 트로피 홍보 행사에서였다. "하지만 우린 현실적이기도 합니다. 팬과 정계 반응, 매체 반응이 더 열기를 띠지 않으면 없던 일이 되겠죠."

하지만 스쿠다모어는 NBC 같은 해외 방송국한테는 해외 시합을 개최하려면 무엇이 필요할지 언질을 해둔 후였다. "리그와 함께 진행 중인 게 맞고요, 좋은 결과 있길 바란다고 했습니다." NBC 프로그램 책임자 존 밀러가 말했다. "어려운 일도 있다고 봅니다만, 우리 쪽에서 제안을 했고 그쪽에서 검토 중인 걸로 알고 있습니다."

이 모든 걸 전에는 퇴짜 놓았던 바로 그 회의적인 대중(과 정부 기관과 정치가와 심지어 리그 감독들까지)에게 설득시킬 책임은 스쿠다모어한테 떨어질 터였다.

하지만 무엇보다 구단과 구단이 탄생한 지역 사회의 사이가 그 어느 때보다 불안정하게 느껴지는 시기에 영국 축구 팬을 설득하느냐 마느냐가 스쿠다모어한테 달려 있었다. 프리미어리그 구단주들이 금전등록기가 계속 땡 소리를 내게 하려고 점차 해외에만 집중하는 사이 국내 팬은 관심 밖으로 밀려나는 것 같다는 느낌을 받기 시작했기 때문이다.

경기 관전 비용이 증가한 것도 얼마간 원인이 되었다. 프리미어리그 시대에 리그 팀들의 가치와 선수 임금만 치솟은 게 아니었다. 입장료도 같이 치솟았던 것이다. 2018년 영국에서 가장 비싼 시즌 티켓 가격은 1,700파운드까지 나갔는데, 이는 20년 전보다 1,000% 인상된 가격이었다. 그 결과 수천만 팬이 가격 때문에 관전을 못하게 된 반면, 입장권을 구매할 여력이 되는 사람들은 주로 나이가 많으면서 경제적 여유가 있는 사람들이었다. 그리고 나이가 많으면서 경제적 여유가 있다는 두 가지 특성이 스타디움의 분위기를 달구는 데 도움이 된다고 보는 사람은 전 세계 어디에도 없었다. 물론 구단들은 입장권 가격 상한제를 실시했다. 괜찮은 센터포워드 한 명 가격이면 입장료를 전액 보조해 줄 수도 있었을 것이다. 하지만 극히 드문 몇몇 예외를 제외하고 구단들은 그런 데에는 관심이 없어 보였다. 경기가 점점 노동자 계급의 뿌리로부터 분리되고 있다는 인식이 생겨났다.

웨스트햄 사례보다 이런 단절을 아주 뚜렷하게 잘 보여준 예피소드는 아마 없을 것이다. 프리미어리그 상층부에 진입하려는 웨스트햄의 가장 최근 시도는 2014년이었다. 이번에 그들이 따른 청사진은 일단의 유소년 팀 졸업생을 중심으로 왕조를 세우려 했던 맨체스터 유나이티드의 계획이 아니었다. 맨체스터 시티의 자기개발 모형이었다. 해머스는 돌연 거처를 옮겨 영국 납세자들이 돈을 내준 새 집으로 이사를 갔다. 그곳은 런던 올림픽 스타디움London's Olympic Stadium이었다.

2010년 1월 이후, 웨스트햄 구단은 데이비드 골드와 데이비드 설리번 소유였다. 두 사람은 영국 축구보다 저급한 몇 안 되는 분야 가운데 하나로 재산을 모은 이들이었다. 그 분야란 섹스 장난감과 야한 잡지였다. 1억 1,000만 파운드를 들여 구단을 산 골드와 설리번은 이내 스타디움 이전이야말로 웨스트햄의 부를 단기간에 불리고 프리미어리그 상류에 입성할 최적의 기회라고 보았다. 관료적 형식주의와 법적 걸림돌에 발목이 잡힌 입찰 과정을 3년 동안 버틴 끝에, 웨스트햄은 마침내 2013년 올림픽 스타디움 입성을 확정했다. 덕분에 해머스는 약 5킬로미터 거리의 초라한 업튼 파크 홈 구장에서 현대적인 7억 5,000만 파운드짜리 구장으로 본거지를 옮길 수 있게 되었다. 웨스트햄이 99년간 내야할 돈이라고는 연간 임대료 250만 파운드밖에 없었다. 부동산 횡재에 관한한, 이는 얼굴 한 번 본 적 없는 삼촌한테 나이츠브리지†에 있는 아파트를 한 채 물려받은 것과 다름없었다. 에미

† 런던 하이드파크 남쪽의 부촌.

레이츠로 고생깨나 한 아르센 벵거는 해머스가 맞이한 뜻밖의 행운을 이렇게 평가했다. "웨스트햄에 전합니다. '장하십니다. 복권에 당첨되셨어요.' 나처럼 오랜 세월 고생할 필요도 없고 한 푼이라도 더 아끼려고 애쓸 필요도 없겠어요."

모두가 웨스트햄의 이전을 그런 시선으로 본 건 아니었다. 그중에서도 특히 웨스트햄 서포터 다수는 업튼 파크 이전을 강제 퇴거로 여겼다. 그들은 6만석 규모의 새 스타디움이 프리미어리그에서 네 번째 규모라는 사실이나, 새 홈 구장이 최고 수준의 교통망의 수혜지면서 초대형 옥외 스크린부터 호화로운 귀빈석에 이르기까지 모든 편의 시설을 갖춘 21세기식 스타디움이란 사실에는 관심을 두지 않았다. 그들이 관심을 둔 부분은 새 스타디움이 킥오프 전에 모여서 놀던 이스트 엔드East End 술집들과 작고 허름한 식당들과 멀리 떨어져 있다는 사실이었다. 게다가 새 구장에 가려면 고급 쇼핑센터 쪽으로 먼 길을 돌아가야 했고, 런던 스타디움의 육상 트랙에는 관중석 사이에 약 900미터에 달하는 장벽이 세워져 있어 구장 위 선수들을 구분하는 게 거의 불가능했다. "완벽한 스타디움이라고는 안 했습니다. 하지만 싸게 잘 얻은 건 맞죠." 설리번이 말했다.

웨스트햄 팬들은 자신들이 유일하게 알고 있는 방식으로 반감을 표출했다. 몸싸움으로. 새 스타디움 개장 몇 달간은 걸핏하면 벌어진 폭력 사태로 얼룩졌다. 홈 팀 팬이 첼시 팬, 본머스 팬, 미들즈브러 팬, 심지어 왓퍼드한테 지는 동안 홈 팀 팬끼리 싸웠다. 구단의 새 본거지에서 맞는 두 번째 시즌, 웨스트햄이 하위권에서 죽을 쑤자 팬의 분노는 귀빈석을 향했다. 2018년 3월, 번리한테 깨지고 있는 동안 분노는 마침내 극에 달했다. 시위자들이 네 번이나 그라운드에 난입했고, 구단주 전용석을 둘러싸고 험한 말을 내뱉기도 했다(2파운드 동전도 던졌다). 경찰은 골드와 설리번을 피신시켜야 했다.

점점 멀어지고 있는 팬과 구단을 운영하는 사업가 사이의 어그러진 관계를 회복하는 일이 가장 시급한 리그의 과제로 부상했다. 투자 유치에 힘쓴 20년 동안 정작 팬한테 함께라는 느낌을 심어주는 일은 소홀히 한 결과였다.

스쿠다모어도 이 모든 걸 알고 있었다. 그는 프리미어리그가 구단과 연고지 사이의 유대를 강화할 목적으로 대중과 지역 사회 프로젝트에 10억 파운드 넘게 투자해 왔다는 사실을 언급했다. 하지만 심화된 단절감은 관중석에 반영되었다. 2016-17 시즌 평균 관중 수는 전 시즌 대비 1.8% 떨어졌는데, 리버풀과 웨스트햄의 경우 관중 수용 규모가 크게 늘어났는데도 관중이 감소했다. 1년 뒤, 아스날의 벵거 시대가 저물어 갈즈음 무수히 많은 빈자리의 움푹 파인 좌석이 에미레이츠 스타디움을 멍하니 바라보고 있었다. 이 광경을 보고 충격을 먹은 스탠 크뢴케는 벵거를 대체할 인물 물색에 나서기로 마음을 먹었다.

상황이 리그 전역에 걸쳐 극적이었던 건 아니었다. 2016-17 시즌 좌석 점유율은 95% 이상이었는데, 96%였던 앞선 2년에 비해

1% 하락한 것이었다. 하지만 스쿠다모어보다 좌석 점유율 100%의 중요성을 더 잘 이해하고 있는 사람은 없었다. 시합 당일 경험이 주는 짜릿함은 정상급 선수들과 글로벌 관객을 끌어당기는 프리미어리그의 자석이었다. 관중이 꽉 들어차 들썩이는 스탠드는 생생한 텔레비전 중계에 꼭 필요한 배경이었다.

"우리의 경제 모형은 관람석이 꽉 찰 때에만 유효합니다." 2014년 『데일리 텔레그래프』와의 인터뷰 때 스쿠다모어가 한 말이다. "텅 빈 관객석 앞에서 공연하고 싶어 하는 배우는 없으니까요."

1992년 루퍼트 머독은 프리미어리그에서 한 몫을 챙길 수 있는 가장 확실한 방법은 최고가를 부르는 것이라는 사실을 알아차렸는데, 그 교훈은 2018년에도 유효했다. 돈은 영국 축구 고유의 만능열쇠였다. 20년 동안 스쿠다모어는 임금을 지불하는 구단주 스무 명 대신 눈이 튀어나올 만큼 어마어마한 거래를 성사시키는 능력 하나 덕분에 비난을 면할 수 있었다.

하지만 텔레비전 시장이 포화 상태에 빠지기 전까지 얼마나 더 성장할 수 있을까? 2018년 2월 영국 방송권 판매로 44억 파운드를 받아냈지만 분석해 보니 15년 만에 처음으로 개별 시합 평가액이 폭락한 것이었다. 프리미어리그가 이미 시즌당 총 380경기 중 200경기로 실황 중계 방송 가능 경기 수를 늘렸다는 점을 고려할 때, 텔레비전 중계료가 비약적으로 급등하던 시절은 끝난 듯 보였다. 그런데 그것도 나머지 흥행업계를 새롭게 바꿔 놓고 있는 짧아진 주의 지속 시간과 유료 케이블 해지 인구를 감안하기 전이었다.

대서양 너머 리그들처럼 프리미어리그도 그 틈새를 메우기 위해 스트리밍 서비스 쪽으로 눈을 돌렸다. 스쿠다모어는 스트리밍 서비스 권리 패키지 입찰과 관련하여 아마존·페이스북Facebook·넷플릭스Netflix와 논의하는 자리를 가졌다. 한때 자칭 '미래를 사는 사람'이라고 말했을 정도로 누구나 알아주는 신기술 예찬자였던 스쿠다모어는 온라인 서비스 도입 계획을 이미 가지고 있었다. 그리고 2018년 소형 패키지를 아마존에 팔면서 그 계획을 성사시키기도 했다. 아예 프리미어리그 자체 플랫폼을 만들어서 전 세계 가입자한테 경기 실황 시청료를 한 달 단위로 부과한다는 소문도 돌았다.

하지만 해외 온라인 서비스 권리를 두고 이런저런 말이 오가던 와중에 그런 행보가 리그의 내부 분열을 해소하기보다 오히려 조장할 가능성이 있다는 말이 나왔다. 주문형 방송으로 넘어가면 빅6가 나머지 경쟁 상대들보다 글로벌 시청자한테 인기가 얼마나 더 많은지 부각될 위험이 있고, 그러면 리그의 공동 수익 분배 모형을 전면 폐지하라는 요구가 더 심해질 거라는 주장이었다. 아마존이 프리미어리그 구단 한 군데와 비하인드 스토리 다큐멘터리를 제작하고 싶다고 하면서 맨체스터 시티와 1,000만 파운드 계약서에 서명을 한 건 놀랄 일이 전혀 아니었다.

스쿠다모어한테 새로운 방법을 빨리 내놓으라는 압박이 점점 심해지고 있었다. 그가 구단 대다수가 동의할 만한 해외 중계권 방책을 발 빠르게 내놓는 데 실패하자 빅6는 화를 냈다. 그에게는 리그의 작은 구단들한테 로비할 시간이 몇 달이나 있었기 때문이다. 대안이 논의되었는데 그중에는 자그마치 12개 구단의 지지를 받을 것이라 여겨진 것도 있었다. 상위 10개 구단이 리그 최종 순위에 따라 해외 중계권료 배당금을 더 많이 받게 되는 차등 요금제였다. 또 다른 방안은 30억 파운드를 초과하는 모든 해외 수익 중 35%를 빅6한테 수여하자는 것이었는데, 원래 회유 대상이었던 큰 구단들보다 작은 구단들한테 더 인기가 많은 것으로 드러났다.

그동안 내내 리그 내부 분열을 가라앉히지 못할 가능성은 그 어느 때보다 높아졌다. 아스날·리버풀·첼시·두 맨체스터 구단의 중역들이 도체스터 호텔에 비밀리에 모인 순간부터 메시지는 분명했다. "그들은 늘 협박 아닌 협박을 합니다. 자기들끼리 독립하겠다고 말이에요." 한 프리미어리그 구단주가 말했다. "모호하게 암시만 할 때도 있고 대놓고 협박할 때도 있죠. 하지만 매번 더 큰 돈을 원할 때마다, '음… 우린 그냥 가서 유럽의 큰 구단들하고 경기할 거야.' 그런 식이에요." 이전 10년 동안 빅6가 독립할지도 모른다는 불안이 하도 빈번히 조장되는 바람에 프리미어리그는 이제 언제나 초경계 태세로 운영되었다. 가장 냉철한 제3자조차 신경이 곤두설 지경이었다. 그 결과 『더 타임스』는 결국 2013년 3월 카타르의 드림풋볼리그Dream Football League, DFL 창설 비밀 계획의 개요를 밝힌 흥미진진한 제1면 독점 기사를 내기에 이르렀다. 드림풋볼리그란 새로운 토너먼트로 2년마다 열리고 맨체스터 유나이티드를 비롯하여 프리미어리그의 몇몇 상위권 구단을 포함한 유럽 최강 구단 24개가 참여할 예정이었다. DFL은 '세계 축구의 얼굴을 바꿔 놓을' 잠재력을 지니고 있다고 『더 타임스』는 기사에서 언급했다. 딱 한 가지 사소한 일만 없었다면 그 말은 의심의 여지없는 사실이 되었을 것이다. 그 모든 일이 프랑스의 풍자 웹사이트 내 한 블로거가 꾸며낸 거짓말이었던 것이다.

이 촌극은 기록의 신문이라 인정받던 영국 신문에게 망신이었지만 그 오보 기사가 제대로 파악한 점이 한 가지 있었다. 기존 체제를 날리고 가장 강력한 구단들을 중심으로 재편하고 싶은 축구계 내부 세력의 욕망. 2018년, 피파 회장 잔니 인판티노Gianni Infantino는 한 국제 컨소시엄이 200억 달러 넘는 돈을 제시하자 갑자기 클럽 월드컵의 규모를 확대하자는 제안을 짜내고 싶은 의욕이 생겼다. 그와 동시에 유벤투스 회장 안드레아 아그넬리는 챔피언스리그의 규모를 키워 주말마다 경기를 하고 국내 리그 경기는 주중으로 돌리자고 동료 슈퍼 구단들을 설득하려 하고 있었다.

빅6는 한 치의 망설임도 없이 관심을 표명했다. 그래서 스쿠다모어는 자신이 할 수 있는 유일한 방법으로 반응을 보였다. 시즌 종료 2주 뒤, 요크셔에서 열린 리그의 연례 주주 총회에서 구단들을 다시 한번 집결시킨 것이다. 스쿠다모어는 1년 내내 계속되는 해외 중계권 논쟁을 터뜨려야 할 종기라고 생각하게 되었다. 이번엔 끝까지 가보기로 했다.

그들이 의견의 일치를 본 해결책은 앞으로 해외 중계권료 총 수익 중 약 3분의 1을 각 구단의 최종 순위에 따라 분배하기로 한 것이었는데, 이는 결국 빅6의 배당금이 오를 수밖에 없다는 의미였다. 나머지 열네 팀을 진정시키기 위해, 빅6는 최고 소득자와 최저 소득자의 배당금 비율이 절대 1.8대 1을 넘지 않게 하자는 데 동의했다. 이는 기존의 1.6대 1에서 살짝 오른 비율이었다. 작은 구단들은 프리미어리그가 그래도 라리가나 세리에A보다는 훨씬 공평한 편이라고 말할 수 있었다. 반면 빅6는 엄청난 불공평을 바로잡기 위한 여정에 마침내 오르게 된 것이었다.

평화를 도모하기 위하여 20개 구단들은 투표 결과 18:2로 찬성 의사를 표했고 안도감을 느끼며 해러거트Harrogate†를 떠났다. 하지만 그들이 방금 어떤 선례를 남긴 건지에 제대로 인식하고 있는 이는 거의 없었다. 26년 만에 처음으로 그들은 창립 이후 프리미어리그를 좌지우지해 온 문서이자 놀라운 성장의 기틀이 되어준 창립회원협정을 변경해도 좋다고 승인한 것이었다.

영국 축구계에서 그건 마치 십계명을 끌로 깎아낸 것과 다름없는 일이었다.

---

† 노스요크셔의 도시.

스쿠다모어는 당분간 리그가 이 이슈를 재논의할 필요는 없을 거라 생각했지만 오래 붙어 있질 못 해서 정말 그랬는지는 보지 못했다. 프리미어리그의 새로운 수익 분배 모형을 발표한 지 몇 시간 내, 스쿠다모어가 그해 연말에 사임할 거란 후속 발표가 나왔기 때문이다.

빅6를 진정시키기 위한 분투는 이제 스쿠다모어의 일이 아니었다. 그의 영국 텔레비전 중계권은 팔렸다. 심지어 아마존까지 유치했다. 그의 해외 중계권은 또 다른 대박을 향한 여정을 향할 것이었다. 하지만 조직이 휘청거리기 전에 떠야 할 때였다.

"프리미어리그가 강해질수록, 프리미어리그가 성공할수록, 해외 중계권이 더 많이 팔려서 이윤이 늘고, 텔레비전 계약이 늘어날수록, 우리 구단들의 의욕은 떨어집니다. 그래서 전 프리미어리그를 떠나려 합니다. 이 혼돈에 가장 잘 먹힐 해독제는 프리미어리그가 강해지는 겁니다. 영국 내 우리 구단들을 위해서요. 그게 핵심입니다." 스쿠다모어가 말했다.

하지만 그런 외부 세력이 앞으로도 계속 프리미어리그의 존재 이유를 잠식할 것임을, 스무 개 구단들 사이에는 공통점이 점점 줄어들다 결국 왜 사업을 같이 하고 있는지 그 이유 자체에 의문을 가질 날이 머지않았음을 그는 너무 잘 알고 있었다. 그런 외부 세력이 카타르든 사우디든 일본 투자자든 심지어 피파든, 그건 중요하지 않았다. 왜냐하면 모두들 빅6가 탈퇴한 미래가 어떻게 생겼을지 대충 알 만큼은 알 수 있기 때문이다.

텔레비전 중계권료 수익이 새로이 유입되어 주머니가 빵빵해진 유럽의 최대 구단들이 서로 1년 내내 싸우면서 그들의 경기 일정에 방해만 되는 작은 구단들은 어떻게 되든 말든 신경도 안 쓰는 챔피언스리그 유형의 토너먼트를 그려 보라. 매년 여름 미국에서 열리는 ICC에서 벌어지는 일도 다르지 않다.

하지만 무엇보다 영국에서 가장 부유한 구단들이 다시 한번 자기들의 의무를 다하지 않기로, 그러니까 자기들보다 재정도 더 빈약하고, 규모도 더 작고, 인기도 더 없는 팀은 짐스러우니 버리겠다는 쪽으로 결정한 모양새가 될 것이다.

바꿔 말하면 1992년과 소름 끼칠 정도로 비슷해 보일 거란 얘기다.

에필로그

2018년 4월, 웸블리 스타디움

 웸블리 파크 지하철역에서 줄지어 나오던 인파가 오도 가도 못하고 멈춰 섰다. 시즌 내내 계속 이런 식이었다. 역무원과 경찰이 인파를 안내하려고 해보지만 인파가 몰려 빚어진 병목 현상은 좀처럼 해소되지 않았다. 출구 계단 꼭대기에 다다라서도 팬들은 멈춰 서야 했다.

 웸블리 파크역 출구에 닿는 순간, 곧바로 현대 영국 축구의 보배와도 같은 웸블리 스타디움이 눈앞에 떡하니 서 있기 때문이다. 바로 이 스타디움 때문에 4월 초의 어느 상쾌한 저녁, 수천 명의 사람들이 눈앞에 펼쳐진 광경을 홀린 듯 바라보며(약 500미터에 달하는 웸블리 웨이Wembley Way가 하늘 높이 호를 그리며 세워져 있는 아치형 구조물을 갖춘 은빛 경기장을 향해 뻗어 있다) 잽싸게 휴대폰을 꺼내느라 멈춰선 것이다. 웸블리, 자칭 축구의 본향은 영국의 1966년 월드컵 우승의 성지이자 영국 축구 일정 중 가장 화려한 행사의 영원한 무대이다. 그 구장이 오늘 저녁은 프리미어리그의 4인자 구단, 토트넘 홋스퍼의 임시 홈구장이었다.

프리미어리그의 4반세기 역사 중 북 런던의 보금자리를 떠나 1년 동안 빌린 웸블리 스타디움을 향한 토트넘의 1.5킬로미터 여정보다 1992년 이후 영국 축구가 얼마나 멀리 왔는지를 또렷하게 보여 주는 건 없다(오늘 밤 맨체스터 시티와 시즌 마지막 결전을 위해). 그 거리는 런던 자치구 두 개 너비 정도에 불과하지만, 두 행성 간의 거리만큼 멀다고 하는 편이 나을 것이다.

지난 4반세기 동안 유일하게 변하지 않은 것은 냄새다. 더블 베이컨과 감자 튀김을 판다고 써 붙인 낡아빠진 노점에서 흘러나와 웸블리 웨이를 가득 채운 양파와 구운 고기 냄새는 토트넘 하이로드에서부터 화이트 하트 레인까지 걸어 본 사람이라면 누구에게나 코에 익은 냄새일 것이다. 프리미어리그가 시합 관전 경험에 몰고 온 그 모든 혁신에도 불구하고, 푸드트럭 뒤에서 지글지글 익고 있는 양파와 해동 패티 냄새는 여전히 이제 곧 토트넘 시합을 관전하게 된다는 사실을 상기시켜주는 강력한 후각 신호 역할을 한다.

튀김 냄새를 빼면 킥오프까지 남은 시간 동안 스타디움에 가까워지면서 접하게 되는 거의 모든 것이 영국 축구 시합을 보러 가는 길이라는 느낌이 거의 없던 프리미어리그 첫 시즌과는 엄청나게 달라졌다.

바로 거기, 웸블리 웨이가 시작되는 지점, 암표상 바로 너머에서 다섯 남자로 구성된 무리가 엄청난 웃음거리가 되었던 '반반 머플러'를 팔고 있었다. 그날 시합과 장소, 날짜가 찍힌 이 반반 머플러는 누가 봐도 프리미어리그 경기를 생눈으로 보고 온 기념으로 살 만한 기념품으로 제작된 물건이었다. 바꿔 말하면 그 머플러는 관광객용이란 얘기다. 자존심 있는 시즌권 소지자가 그 머플러를 두르고 있는 모습을 볼 일은 없을 것이다.

하지만 오늘은 날개 돋친 듯 팔려나가고 있었다. 머플러는 행상인들의 짐가방에서 나오기가 무섭게 각기 다른 억양을 구사하는 열성 팬한테 덥석 잡혔다. 미국인, 프랑스인, 이탈리아인. 이들은 1992년 화이트 하트 레인이었다면 도중에 발길질이라도 당하지 않을까 두려워 감히 생각도 못했을 여행을 온 팬들이었다. 한국인 미드필더 손흥민의 이름이 새겨진 토트넘 유니폼을 입은 한 한국인 팬은 주변 광경에 마음이 너무 들뜬 나머지 페이스타임을 통해 고국인 서울에 있는 여자친구한테 웸블리 웨이를 걸어 올라가는 내내 일거수일투족을 중계하고 있었다.

그 여자친구가 듣지 못했을 소리는 영국 팬들이 시합에 가면서 연주했을 전형적인 배경 음악이었다. 다채로운 악담과 노래와 또다시 이어지는 악담. 일어나지 않을 걸 알고 하는 악담이지만 말이다. 지하철 안에서 누군가 들뜬 마음에 내뱉은 음담패설이 몇 차례 있기는 했지만 웸블리 웨이의 분위기는 놀라울 정도로 조용했다. 맥주에 취한 사람들이 앵무새처럼 했던 말 또 하고 또 하는 소리조차 없었는데, 이는 지하철 출구와 웸블리 스타디움 개찰구 사이에 파인트 한 잔 급히 들이킬 술집이 실질적으로 몇 군데 없었기 때문이다. 대부분의 스타디움 주변에는 시합이 열릴 때마다 시작 전부터 만원이 되는 술집들이 여기저기 있어서 팬들은 킥오프 전 몇 시간 동안 충분히 목을 축일 수 있다. 여기선 노보텔Novotel 로비가 가득 찼다.

따라서 스타디움까지 가는 500여 미터 거리에서 가장 시끄러운 소리는 확성기로 예수천국 불신지옥을 외치는 전도 소리였다. 그 사람은 옥스퍼드 서커스Oxford Circus 주변 상업 지역을 돌던 사람이었지만, 우르르 몰려다니는 쇼핑객보다 구원이 더 절실한 대상을 발견한 모양이다. 현대 프리미어리그를 찬양하러 가는 토요일 밤의 죄인 9만 명.

하지만 아마도 이 상위권 시합에서 가장 두드러지는 특징(두 팀 모두 90년대 초에는 상위권 근처에도 못 가 본 팀이었다는 사실을 제외하고)은 두 팀의 서포터들이 모두, 그러니까 다소 침울해 보였다는 점이다.

시티는 전대미문의 우승을 거머쥐기 직전이었다. 하지만 우승 기회를 놓쳐 챔피언스리그라는 영광의 희망이 준준결승 단계에서 사라지는 걸 눈앞에서 본 경험이 이미 한 번 있었다. 그것도 프리미어리그 라이벌 때문에. 그 모든 것 때문에 계획해 놓은 리그 우승 세레모니로 인한 흥도 다 깨졌었다. 이번 시즌 우승 가망이 별로 없던 스퍼스 팬에 대해 말하자면, 홈 경기를 또다시 홈 같지 않은 홈 스타디움에서 치른다는 묘한 기분 때문에 여전히 마음이 무거운 상태였다. 평생 토트넘을 응원해 온 현지 팬한테 2017-18 시즌의 웸블리 방문은 낯선 경험이었다.

118살을 맞이한 토트넘의 예전 구장, 화이트 하트 레인은 더 이상 구단의 야망에 걸맞지 않았다. 어빙 스콜라가 30년 전 했던 것처럼 일부 좌석을 없애고 좀 더 폼나는 귀빈석으로 교체한다 해도 소용없을 것이었다. 예전 구장 바로 옆에 짓고 있는 6만 1,000석 규모의 새 구장 건설로 토트넘은 시합 당일 수익을 세 배 늘릴 수 있을 것이고, 더욱 중요하게는 구단의 최신 비즈니스 파트너한테 호감도 살 수 있을 터였다. 그 파트너란 내셔널풋볼리그로 알려진 다소 생소한 조직이다.

공사 기간 동안 마련된 절충안은 리그 홈 경기를 1800년대 이후 처음으로 스퍼스의 동네와 20여 킬로미터 떨어진 곳에서 치르는 것이었다. 웸블리를 원래부터 홈 구장이었던 것처럼 느껴지게 만드는 일은 언제까지나 어려운 문제로 남았을 것이다.

토트넘이 할 수 있는 최선은 9미터에 달하는 스퍼스 깃발을 서까래에 드리워 놓는 것과 같이 미묘한 장식을 가미하는 것이었다. 구단이 제작한 다른 배너들은 웸블리 관중석 사이에 어색하게 걸려 있다가('힘내라, 스퍼스'와 구단 모토인 '용기란 도전하는 것') 시합 종료 후 다시 착착 접혀 치워졌다. 여러 팬 그룹이 자기들 배너도 몇 개 가지고 왔지만(플리머스 스퍼스 PLYMOUTH SPURS와 해러거트 스퍼스 THFC HARROGATE SPURS THFC (토트넘 홋스퍼 풋볼 클럽의 약자), 걸어도 좋다고 허락을 받은 몇 군데 안 되는 장소가 골대 뒤에서 10미터 정도 떨어진 위치라서 거의 보이지 않았다.

물론, 토트넘 역시 그 스타디움에 가할 수 있는 조치에 있어서 제약을 받았다. 홈 팀인데도 그 어느 것도 영구적으로 변경하면 안 되었다. 진짜 홈이 아니었으므로. 토트넘이라고 표시된 건 무엇이건 이런저런 우승컵 결승전(토트넘은 무관한)과 여름 팝 콘서트 전에 제거해야 했다. 현재의 패널티킥 지점, 바로 그 지점에서 6월 말 테일러 스위프트 Taylor Swift가 공연을 할 예정이었다.

웸블리 음향 장치 담당자가 누군지 몰라도 콘서트 시즌 준비를 더 많이 한 사람인 모양이었다. 스타디움에서 토트넘 선전 소리가 어찌나 크게 울렸던지 어금니가 다 흔들릴 지경이었다('우리는 스타일 있는 축구를 합니다! 성대한 승리만이 우리의 나아갈 길!'). 그 큰 선전 소리에 관중의 흥을 돋우기로 되어 있는 1위부터 40위까지의 인기곡이 삽입되었는데, 오로지 진짜 같은 분위기를 만들겠다는 명분에서 튼 거였다. 하지만 이번에도 계획은 어그러졌다. 애써 만든 떠들썩한 분위기에도 불구하고 관중석의 팬 중 팬답게 시끌벅적한 소리를 내고 있는 사람이 있기는 한 건지 분간할 길이 없었다.

이처럼 인공적인 소음 속에서는 투광 조명 아래서 몸을 풀기 위해 그라운드로 슬슬 달려 나온 선수들을 못 본 체하기 십상이었다. 그 투광 조명은 프리미어리그가 오늘 새로운 시간대를 획득했기 때문에 켠 것이었다. 역사상 최초로 토요일 정기 시합이 저녁 7시 45분에 시작될 참이었다.

이 새로운 방송 시작 시간 이면에는 새로 생긴 대서양 건너 팬들한테 더 없이 좋을 거란 계산이 숨어 있었다. 영국의 토요일 밤은 미동부의 오후 중반이고 미서부의 늦은 아침 시간이었다. 매주 주말 새벽 네 시 반에 게슴츠레한 눈으로 일어나 텔레비전을 켜던 미국의 프리미어리그 팬은 마침내 늦잠을 잘 수 있게 되었다. 새로운 시간대 때문에 정말 불편해진 집단이 딱 하나 있었다. 원정 경기 입장권을 받은 맨체스터 시티 팬 3,000명. 변덕스럽기 그지없는 영국 철도 시스템은 토요일 런던 유스턴역London's Euston station을 출발해 맨체스터로 돌아가는 마지막 기차가 9시(또는 하프타임 직후)에 출발한다고 게시해 놓았다. 시티 팬들은 밤 열 시 넘은 시간에 집까지 320여 킬로미터를 운전해서 가거나 세계에서 가장 물가 비싼 도시에서 숙박을 해야 했다.

웸블리 특별실에 앉는 귀빈한테는 그 어느 것도 문제가 되지 않았다. 킥오프 15분 전인 7시 30분, 스타디움 2층 관중석과 3층 관중석 사이 원형으로 배치된 귀빈석은 조심스럽지만 활기를 띠기 시작했다. 유리로 둘러싸인 귀빈실들이 일시에 회색 블라인드 뒤로 사라지면서 귀빈과 귀빈의 저녁 식사가 스타디움의 나머지 사람들 시야에서 사라졌다. 이는 사생활 보호 수단이라기보다 1985년 스포츠 이벤트(음주 규제법 등) 관계법 Sporting Events(-Control of Alcohol etc.) Act of 1985의 대안 같은 것이었다. 이 법은 술에 취해 벌이는 한바탕 몸싸움이 실질적으로 경기 입장권 안에 포함되었던 시절 팬들의 경기장 난동에 시달리던 정부가 도입한 법이다. 규정은 킥오프 15분 전부터 '구장이 보이는 곳에서'의 음주를 금하고 있다. 이 규정 때문에 영국의 스타디움에서는 매점에서 산 맥주를 좌석으로 가져가면 안 된다. 그래서 거액을 지불한 고객한테 마지막 주문을 받는 대신, 웸블리 스타디움은 셔터를 내려서 그 문제를 해결하고 있다. 구장이 보이는 곳에선 안 된다고? 그럼 후딱 원 샷!

새우 샌드위치와 레드 와인을 마시는 이 무리는 어차피 구장 위에서 벌어지는 일에는 별로 관심도 없었다. 잠시 후, 선수들이 탈의실로 물러나고 털옷을 입은 토트넘 마스코트 2인조가 나왔다. 릴리Lily라는 이름의 암탉과 친구 처피Chirpy. 이 마스코트들은 생기발랄한 마스코트라고 부를 만한 모습이 아니었다. 흥을 내려고 애쓰고 있지도 않았다. 결혼식에서 술에 취한 삼촌처럼 춤을 추지도 않았다. 사실 릴리와 처피는 구장에 들고 나온 플라스틱 표지판 반경 5미터 이내에서만 어슬렁거렸다. 그 표지판에는 '토트넘 홋스퍼 시합 마스코트는 금호 타이어와 함께 합니다'라고 쓰여 있었다. 이 한국 제조업체가 1년 전 계약을 통해 토트넘 공식 타이어 파트너사가 되었기 때문이다. 그래서 그 회사 로고가 180센티미터에 달하는 깃털 달린 파란색 만화 캐릭터 2인조 한테 들려 구장에 여보란 듯 전시될 수 있었던 것이다. 1980년대 돈 될 만한 광고라면 닥치는 대로 찾아다녔던 3총사, 어빙 스콜라와 데이비드 딘, 마틴 에드워즈도 저런 아이디어까지 짜내진 못 했을 것이다.

마스코트들은 제 할 일을 한 다음 선수들처럼 보이지 않는 곳으로 퇴장했다. 팀이 재등장하기 직전, 몇몇 패거리가 구장 위에 여전히 남아 있었다. 이 패거리는 프리미어리그가 얼마나 멀리 왔는지, 이 쇼 전체가 무엇을 위한 것인지를 상기시켜 주는 마지막 요소였다. 그 패거리란 웸블리 구장의 노른자 위치에서 방송을 허락받은 구장 담당 텔레비전 스태프였다. 그들이 거기 있을 수 있는 이유는 윗사람들이 10억 달러 넘는 돈을 냈기 때문이었다.

하지만 이 사람들은 영국 방송국에서 나온 사람들이 아니었다.

그 사람들은 NBC에서 나온 사람들이었다.

그날의 헤드라인 시합이 시작되기 전, 프리미어리그가 가장 잘 보이고 싶은 시장을 위해 생중계로 내보냈을 마지막 말은 이것이었을 것이다. 아메리카.

'영광, 영광, 토트넘 홋스퍼'가 장내 방송 설비를 통해 요란하게 울려 퍼지는 가운데 NBC는 장비를 챙겨 치운 후 몸값이 20억 달러에 달하는 축구 천재들한테 구장을 내주었다. 오늘, 그 돈은 프리미어리그 최우수 팀을 시합에 내보내는 비용일 뿐이었다.

1992년이라면 이해하지 못할 일이었을 것이다. 웸블리 구장 위 선수 20명의 몸값 총액이 리그 설립 당시 프리미어리그 팀 22개 전체의 합산 가치보다 높았다. 그 첫 시즌 동안, 토트넘은 노팅엄 포레스트 출신의 스트라이커 테디 셰링엄을 210만 파운드에 영입하면서 이적료 기록을 깼었다. 이제 그 금액으로는 해리 케인의 주급 스무 번도 감당하기 벅차게 되었다(케인의 현재 연봉 정도면 1991년 구단 경영권을 살 수도 있었다).

하지만 현대 축구에서는 토트넘의 천문학적 수준의 지출도 곡사포로 싸우는 전쟁터에 버터 칼을 들고 오는 것에 해당한다. 그날의 토요일 저녁, 스퍼스는 이제껏 영국에서 조합된 스쿼드 중 가장 비싼 스쿼드 가운데 한 팀과 구장을 함께 쓰고 있었다. 그 스쿼드는 아부다비의 후원을 받고 펩 과르디올라가 감독으로 있는 호사스러운 유력 구단 맨체스터 시티의 스쿼드였다. 시티는 6개월 연속으로 리그 1위였다. 시즌 내내 골을 넣고 기록을 세우며 상대를 압도했다. 이제 그 팀이 6년 만에 세 번째 우승 타이틀을 획득하기 직전이었다.

따라서 시티가 경기 시작 21분 만에 첫 골을 터뜨렸을 때 불가피한 일이었다는 분위기가 있었다. 브라질 출신 포워드 가브리에우 제주스 Gabriel Jesus가 공을 독점한 채 전력 질주로 토트넘 수비를 따돌려 시티가 경기를 리드할 수 있게 했다. 상파울루 슬럼가 출신의 이 청년이 결국 영국 북서쪽에 안착하게 된 경위를 보면 프리미어리그가 얼마나 세상 물정에 밝아졌는지를 알 수 있었다.

　예전 1992년 영국 축구는 여전히 영국적이었다. 프리미어리그의 첫 시합 때는 외국인 선수가 열세 명밖에 없었는데 그중 절반이 네덜란드나 스칸디나비아 출신이었다. 오늘날 프리미어리그는 글로벌 흥행업계의 다국적 조직이다. 지구상 어디에 있든 공을 차서 골망에 넣는 데 소질을 보이는 선수가 있으면 프리미어리그 구단은 틀림없이 그 선수를 스카우트할 것이다. 유럽 구단들이 발굴했던 당시 제주스는 열아홉 살이었고 브라질의 9위 팀에서 프로 선수로 첫 시즌을 뛰고 있었다. 2년도 안 되어, 펩 과르디올라가 2,700만 파운드를 주고 이적을 성사시켜 맨체스터로 데리고 왔다. 인상적인 득점 기록 때문만은 아니었다. 공이 없을 때의 움직임이 마음에 들었기 때문이었다. 이제 막 남아메리카에서 온 제수스한테는 아직 겨울 외투 한 벌 없었다.

　하지만 프리미어리그에서 가장 부유한 구단들은 많은 사람들이 우려하는 것처럼 재능 있는 외국인 선수의 물류센터에 불과하기만 한 것만은 아니었다. 그 구단들은 매년 그 어떤 런던 헤지펀드보다도 영국인 백만장자를 많이 만들어내고도 있었다.

　웸블리 구장에서 또 한 명의 눈부신 인재였던 라힘 스털링Raheem Sterling을 예로 들어보자. 재능이 가장 뛰어난 축구 선수이면서 영국인이라는 두 가지 자질을 보유한 덕분에 10년 가까이 가장 눈독을 많이 받은 선수였다. 스물두 살 시점에 벌써 5,000만 파운드 넘는 이적료에 세 번째 프로 구단에 입단한 상태였다. 아직 기저귀도 떼지 못 했던 때 프로 축구에서 벌어진 투쟁 덕분에 스털링은 그 세 번의 이적 조건을 실질적으로 자신이 직접 정할 수 있었다. 그가 맨체스터 시티에 안착한 유일한 이유는 자신이 리버풀에서 받고 있던 3,500파운드의 주급보다는 더 많이 받아 마땅한 선수인 것 같다고 느꼈기 때문이었다. 리버풀이 그의 기대에 부응하지 못 하자, 스털링은 계약 연장을 거절하고 리버풀을 떠났다. 당시 리버풀은 25년 전에는 존재하지도 않았던 곤경에 처해 있었다. 즉 선수를 파느냐 아니면 푼돈 때문에 선수를 잃느냐. 리버풀은 전자를 택하고 스털링한테 터무니없이 높은 가격표를 붙였다. 터무니없이 높은 가격표를 몰랐던 시티는 돈을 어디로 부치면 되냐고 물었다.

시티가 3-1로 이긴 토트넘 경기가 끝날 즈음, 제주스와 스털링은 그 시즌 시티가 리그에서 넣은 골의 3분의 1을 넣은 주역이 되어 있었다. 타이틀을 향한 구단의 질주에서 가장 인기 많은 선수였던 두 사람은 오늘날 프리미어리그의 모든 것을 상징하는 존재가 되었다. 무지막지한 재능, 무지막지한 스포츠열, 그리고 무지막지한 급여. 그런데 둘 중 그 누구도 1992년에는 태어나지도 않았었다. 순전히 프리미어리그의 소산이라 할 수 있는 두 선수는 스물두 번째 생일이 되기도 전에 벌써 백만장자가 되었는데, 프리미어리그의 출현 덕을 이 두 선수보다 더 많이 본 선수는 없다는 것을 보여 주는 산증인들이다. 1992-3 시즌 선수들은 주변에서 어떤 변화가 일어나고 있는지 거의 몰랐다는 점을 고려할 때 이는 나쁘지 않은 일이다.

하지만 이 선수들이 프리미어리그의 단물을 쪽쪽 빨아 먹는 동안(구단주, 에이전트, 방송사, 스폰서와 함께) 유일하게 소외된 사람들, 즉 연고지 팬은 옛날이 정말 그렇게까지 나빴나 하는 의문을 갖기 시작했다. 스타디움이 진짜 홈이 아니었어도 팬은 여전히 홈 경기를 보려고 모여들었다. 그리고 여전히 목청이 터져라 응원도 했다. 하지만 실망감은 점점 커져만 갔다. 오늘 저녁, 토트넘이 시티한테 지고 있는 상황에서 성원을 당연시 여기는 데 특히 진저리가 난 팬이 있었다. 게임 30분 경과 후, 시티가 두 번째 골을 터뜨린 지 얼마 안 되었을 때, 그 팬은 스탠드 한쪽 구석에서 '돈 때문에 팬질하기 힘들어요'라고 적힌 푸른색과 흰색 배너를 펼쳤다.

축구 팬이 예민한 걸로 유명하진 않지만 웸블리 안에 있는 9만 쌍의 눈은 그 팬이 무슨 얘길 하려는 건지 아주 잘 알고 있었다. 스퍼스는 최근 새 스타디움의 시즌 티켓 가격을 최저 795파운드부터 프리미엄 좌석 대부분은 2,200파운드로 인상한다고 발표했다. 스퍼스 좌석 값은 프리미어리그에서 최고가가 되었다. 프리미어리그의 첫 시즌, 화이트 하트 레인의 시즌 티켓 가격이 250파운드 정도였으니, 자기가 응원하는 팀의 경기를 관전하기 위해 팬이 내야 할 돈이 800% 가까이 뛰어올랐단 얘기가 된다.

구석에 있던 그 팬은 본격적인 시위를 하기도 전에 오렌지색 조끼를 입은 안전 요원들한테 둘러싸였다. 여기는 축구의 고향이었는데 고향의 분위기는 전혀 풍기지 않았다. 그 팬은 대략 침대보 크기 만한 배너를 2분 내내 번쩍 쳐들고 있었다.

설사 그 배너가 스타디움의 관람석 상부 전체를 다 덮었다고 해도 그 메시지를 보아야 할 사람들이 눈길을 주었을지는 확실하지 않다. 그 사람들이란 구단주가 되겠다. 정말 신기하게도 구단주가 실제로 경기를 관전했는지 여부를 확실하게 아는 사람도 없었다. 사실 웸블리 내부에 있던 팀 관계자 중 문제의 토요일 저녁 두 구단주가 어디 있었는지 어느 정도 확신을 가지고 말할 수 있던 사람은 단 한 명도 없었다. 추측하기로 스퍼스 구단주 조 루이스는 그의 제빵사가 요트 아래 어딘가에 있는 주방에서 프리미어리그 세 번째 우승 기념 케이크를 만드느라 초과 근무를 하고 있는 동안, 자신의 요트에서 해상에 보관 중인(추측컨대 세금 때문에) 10억 달러짜리 소장 그림(피카소, 세잔Cézanne, 윈스턴 처칠Winston Churchill)에 둘러싸여 바하마 제도 어딘가를 돌아다니고 있었을 것이다. 그리고 구단주로 있던 10년을 통틀어 시티 경기를 총 한 번 구경했던 맨체스터 시티의 셰이크 만수르는 자기 구단이 우승에 가까워지고 있던 순간 아부다비의 집에 있었을 것이다.

정말 어처구니없는 상황이었다. 100년도 더 넘은 옛날, 지역 인부와 공장 노동자가 세운 두 영국 축구 구단이 이제는 억만장자 조세 도피 영국인과 아부다비 왕가의 고위 일원의 지위 과시용 투자처, 장난감이 돼 버렸기 때문이다. 하지만 여러 모로 볼 때, 그것 또한 엄연한 프리미어리그의 특징이었다. 구단주들로 구성된 소규모 집단으로 하여금 영국 축구가 세계를 정복하는 미래를 꿈 꿀 수 있게 해 준 바로 그 비전이(프로 스포츠의 미래는 미국의 협력적 사회주의 방식이 아니라 적극적이고 제약 없는 자본주의라는 관념) 셰이크 만수르, 조 루이스, 그 외 수십 명의 백만장자·억만장자를 영국 축구로 끌어들인 것이었다. 나중에 보니 그들의 재력은 더 어마어마했고 비전도 더 광범위했는데, 그 덕분에 그 아이디어를 과거에 보지 못 했던 극단까지 밀어붙일 수 있었던 것이다.

프리미어리그의 주창자들은 영국 축구를 감히 가족용 오락거리로 여겼다. 그다음 세대는 영국 축구를 글로벌 미디어 자산으로 여겼다. 하지만 판돈이 커지고 구단주들이 부유해지자, 그들은 얼마 안 가 프리미어리그의 최대 자산은 바로 그 기틀임을 깨달았다. 최대 자산은 영국 축구의 전통도, 플레이 스타일도 아니었다. 정통성도, 다 무너져 가는 스타디움 주변의 비좁은 자갈길과도 관련이 없었다. 최대 자산은 한 구단이 제국의 토대가 될 수 있다는 발상이었다.

불만을 품은 구단주 몇몇이 대서양 맞은편을 보면서 NFL 모형을 본떠 제품을 만들려고 한 지 4반세기가 지난 지금, 뚜껑을 열어보니 그들의 결함투성이 프로젝트는 미국의 동지와 사회주의라는 짜증 나는 속박보다 더 광범위하게 지구촌의 마음을 사로잡고 있었다. 임금상한제? 최우수 유망주 선발? 무슨 소린지 알아먹을 수 없는 규약? 프리미어리그는 사양한다. 구단주와 중역으로 구성된 이 협의체는 출전할 돈만 내 줄 수 있으면 거의 누구든 끼워줄 것이다.

단, 영국 축구를 세계 최다 시청자를 자랑하는 스포츠 자산으로 바꾼 본능, 바로 그 세력 확장 본능이 지금 리그를 분열시키기 직전이었다. 대영제국이 더 이상 감당 못할 지경이 될 때까지 자유 무역을 해서 번영을 이룩한 것처럼, 프리미어리그도 매우 영국답게 세계를 향한 특대형 야망을 품어 세계를 정복했다. 이제 그 패권이 무너지려 하고 있다. 세계를 향한 특대형 야망에 관해 말해보자면, 대제국을 가장 잘 세운 자들은 아부다비 같은 곳에서 온 사람들이었던 것으로 판명되었다. 그런데 그들은 경쟁적 균형 같이 사소한 부분이나 리그의 번영, 또는 기존 관행에는 관심이 없었다.

그들이 관심 있었던 것은 기념비 건립이었다.

토트넘 시합 24시간 만에, 맨체스터 시티는 공 한 번 안 차고 우승을 거머쥐었다. 맨체스터 유나이티드가 웨스트 브롬West Brom에 패하면서 승점 차를 좁히는 게 불가능해진 덕이었다. 그리고 영국 축구가 지니게 된 그 모든 불합리성은 정제되어 새로운 근간이 되었다.

시티 선수들이 하루 휴가를 즐기는 동안 뉴스가 새어 나왔다. 펩 과르디올라는 그의 첫 프리미어리그 우승 소식을 골프장에서 들었다. 그리고 수십 억을 지위 과시용 투자처에 쏟아부어 이 모든 걸 가능케 해준 인물, 셰이크 만수르는 영국에서 수천 킬로미터 떨어진 하늘 위, 자신의 전용기 안에서 자기 팀의 우승을 축하했다.

프리미어리그가 영국 축구를 재편하려고 노력한 지 26년이 지난 지금, 바로 이게 프리미어리그가 정한 문제 해결 방식이었다. 구단 매입 이후 세 번째로 만수르는 아이들 생일 파티에서 방금 가져온 것처럼 생긴 축구공 모양의 주문 제작 케이크 커팅식을 했다. 이 아부다비 통치자의 동생은 하늘색 설탕 페이스트로 만든 거대한 맨체스터 시티 로고를 보며 흐뭇하게 웃었다.

한편 땅에서는 만수르의 직원 몇몇이 모여 하늘 위보단 다소 소박한 축하 자리를 가지고 있었다. 시티의 우승 확정을 유나이티드를 응원하는 처가에서 텔레비전으로 본 주장 뱅상 콩파니가 팀 동료 몇몇과 만나 축구 팬이 옛날부터 해 오던 방식으로 축배를 들었다. 맥주잔을 들고 건배를 한 것이다. 이제 시티 코치가 된 베테랑 골키퍼 리처드 라이트Richard Wright가 고른 모임 장소는 기차역 건너편에 있는 어두침침한 교외 술집이었다. 콩파니가 베르나르두 실바Bernado Silva, 카일 워커Kyle Walker, 존 스톤스John Stones, 페이비언 델프Fabian Delph(벨기에인 한 명과 포르투갈인 한 명이 영국인 세 명을 대동하고 나타났다)가 있는 자리에 합류하고는 셀카를 찍고 노래를 부르며 믿기 힘든 행운에 말 그대로 말문이 막혀 버린 팬들한테 환호를 보냈다. "장내 어린 아이가 있으면 귀를 막든지 내보내 주세요." 콩파니가 술기운이 오른 팬들 앞에서 연설을 시작하면서 말했다. 지금은 콩파니 역시 또 한 명의 입 걸걸한 팬일 뿐이었다.

기획이나 사전 준비는 없었지만 체셔Cheshire에 있는 레일웨이 펍은 이제 시티의 비공식적 파티장이 되어 있었다. 아부다비가 소유하고 오일머니가 후원하며 100년 역사를 자랑하는 맨체스터의 조직, 지구 최강의 인기를 자랑하는 라이브 공연에서 제일 잘 나가는 축에 끼는 억만장자 수십 명을 고용한 구단의 비공식적 파티장이 된 것이다.

딱 하룻밤, 술집만 제대로 찾아갔다면 바로 그 사나이들과 맥주 한 잔을 할 수 있었을 것이다. 심지어 입장권도 필요 없었다.

감사의 말

세상에서 가장 인기 많은 스포츠 리그를 이 정도로 자세히 다룬 책은 프리미어리그의 큰 구단들의 협조가 없었다면 나오지 못했다. 그 구단들은 기꺼이 문을 열어 주었으며 세상을 어떻게 정복했는지 보여 주려고 가끔은 장부까지 열었다. 그러니 우선 맨체스터 시티, 맨체스터 유나이티드, 리버풀, 아스날, 첼시, 토트넘 홋스퍼(와 각 구단의 대언론 담당 부서)에 그토록 시간을 많이 할애하고 식견을 나눠준 데 대해 감사 인사를 해야 할 것이다.

물론 이 실험을 최초로 설계한 사람들이 없었다면 프리미어리그도, 우리가 들려줄 이야기도 없었을 것이다. 데이비드 딘, 마틴 에드워즈, 어빙 스콜라, 릭 페리는 모두 우리를 위해 자신의 기억을 철저히 파헤쳐 주었고, 문을 열었으며, 전화번호도 알아봐 주었고, 영국 축구에서 가장 중요한 기관들을 막후에서 조종하는 구단주와 결재권자의 클럽 내부로 들여보내 주었다. 창립자 중 그 누구도 프리미어리그의 앞날이 어떻게 될지 내다볼 수는 없었을 테지만, 그들만큼 프리미어리그가 오늘날처럼 선풍적 인기를 끌게 된 이유를 분명하게 이해하고 있는 사람도 없었다.

이 책을 위해 취재를 하면서 수백 건의 인터뷰를 했다. 하지만 특별히 감사의 말을 전하기 위해 말을 나눈 사람들 중에 가장 큰 도움을 준 사람 몇몇을 따로 언급하지 않는다면 직무 유기가 될 것이다. 아르센 벵거, 존 W. 헨리, 데이비드 길, 대니얼 레비, 랜디 러너, 피터 케넌, 피니 자하비, 샘 앨러다이스, 데이비드 설리번, 데이비드 골드, 스티브 페리쉬, 데이비드 블리처, 제이슨 레비언, 크리스 펄먼, 스탠 크뢴케, 찰리 스틸리타노, 카를로스 케이로스, 클라우디오 라니에리, 개러스 사우스게이트, 게리 쿡, 그레그 다이크, 트레버 버치, 리처드 와이즈먼, 맨체스터 시티의 현 대고객 부서, 재능 넘치는 'NBC의 프리미어리그 담당' 스태프, 딜로이트의 축구 담당 재무 팀. 또한 이름을 밝히지 말아달라고 부탁했지만 이 프로젝트에 반드시 필요한 존재가 되어 준 익명의 팀 간부, 구단주, 감독, 에이전트, 전직 선수 수십 명한테도 따로 감사의 말을 전한다.

우리는 프리미어리그 자체로부터도 도움을 받았다. 글로스터 플레이스 30번지 건물 안 사람들, 리처드 스쿠다모어, 닉 노블, 폴 스트링어, 에마 윌킨슨에게 공을 돌린다.

책을 쓰는 것과 책을 세상에 내놓는 건 별개의 문제였다. 그 부분에서 아낌없는 지지를 보낸 수전 캐너번이 이끄는 하우튼 미플린 하코트 미국의 훌륭한 팀에도 감사 인사를 전해야겠다. 이 책에 대한 캐너번의 열의는 순식간에 주위로 전염되었다. 처음 말을 나눈 순간 알았다. 제작 과정 내내 우리를 인도해 준 제니 쑤에게도 신세를 졌다. 원고 속 단어 하나하나를 꼼꼼히 살펴 가며 사소한 것 하나도 놓치지 않은 데이비드 허프와 그의 집중력에 두 손을 들 수밖에 없었다.

최초 아이디어에서 완성작에 이르기까지 우리와 매 순간을 함께 해 준 이는 최고의 에이전트, 플레처앤컴퍼니의 에릭 럽퍼였다. 그는 맨체스터 시티 팬이면서도 약 30년을 아우르는 광범위한 이야기를 명확하고 설득력 있는 이야기로 바꿀 수 있도록 남다른 판단력을 발휘해 주었다. 글을 쓰는 동안 내내 에릭은 우리가 샛길로 빠지지 않도록, 분별을 잃지 않도록 곁에서 다잡아주었다. 플레처앤컴퍼니에서는 크리스티 플레처와 그레이니 폭스 또한 이 책이 독자의 손에 들리기까지 도움을 주었다.

영국으로 넘어와서, 프리미어리그 이야기가 그것이 처음 생겨난 나라에서조차 신선하게 들릴 수 있다는 걸 처음부터 알아봐 준 존 머리의 조이 지그몬드에게 고마운 마음 금할 길이 없다.

샘 워커가 아니었다면 우리는 이 이야기를 절대로 제대로 이해할 수 없었을 것이다. 『월스트리트 저널』 스포츠 편집부에서 우리의 국장이었던 그는 초안을 보고 사려 깊은 피드백을 해 주었다. 샘은 애초에 우리를 채용하고, 축구계 곳곳으로 파견하고, 스포츠 기사를 객관적으로 쓰는 법을 가르쳐줌으로써 프리미어리그를 보도할 수 있게 해 준 은인이다. 그의 시작점은 늘 '뭘 써야 잘릴까' 하고 자문하는 것이었다. 따라서 책을 쓸 때, 우리의 처음 질문도 늘 '워커라면 어떻게 할까?'였다.

『월스트리트 저널』에서도 친영파 보스이자 전 런던 시민인 브루스 오월과 리디아 세로타로부터 헤아릴 수 없을 정도의 응원을 받았다. 두 사람은 군주제 이전 가장 유명한 영국 수출품에 관한 프로젝트를 성사시킬 시간과 자유를 주었다. 『월스트리트 저널』뉴욕 지사 및 런던 지사에서는 게리 베이커, 그로냐 맥카시, 소롤드 바커, 젠 힉스, 필 이초, 브리타니 하이트, 크리스토퍼 청, 엘레나 치리보가, 제이슨 게이, 벤 코언, 그 외 WSJ 스포츠팀의 올스타 동료들한테도 신세를 졌다.

감사할 사람으로 마지막이자 가장 중요한 사람은 가족이다.

부모님인 제프리와 알린, 누이 셀린이 없었다면 조슈아는 이 과정을 끝까지 버텨내지 못 했을 것이다. 런던에서 한밤중에 전화를 걸었을 때 한결 같이 교정과 격려를 제공해 주었기 때문이다. 또한 초인적인 추진력으로 지속적인 영감을 준 부인 다니엘라도 마찬가지다.

부인 케이티의 격려가 없었다면 존은 이 일을 시작할 꿈도 꾸지 못했을 것이다. 케이티는 갓난쟁이 딸 에비를 돌보는 중요한 임무를 혼자 떠맡으면서도 잃어버린 주말과 마감일 변경을 초인적인 힘으로 인내해 주었다. 속 깊은 조언을 해 준 형제, 댄한테도 감사 인사를 보낸다.

위에 언급한 모든 사람들 덕분에 마침내 25년 동안 영국 축구를 본 게 마냥 헛짓만은 아니었다는 증거를 손에 쥐게 되었다.